U0922307

广视角·全方位·多品种

权威·前沿·原创

中国社会科学院创新工程学术出版资助项目

国家社科基金重大招标项目（09&ZD027）阶段性成果

中国住房发展报告
（2011~2012）

ANNUAL REPORT ON DEVELOPMENT OF HOUSING MARKET IN CHINA(2011-2012)

顾　问／高培勇　揣振宇　荆林波　史　丹
主　编／倪鹏飞
副主编／吕风勇　高广春
中国社会科学院财政与贸易经济研究所
中国社会科学院城市与竞争力研究中心

社会科学文献出版社
SOCIAL SCIENCES ACADEMIC PRESS (CHINA)

图书在版编目（CIP）数据

中国住房发展报告. 2011～2012/倪鹏飞主编. —北京：社会科学文献出版社，2011. 12
（住房绿皮书）
ISBN 978－7－5097－2900－7

Ⅰ. ①中… Ⅱ. ①倪… Ⅲ. ①住宅经济－经济发展－研究报告－中国－2011～2012 Ⅳ. ①F299. 233

中国版本图书馆 CIP 数据核字（2011）第 236886 号

住房绿皮书
中国住房发展报告（2011～2012）

主　　编／倪鹏飞
副 主 编／吕风勇　高广春

出 版 人／谢寿光
出 版 者／社会科学文献出版社
地　　址／北京市西城区北三环中路甲 29 号院 3 号楼华龙大厦
邮政编码／100029

责任部门／皮书出版中心（010）59367127　　责任编辑／姚冬梅
电子信箱／pishubu@ ssap. cn　　责任校对／高建春
项目统筹／邓泳红　　责任印制／岳　阳
总 经 销／社会科学文献出版社发行部（010）59367081　59367089
读者服务／读者服务中心（010）59367028

印　　装／北京季蜂印刷有限公司
开　　本／787mm×1092mm　1/16　　印　　张／24. 5
版　　次／2011 年 12 月第 1 版　　字　　数／416 千字
印　　次／2011 年 12 月第 1 次印刷
书　　号／ISBN 978－7－5097－2900－7
定　　价／69. 00 元

住房绿皮书编委会

中国社会科学院财政与贸易经济研究所城市与房地产经济研究室简介

中国社会科学院财政与贸易经济研究所城市与房地产经济研究室现有专职研究人员7名，主要研究领域为城市经济与房地产经济。其前身是在原国务委员、中国社会科学院院长李铁映的倡导下于1999年成立的城镇住宅研究室，2003年更改为现名。2009年，研究室被纳入中国社会科学院重点学科建设工程。

近年来，研究室在城市竞争力、城市化、城市产业集群、城市营销、房地产市场结构、房地产周期、住房金融、住房公共政策、土地经济、住房证券化、住房保障等领域进行了较为深入的研究，并处于国内较为领先的地位，部分研究成果在国际上也产生了较大的社会和学术影响。《中国城市竞争力报告》获孙冶方经济学著作奖，是中国社会科学院重要的学术品牌之一。《全球城市竞争力报告》定期在英国出版并面向全球发行，成果备受关注。作为国内首个房地产相关国家社科基金重大课题的研究支撑机构，研究室在中国房地产发展对策研究方面也取得了重要突破。成立十多年来，研究室先后与海外近20个国家的高校、科研机构和学者开展学术交流，并在部分研究项目上建立了合作机制。

研究室的目标是发展成为城市与房地产研究领域的国内重要中心，同时进一步扩大国际交流、国际合作，并提高国际学术影响力。

中国社会科学院城市与竞争力研究中心简介

中国社会科学院城市与竞争力研究中心是2010年4月26日成立的一个有关城市与竞争力的院级非实体研究中心。社科院财贸所研究员倪鹏飞任中心主任。中心主要由社科院财贸所城市与房地产经济研究室和城市竞争力课题组的研究人员组成，同时邀请国内外专家学者以不同的形式参与研究。

近年来，中国社会科学院的这支研究团队在城市与竞争力方面做了许多的创新探索，他们关于中国城市竞争力的研究获得了“孙冶方经济科学奖”；关于中国住房发展的研究获国家重大社科基金支持。城市竞争力蓝皮书等已成为中国社会科学院重要的学术品牌，在国内外产生十分广泛的影响，进一步确立了中国社会科学院在这些领域的全国领先地位，也为中央及地方政府的相关决策提供参考。他们还组织和联合全世界的城市竞争力研究专家，成立全球城市竞争力项目组，与世界银行集团及世界著名城市学者开展相关领域的高端合作，举办城市竞争力国际论坛，扩大了中国社会科学院在这些国际学术领域的话语权和影响力。

中心的主要任务是组织国内外各界相关研究人员，开展城市经济、城市管理、城市化、城市竞争力、房地产经济、房地产金融相关的学术研究，发表城市与房地产相关的研究论文、出版专著和研究报告；开展国内外学术交流，组织中心学者进行国际学术访问；组织国内外相关领域专家、城市市长等各界人士召开城市竞争力国际论坛以及相关学术会议；与相关单位开展合作研究、社会实践、专项调研等活动；承担国内外政府、企业、非政府组织等委托，开展相关的政策和战略咨询研究；接收研究生实习、学者学术访问，举办高级研修班等多种形式的培训，培养学以致用的学术和城市管理人才。

主要编撰者简介

倪鹏飞 中国社会科学院城市与竞争力研究中心主任，中国社会科学院财政与贸易经济研究所城市与房地产研究室主任，研究员，博士生导师。主要致力于城市经济学、房地产经济学、空间金融学、城市竞争力及国家竞争力等方面的理论与实证研究。《中国城市竞争力报告》、《中国住房发展报告》、《国家竞争力报告》主编；联合主编《全球城市竞争力报告》（与美国学者彼得·卡尔·克拉索教授）；联合研究《世界城市：联系度指数》（与英国皇家社会科学院院士彼得·泰勒教授）；联合国人居署《世界城市状况报告（2012）》重要撰稿者；联合国开发计划署“中小企业改革和发展”项目评估专家（2000）。世界银行集团与中国社会科学院《中国营商环境报告》中方负责人（2008）。香港中文大学、华中科技大学、北京师范大学、东南大学、西南财经大学、韩国科学技术大学的兼职教授，全球城市竞争力跨国项目秘书长。

为中国近20个省市政府进行案例、战略和对策研究，发表12部案例专著。在美国《国际事务》（*Journal of International Affairs*）、英国《城市研究》（*Urban Study*）等国内外权威杂志上发表论文数十篇。代表作《中国城市竞争力报告》获中国经济学的最高奖孙冶方经济学著作奖（第十一届）。

刘彦平 经济学博士，中国社会科学院财政与贸易经济研究所城市与房地产经济研究室主任，经济学博士。主要学术著作有《市场营销学通论》（面向21世纪工商管理教材/副主编）、服务营销管理（21世纪工商管理系列教材/副主编）、《城市营销战略》（管理学前沿丛书/个人专著）及《中国城市竞争力报告No4》（城市竞争力蓝皮书/副主编）等。此外，曾参与国家级科研课题多项，发表学术论文数十篇。高广春，经济学博士，现工作于中国社会科学院财贸所，主要研究领域：住房金融，商业银行经营与管理。在《银行家》、《国际经济评论》、《经济学家茶座》等学术杂志及报刊发表论文40余篇；合作译著2

部，合作著述4部，参与省部级课题、政府委托课题、金融机构委托课题14项。

吕风勇 山东省定陶县人，中国社会科学院财贸所城市与房地产经济研究室助理研究员，经济学博士，2006年毕业于中国社会科学院研究生院，主要研究方向为宏观经济与房地产市场形势、城市经济和城市商业地产等。

姜雪梅 2008年毕业于日本东北大学并获得信息科学博士学位。中国社会科学院财政与贸易经济研究所助理研究员。专业特长是城市经济学和房地产经济学，主要以现代经济学理论模型研究分析中国的房地产市场和房地产政策。

邹琳华 经济学博士，现工作于中国社会科学院财政与贸易经济研究所城市与房地产经济研究室，主要从事房地产经济、城市经济等领域的理论及政策研究。具体研究兴趣包括：房地产投资、房地产周期、房地产泡沫监测、房地产市场调控策略、城市化、城乡统筹与城乡均衡发展等。

赵　峥 经济学博士，供职于北京师范大学经济与资源管理研究院，任绿色经济研究所副所长，兼任国家教育部社科委经济学部召集人助理。主要研究领域为区域与城市发展。曾在《人民日报》、《经济体制改革》等刊物发表多篇文章，并被《新华文摘》、《人大复印资料》等转载，合著或参编《北京城市产业体系选择研究》、《中国市场经济发展报告》、《中国城市竞争力报告》等著作十余部，参加国家社会科学基金、国家自然科学基金和其他省部级科研课题多项，主持或参与数十项地方发展课题研究。曾获中国发展研究青年奖学金。

郭宏宇 中国社会科学院研究生院经济学博士，保险学博士后，现任外交学院国际经济学院讲师。主要研究方向是财政理论与政策、金融学。参与国家社科基金、保监会等课题10项，独立出版专著1部，合作出版专著3部、教材1部。在《南大商学评论》、《财贸研究》、《保险研究》等杂志发表学术论文20余篇。

张慧芳 博士（后），硕士生导师。先后就读于天津大学、东北财经大学和南开大学，分别获工学学士、经济学硕士和经济学博士学位，并曾在天津大学管理科学与工程博士后流动站工作，现为宁波大学副教授。主要从事房地产及土地经济与管理、投融资与城市建设经济与管理的教学与科研工作。曾先后在《投资研究》、《中国房地产金融》等学术刊物上发表论文30余篇，出版个人专著1部，主编、参编著作和教材10部，作为技术负责人主持国家科技部软科学重大招标课题1项，主持或参与国家级、省部级课题10多项。

魏劭琨 中国社会科学院研究生院城市与房地产金融专业博士。主要研究领域为城市竞争力、房地产经济、城市财税。作为核心成员，参与全球城市竞争力、中国城市竞争力、国家竞争力等多项报告的撰写。

赵 恒 2007年获得北京航空航天大学经济与管理学院工商管理硕士学位。2010年至今在中国社会科学院财政与贸易经济研究所攻读金融学博士学位，师从中国社会科学院城市与竞争力研究中心主任倪鹏飞研究员。

刘 伟 中国社会科学院研究生院2010级金融学硕士研究生，主要研究领域为金融市场、房地产经济和城市经济。作为核心成员参与编著城市竞争力蓝皮书。

赵英伟 中国社会科学院研究生院2011级金融学博士研究生，青岛科技大学经济与管理学院讲师，主要研究领域为金融学、城市和房地产经济。

摘　要

本报告从宏观背景、市场主体、市场体系和公共政策四个方面，对中国住房市场作了全面系统的分析、预测与评价，并给出了相关政策建议。本报告具体内容包括：在评述2010～2011年住房及相关市场走势的基础上，预测了2011～2012年住房及相关市场的发展变化；通过构建中国住房指数体系，量化评估了住房市场各关键领域的发展状况；剖析了住房市场及其相关领域协调健康发展所面临的主要问题与挑战，有针对性地提出了相关政策建议。

2010～2011年分析显示：经济稳中有落，住房投资带动作用不减；城市化水平稳步提升，绿色发展渐成趋势；全球经济复苏延缓，全球住房市场分化加剧；调控政策成效初显，房地产企业产品开发民生导向有所突出；购房者购房信心下降，租房者租金加速上升；商业性住房金融机构主导格局未变，金融潜在风险或存，但房地产贷款质量依然较高；政策持续加码，各方渐进调整，价格稳中有降趋于理性回归；土地价格滞胀，土地市场趋冷；住房信贷供给增速放缓，保障房资金需求缺口仍存；监管力度加大，执行效果显著；保障性住房建设力度空前，住宅的民生性质重新得到确认；房地产市场调控最严厉，住房保障最给力。

2011～2012年预测认为：经济增速高位趋缓，新的经济增长动力略显缺失；城市化依然将稳步推进，城市化率日益提高；全球经济增速回落，全球住房市场复苏延后，分化将进一步加剧；房地产开发商面临严峻考验，行业重组可待；住房刚性需求与持币观望将相互交织；房地产信贷或现审慎放松；调控效果显著，市场或会“软着陆”；土地市场延续降温趋势，成交或有轻微反弹；住房信贷资金供给有望小幅回升。

住房上市公司指数、住房支付能力指数、金融机构风险指数、城市发展影响商品住宅价格综合指数、住房贷款风险指数、住房市场监管指数和住房社会保障指数七大指数显示：上市公司东多西少，销售收入偏向两极，资产营运水平差距较小；房价收入比略现下降，但城市住房支付能力较弱状况难有明显改善；住房金融机构房贷占比较高，风险管理难度加大；城市发展状况对房地产价格具有重要的影响；住房信贷市场仍然存在一定的收缩空间，城市住房月度偿付率普遍偏高；大城市监管强度明显加强，高房价城市成监管重点；住房保障程度有所加强，一般收入家庭九城市住房保障水平超平均水平，多数中低收入家庭保障性住房负担指数较为合理。

中国住房市场健康均衡发展所面临的主要问题与挑战是：需求带动能力下降，通货膨胀压力犹存，收入分配差距难度较大；城市化质量亟待提高，资源压力日重；房地产企业发展模式亟须转型升级，社会责任再成战略命题；住房需求主体消费心理仍不理性，“夹心层”住房需求仍难解决；银行房地产贷款的依赖度过大，信用风险增加；调控效果尚不巩固，两类风险需要防范；土地制度有待完善，土地监管尚需加强；房地产监管效率尚需提高，监管责任亟待明确；住房保障制度有待深化，目标与实际错位现象犹存；房地产调控政策缺乏差异性，政策效果有待进一步提高。

报告建议：（1）货币政策避免过度紧缩，增强财政政策对收入分配的调节作用，扩大消费需求；（2）促进产业优化，提高城市化质量；（3）强化房地产企业风险管理，优化专业服务质量；（4）上升房地产政策到社会政策层面，合理引导住房消费，健全保障体系；（5）有效防控住房金融机构风险，建构政策性住房金融体系；（6）加强住房租赁管理，增强政策区域差异性；（7）健全土地法制，力求地价稳定；（8）创新住房金融产品，完善市场体系，探索保障房融资机制；（9）突出房地产市场信用监管，完善租赁登记；（10）建立保障性住房建设长期机制，拓展资金来源渠道。

本报告还对房地产市场一些重要的问题进行了深入的专题研究，并得出了一系列有价值的结论：在此轮通货膨胀中，货币政策不能过多承担治理和抑制通货膨胀的责任，而要综合运用财政政策、产业政策和体制改革来治理通货膨胀；房地产领域体现出的民生化、绿色化、区域化和多元化的新的发展特征有利于城市化质量的提高；住房市场分化与主权债务危机存在较强的关联性，即越是远离债务危机地域，住房市场越呈现快速发展的趋势；房地产开发企业发展环境严峻，行业重组将随之而来；居住在大中城市的中产阶层对商品房的住房支付能力也在快速弱化，但又难以从住房保障政策中获益，处境尴尬；每年的银行各项贷款中有大约26%的贷款投向了房地产业，在房地产调控下，银行风险增大；限购对于控制房价有较大影响，但是作用并不如想象的那样巨大；土地“招拍挂”制度存在着较严重的市场失灵，需要进一步改革完善；世界各国的住房租赁政策对完善我国住房租赁市场有重要的借鉴意义；国外公务员住房制度也为我国解决公务员住房问题提供了宝贵的思路；“五限”政策对于稳定住房市场起到了较大的作用，但需要进一步完善和改进。各专题在相关问题研究结论的基础上提出了相应的政策建议。

Abstract

The report made a comprehensive and systematic analysis, prediction and assessment, and put forward the political proposal from the macroscopic background, the market main body, market system and public policy concerning Chinese housing market. It included the following aspects: report on 2010 –2011 housing and related market trend, prediction on 2011 –2012 housing and related development of the market; quantitative assessment of the housing market in the key areas of development was made through the construction of Chinese housing index system; relevant policy recommendations were put forward after the analysis of the problems and challenges in housing market.

During 2010 –2011, Economy is stabilizing; housing investment drives were not weak; city of level of steady improvement, green development gradually becomes the trend of the global economic recovery; delay, global housing market differentiation aggravated; regulatory policy effectiveness was obvious, people's livelihood oriented products by real estate enterprises highlighted; buyers purchase confidence shrinks, rental rose quickly; commercial housing financial dominant pattern unchanged, finance risk was a problem, but the quality of real estate loans remained high; policy continue to add each incremental adjustment, the price is certain in have fall tends to a rational regression; land price was in stagflation, land market cooled; housing supply of credit slowed, protect the real money demand gap still exists; supervision strengthened, with remarkable executive effect; indemnificatory housing construction was unprecedentedly intensive, people's livelihood were to be ensured; the regulation of the real estate market is the most severe ever.

During 2011 –2012, we forecast that: economic high growth rate slows down, while the new economic growth momentum slightly missing; urbanization and the rate still advances steadily; global growth slows down; the global recovery in the housing market postpones, differentiation will be further intensified; real estate developers are facing a severe test; the restructuring of the industry can be rigid, housing demand and cash holding watcher situation will interweave; the real estate credit or is prudent to relax; regulation effect is obvious, the market may reach a "soft landing"; land market continues to drop, deals enjoy a slight rebound; housing supply of credit funds is expected to rise slightly.

Housing listed company index, housing affordability index, financial institutions risk index, city development influence on commercial housing price index, housing loan risk index, the housing market supervision index and housing social security index, these 7 indexes show: listed company in the East outnumbers that in the west; sales revenue goes to extremes; assets operation level disparity is relatively small; housing price to income ratio is slightly decreased, but is still hard to improve the weak city housing affordability condition; housing financial loans accounted for relatively high, risk management difficulty is increased; city development exert an important influence on real estate price; housing credit market still exist certain contraction space; city housing monthly reimbursement rate is generally high; big city supervision is obviously strengthening, high housing price cities are into regulatory key areas; the majority of low-income families indemnificatory housing burden index is more reasonable.

The problems and challenges of China's housing market are: demand driving ability drops, inflation pressure still exists, the gap of income is considerable; urbanization quality is far from satisfaction, the pressure on resources is severe; real estate enterprise development upgrades, social responsibility has evolved into a strategic proposition; consumer psychology is still not rational, the sandwich class housing demand is still difficult to solve; dependency on bank loan is too much with increasing credit risk; control effect is not consolidated; two types of risks need to guard against; land system needs to be perfect, likewise, supervision; real estate regulatory efficiency still need to improve. Regulatory responsibility should be made clear urgently; housing security system needs to be furthered, target and actual mismatches remain; policy of estate adjusting control is lack of diversity; policy effect needs to be further improved.

The report suggested that: (1) to avoid over-tightening monetary policy, enhance the adjustment of fiscal policy to income distribution and enlarge consumptive demand; (2) to promote an industry to optimize, raise urbanization quality; (3) to strengthen the risk management of real estate enterprise, optimize the quality of professional services; (4) to upgrade real estate policy to social policy perspective to guide a reasonable housing consumption, perfect safeguard system; (5) to effectively prevent housing finance agency risk and frame policy housing system; (6) to strengthen rental housing management and be aware of the policy of regional differences; (7) to ensure a sound legal system of land and price stability; (8) to innovate housing finance products, perfect market system and explore security housing financing mechanism; (9) to outstand real estate market credit supervision and perfect leasing registration; (10) establish long-term mechanism on the indemnificatory housing and broaden the sources of funding.

This report also made some in-depth studies on real estate market in a number of important issues, and obtained a series of valuable conclusions: in this round of inflation, monetary policy can not bear too much the responsibility of governance or to curb inflation. Instead, efforts should be made to combine the use of fiscal policy, industry policy and system reform to administer inflation; real estate field reflects the people's livelihood, environment, regional development and the plurality of the new characteristics of the development of city to improve the quality and benefit of; housing market differentiation and sovereign debt crisis have a strong relevance. In other words, the further the debt crisis is away from the region, the faster development can the housing market enjoy; the real estate enterprises are in a grim environment and industry restructuring will soon follow; middle class living in large and medium-sized cities have a weakening capacity in paying for commercial housing, which put them in an embarrassing situation to benefit from the housing security policies, 26% of annual bank loans going to the real estate industry increases bank risk; restriction for prices control have a greater impact, but the role is not as it is imagined; The "land auction" system there exist more serious market failure, waiting for further reform and perfect; the rental housing policy abroad has important significance to improve our housing rental market; civil service housing system in other countries have put out some values for China to solve the housing problem. "five limit" policy in stabilizing housing market will play a larger role after it has further perfected and improved. The topics in the related issues puts forward the corresponding policy suggestions based on the conclusions.

目 录

⅁Ⅰ 总报告

⅁Ⅱ 宏观背景

⅁Ⅲ 市场主体

GⅣ 市场体系

GⅤ 公共政策

皮书数据库阅读使用指南

CONTENTS

ⒼI General Report

ⒼII Macroeconomic Background

ⒼIII Participants of Chinese Housing Market

GⅢ Chinese Housing Market System

GⅣ Chinese Housing Policies

总 报 告

General Report

G.1 第一章 中国住房发展：总体报告

倪鹏飞　吕风勇

一　2010~2011年住房市场分析

（一）宏观经济形势与住房市场：经济稳中有落，住房投资带动作用不减

经济增长略有减速，通货膨胀压力陡增，在2010年第四季度至2011年第三季度，国内生产总值维持了较高的增长速度，但是增长率有所放缓，4个季度的同比增长率分别为9.8%、9.7%、9.5%和9.1%，呈逐季回落态势。2011年1~9月，第二产业增加值增速由上年同期的12.8%下降到10.8%，下滑了2个百分点。由于第二产业占国内生产总值的比重接近50%，其下滑拉低了国内生产总值约1个百分点，是经济增长率比上年同期回落的主要影响因素。从2010年10月开始，物价水平总体呈逐步抬升趋势。其中，居民消费价格指数的攀升趋势最为明显，2011

年7月达到6.5%，8月略回落至6.2%，9月进一步回落至6.1%。工业生产者出厂价格指数和工业生产者购进价格指数也有较大的升幅，2011年9月同比分别上涨6.5%和10.0%，1~9月则分别上升了7.0%和10.4%。包括农业产品在内的原材料和能源价格世界性上涨趋势的存在，以及近年资产价格的过度上涨需要某种程度的消解，加之人们对全球流动性泛滥的担忧，这些因素都一定程度上推动了中国物价水平的上涨。其中，原材料、能源、土地、劳动力等投入要素成本的上升是推动此轮通货膨胀的主要因素。

投资主导内需，贸易收支收缩。2011年，按照新口径统计的不含农户的固定资产投资基本保持较高水平的平稳增长，1~9月增速达24.9%，略高于上年同期的24.5%。2011年1~9月，社会消费品零售总额增速为17.0%，低于2010年的18.3%。消费需求增长稳中趋落主要是因居民收入在国民经济中的份额过低、居民收入分配差距过大、通货膨胀引发了对未来的担忧等因素引起。2011年1~9月，出口额增长22.7%，进口额增长26.7%，贸易顺差为1070.98亿美元，比2010年同期降低14.7%。中国出口增速放缓是贸易顺差收缩的主要原因，而出口增速放缓的影响因素较多，其中，世界经济特别是欧美经济的不景气是最重要的因素，同时，出口产品的原材料成本、劳动力成本和融资成本的上升，加之贸易摩擦的加剧等，都对中国出口造成了较大的负面冲击。

货币环境趋紧，资金成本趋升。2011年9月，货币供应量M_2增速由2010年底的22.1%下降到13.0%，货币供应量M_1增速则由25.5%下降到8.9%。2011年后，本外币存贷款增速就开始呈现放缓的趋势，9月，金融机构本外币存款同比增长13.9%，本外币贷款同比增长16.0%，明显低于2010年底19.0%以上的增速。受连续上调存贷款基准利率和法定存款准备金率、通胀预期上升等因素影响，货币市场利率在波动中明显上行。受货币政策紧缩调控的影响，一些企业特别是中小企业资金变得紧缺，通过民间借贷来筹措资金成为很多中小企业的无奈之举，民间借贷利率迅速攀升，反映了社会资金已经出现了结构性偏紧。

住宅投资对经济增长的拉动作用依然明显。住宅投资完成额在2010年第三季度以来维持较高的增速，2011年1~9月同比增长35.2%，总体维持了较高的增长速度。2011年1~9月，虽然房地产开发投资增速略有回落，但由于保障房的建设，住宅投资完成额增速反而上升，对经济增长依然作出了较大的贡献，2011年1~9月大约带动经济增长0.9个百分点。

（二）中国城市化与住房市场：城市化水平稳步提升，绿色发展渐成趋势

中国城市化对国家经济社会发展的带动作用日益突出，出现了许多新的变化，并呈现比较鲜明的发展特征。

城市化水平进一步提高，保持稳步提升状态。进入21世纪后，中国城市化水平总体上有了大幅提升，由2000年的36.22%上升到2010年的47.7%，10年提高了10多个百分点。根据2010年第六次全国人口普查数据，我国居住在城市的人口已达66557万人，占总人口的49.68%。

人口流动加速，双向梯度转移特征明显。人口从小城市向中等城市转移，中等城市人口向大城市转移的由小到大式的梯度转移特征依然存在，而许多生活在一线城市的人口开始回流至中西部二、三线城市，由大到小式的梯度转移也成为一种重要现象，人口双向梯度流动特征十分明显。

城市群引领空间集聚，区域差异发展逐步收敛。在全国范围内，在水平尺度上，已经形成不同规模和类型的城市相互联系的平面城市集群；在垂直尺度上，不同规模的城市也在深化分工协作，从发展趋同走向协同发展，大城市聚集发展产业链高端环节，中小城市从事加工、制造等中低端环节，每个城市分工不同，定位各异，彼此之间相互补充，互通有无，形成了立体网络状的城市发展新格局。区域城市群发展差异将逐步收敛。

城市化发展方式逐步转变，城市绿色发展成为趋势。在发展的具体实践中，绿色交通、绿色能源、绿色建筑、绿色生产、绿色消费等逐渐成为城市发展的主题，各地支持城市低碳绿色发展的产业、财税等配套政策陆续出台，以低碳排放为特征的城市产业体系及温室气体排放数据统计和管理体系也得到进一步完善，城市绿色发展已经成为一种趋势。

（三）全球经济与住房市场形势：全球经济复苏延缓，住房市场分化加剧

全球经济复苏由快转慢。发达国家的经济增长形势尤为严峻，全球性的通货膨胀与经济复苏相伴而来，并且发达国家的通货膨胀正在向新兴市场国家扩散。2011年第二季度，发达经济体的GDP增长率为1.47%，新兴经济体的GDP增长率为

6.77%。经济复苏速度的放缓并没有降低全球的通货膨胀。2011 年 7 月的全球消费者价格指数已经达到 4.59%。其中，新兴经济体的通货膨胀略滞后于发达经济体。

全球金融体系面临较高的政策风险。发达国家的货币扩张政策大幅度提高了货币市场的流动性。发达国家金融市场的流动性已经出现分化。2010 年，美国的短期利率继续缓慢降低，欧元区的短期利率则缓慢上升，而且波动加剧，金融市场对于政府政策走势并没有明朗的意见，2010 ~ 2011 年的政策风险仍处于较高水平。

2010 ~ 2011 年，全球贸易形势延续了 2009 年的恢复趋势。无论是 OECD 国家还是非 OECD 国家，出口与进口都在平稳回升。进入 2011 年后，全球总出口与总进口已经恢复到 2008 年第一季度的水平，但是增长速度逐渐趋缓。这表明全球国际贸易虽然总体上已经复苏，但是仍缺乏强有力的发展动力。

全球住房市场复苏延缓，分化加剧，新兴市场国家的住房市场发展总体形势好于面临债务危机的发达国家。2010 ~ 2011 年的世界住房市场整体上仍然低迷，截至 2011 年 3 月，全球房价指数仅上涨不到 1.8%。考虑与经济、金融形势的关联，可以发现，债务危机严重的国家和地区，其住房市场的表现也较差，受债务危机冲击较小的国家或地区，其住房市场的表现也较好。亚洲一些国家和地区的住房市场似乎已经成为债务危机中的资金避风港。

全球经济与我国经济之间的相互影响较强，我国带动世界经济增长，世界给我国带来通胀压力。2010 年，我国拉动全球经济增长 0.96 个百分点，拉动全球货物出口增长 3.24 个百分点，拉动全球货物进口增长 3.50 个百分点。但是，全球通货膨胀向我国的扩散仍不容忽视。

全球房地产市场的表现推动我国政府强化对房地产市场和资本流动的管制，对房地产市场的抑制作用较大。一是各债务危机国在欧债危机下强化房地产市场监管给我国带来示范效应。二是游资冲击迫使我国强化资本管制。三是我国较高的通货膨胀促使央行对通胀输入和游资冲击作出较强烈的反应。由于我国境内的房地产市场在较大程度上依赖于对政府政策的预期，所以中央政府对房地产市场监管和资本管制的强化会在一定程度上抑制我国境内房地产市场的上升。

（四）房地产企业与住房市场：调控政策成效初显，民生导向有所突出

2010 年以来，中央政府出台了一系列不断升级的房地产调控措施，直接影响

到楼市的消费预期、购买行为、成交量乃至行业生态。特别是在2011年前三季度，中央及地方政府针对商品房和保障房双管齐下，行政和经济手段并用，限购政策不断向二、三线城市扩展，另有600多个城市出台了房价控制目标。在此形势下，各地楼盘成交持续低迷，住房市场出现明显的业绩分化，市场集中度进一步加强。同时也使长期居高不下的房价开始趋稳，甚至部分下调，房地产开发商开始面临业绩下滑、资金链紧张等压力。可以说，全国房地产行业在经历了10余年黄金发展后，感受到了前所未有的冲击，而且大有“山雨欲来风满楼”之势。与此同时，保障性住房建设进展顺利，显示出此轮力度空前的调控举措有着鲜明的民生导向。

（五）需求主体与住房市场：购房者信心明显下降，租房者租金加速上升

购买者对调控信心不足，支付能力低下，观望气氛浓厚。购房者对国家调控房价政策的信心不足，担心房价会继续快速上涨的惯性心理，使国家的房地产价格调控政策的效应被对冲掉了。因此国家在制定房地产调控政策上必须保持政策的稳定性、长期性，需要给购房者以信心。

限购令成为房租上涨的噱头，刚毕业的大学生生活压力大。2010年5月从北京开始的限购令成了全国房租上涨的一个噱头，虽然也有季节的因素在里面，但不可否认的是自2010年第二季度开始了全国性房租价格的上涨。2010年第一季度至第二季度，全国房租租赁指数上涨了4%左右，进入第三、第四季度以后，全国房屋租赁指数只上升了1%左右。租房者特别是刚毕业不久的大学生承租压力甚重。

住宅投资仍是首选，房地产信托投资远走海外。对于住房需求者重要主体的投资者和投机者来说，2010年下半年至2011年是非常动荡的一年，在一线城市推出限购令和房地产税等种种打压房地产的政策后，他们中产生了很大的分化：第一类从事传统的房地产增值型投资，第二类由实物地产转向虚拟地产投资，第三类远走海外，进行抄底境外房地产市场的投资。

（六）金融机构与住房市场：房地产贷款质量依然较高，但或存金融潜在风险

延续商业性住房金融机构主导格局。2010年第四季度以来，住房金融机构支持体系仍然保持了商业性住房金融机构主导的特征，合作性住房金融机构和政

策性住房金融机构支持不足。至2010年末，在商业性住房金融机构、合作性住房金融机构和政策性住房金融机构三大支持体系对住房开发和消费的贷款支持中，商业性住房金融支持占绝对优势。

住房金融机构对房地产金融依赖度高，面临的金融风险日益显现。2010年10月以来，统计贷款累计新增量在各项贷款累计新增量中的占比保持在25%以上的高位。2011年各月份各项贷款虽然有较大降幅，统计贷款也有一定降幅，但统计贷款累计新增量在各项贷款累计新增量中的占比超过30%，2月甚至达到了40%的高位。这反映了中央的宏观紧缩政策虽然对银行金融机构的信贷总量以及房地产企业的贷款规模产生了一定的紧缩效应，但银行金融机构对房地产企业的依赖度不降反增。

在住房金融机构行业贷款投放结构中，房地产贷款仍居首位。房地产贷款在各银行行业贷款投放结构中的地位举足轻重，绝大多数银行在绝大多数年份都将房地产贷款投放放在了首位。

住房金融机构房地产贷款的质量仍然相对较高。2010年底，房地产开发贷款的不良率在各行业中排第11位，个人按揭贷款的不良率更低，排第19位。从2010年底的情况看，房地产贷款质量较高，对住房金融机构的风险影响较低。2011年6月，个人按揭贷款的资产质量进一步提升了0.5个百分点。但房地产开发贷款的质量如何，尚未见到公开的数据。单从已有的指标看，房地产贷款质量较好，对住房金融机构资产质量几无负面影响，但从其他一些角度反映的实情不容乐观，房地产贷款风险不容忽视。

调控预期紧缩，住房贷款门槛日升。在不断加码的房地产调控政策和监管背景下，各类住房金融机构的住房贷款业务的门槛不断提高。2011年5～6月，在房贷政策并无新变化情况下，不少银行实际上对各类房贷在审批上都提高了门槛，放款更难，近乎停贷。对于首套房贷，无论是首付还是贷款利率，都在宏观调控政策的基础上逐步施加了更严格的限制和条件。这实际上削弱了国家有保有压的差别化房贷政策的作用。

（七）调控政策加码下的住房市场：政策持续加码各方渐进调整，价格稳中有降趋于理性回归

政策调控深入细化，房价涨幅明显抑制。为抑制投机投资需求，促进商品住宅

价格的理性回归，在各项宏观调控政策纷纷落实的背景下，2010 ~ 2011 年，全国的商品住宅市场呈现不同的状况。统计表明，中国一线城市的房价首次出现停涨，下行通道已经打开，而二、三线城市房价虽一度涨幅过大，但随着销量逐月萎缩，整体性下降在所难免。具体而言，2010 ~ 2011 年，新建商品住宅市场出现几个阶段的变化：2010 年第四季度，房价涨幅逐步收窄，局部呈现下降态势；2011 年第一季度，销量仍在增长，涨幅缓降，市场分化；2011 年第二季度，销售状况有所好转，市场状况区域性分化；2011 年第三季度："金九"风光不再，一线城市拐点渐现。

开发企业资金趋紧，投资开发增幅趋缓。根据开发投资、开工面积、竣工面积、土地购置面积的相对变化，2010 ~ 2011 年，开发市场投资开发活动可以分为以下几个阶段：① 2010 年第四季度，开发企业资金绷紧，市场供给增幅扩大。由于市场销售状况低于开发企业原定计划，资金回笼量不理想，而且已开工项目的资金要持续投入，开发企业资金链条开始趋紧。②进入 2011 年以后，受市场销售状况和预期的影响，全国商品住宅新开工面积延续 2010 年第四季度的下滑后，在 2011 年第二季度企稳，显示出开发企业对政府政策是否作出调整在心态上的焦灼。竣工面积不断增长，在消耗开发企业现金的同时，预示着库存压力增大，市场供需缺口缩小，因此，以价换量回笼资金将成为资金紧张开发企业的首选。库存的增大直接影响了开发用地的需求，土地市场增幅下滑迅速，未来供给下降的风险正在累积。

（八）土地市场与住房市场：地价呈现滞涨，市场趋于冷清

2011 年前，地价出现了滞涨，土地市场趋冷。2011 年前三季度，土地市场整体运行平稳，供应量与成交量同比均增加。分用途看，住宅用地市场无论是供应还是成交均有较为明显的下降，商办用地市场和工业用地市场有一定增长，特别是工业用地市场增加量较为明显。从价格看，总体土地市场价格有所下降，主要原因在于住宅用地价格降幅较大，其成交价呈浅"V"或近似"L"形变化。商办用地价格有所上涨，工业用地价格基本保持稳定。

（九）金融市场与住房市场：住房信贷供给增速放缓，住房保障资金需求缺口仍存

住房信贷供给增速放缓，量价关系模糊。自 2010 年第四季度以来，中国住房信贷市场依然呈信贷资金集中于一级市场的特点，与发达经济体住房信贷一级

市场和二级市场并存的特点之间依然存在差别。住房信贷增幅自2010年第四季度以来总的趋势是减缓的，但不够稳定，有些月份出现了不同程度的反弹，多表现在3~6月，尤其是6月。住房信贷市场如此走势表明，一方面，中央于2009年底以来，特别是2010年9月29日所谓"二次调控"和2011年以来以限购、限价、限贷为主线的不断加码的调控政策逐渐获得预期的效果。另一方面，"政策见顶"、"政策放宽"的预期也在发挥一定作用，对中央调控政策也形成一定干扰。

住房信贷市场价量同步关系不明显。住房信贷市场供给量与利率之间相关性较差，由此可以判断，至少到目前为止的经验表明，住房信贷市场供给与资金价格之间的关系不大，因此，依靠资金价格来调节住房信贷市场的供给规模，很难达到预期的政策效果。目前中国住房信贷市场供给量现状是多种因素综合作用的结果，其中主要有四个方面：一是国家宏观紧缩政策及其强度和可持续性，二是重在量化监管的差别化房贷监管政策，三是住房信贷市场利率，四是预期。显然，住房信贷市场利率只是影响住房信贷供给的因素之一。

保障房融资供给渠道增加，但需求缺口犹存。2010年第四季度以来，保障房融资渠道的政策创新更为突出。但保障房建设资金实际获取的难度依然很大，并成为保障房规划有效推进的最大"瓶颈"。本期报告认为，保障房融资市场板块资金供给量不足有可能是保障房建设消费过程中始终都要面对的难题。

其他住房金融市场紧缩态势明显。2010年第四季度以来，受到国家调控和监管政策重点关注的住房股票和债券市场呈现走低态势，可以从数量上观察的是住房股票和债券市场。股票市场上房地产板块的萎缩使得房地产市场融资更加集中于信贷市场，截止到2011年9月底，房地产股票市场融资额仅为130.82亿元，在房地产企业资金来源中的占比仅为0.24%，而2011年8月底，国内贷款和个人按揭贷款在房地产企业资金来源中的占比是26.30%。虽然从股票市场本身的情况看，国家房地产紧缩政策的效果较为明显，但从房地产金融市场的整体看，房地产市场融资结构更加不平衡，意味着住房信贷市场的风险在加大。

（十）市场监管：监管力度加大，执行效果显著

住房土地监管方面调整完善了招拍挂制度，确保保障房用地落实到位。2011年是住房土地监管十分严格的一年，监管的主要方向是保证住房用地和保障房用地的供给。国土资源部先后出台多项涵盖供应、招拍挂、征地、价格监测等各个

环节的文件，意在调整完善招拍挂制度，确保保障房用地落实到位，商品房用地供应计划也有明显增长。2011 年中国住房土地监管侧重于土地拍卖监管和保障房用地监管，中国住房土地监管进入新时期。

住房信贷监管方面，控制住房市场投资投机性需求，信贷监管方向从房地产贷款的防控扩大到控制投资投机性需求。2011 年住房信贷出现新的特点，一方面，存款准备金率、利率不断上调；另一方面，二套房、首套房首付率先后上调，购房贷款利率也在提高。在住房信贷不断收紧的情况下，央行加大了信贷监管力度，主要是针对住房市场中的投资投机性信贷。2011 年，住房信贷监管效果良好，住房市场信贷政策得到很好的执行，有效地控制了投机性购房。

住房销售监管方面，限购、预售监管成为重点，违法违规销售行为查处力度加大。2011 年住房监管目的是遏制高房价，减少投机性购房。2011 年初，国务院办公厅发布新“国八条”①，扩大限购范围、加大限购力度，截至 2011 年 9 月，已有超过 40 个城市出台限购措施。为配合限购令，住建部将住房销售监管重点放在遏制房价过快上涨上。住建部指导和督促各城市根据当地经济发展目标、人均可支配收入增长速度和居民住房支付能力，合理确定本地区年度新建住房价格控制目标。

住房租赁监管方面，地方性立法频繁，加强保护承租人利益。住房租赁市场一向是违法违规行为“重灾区”。2011 年，住建部把住房租赁市场监管列为工作重点，同时，中国多个城市以地方规定的形式加强了住房租赁市场监管，规范住房租赁市场行为。除住建部等中央部委之外，中国各城市陆续出台地方性法规，加强规范和监管本市住房租赁市场。

物业管理监管方面，地方性法规、条例逐渐出台，明确物业企业权责。物业管理作为城市管理的一种新形式和市场经济的新兴服务产业，在我国沿海和经济发达地区获得较快的发展。近年来物业管理出现一系列问题，对中国城市现有物业管理监管提出挑战。2011 年，各地陆续出台地方性法规，规范本地物业管理企业。

（十一）住房保障：保障性住房建设力度空前，住宅的民生性质重新得到确认

保障性住房进入大补课阶段，在“十二五”期间将建设 3600 万套。住房保

---

① 2011 年 1 月 26 日，国务院发布《关于进一步做好房地产市场调控工作有关问题的通知》，简称新“国八条”，全书同。

障决心大，大幅提高保障性住房覆盖面，计划达20%。目前，以产权式住房保障为主导，很多城市降低门槛、扩大住房保障范围。目前供给保障的主要模式有政府直接或委托建设、商品房项目中的配建、政府收购等。在实践中，有些城市因地制宜，灵活盘活存量房源，进行有效供给。保障性住房建设的支持力度空前，问责惩罚并进，进行多方位支持。

住宅的民生性质得到确认和巩固。住宅不同于一般商品，不能实行完全的市场化。衣食住行是人的基本需求，高企的房价和不可承受的租金威胁社会的和谐发展。因此，国家开始巩固普通住宅的民生产品定位。

（十二）市场调控：市场调控最严厉，住房保障最给力

2010～2011年，中国住房市场的政策延续了前两年严厉调控政策的趋势程度比以往都要严厉，政策的执行也更加到位。这一年度的条款主要集中于新“国八条”，可以说，新“国八条”作为 条主线，贯穿于2011年房地产调控的全过程。具体表现为：①住房调控目标进一步具体化；②将“限购”坚决贯彻执行；③问责机制进一步深化和具体；④加强了预期和舆论管理。

围绕着新“国八条”，还前后出台了进入、税收、土地、保障房等几个方面的政策措施。金融调控政策方面，在紧缩性货币政策下，2011年明显收紧了银行信贷规模，这样就紧缩了房地产行业的建设资金和房贷金额，对房地产有明显抑制作用。同时，房贷政策的收紧与严格，也进一步挤出了房地产投机行为。在税收调控方面，2011年重庆和上海试行了房产税，虽然与本质上的房产税还有较大差距，重庆从10月开始的对别墅征税已经在向真正的房产税转变。对住房转让的营业税、个人所得税也进一步加强了税收监管，营业税计税依据的改变也有效地抑制了部分投机行为。在土地调控政策方面，进一步加强对土地使用的管理，对违法、违规使用土地的行为进行严厉惩罚，同时，进一步增加土地供给，特别是保障房建设用地供给。探索城乡统筹一体化，探索多种形式的土地出让制度，加速土地流转。在保障房建设方面，由于中央从资金和政策上的有力保障，地方在具体执行中也具有较高积极性，截至9月底，各省市保障房开工率都较高，年1000万套保障房建设的目标基本上能够完成。应进一步加强保障房建设制度与资金来源渠道的探索，通过企业债券、证券化、社会融资等多种方式筹措保障房建设资金，同时也要进一步加强保障房使用和管理制度建设。

二　2011～2012年住房市场预测

（一）宏观经济形势与住房市场：经济增速将高位趋缓，新的经济增长动力略显缺失

国内生产总值增长速度将有所放慢。由于未来贸易顺差很难再迅速增长，加之土地和住房调控政策趋紧，城市化建设投资将放缓；重化工投资由于需求有所减弱，以及供给能力较为充足，从而投资增速也会放缓；加之通货膨胀引致的紧缩性宏观调控难以根本性转向，将导致2012年经济增长速度难以超过2011年的增速。不过由于这些需求因素的影响是渐变的，所以经济增长不会出现明显放慢的情况，中国国内生产总值增速仍将保持在9%左右。

通货膨胀压力依然很重。居民消费价格指数涨幅或将有所放缓，但涨幅仍然会较大，2012年居民消费价格指数涨幅或为5%左右。工业生产者出厂价格和工业生产者购进价格仍将出现较大的涨幅。

社会需求难现较快增长。由于地方融资平台整理、世界经济不确定、2011年住房投资的高基数等因素，投资需求拉动作用将下降。保障房建设带来的稳定预期和家用品消费增加、2011年消费需求的较低基数、工资收入经历了通货膨胀或将上升等因素决定了2012年消费需求增速难以进一步下降，或现平稳增长态势。由于贸易摩擦加剧，以及劳动力成本、土地要素成本和资金成本上升，中国产品成本优势逐渐变得不明显，很多出口企业的产品逐渐转为满足中国内部的需求，导致出口增速放缓，从而贸易顺差难以有效扩大。

住房市场将承受前所未有的压力。2012年将是住房市场调控措施充分发挥效应的一年，也是各方都紧张而密切关注的一年。从严调控的基调不变，人们对住房价格下行的预期增强而减少购买，导致房地产开发商资金压力趋紧，住房投资、住房市场成交量和价格（保障房除外）都将承受更大的压力。

（二）中国城市化与住房市场：城市化将稳步推进，城市化率稳步提高

“十二五”期间，我国城市化率将超过50%，将会出现城市常住人口超过农

村人口的局面。城市化规模将在现有基础上大体以 1% 的速度保持稳定增长，波动幅度不会很大，城市化将保持稳步推进，城市化率稳步提升。区域差距收敛、人口的双向梯度转移和城市绿色发展的趋势将延续。

（三）全球经济与住房市场：全球经济增速仍将走低，住房市场复苏或会延后

全球经济增长率将出现短期回落，持续走低。鉴于经济危机之后发达国家内部能较为迅速地推出刺激经济的方案，而且对金融危机重新降临的担忧可能会促使发达国家之间进行政策协调，因此我们对短期内全球经济增长速度的预测较 IMF 乐观，预测 2012 年发达国家的经济增长率略高于 2%，全球经济增长率略高于 4%。

全球通货膨胀压力继续加大，但 2011～2012 年的全球价格水平可能在增加之后放缓。在通货膨胀诸因素中，货币扩张是主要因素。考虑到发达经济体实施货币扩张政策的可能性仍然较大，我们较 IMF 有更高的通货膨胀预期，预测发达国家 2012 年的通货膨胀率在 2% 甚至更高。

全球金融形势表现为发达国家与新兴市场国家持续分化。据 IMF 预测，2011 年与 2012 年 6 月的伦敦市场拆借利率分别为 -1.7% 和 -0.5%，世界长期真实利率分别为 0.4% 和 -0.5%。与 2010 年的实际利率水平相比，均呈先降后升的格局。发达国家和新兴市场国家的利率水平分化也将继续维持。我们认同 IMF 关于发达国家和新兴市场国家的利率水平将继续分化的预测，但是，鉴于货币政策扩张的概率会高于 IMF 的估计，所以我们预测利率水平会较 IMF 的预测更低一些。

全球贸易总体略降，新兴市场国家稍强。发达国家在 2011～2012 年的贸易形势可能会较新兴市场国家有较大的落后。IMF 预测，2011 年与 2012 年，发达国家的进口增长率分别为 5.9% 和 4.0%，出口增长率分别为 6.2% 和 5.2%；新兴市场国家的进口增长率分别为 11.1% 和 8.1%，出口增长率分别为 9.4% 和 7.8%。我们认为，由于短期内汇率可能会有更大的波动，因此，2011～2012 年的国际贸易增长可能较 IMF 的预测低 1 个百分点左右。

全球经济与我国经济之间相互影响加强。我国继续作为全球经济增长的“发动机”，通胀压力可能加重。虽然我国 2011 年的经济增长速度延续了 2010 年逐步放缓的趋势，但仍然会在全球经济增长中保持较高的贡献度。但是，我国经济的持续高速增长和全球经济增长速度的回落会进一步增加我国的通货膨胀压

力。经济的高速增长促进了人民币的国际化，二者共同形成人民币的增值压力。为缓解增值压力而产生的通货膨胀压力在2011～2012年仍然会继续存在。

（四）房地产开发企业：面临严峻考验，行业将现洗牌

市场盘整中企业试图全面转型。中国住房市场可能开启“过剩时代”，住房开发企业将进入全面转型阶段，包括物业自持经营、产品创新加强、绿色建筑领航、合作并购盛行、战略联盟勃兴等。

保障住房成房企业务“蓝海”。对保障住房建设的参与，将是2012年住房开发企业的重要“蓝海”领域。

行业洗牌成企业迈向成熟之机。2011年以来，房地产行业逐步进入行业洗牌与结构调整阶段，这也是第一次真正意义上的行业大调整。大的环境变化和行业重组，有利于房地产行业彻底转变以往的粗放式成长模式，树立现代理念，规范经营，树立责任意识，推动整个房地产行业走向健康和成熟。

行业标准有望实质启动。从2012年开始，在房地产行业的大调整进程中，产品质量标准化将真正提上日程，并逐步开启实质性的进步，包括住房产品标准化、住房产品工艺化、配套产品标准化和配套产品工艺化等。

（五）住房需求：刚性需求比例上升，但持币待机仍为首选

购房者的刚性需要将成为2012年购房的主体。在持币观望气氛比较浓的大前提下，一线城市的购房者将以刚性需求为主。

投资者和投机者对房价预期的变化使其等待底部出现。现阶段，严厉的限购政策短期内将限制投资性、投机性购房主体和外地人的需求，被行政手段强制改变了的市场结构让人们对住房价格的预期发生了很大的变化。随着各大城市商品房销售量的低迷，价格也开始松动。对于房价的预期影响着人们的消费行为，而投资性、投机性消费者购房的目的不是改善住房，而是想获得未来房价上涨的预期收入，但现今房价上涨的预期不存在了。这类消费者是无法长期容忍房价持平和价格下跌的。新的投资者和投机者的购房需求减弱，很难想象现阶段投资房产会短期获得投资收益。如果房价出现大幅下跌，那么此时不排除抄底投资和投机性资金重新回到商品住宅市场的可能。

租房者仍将推动一线城市房租市场继续保持上涨趋势。最近几年，一线城市

房租的上涨幅度明显低于房价上涨的幅度，买房总价值和房租之比一直比较低。随着房价稳中有降，租房市场开始热络。每年的新增就业对房租市场的需求不断增加，使房租在2012年依然能保持上涨的趋势。

（六）金融机构：贷款仍将偏紧，但将审慎趋松

未来一年，商业性住房金融机构主导的住房金融机构体系还难以改变。各类住房金融机构可能会继续经受2011年剩下的几个月和2012年初几个月的“严寒期”。此后，投放规模会有所增加，差别化房贷行为中对首套房贷款的优惠可能在一定程度上予以恢复，对二套房贷的首付要求可能重新降到50%，而对三套房及以上带有明显投机成分的住房贷款会继续严控。

（七）住房市场预测：调控效果显著，市场或会“软着陆”

2010~2011年，房价快速上涨的势头已初步得到遏制，房地产市场逐渐显现成交量和成交价格双双下行的局面，整体呈稳中有降的情形。在巩固目前调控成果的基础上，预计未来在政策面总体严控下对达到一定条件的区域作出微调，以实现房地产市场的“软着陆”。

在没有出现重大的预期之外冲击因素的条件下，我们初步推测，从2011年第四季度至2012年，政策持续收紧并作适度微调，各方结束观望，实施有限调整。由于2009、2010年房地产开发投资高速增长，房地产库存压力增大，预计商品住宅市场销售量和销售额在进一步下滑后，为消化库存，在资金链紧张和业绩要求双重压力下，以价换量的开发企业逐步增多，降价促销范围扩大，幅度增大。限购政策下符合条件的需求主体短期难以快速增长，市场在价格方面的竞争激烈程度将加剧，促销优惠政策可能会吸引部分持币待购者出手。一线城市价格下行通道的打开，预计将逐渐向二、三线城市蔓延。整体来看，2011~2012年，商品住宅市场的销售量和销售额预计将出现双降的局面，政策的微调可能使各区域表现不一。

（八）土地市场与住房市场：土地市场延续降温趋势，成交或有轻微反弹

土地市场相对降温趋势明显。在全球经济复苏步伐放缓、国内经济理性回调、房地产调控继续深化的背景下，土地市场相对降温的态势已基本明朗。随着

供需双向调控政策全面落实、房地产业资金有序回流、通货膨胀有效抑制等有利因素的强化，城市居住地价增速将进一步回调。

土地政策成市场降温推力。当前，在宏观调控政策走向的敏感期和调控效果的关键期，土地政策“纠结”而“微妙”。在政策的叠加效应下，土地市场已经降温。由于政策的连续性和市场的惯性，土地市场下行将是未来一段时间的趋势。2011 年第四季度和 2012 年全年，即未来的 16 个月，土地成交量或显“U”形走势，其底部会在 2012 年的第一、第二季度，成交价或呈“J”形或反“L”形，其底部会在 2011 年的第四季度和 2012 年的第一、第二季度，或许还有第三季度。

（九）金融市场与住房市场：房贷小幅回升，利率仍将高企

中国住房金融市场之信贷一枝独秀的格局将难以改变。住房金融市场资金供给可能会在度过 2011 年第四季度和 2012 年第一季度的严寒期后逐步小幅回升，在 2011 年第四季度和 2012 年第一季度会持续走低。2012 年第二季度，通胀环境持续改善，同时，住房市场价格快速上涨的势头已经得到有效遏制，中央防通胀的“手刹”将会扩及房地产市场，中央可能会适当审慎放松在房地产领域的紧缩政策，住房信贷总量将会逐步小幅回升，首套房贷的利率将重获一定的优惠空间，而二套房贷和多套房贷利率则依然维持着较高的水平。期间，中央应该能有效吸取 2009 年的教训，把握好对房地产的放宽力度和节奏。

房贷规模微升，房贷利率重新体现结构性差异。从统计贷款的角度预测，2012 年统计贷款的规模约为 26310.49 亿元。以季度经验均值分布为基准，可预测 2012 年 26310.49 亿元统计贷款的季度分布。第一季度的规模约为 6148.76 亿元，第二季度约为 6761.80 亿元，第三季度约为 6414.50 亿元，第四季度约为 6985.44 亿元。

三　中国住房指数体系

（一）住房上市公司指数

本指标体系数据来源于沪深两市的房地产开发企业的 2010 年年度报告中的财务数据，选取截至 2010 年 12 月 31 日营业收入排前 100 名的住房企业。样本

选择中剔除了以出租或租赁为主、商品房销售在营业收入中所占比重很小（低于10%）的企业，同时，以持续稳定经营为标准，将带有ST标志的公司排除。综合来看，综合指数和分项指数分别有如下特点。

上市公司东多西少。住房指数为100的上市公司中，东部地区的公司占80%。

销售收入两极分化。排前20位的上市企业的住房销售收入为2167.86亿元，占据100个排名份额的66%。其中，万科、招商、保利、金地四家企业的销售额超过了1/3。

营业利润率尚待提高。2010年行业营业利润率为21.08%，销售规模排名前100家的上市房企有45家高于行业标准，55家企业达不到行业标准，其中，有3家的营业利润率为负值。

资产运营水平趋同。以行业标准资产收益率4.50%为基准，样本中有46家超过行业标准。其中有9家不及1%。资产收益率在1%~5%的有53家企业。

净资产收益率低于行业水平。以行业净资产收益率15.71%为基准，有40家样本房企的净资产收益率在行业标准之上，净资产收益率10%以下的房企有44家，其中还有一家为负值。

存货周转速度较慢。按照年度0.42次的行业标准，有33家达标，未能达到行业标准的有67家。以年度0.42次为基准，正负各0.2个百分点，有55家企业集中分布在这一区域。

（二）住房支付能力指数

2011年的住房支付能力指数依然延续中国住房发展报告一贯所使用的“房价收入比”和“住房支付能力指数”这两种衡量我国住房支付能力的指标。两种指数表明我国住房支付能力呈如下特点。

房价收入比略现下降。2010年，由于国家开始调控房价，房价的涨幅低于收入的增长，使全国的房价收入比在8倍左右徘徊。如果我国在“十二五”期间能够合理地控制房价的上涨，使其稳定在现在位置，同时又能实现“十二五”的国民收入翻番的收入目标的话，那么在“十二五”的末期，我国的住房收入比会大幅下降，接近国际公认的4~6倍的合理区间的上限。

城市住房支付能力较弱状况难有明显改善。2011年上半年房价高位徘徊，

各城市的房价支付能力强弱涨跌不一，35 个城市中仍然有 9 个城市的住房支付能力很弱。其中，北京（0.39）保持和 2010 年持平，天津（0.67）住房支付能力由“较弱”降为“很弱”，而宁波（0.72）由“很弱”升为“较弱”。35 个城市里住房支付能力很强的只有 1 个城市，即呼和浩特（1.37），较强的分别是昆明（1.29）、长沙（1.27）和石家庄（1.11）。

（三）金融机构风险指数

金融机构风险指数用住房金融机构房地产贷款在其各项贷款总额中的占比来表示。其中，房地产贷款即房地产开发贷款和个人按揭贷款之和，也即统计贷款；各项贷款总额即各项贷款累计新增额，统计贷款口径也是指累计新增额。

该指数表明，住房金融机构房贷占比较高，加大了风险管理难度。绝大多数年份住房金融机构房贷占比超过 25%，2005、2007 和 2011 年（8 月）的占比超过 30%，这一方面反映了住房金融机构对房地产贷款依赖度较高，另一方面反映了房地产贷款在住房金融机构的风险管理构成上占很大比例。

（四）城市发展影响商品住宅价格综合指数

城市发展影响商品住宅价格综合指数，反映全国 35 个大中城市的城市发展状况对商品住宅价格的影响程度。指数取值为 0～1，指数大小反映某一城市的发展状况对商品住宅价格的影响程度的大小。

城市发展影响商品住宅价格综合指数表明：一线城市发展影响住宅价格综合指数最高。一线城市如北京、上海、广州和深圳的发展对住宅价格影响都很大，重庆城市发展对住宅价格的影响也很大，仅次于北京和上海。

（五）住房贷款风险指数

依据数据的可得性情况，上期报告中选择了房地产企业资金中的贷款占比，本期新增一个指标，即按揭贷款月度偿付率。两种指数反映了如下情况。

住房信贷市场仍然存在一定的收缩空间。对统计贷款在房地产企业资金来源中的占比测算结果表明，2010 年第四季度以来，该指标逐月下降，已经接近 20% 的国际经验值。单从该数字来看，住房信贷市场的紧缩空间似乎已经不大，但从以往的经验看，房地产企业还可以从其他间接渠道获得银行贷款，而且比例较为可观，所以目前可靠的判断应该是，住房信贷市场仍然还存在一定的收缩空间，有必要继续维持目前的紧缩政策，稳定住房信贷市场收缩趋势。

城市月度偿付率普遍过高，北京最高。如果参照国际通行做法，那么绝大多数城市的月度偿付率都超过了最高线，只有呼和浩特、重庆、西宁等少数城市是例外，在近几年，月度偿付率在大多数月份保持在30%以下。如果参照中国银监会的标准，长沙、济南、石家庄、长春等近一半城市在大多数月份里符合规定。月度偿付率较高的城市主要集中在北京、深圳、上海、杭州等一线城市，最高的是北京，部分月份的月度偿付率甚至超过100%。这样高的比重可能的一个解释是北京房地产市场的投机成分过重，将房价推高到本市居民无以承受的地步。值得关注的是，重庆却是仅有的几家月度偿付率处于30%以下的城市之一，也是唯一的一个大型城市。

（六）住房市场监管指数

中国城市住房市场监管指数用来反映34个不同城市在住房市场以及住房市场各环节监管中的优劣势。指数反映了以下几个特点。

大城市监管强度明显加强，高房价城市成监管重点。2011年是中国住房市场监管最为严格的一年。中央和地方政府为摆脱高房价阴影，采取多种措施，从土地审批、住房开发、预售、信贷等多个角度加强对住房市场的监管。从2011年住房市场监管指数中可以发现，在此次列入住房监管调查的34个城市中，北京、广州、深圳等高房价城市成为住房监管重点。其中，北京市住房市场监管最为严格，天津、大连、南京、杭州等沿海、沿江大城市与成都、长春等区域中心城市的监管强度也强于其他二、三线城市。2011年住房监管指数排名前十的城市为：北京、广州、深圳、上海、成都、南京、天津、大连、杭州和厦门。

经济发达地区监管更为严格，行政级别较高的城市监管更为有力。经过比较发现，住房市场监管强度与地区经济发展具有很强的一致性。在经济发展较快、对外开放较早的沿江沿海地区，住房监管指数较高，而经济欠发达、对外开放较晚的内陆地区，住房市场监管制度还不够成熟。从行政级别层面看，城市行政级别与住房市场监管强度有较强的相关性，四大直辖市的住房市场监管力度明显大于其他城市。

（七）住房社会保障指数

衡量住房社会保障程度的指数主要包括一般收入居民住宅货币保障指数、中低收入经济适用房覆盖率指数、中低收入家庭的保障性住房负担指数、低收入居民廉租房货币补贴保障指数四类指数。

一般收入居民住宅货币保障指数表明，郑州、贵阳、重庆、哈尔滨、济南、南宁、长沙、西宁和南昌 9 个城市的住宅货币保障指数超出了全国平均水平，北京的住宅货币保障指数略低于全国平均水平。住房货币保障指数最高的前五位城市的公积金缴存比例、公积金缴存最高上限额或公积金缴存最高基数都比较高，住宅的货币保障领先于其他城市。兰州、太原、天津、石家庄、武汉、厦门、乌鲁木齐、合肥、广州 9 个城市的住房货币保障指数比较低。

中低收入经济适用房覆盖率指数表明，经济适用房覆盖率适中的城市有石家庄、大连、南京、杭州、西宁、武汉、兰州等城市；经济适用房覆盖率过小的城市有广州、上海、宁波、北京、合肥 5 个城市。大部分城市 2009 年的经济适用房覆盖率指数低于 2008 年的经济适用房覆盖率指数，乌鲁木齐、西安、哈尔滨、太原和呼和浩特的 2009 年经济适用房覆盖率指数有所下降，但都高于 20%。

中低收入家庭的保障性住房负担指数表明：①全国各城市的经济适用房价格与中低收入阶层的人均可支配收入相差较大，但大多数城市在合理的范围内。中低收入家庭的保障性住房负担指数超过 6 的城市只有深圳、厦门和济南，指数分别为 6.41、6.72 和 6.95；大多数城市的中低收入阶层对经济适用房的可支付能力较强。②大部分城市 2009 年的中低收入家庭的保障性住房负担指数都低于 2008 年的指数。此结果表明，2009 年的收入增长率大于经济适用房价格的上涨率，中低收入家庭的住房可支付能力得到明显改善。

低收入居民廉租房货币补贴保障指数表明，我国各城市廉租房货币补贴保障指数相差较大，位列前十的城市有长春、大连、沈阳、成都、西宁、石家庄、贵阳、银川、济南和长沙。深圳、厦门、呼和浩特等城市的廉租房货币补贴保障指数低，与 2010 年相比，长春、成都、西宁和乌鲁木齐的廉租房货币补贴保障指数明显提高，而大部分城市的廉租房货币补贴保障指数有所下降。

四 问题和挑战

（一）宏观经济：需求带动能力下降，通货膨胀压力犹存

未来宏观经济面临的主要问题有：一是由于出口贸易增长将有所放缓，现存供给能力充足，政府项目减少，投资增长动力将下降；二是较高的通货膨胀率和收入分配差距过大，以及房地产和股市的不景气导致消费需求也难以快速增长；三是人民币升值压力的存在、国际贸易保护主义的妨害，以及中国主动改善贸易失衡的努力等因素影响贸易顺差难以明显扩大；四是通货膨胀不利于经济的平稳发展，也将减弱人们的支付能力，而且对于通货膨胀的预期和担忧也会抑制需求。

（二）中国城市化：质量亟待提高，资源压力日重

中国城市化进程更多地表现在规模和数量的扩张上，并具有比较明显的粗放性特征：①人口城市化发展仍然“量”、“质”失衡，克服“半城市化”、“伪城市化”现象的体制机制仍不完善。②城市经济房地产化现象依然严重，城市产业空心化威胁加大。③空间资源与环境压力增大，现代城市功能仍不完善。

（三）房地产企业：发展模式亟须转型升级，社会责任再成战略命题

多年来，我国房地产行业经营模式粗放、简单，土地溢价和金融杠杆的使用是房地产开发商最主要的利润来源，具有明显的短期利益导向。然而随着市场监管和调控力度不断加强，房地产开发企业的赢利模式已经到了必须转向的阶段。如何延伸产业链、规范内部管理，并形成新的可持续的开发模式和产品模式，如何实现从依赖地价与房价的上涨获得高毛利转向依靠综合开发与服务能力的提高，进而真正成为以房产开发为核心的现代制造企业和高端服务企业，是摆在整个房地产行业面前的重大命题。此外，过去十余年，房地产经济一路飙升，创造了楼市奇迹，也遗留了一系列的社会与经济隐患。房价畸高、暴利拆迁等问题造成的社会问题，严重损害了房地产企业的社会形象。来自社会、经济、环境各方

压力的汇集，成为房企发展的“瓶颈”，践行企业社会责任正是房企实现发展与转型的重要动力。

（四）住房需求主体：消费者购房心理仍不理性，夹心层需求仍难解决

政策的长期性、稳定性有待提高。近年来，我国的房地产政策调整幅度很大，始终围绕着房地产业是经济发展的支柱产业的政策来发展地产，政策对于房地产市场的影响极大，房地产政策调控的引导作用明显。

住宅消费政策过于单一，没有细分市场。一线城市的房价确实太高了，因此必须调控，但是在调控的时候，可以考虑消费层次，适当放宽对别墅和高档住宅的消费限制，因为别墅和高档住宅基本不属于普通市民的消费需求。现在的限购过于一刀切，对于富裕阶层来说，他们对高档住宅的消费需求被压制，因此容易流到其他领域，造成炒作其他生产资料的不安定行为。

消费者的不理性消费心理。房地产具有资本和消费的双重属性，有一定程度的吉芬商品的特点。当价格不断上涨的时候，消费者往往不够理性，在商品住宅价格上涨的资本效应下，消费者非理性的购买是存在的。同样，当商品房价格平稳和下降的时候，往往成交量低迷，购买意愿不高。

夹心层住房需求解决难度较大。夹心层在现阶段还不能纳入低收入家庭，但这部分人应纳入社会住房体系，此问题迫切需要破解。

（五）住房金融机构：房贷依赖度过重，信用风险有所增大

住房金融机构存在的问题主要包括：一是房地产贷款在银行金融机构各项贷款中的比重依然处于较高位，住房金融机构对房地产贷款的依赖度在增强；二是房地产贷款的信用风险加大；三是住房金融机构对首套房贷门槛的持续提升正在波及刚性需求者，甚至是国家的有保有压的调控政策；四是合作性住房金融机构的作为仍然有限，合作性住房金融的发展难题依然待解；五是政策性住房金融机构依然虚位以待。

（六）住房市场：调控效果尚不巩固，两类风险需要防范

我国经济发展的非均衡状态将在相当长的时间内存在，而房地产市场自身也

具有区域性特征。住房市场主要存在以下问题：通过对 2010 ~ 2011 年商品住宅市场状况的分析可以看到，目前价稳量跌向量价齐跌转变的过程中，调控的基础并不牢固，未来住房市场存在大幅下跌或者报复性反弹两大风险；供需结构失衡状况没有根本性改观，普通商品住宅供应比例仍旧比较低；租赁市场重视不足，房租短期涨幅过大；限购覆盖程度不一，局部地区上涨过快。

（七）土地市场：土地制度有待完善，土地监管尚需加强

土地市场仍存在较多的问题：土地供应计划完成率偏低；有关土地市场的基础性制度不够完善；土地法律法规和政策的执行力弱化；政策波动过大，缺乏预评估和后评估；土地市场化程度偏低；土地市场缺乏监管，信息披露不够；土地有效供应不足；对地价增长规律缺乏足够的认识。

（八）住房金融市场：差别信贷政策较为缺乏，保障房融资渠道尚需拓宽

住房金融市场存在的问题主要有：住房信贷市场供给趋降态势不稳；个别板块的非规范性活跃对国家住房调控和监管形成干扰，最典型的是房地产信托板块和民间住房融资板块，其中，房地产信托板块于 2011 年 7 月被行政叫停，但规范性难题依然存在；住房股票市场萎缩导致住房金融市场结构畸形化程度加深，住房金融市场的风险主要集中于住房信贷市场；保障房融资市场板块需求缺口亟待有效弥合。

（九）市场监管：效率尚需提高，责任亟待明确

住房市场监管存在的主要问题包括：土地出让存在腐败现象，土地批后监管存在漏洞；工程质量监管有待加强，转包、违法分包仍时有发生；贷款用途监管不严，信贷监管视野狭窄；现有制度对违法违规销售行为威慑力不足，部分城市存在越权监管行为；住房租赁市场混乱，缺乏统一有力的监管主体；物业企业权责不明，配套法律体系不完整。

（十）保障性住房：保障制度有待细化，目标与实际错位犹存

面对一般收入家庭、中低收入家庭、低收入家庭的各项住房保障制度不够细

致，配套政策与措施不到位，可操作性差，可控制性差，很难保证住房保障政策的有效实现，易出现政策的预期目标与实施错位的问题。这主要表现在：一是先建设后规划，短期计划与长期规划不能有效衔接；二是资金缺口大，资金监管不到位；三是保障性住房建设规模过大，各地区规模不均衡，导致分配不公平；四是大兴建设，易埋伏质量安全隐患；五是目标定位与档次不够明确，运作机制不畅；六是公共租赁房的租金档次少，租金过高；七是保障性住房覆盖面不等于保障率，开工率不能保证竣工率，住房保障任务仍然严峻。

（十一）市场调控：政策缺乏差异性，政策效果有待进一步提高

2010～2011年度，中国住房宏观调控还存在着很多问题，主要表现为：调控政策缺乏地区间差异性，一刀切现象严重；房地产调控制度建设落后，容易与政策混淆；房地产税收调控的作用不甚明显，房产税一纸空文；不少地方政府对于中央调控政策存在抵触和消极执行行为；个人（家庭）住房信息系统建设落后；等等。

五　政策建议

通过对2010～2011年度住房调控政策的分析，并结合我国住房市场的发展与趋势，预计我国2011～2012年度住房调控政策在继续严格中会加快调节步伐和节奏，并制度化、长期化，同时，也会进一步加快住房调控制度的健全与完善，进一步加大、加快保障房的建设。为实现调控目标，需要综合使用法律、金融、税收、土地、监管、分配等多重手段，同时要注重政策的延续性和协调性，加快住房调控政策法律化、制度化、长期化建设。

主要任务

2012年，住房市场调控的主要任务是促进宏观经济和住房市场的平稳发展。具体就是既要保证宏观经济健康、平稳发展，又要防止通货膨胀；既要保证住房投资的稳定增长，又要保证居民的合理住房需求。

政策目标

为实现以上任务，2012年的政策目标应该保证“继续调整、回归理性”，具体为“扩大供给，缓降价格，保证投资，重塑预期”。房地产价格过高的城市价

格要下降，一般的城市要平稳；在销售上，确保基本平稳，保障房和普通商品房销售比例上升；在投资上，适度减缓投资，防止投资过度滑落。

政策原则

针对房地产市场可能出现的问题，在调控中应该坚持以下原则：继续从紧，适度微调；差别对待，有保有压；统一协调，稳定预期；多重组合，时空匹配；长短结合，标本兼治；未雨绸缪，防备风险。

（一）宏观调控政策：避免过度紧缩，加强收入调节

货币政策避免过度紧缩，增加对中小企业的信贷。继续提高存贷款利率，增强银行吸收存款的能力，同时，缩小中小企业与大中型企业间资金成本的差异，消除不对称竞争的现象。

维持适度宽松的财政政策，调整财政支出结构。增加对企业特别是中小企业转型资金特别是科技创新资金的支持，减少企业税负的压力，规范收费，调整中央和地方财政分配关系。

减轻居民负担，扩大消费需求。实行重要食品财政补贴制度，推行教育改革，增强教育均等程度，切实推进公租房建设，摒弃成本定价原则，减轻家庭住宅负担。

加强对出口企业的支持，推进部分企业转型，鼓励部分出口企业通过合适的途径转为内销或者专做其他行业，避免破产倒闭造成大群人员失业和经济冲击。

坚持紧缩的住房调控，但对部分政策进行适当微调。抓住有利时机，积极探讨和研究房地产市场稳定运行的长期机制，特别是注重税收手段的运用，努力将住房调控长期化和机制化。

（二）中国城市化：促进产业优化，提高城市化质量

坚持以提升城市化质量为主线，走有质量的城市化发展道路。一是提升人口城市化发展质量，着力解决转移人口“融入”问题；二是提升产业城市化发展质量，避免城市经济房地产化；三是提升空间城市化发展质量，实现功能优化和绿色发展，主要是以城市群为核心完善国家城市化空间战略格局和城市功能。

（三）房地产企业：强化风险管理，优化专业服务

强化风险意识，切实提高风险管理水平，是房企面临的核心问题。在若干风险控制点中，资金链安全、拆迁、工程质量问题等是重中之重。长期以来，开发商专注于前期的销售环节，往往忽视楼盘交房后会出现的种种质量问题或是小区管理维护，由此引发购房者抗议的集体事件，对开发商的品牌、形象等造成较多负面影响。未来房地产市场发展中，开发商应更多地满足后期居住的服务需求。

人性化、差异化的专业服务，同时也是创新的营销手段，是企业提升竞争力的重要武器。随着住房消费者日渐理性、成熟，其对服务的要求和期望值也不断提高。同时，消费偏好和购买行为也在发生较大的变化，比如异地购房行为增多等。开发商应及时调整和优化服务策略来促进销量，提升消费者的满意度和忠诚度。特别是在体验营销和一站式置业服务方面，更有很大的提升空间。

（四）住房需求主体：合理引导住房消费，健全住房保障体系

在社会政策的框架内制定住房政策。过去，政府对待房地产的政策不断地左右摇摆，缺少一个长期的准确的定位和发展方向，原因是政府已经把房地产看成是经济增长和发展的一个重要资源。如今应该改变这一认识，应将房地产政策制定纳入社会政策的层面，注重社会公平和民生平等。

合理引导住房消费，建立多层次的住房消费结构。政府的房地产政策应针对不同的消费需求提供差别化的住宅消费：一是对富裕阶层开放别墅、高档住宅的限购，发挥市场自我调节的作用；二是严格限购一般商品住宅，通过税收和利率优惠鼓励居民首次购房。

将“夹心层”纳入社会住房保障体系。“夹心层”的住房需求可以通过租或买解决，但是在自我解决住房的时候，国家要根据每个家庭的实际社会负担能力，通过减免个人所得税，对商业住宅贷款给予补贴的手段来帮助中等收入家庭购买住房，这本身也是对社会各阶层的一种照顾。

（五）住房金融机构：有效防控风险，建构政策性住房金融体系

调整贷款投向。各类住房金融机构应尽快调整贷款投向，降低对房地产贷款

的过度依赖。

有效防控房地产贷款风险。一是监管调控部门更多着眼于经济考虑而非政治考虑，披露房地产贷款的真实信息，创新对住房金融机构房地产贷款风险的监控机制和手段。二是各类住房金融机构切实落实中国银监会关于房地产贷款风险的防控要求，特别是“名单制管理”和“开发贷款以在建工程抵押”两个基本要求，加强房地产风险预警管理和完善相应的风险防控措施。三是创新对房地产客户信用风险的防范和控制手段。

强化有保有压的房地产贷款导向。一是对首套房贷款需求建立政府和商业有效对接的优惠激励机制，可持续支持住房的刚性需求，特别是对中低收入家庭和中小商品房户型的刚性需求者的贷款支持。二是在现有的制度和机制框架没有实质性改变的情况下，对商业银行应该履行的首套房贷优惠设定严格边界，对超越边界随意以所谓防范风险为名降低、取消甚至提升首套房贷门槛的机构，进行相应的惩戒。

扩大合作性住房金融机构生存和发展的空间。通过放宽审批、政策优惠等方式促进合作性住房机构的发展。

尽快建构有效的政策性住房金融机构支持体系，以匹配大规模的保障房建设和消费。其一是建构政策性保障房建设贷款支持机构；其二是建立保障房建设和消费融资增信机构。

（六）住房市场：加强住房租赁管理，增强政策区域差异性

为市场健康发展，建议建立确保市场健康均衡发展的内生机制，并进一步完善住房供应和住房保障的政策体系；充分发展租赁市场，增加出租供给；考虑现实存在的房地产市场区域性差异，建立全国统一性和差异化相结合的政策体系。

（七）土地市场：健全土地法制，力求地价稳定

长期稳定的法律化制度和短期灵活的政策化制度有机结合；加强土地法律法规和政策的执行力；做好土地调控政策的预评估和后评估；加强土地市场检测监管，及时披露相关信息；继续加大土地有效供应；取消土地供应双轨制；完善创新土地出让方式；建立地价稳定增长机制，综合增长率不超过GDP增幅的1%~2%。

（八）住房金融市场：创新金融产品，探索保障房融资机制

维持有效的房地产调控和监管政策。一是在2011年第四季度继续坚持紧缩性的政策，重在强化既有政策的落实。二是在2012年适当放松对房地产市场的调控和监管，促使房地产市场在实现“软着陆”的同时，避免出现2009年式的报复性反弹。

鼓励并有效规范住房金融创新，促进建立多元均衡的住房金融市场体系。住房金融创新和完善的住房金融市场体系有利于拓展融资渠道，并降低住房金融机构风险。探索建构有效的保障房融资支持体系，一是继续实施已有并且政策允许使用的融资工具；二是建构有效的政府性金融市场工具，引导商业性资金支持保障房建设和消费。如建立政府性保障房建设之商业性融资担保基金，成立保障房消费融资政策性担保机构，赋予国家开发银行保障房建设融资之职能等，这些政府性金融工具可有效消除商业性融资的后顾之忧，从而激励商业性融资对保障房建设进行有效支持。

（九）市场监管：突出信用监管，完善租赁登记

建立动态土地开发利用监管平台，长期跟进住房土地监管；统一房地产开发企业信用网络，建立贷款用途长效监管机制；绑定房地产企业法人与住房销售信用记录，严控住房预售监管；建立专门、统一的住房租赁监管机构，落实住房租赁登记制度；推广地方性物业管理法规，明确物业与业主权责。

（十）住房保障：建立住房保障长期机制，拓展资金来源渠道

制定明确的政策目标及长远规划；多渠道提供保障性住房；加大住房金融的支持力度，鼓励各类机构投资者投资和经营保障性住房的出租业务；合理选择保障性住房的建设用地，完善配套设施；尽快实施《住房保障法》，规范并指导保障房建设；完善信息披露制度，追踪评价政策效果，并不断完善住房保障制度；建立长期的激励机制，鼓励企业和私人参与住房保障项目。

宏观背景

Macroeconomic Background

G.2
第二章 中国宏观经济形势分析与预测

吕风勇

一 2010～2011年宏观经济形势分析

（一）宏观经济运行：经济稳中有落，通货膨胀压力陡增

1. 经济增长：增速有所放缓，工业下滑较大

2010年第四季度至2011年第三季度，我国国内生产总值维持了较高的增长速度，但是增长率有所放缓，4个季度的同比增长率分别为9.8%、9.7%、9.5%和9.1%，呈逐季回落态势。2011年前三季度国内生产总值比上年同期增长9.4%（见图2－1）。工业增加值增速也维持在较高的水平，2010年第四季度，各月工业增加值增速与同年以前月份相比略有下降，但进入2011年后有所回升，然后波动略有加剧（见图2－2）。2011年1～9月，工业增加值同比增长14.2%，比上年同期降低2.1个百分点。

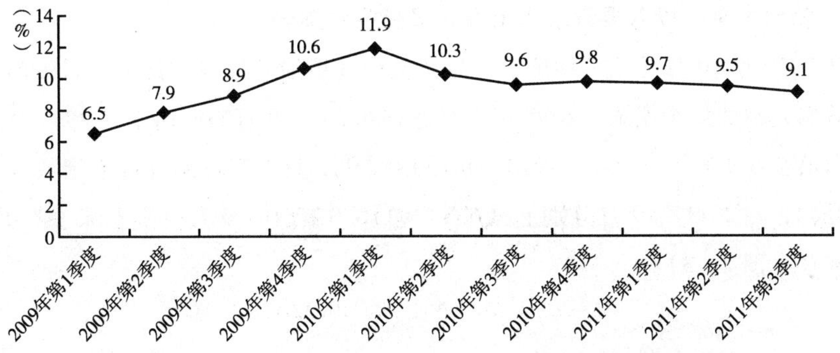

图 2－1　2009 年以来国内生产总值季度同比增速

资料来源：国家统计局网站及新闻发布数据。

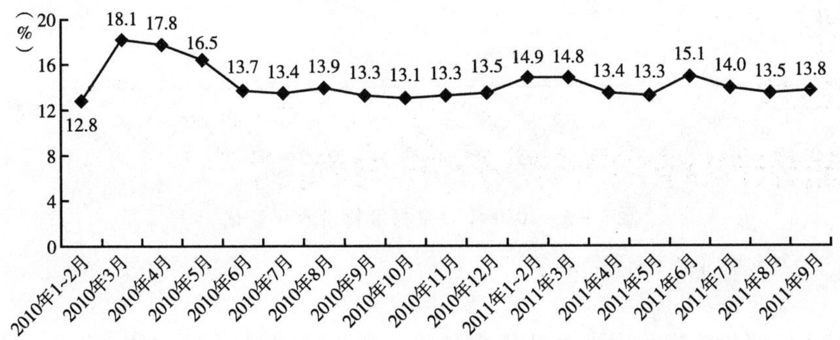

图 2－2　2010 年以来工业增加值月度同比增速

资料来源：国家统计局网站。

三次产业构成中，2011 年 1～9 月，第二产业增加值增速由上年同期的 12.8%下降到 10.8%，下滑了 2 个百分点，由于第二产业增加值占国内生产总值的比重接近 50%，其增速下滑拉低了国内生产总值 1 个百分点，是经济增长率比上年同期回落的主要影响因素。在工业分类行业中，交通运输设备制造业，黑色金属冶炼及压延加工业，纺织业，有色金属冶炼及压延加工业，通信设备、计算机及其他电子设备制造业，电力、热力的生产和供应业，通用设备制造业等重要行业增加值增速都比上年同期下降了 2 个多百分点，而这些行业增加值占工业增加值的比重达 45.0% 左右，是影响工业增加值增速下降的主要力量。这些工业行业增速放缓主要受高基数增长、行业政策变化、出口需求增长放缓等因素影响，同时，其中的重型工业行业受中国固定资产投资放缓的影响也较大。

2. 物价水平：投入要素成本上升，通货膨胀加剧

从2010年10月开始，物价水平总体呈现逐步抬升趋势。其中，居民消费价格指数攀升趋势最为明显，2011年7月达到6.5%，8月略回落至6.2%，9月进一步回落至6.1%。工业生产者出厂价格指数和工业生产者购进价格指数也有较大的升幅，在2011年9月分别上涨6.5%和10.0%，1~9月分别上涨了7.0%和10.4%（见图2-3）。

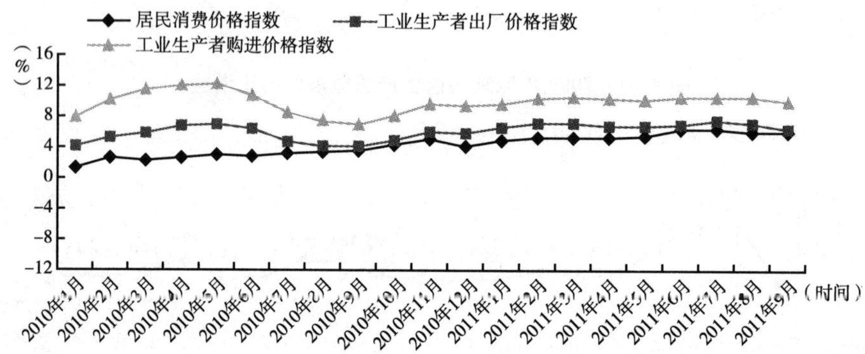

图2-3　2010年以来月度物价水平变化

资料来源：国家统计局网站。

居民消费价格指数中，食品价格和居住类价格涨幅巨大。2011年1~9月，食品价格同比上涨了12.5%，特别是肉禽在9月同比上涨了28.4%，大幅推动了居民消费价格指数的上升。食品价格涨幅趋升从2007年就开始了，在2009年略微回落后，2010年又步入快速攀升轨道。食品价格的上升不仅严重影响人们对通货膨胀的预期，而且这种通货膨胀预期也反过来进一步影响食品价格，使之具有更大的上涨压力。居住类价格也有明显的涨幅，2011年1~9月同比上涨6.0%，建房和装修材料及水电燃料价格上涨主要受世界性的原材料和燃料购进价格上涨的影响，住房租金和自有住房价格上涨则主要受近年房地产价格上涨和利率调整的影响。

工业生产购进价格指数上涨主要受世界性的大宗商品的价格上扬影响，并且进一步推高了工业生产成本，直接导致工业生产者出厂价格上升。工业生产者出厂价格中，生产资料由于受作为主要成本组成部分的原材料价格上涨的影响而出厂价格上涨较多；生活用品价格虽然也受原材料和劳动力成本的影响，但是这种

影响相对较小，而且技术进步对效率提高的影响也较大，部分抵消了成本上涨带来的压力，所以生活用品出厂价格涨幅明显低于生产资料价格的涨幅。

总之，包括农业产品在内的原材料和能源价格世界性上涨趋势的存在，以及近年资产价格的过度上涨需要某种程度的消解，加之人们对全球流动性泛滥的担忧，这些因素都一定程度上推动了中国物价水平的上涨。其中，原材料、能源、土地、劳动力等投入要素成本的上升是推动此轮通货膨胀的主要因素。

（二）社会需求：投资主导内需，贸易收支收缩

1. 内部需求：投资需求保持较高增长，消费需求增速放缓

就投资需求而言，2010 年第四季度，各月城镇固定资产投资波动较大，11 月同比增速达 29.1%，12 月下降到 20.4%。进入 2011 年，按照新口径统计的不含农户的固定资产投资基本保持较高水平的平稳增长，1～9 月增速为 24.9%，略高于上年同期 24.5% 的水平，但是从 6 月开始增速略有下降。其中，住宅投资完成额 1～9 月增长了 35.2%，高于上年同期 33.8% 的增速，保持了较快的增长速度，在新口径统计的固定资产投资中所占比重上升至 15.0%（见图 2－4）。

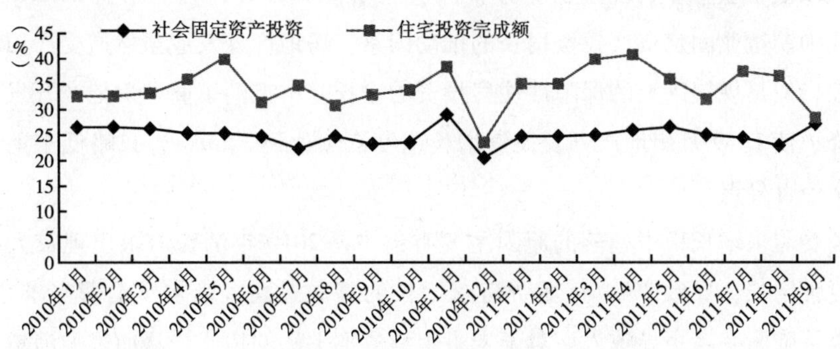

图 2－4　2010 年以来中国固定资产投资同比增长情况

注：固定资产投资只有每年 1～2 月综合统计，为了作图方便，图中视 1 月和 2 月增速相同处理。2010 年固定资产投资指原口径城镇固定资产投资，2011 年固定资产投资指国家统计局新的统计口径统计的固定资产投资（不含农户），增速进行了相应调整。

资料来源：国家统计局网站。

就消费需求而言，2010 年第四季度消费需求维持较高的增速，进入 2011 年，从 2 月开始增速有所放缓，各月社会消费品零售总额增速没有达到 18.0%，

除2月外，其他月份基本维持在17.0%~18.0%。2011年1~9月，社会消费品零售总额增速为17.0%，低于上年18.3%的水平（见图2-5）。

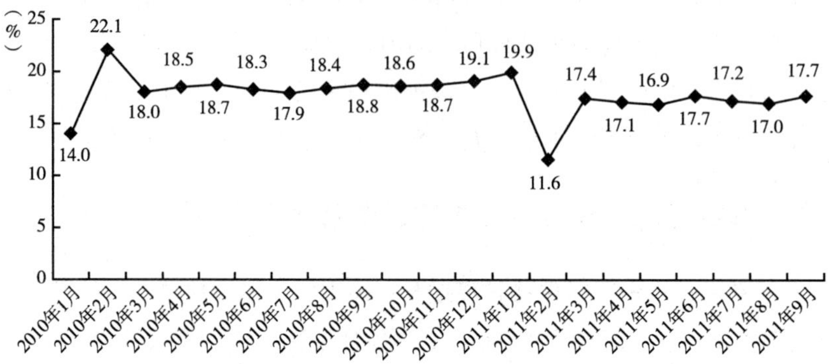

图2-5 2010年以来中国社会消费品零售额同比增长情况

资料来源：国家统计局网站。

投资需求较快增长主要得益于占总投资额比重较大的制造业和房地产业固定资产投资的增长。尽管2011年1~9月制造业增加值增速有所下降，但是1~8月规模以上工业企业实现主营业务收入仍然增长29.9%，利润增长28.2%，这些都成为制造业固定资产投资增长的推动因素。房地产开发业虽然遭受严厉的宏观调控，但是规模巨大的保障性住房投资的增长基本抵消了商业房地产开发投资的下降，使1~9月房地产开发投资增长速度依然达到32.0%，只略低于上年同期0.9个百分点。

消费需求增长稳中趋落的原因主要有：一是2010年消费需求出现较大程度的恢复性增长，导致2011年消费需求增长的基数过高，影响了消费需求增速。二是通货膨胀率高企导致人们对于未来生活成本上涨的担忧，从而影响消费的支出增长。三是收入分配差距扩大的趋势没有得到改善。事实上，先富阶层的财产收入、高收入阶层的高基数基础上的收入增加甚至还会拉大分配差距，而高收入阶层的边际消费率较低。四是居民收入份额在国民收入中的分配比重继续下降，影响了整体消费需求的增长。

2. 外部需求：进出口增速回落，贸易顺差有所下降

2010年第四季度以来，进出口贸易总额保持了较快的增长速度，不过增速有所降低，特别是2011年各月增速相比2010年更是如此。2011年1~9月，进

出口贸易总额增长 24.6%，低于 2010 年同期 37.9% 的水平，这主要是因 2010 年进出口贸易恢复性增长因素作用巨大所致。2011 年 1～9 月，出口额增长 22.7%，进口额增长 26.7%，贸易顺差为 1070.98 亿美元，比上年同期降低 14.7%。2010 年 1 月以来各月进出口额的变化如图 2-6 所示。

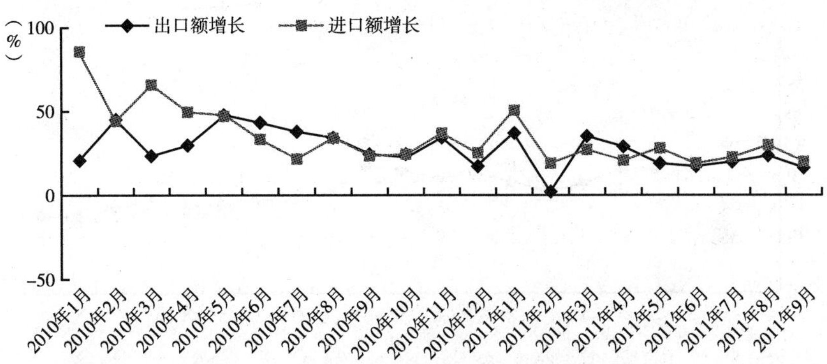

图 2-6　2010 年以来中国对外贸易增长情况

资料来源：中国商务部网站。

中国出口增速放缓的影响因素较多，其中，世界经济特别是欧美经济的不景气是重要的因素，同时，出口产品的原材料成本、劳动力成本和融资成本上升，加之贸易摩擦的加剧等，都对中国出口造成了较大的负面冲击。进口相对于出口增长较快，这主要是由于中国经济依然维持了较高的增长率，而原材料、能源和生产资料进口价格的上升也推高了进口额。出口增长乏力导致贸易顺差额比上年同期有所下降，也导致对经济增长率的贡献为负。尽管如此，对外贸易对专业分工的促进和效率的提高都有重大作用，从而对于长期经济增长仍然具有重要的推动作用。

（三）金融市场运行：货币环境趋紧，资金成本趋升

1. 货币供应量：货币供应增速下降，流动性过剩有所缓解

2010 年第四季度以来，货币供应量增速总体呈现逐渐放缓之势。2011 年 9 月，货币供应量 M_2 增速由 2010 年底的 22.1% 下降到 13.0%，货币供应量 M_1 增速则由 25.5% 下降到 8.9%。2010 年底，货币供应量 M_2 与国内生产总值的比值为 1.82，比 2009 年的 1.78 有所增加；2011 年上半年，货币供应量 M_2 增加额与

国内生产总值之比值也达到1.78，虽然远低于2009年和2010年的相应比值，但是高于2004～2008年各年的相应比值。货币供应量增速下降（见图2－7）反映了货币政策的紧缩力度，事实上，中央银行频繁提高存款准备金率对货币供应量的增长起到了较大的抑制作用，不过也给商业银行带来了较大的流动性压力。

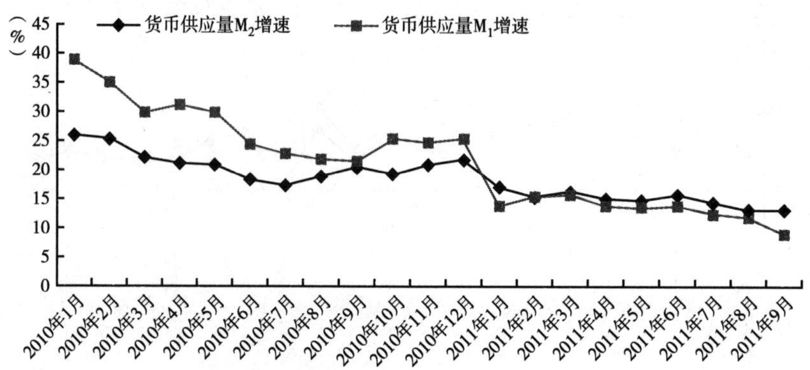

图2－7　2010年以来中国货币供应量增长情况

资料来源：中国人民银行网站（http：//www.pbc.gov.cn）。

2. 金融机构存贷款：信贷规模增速回落，吸存难度有所上升

2010年第四季度，金融机构本外币存贷款都还维持较高的增速，但进入2011年后，本外币存贷款增速就开始呈现放缓的趋势，9月，金融机构本外币存款增长13.9%，本外币贷款增长16.0%，明显低于上年底19.0%以上的增速（见图2－8）。

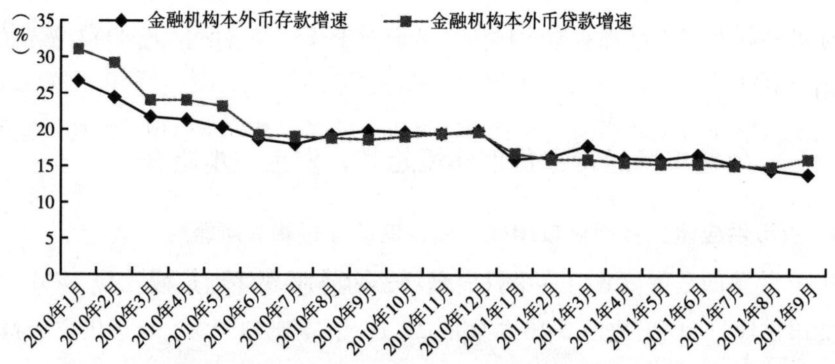

图2－8　2010年以来中国金融机构本外币存贷款变化情况

资料来源：中国人民银行网站（http：//www.pbc.gov.cn）。

金融机构本外币存贷款规模增速下降主要受中央银行存款准备金调控等影响较大。不过，储蓄存款的规模增速也略有下降，在一定程度上反映出居民在通货膨胀形势下在银行存款的意愿降低，更愿意通过理财产品的方式或者民间信贷的方式投放出去，以获得更高的投资回报。事实上，投资担保公司、小额贷款公司以及民间地下钱庄等在各地盛行，使金融机构存贷款规模已经不能完全反映社会存贷款的变化情况，同时也深刻改变了社会存贷款的结构。

3. 利率：总体趋于上升，民间借贷利率高企

非金融性企业及其他部门贷款利率上升。2011 年 6 月，贷款加权平均利率为 7.29%，比上年同期增长 1.72 个百分点。个人住房贷款利率稳步上升，6 月，加权平均利率为 6.83%，比上年同期增长 1.88 个百分点。从利率浮动情况看，执行下浮利率和基准利率的贷款占比下降，6 月，执行上浮利率的贷款占比达到 61.15%。

货币市场利率波动中趋于上升。受连续上调存贷款基准利率和法定存款准备金率、通胀预期上升等因素影响，货币市场利率在波动中明显上行。2011 年，金融市场利率上升略高。9 月，同业拆借加权平均利率为 3.74%，比上月和上年同期分别高 0.44 个和 1.84 个百分点，比年内最高点 6 月低 0.82 个百分点；质押式债券回购加权平均利率为 3.75%，比上月和上年同期分别高 0.37 个和 1.77 个百分点，比年内最高点 6 月低 1.19 个百分点。

民间借贷利率持续走高。受紧缩货币政策调控的影响，一些企业特别是中小企业资金变得紧缺，通过民间借贷来筹措资金成为很多中小企业的无奈之举。伴随着对资金需求的上升，民间借贷利率也日益走高。在浙江、江苏等一些省份，民间借贷利率甚至已经超过了 4 倍于基准利率的规定，有的借贷年息甚至高达 50% 以上。民间借贷利率的上升表明社会资金偏紧，至少是出现了结构性紧张的局面。

二　2011～2012 年宏观经济形势预测

2011 年第四季度和 2012 年中国经济仍将较快发展，但通货膨胀率较高、收入分配差距较大、房地产从严调控等因素对经济平稳较快发展仍将有制约作用。

（一）社会需求：投资增速将有所下降，消费将趋稳，贸易顺差难以扩大

投资需求对经济的拉动作用将下降。这主要有以下原因：一是地方政府融资平台的整理将影响地方市政设施的投资能力。由于地方政府融资平台前几年积累了大量的债务，同时中央对地方政府融资平台的整理力度加大，地方政府投资基础设施和市政建设的能力将下降，从而将影响社会投资水平。二是由于2011年住房投资完成额基数较高，2012年住房投资完成额增速将会趋于下降。三是由于世界经济增长放缓，受劳动力、原材料和能源等投入要素成本的上升，以及部分产品产能过剩等因素的影响，企业的销售和赢利能力将有所减弱，从而降低企业投资意愿。四是人们对服务类产品的需求将上升，需要大量投资的物质产品生产的增长将放缓，从而影响投资增速。

消费需求将现平稳增长。这主要体现在以下方面：一是2011年消费需求增长有所降低，从而2012年将难以出现继续下滑的情形。二是尽管房地产面临较严厉的住房调控，但是2012年住宅竣工面积仍然会有较大的增长，从而有利于拉动家具、家电等消费品的增长。三是保障性住房的建设将有助于稳定人们的预期，将促进人们提高消费率，特别是对于2012年能够享受到住房保障的人群更是如此。四是较高的通货膨胀率将最终导致工薪收入水平的提高，有助于避免人们节衣缩食、减少开支的消费行为，从而提高消费率。图2－9表明，2011年消费者信心指数在3月开始反弹，一直维持到6月，但是在7月和8月开始出现较

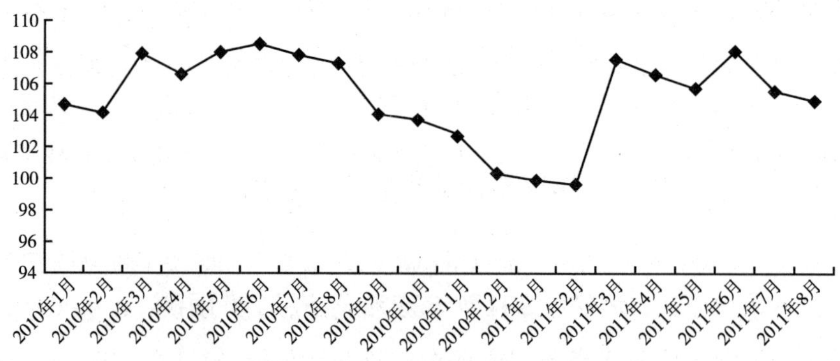

图2－9　2010年以来消费者信心指数走势

资料来源：国家统计局网站。

明显的下降，这在一定程度上反映了缺乏新的经济增长动力，导致人们的消费信心有所下滑，但基本还保持在较高水平。

贸易顺差增长乏力。这主要是由于中国的经济形势好于欧、美、日等国家的经济形势，加之国外对中国产品进行反倾销的调查日益增多，贸易摩擦加剧，中国出口增长速度仍然难以显著超过进口增长速度。同时，由于劳动力成本、土地要素成本和资金成本上升，中国成本优势逐渐变得不明显，很多出口企业的业务逐渐转为满足中国内部的需求，也导致了出口增速放缓，从而贸易顺差难以有效扩大。

（二）物价水平：居民消费价格涨幅将有所放缓，工业生产者出厂价格和工业生产者购进价格仍将出现较大的涨幅

居民消费价格将高位企稳。2011 年，食品价格的上涨和居住价格的上涨成为推动居民消费价格指数上升的主要因素，而且也推动了人们对居民消费价格上涨的预期。但是，由于紧缩货币政策的滞后性影响，以及目前的粮食消费和居住消费等的价格已经处于较高的水平，2012 年居民消费价格指数的上涨幅度将会有所放缓。不过，电价和水价等与人们生活息息相关的基础资源价格上调改革也会成为推动居民消费价格指数上涨的新的因素。

工业生产者出厂价格指数和工业生产者购进价格指数仍将维持较高的涨幅。由于世界资源供需失衡的局面不能有效改变，特别是世界经济经过回探有望逐渐回升，市场稳定预期增强，这些都将有助于工业生产者出厂价格指数和工业生产者购进价格指数走高，特别是中国投资拉动的经济增长方式尚未改变，且又处于通货膨胀上升通道期，所以这两种指数仍然有可能出现较大的涨幅。

（三）经济增长：回落调整后将现基本平稳态势

工业生产增幅将略有回落。金融危机以来，工业生产经历了快速恢复性增长，2011 年有所回落，2012 年将延续 2011 年的趋势，但是回落幅度将有所减小。这主要是受投资需求和消费需求增长将有所放缓的影响。2011 年 9 月，CFLP 中国制造业采购经理指数（PMI）为 51.2%，比上年同期减少 2.6 个百分点，环比上升 0.3 个百分点。与上月相比，购进价格指数和供应商配送时间指数

下降，其余各指数均有不同程度上升。其中，新出口订单指数、积压订单指数、产成品库存指数回升幅度较大。这些指数变化表明工业生产经过调整后，将会呈现一定程度的恢复。

第三产业的增长将保持稳定。2011 年 9 月，中国物流与采购联合会发布的中国非制造业采购经理指数（PMI）商务活动状况指数为 59.3%，比上年同期降低 2.4 个百分点，但环比上升 1.7 个百分点。这在一定程度上表明第三产业在近期也有回稳的态势。特别是考虑到中国正处于第三产业发展较快的时期，经过一短时间的调整，平稳增长将是可能的。

国内生产总值增长速度将有所放慢。由于出口贸易、城市化建设投资、重化工投资等增长迅速，中国经济在 2003 ~ 2007 年出现了 10% 以上的增速。2010 年，由于恢复性增长，中国经济也出现了 10% 以上的增速。但是，由于未来贸易顺差很难再迅速增长，土地和住房调控、城市化建设投资也将放缓，重化工投资由于需求有所减弱，以及供给能力较为充足，从而投资增速也会放缓，加之通货膨胀引致的紧缩性宏观调控难以根本性转向，将导致 2012 年经济增长速度难以超过 2011 年的增速。不过由于这些需求因素的影响是渐变的，所以经济增长不会出现明显放慢的情况，中国国内生产总值增速仍将保持在 9% 左右。

（四）宏观经济指标预测：中国经济增速将高位趋缓，新的经济增长动力略显缺失

重工业化、城市化和全球化为中国带来了几年高增长、低通胀的黄金时期，虽然其间有世界性金融危机的影响，但由于扩大内需的政策力度较大，2009 年中国经济也保持了相当高的增长速度。但是，这些带动中国经济高速增长的因素都在逐渐削弱，预计未来经济增长放缓、通货膨胀率上涨的局面有可能会出现，不过即使出现这样的情形，也不会太严重。中国经济增长迫切需要新的动力。在需求方面，消费需求应该逐渐成为拉动经济增长的动力，而在供给方面，科技创新应该逐渐成为推动经济增长的动力。消费需求的增长可以拉动相应工业和服务业的发展，而科技创新将通过降低成本、推出新产品等创造出新的消费需求。可以预期，消费需求和科技创新都不太会对 2012 年的经济增长作出较大的贡献。综合这些分析，预计 2012 年中国经济增长将会在高位有所放缓，主要经济指标预测如表 2 - 1 所示。

表 2-1　2011~2012 年宏观经济指标预测

指标＼年份	2011	2012	指标＼年份	2011	2012
GDP 增长率(%)	9.3	9.0	居民消费价格指数上涨率(%)	5.5	5
全社会固定资产投资增长率(%)	24.5	22.0	贸易顺差(亿美元)	1400	1500
其中:住房投资完成额增长率(%)	35.0	33.0	年末 M_2 增长率(%)	13.5	15.0
社会商品零售总额增长率(%)	17.0	17.5	本外币贷款增长率(%)	15.5	16.0

三　宏观经济与住宅市场的相互影响

（一）宏观经济与住宅市场分析：住宅投资带动作用明显，住宅市场和经济运行调控目标呈现一致性

住宅投资对经济增长的拉动作用依然明显。2010 年第四季度，商品住宅销售面积维持在 36292.2 万平方米以上，同比上涨 14.7%，2011 年 1~9 月，商品住宅销售面积同比增长了 12.9%，高于上年同期增速。住宅销售价格在严厉的房地产调控措施下趋降。2010 年第三季度以来，住宅投资完成额维持了较高的增速，2011 年 1~9 月，同比增长 35.2%，总体维持了较高的增长速度。2011 年 1~9 月，虽然房地产开发投资增速略有回落，但由于保障房的建设，住宅投资完成额增速反而上升，对经济增长依然作出了较大的贡献，2011 年 1~9 月，房地产开发投资大约带动经济增长 0.9 个百分点。

住宅市场与经济运行的调控目标呈现一致性。住宅市场从 2010 年就开始遭受严厉的宏观政策的调控和打压，但 2010 年是中国经济恢复增长的一年，为了稳固经济增长基础，宏观经济政策特别是货币政策方面总体较为宽松，住宅市场与经济运行的调控目标存在一定的矛盾性。进入 2011 年，住宅价格没有出现明显的下降，许多城市甚至还出现了上涨，但随着通货膨胀的加剧，针对经济运行的宏观调控日益紧缩，货币供给量增幅大幅度减小，所以住宅市场也继续承受了较严厉的调控措施，二者调控的目标基本一致。这在一定程度上降低了宏观政策调控的矛盾和风险，也促使中央宏观调控部门在进行政策操作时更为果敢和坚决，从而取得了一定的政策效果。

（二）宏观经济与住宅市场预测：宏观调控或现结构性调整，住宅市场承压将更重

宏观调控将因实体经济而进行结构性调整。由于2011年货币政策过于紧缩，尽管住宅价格得到了初步遏制，但是许多企业特别是中小企业资金压力加大，以致在部分地区出现了严重的高利贷、企业主“跑路”逃债现象，不仅实体经济遭受重创，金融稳定也受到了一定威胁。基于此，2011年第四季度和2012年宏观调控很可能出现结构性调整，支持实体经济稳步发展。

住宅市场将承受前所未有的压力。2010年，住宅市场从严调控的基调开始确立。2011年，针对住宅市场的调控措施开始密集出台，并且效应初步呈现。2012年将是住宅市场调控措施充分发挥效应的一年，也是各方都紧张而密切关注的一年。为了扩大和稳固住宅调控效果，2012年，住宅市场从严调控的基调不会改变，但是中央调控部门在现有政策效应充分发挥之前会避免采取更加严厉的措施，而是采取边观察边调控的谨慎态度。由于从严调控基调不变，人们对住宅价格下行的预期增强，从而减少购买，房地产开发商资金压力趋紧，住宅市场成交量和价格（保障房除外）都将承受更大的压力。

宏观经济调控和住宅市场总体上调目标仍是一致的，而保障房投资将继续成为推动经济增长的动力。宏观调控会出现一定的结构性调整，住宅市场面临压力较大，对于出台新的严厉调控措施将趋于谨慎，经济运行和住宅市场在整体上都将面临从严调控，但在力度和节奏上都不会像2011年如此坚决。同时，保障性住宅的投资建设也是住宅市场调控的措施之一，在控制物价上涨的宏观调控环境下，仍将通过投资需求带动实体经济的发展，成为推动经济增长的动力。

四　宏观调控面临的问题及政策建议

（一）未来宏观经济调控目标及其实现面临的问题和挑战

1. 宏观调控目标：稳定经济增长，治理通货膨胀，调节收入分配

2012年，总的宏观调控目标是稳定经济增长，调节收入分配，治理通货膨胀。具体是要保持2012年经济增长在9%以上，但不单纯追求过快增长速度，

居民消费价格指数涨幅争取控制在5个百分点以内，缩小收入分配差距。

2. 实现2012年经济目标所面临的问题：需求带动能力下降，通货膨胀压力犹存，收入分配差距调节难度较大

实现2012年经济目标也面临着一系列的问题。一是投资增长动力下降。这是由于出口贸易增长将有所放缓，现存供给能力充足，政府项目减少，而住宅投资也由于2011年的高增长基数而放缓，民间投资还面临着紧缩货币政策和体制造成的融资瓶颈和投资渠道约束的影响。二是消费需求难以快速增长。这是由于受到较高的通货膨胀率、收入分配差距过大、房地产和股市的不景气导致负向的财富效应等因素的影响。三是贸易顺差难以明显扩大。这是由于受到人民币升值压力的存在、国际贸易保护主义的妨害，以及中国主动改善贸易失衡的努力等因素的影响。四是通货膨胀的危害。因为通货膨胀将招致紧缩性的货币政策调控，不利于经济的平稳发展，通货膨胀特别是食品等消费品价格上涨将减弱人们的支付能力，而且对于通货膨胀的预期和担忧也会使人们倾向于节衣缩食而不敢过多消费，从而抑制需求。

3. 实现2012年经济目标所面临的挑战：世界经济深受债务危机困扰，不确定性较大，世界大宗商品价格居高难下

实现2012年经济目标在外部关系上也存在许多挑战。一是由于受欧债危机的威胁，世界经济前景还不明朗。欧洲主权债务危机短期难以根除，美国经济增长率回落，失业问题严重，新兴经济体和发展中国家经济面临的通货膨胀压力也较大，这些都加剧了世界经济恢复较快增长的难度。二是大宗商品价格难以下调，加剧输入型通货膨胀的压力。虽然大宗商品近期出现了一定幅度的回调，但是价格仍然在高位运行，而且影响大宗商品价格的因素也没有消除，价格出现波动甚至上行的可能性仍然存在，这将加剧中国输入型通货膨胀的压力。三是人民币升值压力较大。虽然自2010年6月19日央行宣布增加人民币汇率弹性以来，人民币对美元已经有一定幅度的升值，但是美国仍然将人民币汇率作为一个关注的问题，人民币升值压力较大，而且将引起国际热钱的流入，对经济产生一定的冲击。

（二）未来宏观调控政策建议：货币政策避免过度紧缩，增强财政政策对收入分配的调节作用，扩大消费需求

1. 货币政策避免过度紧缩，增加对中小企业的信贷

2012年，治理通货膨胀仍然是货币政策重要的目标，但是要避免过度紧缩

对实体经济造成损害。在总量控制的前提下，通过金融体制改革和信贷制度改革，资金提供适当向中小企业倾斜。继续提高存贷款利率，消除银行资金转借中介渠道获取高利率的动力，增强银行吸收存款的能力，减弱民间资金过度脱离银行体系从事民间借贷活动的动力。同时，借此缩小中小企业与大中型企业资金成本的差异，消除不对称竞争的现象。

2. 维持适度宽松的财政政策，调整财政支出结构

2012 年会存在通货膨胀压力，但是仍然不能紧缩财政政策，而要维持适度宽松的财政政策。增强对企业特别是中小企业转型资金特别是科技创新资金的支持；适当通过税制改革和税率调整减小企业税负的压力；进一步规范收费的范围和用途；进一步调整中央和地方的财政分配关系，适当增加地方政府财力，降低地方对土地财政的依赖。

3. 减轻居民负担，扩大消费需求

实行重要食品财政补贴制度。通过采取生猪等出售补贴和零售阶段租金补贴的方式，有效控制或者降低重要食品特别是猪肉和鸡蛋的价格。推行教育改革，加大教育均等程度，增强对教育条件较差的中小学校的财政投入，加强师资队伍建设，适当降低教育条件较差的中小学学生升级考试的分数，缓解部分中小学的压力，削弱居民为孩子进入条件较好学校的缴费竞争，减轻居民负担。切实推进公租房建设，摒弃成本定价原则，可以将公租房租金价格分为不同的档次，根据申请人的经济状况分别收取。允许中低收入阶层首套房一定面积内的购房按揭贷款利息在个人应税所得额中扣除，减轻居民住宅负担。

4. 加大对出口企业的支持，推进部分企业转型

投入要素价格的上升和人民币升值压力的加大将降低部分出口企业的国际竞争力，甚至会导致部分企业关门或倒闭。随着中国经济的发展，成本优势总体上在逐步丧失，出口企业特别是劳动力密集型的出口企业，长期来看也会逐渐丧失竞争力，因此，应该逐步加大对出口企业的支持，鼓励其通过合适的途径转为内销企业或者专做其他行业，避免破产倒闭造成人员大量失业和经济冲击。可以通过宣传、引导、创新资金和转型政策支持等方式推进部分出口企业转型。

5. 坚持紧缩的住房调控，但对部分政策进行适当微调

2012 年应该继续严厉执行有关房地产调控的措施，稳固住宅市场平稳运行的成果。抓住有利时机，积极探讨和研究房地产市场稳定运行的长期机制，特别

是注重税收手段的运用，努力将住房调控长期化和机制化，避免临时应急措施的固化对房地产市场或部分人群的损害。在这一前提和要求下，对住房政策进行深入研究，针对不同地区、不同经济状况和不同家庭结构的人群制定更为详细的住房政策，做到总体严厉、局部放松，提高住房政策的有效性和适应性。

五　专题：当前货币政策治理通货膨胀的有效性

中国目前正经历着一场比较明显的通货膨胀，日常消费品、要素资源甚至部分资产的价格都已经让企业和居民产生了负担沉重的感觉。深入了解通货膨胀的成因及传导机制，区别价格上涨中的合理因素与不合理因素，有的放矢地制定治理通货膨胀的政策特别是货币政策，是应对通货膨胀的应有之举。货币因素通常被认为在通货膨胀中起着重要的作用，从而货币政策也成为治理通货膨胀的重要手段。本章试图研究货币因素在此轮通货膨胀形成中的作用，探讨货币政策在治理通货膨胀中的有效性，从而为未来货币政策的制定提供理论和经验依据。

（一）中国通货膨胀的现状

中国正处于一个新的通货膨胀期。自20世纪90年代以来，中国经历了一个比较明显的通货膨胀期和两个通货紧缩期，即1993～1995年的通货膨胀期，1997～2000年的通货紧缩期和2009年的通货紧缩期。其中，通货膨胀主要是由国内投资热潮带动和引起的，而两次通货紧缩则是由国际性的金融危机引起的，分别是东南亚金融危机和次贷危机。不过，不同于以前物价变动周期的是，2009年的通货紧缩期持续时间较短，2010年物价水平就开始反转回升，并且这一次通货紧缩期是在2007年和2008年物价水平逐渐抬升期突然受外界冲击引起的，因此，从这个意义上来说，2009年出现的通货紧缩并不能算一次真正的变动周期。我们从图2－10可以看出，2007、2008、2010和2011年（前三季度）居民消费价格指数涨幅都超过了3个百分点。2011年前三季度这一涨幅超过了5.5个百分点。因此，动态地看，2007～2011年应该看做另一个通货膨胀期，而2009年物价下降则应该看做这一通货膨胀期的一次暂时性波动。2009年工业品出厂价格指数和原材料、动力、燃料购进价格指数及固定资产投资价格指数也具有同样的变动周期。

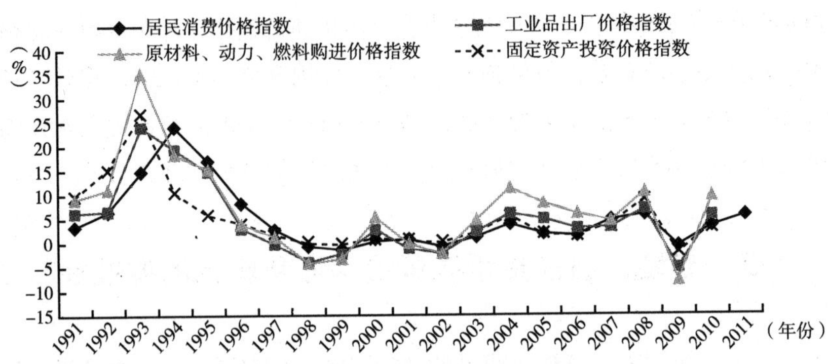

图 2-10　1991～2011 年中国通货膨胀率变化状况

注：2011 年数据为 1～9 月累计值。

资料来源：中经网统计数据库。

这次通货膨胀主要有四个特点：一是食品和居住类消费品价格指数涨幅较大。2011 年 8 月，食品类价格指数比 2006 年 8 月上涨了 59.7%，其中肉禽及其制品价格指数涨幅高达 98.5%，不包含房价的居住类价格指数则上涨了 16.4%。二是农村居民消费价格指数涨幅快于城市居民消费价格指数涨幅。2011 年 8 月，农村居民消费价格指数比 2006 年 8 月上涨了 23.8%，比城市居民消费价格指数涨幅高了 3.6 个百分点，其中居住类价格指数涨幅高了 8.7 个百分点，交通和通信、娱乐教育文化用品及服务、衣着和食品涨幅也较高。三是原材料、动力、燃料价格指数涨幅最大，工业品出厂价格指数涨幅相对较小。2011 年 8 月，原材料、动力、燃料价格指数比 2006 年 8 月上涨了 26.1%，居民消费类价格指数上涨了 21.3%，工业品出厂价格指数则上涨了 12.7%。四是资产类价格涨幅巨大。这主要是因为房地产价格上涨最大，尽管统计数据表明，2011 年 8 月，房地产销售价格指数比 2006 年 8 月上涨了 28.2%，但是就同一城市同一区域的房地产价格而言，绝大多数城市房地产价格都上涨了 4 倍以上。

这次通货膨胀对中国经济社会的影响是深远的，将在很大程度上改变中国未来的经济和社会结构。

（二）通货膨胀的影响因素

这一轮新的通货膨胀的影响因素较多，传导机制也较为复杂，但发轫之始就处于经济高速增长、进出口贸易发展迅速、全球流动性过剩的大背景下。不同商品

价格变动程度和受具体因素影响的程度都是不同的，特别是在此大背景下，中国经济结构和消费结构的变化对物价水平和物价结构也产生了重大影响。因此，治理通货膨胀也就不能采取单一的政策手段，而要运用综合性和差别化的政策组合来治理。

货币因素。2007 年，中国通货膨胀率总体呈走高的趋势。2006～2008 年，货币供应量 M_2 分别增长 17.0%、16.6% 和 17.8%，增长率略显偏高，但还算是适度的。2009 年，为应付世界性金融危机的冲击，中央银行扩大了货币供给量，致使 M_2 增长了 27.7%，2010 年又增长了 19.7%，支撑了中国经济在危机期间依然维持了较高的增长率。分析表明，货币因素并不是影响此轮通货膨胀的根本性原因，只是 2009 年和 2010 年的高货币投放率对 2011 年的物价起到了较大的推动作用。尽管如此，全球性的长期低利率致使全球货币环境极为宽松，加之国际大型金融机构投机性的金融活动，对全球性的大宗物品的物价上涨仍然起到了很大的作用，从而使中国大宗商品的价格随之上涨。而中国巨大的投机资金涌向股市和房地产等领域，造成资产价格泡沫，也对通货膨胀产生了影响，从这个意义上说，货币因素在中国此轮通货膨胀中也起着重要作用，只是不能说是根本性的因素。

供求因素。2008 年上半年，原油期货价格一度上涨到每桶 147 美元，是 2000 年同期价格的 4.2 倍，年均增长 20%，而同期世界经济年均增长率在 5% 左右。世界石油价格的上涨有多种原因，包括开采成本、二次加工成本、美元贬值、国际金融机构对石油期货的投机、发展中国家对石油需求的快速增长等。其中，实体经济对石油的需求和石油期货投机是石油价格上涨的主要原因，而石油的供给相对缺乏弹性则是石油价格能够大幅上涨的条件。这种供给缺乏弹性，一方面是由于欧佩克组织对产量的限制，另一方面是由于石油开采投资需要较长时间，所以在石油价格高涨时产量不会大幅增长，从而对油价不能产生足够的抑制作用。加之石油是不可再生的稀缺资源，稀缺性也加剧了石油价格上涨。其他资源如钢铁等也具有这样的属性，从而价格也出现了较大程度的上涨。粮食价格上涨的原因则包括全球大旱、新兴经济体对粮食需求的增加、美国的玉米制生物乙醇政策，以及高企的石油价格导致粮食海运费用增加，其中，供给失衡仍然是这轮粮食价格上涨的主要原因。这些分析表明，世界大宗商品供给失衡是价格上涨的主因，不过，上涨预期和市场投机也起到了重要的推波助澜的作用。

成本因素。国际大宗商品价格的大幅上涨也导致了中国国内相关产品的价格上涨。这些原材料或者能源作为投入要素，其价格上涨直接导致了产品成本上

升。由于劳动力供给趋于减少，加之新劳动法的实施，劳动者满足生活需要的费用上升，导致劳动力成本也上升较多。人民币对美元的升值则抬高了出口企业的生产成本。这些成本的上升也加重了通货膨胀的压力。

结构因素。在更深的一个层面，由于中国经济的发展，一些内部的结构性因素对推动价格上涨起到了较大的作用。例如，由于资源价格如水、电、气和土地等定价过低，从而导致投资和生产过多，虽然这有利于经济的增长，但是也导致了对资源的过度消耗，加重了资源性产品价格上涨的压力。另一方面，随着物质生产部门效率的提高特别是物质产品价格的上涨，服务部门为了获得平均利润，也倾向于提高服务产品的价格。不仅如此，由于体制改革，医疗、教育等一些公共服务价格也会提升。人们收入水平的提高，以及消费结构的转变和升级，也会推动部分消费品的价格上涨。结构因素在此轮通货膨胀中也起到了较大的推动作用。

（三）通货膨胀的货币因素

通货膨胀现在已成为中国经济运行中存在的主要问题，治理通货膨胀也成为货币政策的主要目标。但是，如上分析，货币因素固然也对通货膨胀产生了较大的影响，但不是主要的因素，更不是唯一的因素，试图完全或者主要通过货币政策来治理通货膨胀，不仅难以达到目的，而且也容易导致对实体经济的实质性损害。这里我们进一步通过定量的方法研究货币因素对不同商品价格的影响情况，以提高货币政策治理通货膨胀的针对性。

1. 模型设定和数据来源

为考察货币因素在通货膨胀中的作用，此处分别以居民消费价格指数（CPI）、工业品出厂价格指数（PPI）、原材料、动力和燃料购进价格指数（PGI）、房地产销售价格指数（RSI）为因变量，以固定资产投资增幅（FAI）、社会消费品零售总额增幅（RTL）、全部单位从业人员平均劳动报酬增幅（SLR）、人民币对美元汇率（NER）、广义货币供应量（M_2）增幅作为共同的自变量，同时，由于自变量对因变量的影响可能存在滞后效应，自变量滞后期也被包含在模型中。模型的一般形式如下式（2－1）：

$$\begin{aligned}\mathrm{CPI}(\mathrm{PPI},\mathrm{RSI})_t = C + \sum_{i=0}^{n}\alpha_i \mathrm{FDI}_{t-i} + \sum_{i=0}^{n}\beta_i \mathrm{RTL}_{t-i} + \sum_{i=0}^{n}\delta_i \mathrm{SLR}_{t-i} \\ + \sum_{i=0}^{n}\varphi_i \mathrm{NER}_{t-i} \sum_{i=0}^{n}\chi_i (\mathrm{M}_2)_{t-i} + \varepsilon_t\end{aligned} \qquad (2-1)$$

用于回归检验的数据采取同比季度指数或变化率，样本期为2001年第一季度到2011年第二季度，频率为季度，数据直接来源于中经网统计数据库或者据相关数据整理。

2. 模型的检验

本研究采用固定资产投资、社会消费品零售总额、全部单位从业人员平均劳动报酬和人民币对美元汇率滞后3期，货币供应量滞后8期，带有常数项和远端约束的二阶阿尔蒙多项式分布滞后期模型对式（2-1）进行检验。回归检验结果如表2-2（a）至表2-2（c）所示。并且为了深入理解检验结果所表达的信

表2-2（a）　居民消费价格指数对相关变量的回归结果

系数估计值	自变量				
	FAI	RTL	SLR	NER	M_2
0	-0.00210 (0.02106)	0.07971 (0.03752)**	0.15520 (0.07361)**	-0.97566 (0.19180)*	-0.07783 (0.02318)*
1	0.01427 (0.01310)****	-0.06901 (0.01633)*	0.13205 (0.04529)*	-0.42098 (0.13205)*	-0.02039 (0.01545)***
2	0.02007 (0.01419)**	-0.13187 (0.02427)*	0.09846 (0.05327)**	-0.07348 (0.13951)	0.02484 (0.01098)*
3	0.02007 (0.01419)**	-0.13187 (0.02427)*	0.09846 (0.05327)**	-0.07348 (0.13951)	0.02484 (0.01098)*
4	—	—	—	—	0.07873 (0.01101)*
5	—	—	—	—	0.08737 (0.01166)*
6	—	—	—	—	0.08382 (0.01114)*
7	—	—	—	—	0.06808 (0.00910)*
8	—	—	—	—	0.04014 (0.00541)*
总和	0.04757 (0.04367)****	-0.23003 (0.05444)*	0.44015 (0.15098)*	-1.40327 (0.44017)*	0.34264 (0.07154)*
	样本决定系数 R^2	0.931929	赤池信息量	2.528669	
	修正的样本决定系数	0.902332	施密茨信息量	3.022492	
	D.W统计量	1.184441	F统计值	31.48805	

注：括号里为系数估计值的标准误差，*、**、***和****分别代表系数估计值在1%、5%、10%和25%水平上的显著度。

表 2-2（b） 工业品出厂价格指数、居民消费价格指数对相关变量的回归结果

系数估计值	自变量				
	FAI	RTL	SLR	NER	M_2
0	-0.09857 (0.06134) ***	0.37560 (0.10931) *	-0.10846 (0.21443)	-1.39501 (0.55876) *	-0.37369 (0.06753) *
1	-0.01934 (0.03816)	-0.06249 (0.04758) ***	-0.32495 (0.13195) *	-0.93629 (0.38469) *	-0.22875 (0.04500) *
2	0.02350 (0.04134)	-0.27113 (0.07071) *	-0.37903 (0.15519) *	-0.55088 (0.40642) ***	-0.10967 (0.03199) *
3	0.02995 (0.03212)	-0.25029 (0.06117) *	-0.27071 (0.12302) **	-0.23878 (0.30671)	-0.01645 (0.02942)
4	—	—	—	—	0.05093 (0.03206) ****
5	—	—	—	—	0.09245 (0.03396) *
6	—	—	—	—	0.10812 (0.03245) *
7	—	—	—	—	0.09793 (0.02652) *
8	—	—	—	—	0.06189 (0.01576) *
总和	-0.06445 (0.12722)	-0.20831 (0.15861) ***	-1.08315 (0.43984) *	-3.12096 (1.28232) *	-0.31725 (0.20842) ****

样本决定系数 R^2	0.784501	赤池信息量	4.667188
修正的样本决定系数	0.690806	施密茨信息量	5.161011
D.W 统计量	1.038709	F 统计值	8.372898

注：括号里为系数估计值的标准误差，*、**、*** 和 **** 分别代表系数估计值在 1%、5%、10% 和 25% 水平上的显著度。

息，我们继而对相关变量及滞后期变量做了格兰杰因果关系检验（见表 2-3）。（受篇幅所限，表中只列出变量当期值的因果检验结果，滞后期只在文中讨论时论及。）

表 2－2（c）　房地产销售价格指数对相关变量的回归结果

系数估计值	自变量				
	FAI	RTL	SLR	NER	M_2
0	-0.05816 (0.08467) ****	0.05530 (0.15088)	0.58028 (0.29600) **	-0.63866 (0.77131) ****	0.32975 (0.09322) *
1	0.06174 (0.05268) ****	0.09917 (0.06568) ***	0.31624 (0.18215) **	1.02855 (0.53103) **	0.21773 (0.06212) *
2	0.11140 (0.05707) **	0.10457 (0.09761) ****	0.13152 (0.21423)	1.69072 (0.56102) *	0.12455 (0.04416) *
3	0.09082 (0.04433) **	0.07152 (0.08444) ****	0.02610 (0.16981)	1.34787 (0.42337) *	0.05022 (0.04062) ****
4	—	—	—	—	-0.00526 (0.04426)
5	—	—	—	—	-0.04190 (0.04688) ****
6	—	—	—	—	-0.05970 (0.04479) ***
7	—	—	—	—	-0.05864 (0.03660) ***
8	—	—	—	—	-0.03874 (0.02176) **
总和	0.20579 (0.17561) ****	0.33056 (0.21894) ***	1.05415 (0.60715) **	3.42849 (1.77009) **	0.51801 (0.28770) **

	样本决定系数 R^2	0.635547	赤池信息量	5.311918
	修正的样本决定系数	0.477089	施密茨信息量	5.805741
	D.W 统计量	1.352110	F 统计值	4.010826

注：括号里为系数估计值的标准误差，*、**、*** 和 **** 分别代表系数估计值在 1%、5%、10% 和 25% 水平上的显著度。

表 2－3　变量间的格兰杰因果关系检验

假设检验	观测样本	F 统计值	相伴概率
M_2 不能格兰杰因果地引起 CPI 的变化	40	1.45972	0.2461
CPI 不能格兰杰因果地引起 M_2 的变化		7.15775	0.0025
M_2 不能格兰杰因果地引起 PPI 的变化	40	0.96290	0.3917
PPI 不能格兰杰因果地引起 M_2 的变化		10.9949	0.0002
M_2 不能格兰杰因果地引起 REALPI 的变化	40	5.51363	0.0083
REALPI 不能格兰杰因果地引起 M_2 的变化		2.25924	0.1194

3. 检验结果描述

从表2－2（a）、2－2（b）和2－2（c）来看，三个回归方程F统计值都可以通过临界值检验，第一个回归方程具有良好的拟合度，第二个回归方程拟合优度一般，第三个拟合优度稍差。不过由于我们主要考察货币供应量对价格指数的影响情况，所以仍然可以用这些回归结果来分析。通过对三个回归方程的残差序列进行检验，方程都具有平稳性。

居民消费价格指数对相关变量的回归结果表明，固定资产投资滞后2期、社会消费品零售总额当期至滞后2期、全部单位从业人员平均报酬当期至滞后2期、人民币对美元汇率当期和滞后1期等变量的系数估计值至少都通过5%水平上的显著度检验。货币供应量除了滞后2期外，其他变量的系数估计值也至少通过5%水平上的显著度检验。就总和来看，除了固定资产投资外，其他三项变量系数估计值都在1%的水平上显著。

工业品出厂价格指数对相关变量的回归结果表明，固定资产投资全部变量及总和结果系数估计值都不能通过5%水平上的显著性检验，社会消费品零售总额除了滞后1期变量外，其他期变量系数估计值都能通过1%水平上的显著性检验，但总和不能通过5%水平上的显著性检验。全部单位从业人员平均报酬除了当期外，全部滞后期变量和总和系数估计值至少都通过5%水平上的显著性检验。人民币对美元汇率当期、滞后1期和总和的变量系数估计值至少都通过5%水平上的显著性检验。货币供应量除了滞后3期和4期变量系数估计值外，其他期变量系数估计值至少都能通过5%水平上的显著性检验，但总和变量却不能通过。

房地产销售价格指数对相关变量的回归结果表明，固定资产投资除了滞后2期和3期外，其他变量及总和系数估计值都不能通过5%水平上的显著性检验。社会消费品零售总额各变量和总和系数估计值都不能通过5%水平上的显著性检验。全部单位从业人员平均报酬当期、滞后1期和总和系数估计值都可以通过5%水平上的显著性检验，其他期不能通过。人民币对美元汇率除了当期外，其他期和总和系数估计值至少都通过5%水平上的显著性检验。货币供应量除了滞后3期、4期、5期和6期以外，其他期变量及总和系数估计值至少都能通过5%水平上的显著性检验。

（四）货币政策治理通货膨胀的有效性

上述检验结果表明，货币供应量对三种价格指数都有比较大的影响，特别是居民消费价格指数受到的影响尤其大。虽然工业品出厂价格指数受货币供应量的综合影响不确定，但分期变量影响大部分是显著的，但是，这里有两个问题要讨论。

第一，居民消费价格指数对货币供应量当期和滞后 1 期的回归系数估计值是负的，其后各期为正；工业品价格指数对货币供应量当期和滞后 3 期的回归系数估计值是负的，其后各期为正，但其后各期要么不显著，要么系数估计值过小；只有房地产销售价格指数对货币供应量当期和滞后 3 期的回归系数估计值是正的，其后各期为负或者不显著。

第二，在随后对相关变量及滞后变量做的格兰杰因果检验中，当期货币供应量及滞后期变量并不能显著地格兰杰因果地引起居民消费价格指数变动，而是相反，居民消费价格指数的变动可以显著地格兰杰因果地引起当期货币供应量的变动，工业品出厂价格指数也是同样情况。只有房地产销售价格指数受当期货币供应量影响的因果关系明显，同时，房地产销售价格指数对当期货币供应量影响的因果关系也有一些，只是显著性较低。

这些检验结果表明，尽管货币供应量对居民消费价格指数和工业品出厂价格指数存在一定的影响，特别是滞后影响，但是这种影响并不清晰，反而是居民消费价格指数和工业品出厂价格指数的变动会引起当期货币供应量的反向变动，这正是货币政策的反向调控经济的结果。但是，检验结果也表明，房地产销售价格指数受当期货币供应量的正向影响比较显著（滞后 1 期和滞后 2 期对货币供应量也有正向影响，但格兰杰因果关系不显著），而且当期房地产销售价格指数也在一定显著度上对货币供应量有影响，即货币因素对房地产价格变动有重要影响，房地产价格变动又在一定程度上招致货币政策的调控。

综上所述，资产价格的上涨受货币供应量的影响较大，而消费品价格和生产类价格指数受货币供应量的影响并不显著，至少在所考察期内这种影响是不显著的。检验结果也表明，货币政策明显地将控制通货膨胀，特别是消费品价格作为政策目标，在消费品价格和生产类价格指数受货币因素影响较小的情况下，试图通过货币政策完成控制通货膨胀的目标，无疑将是十分困难的，而且也将伤及实体经济。不过，货币政策对资产价格的控制将是有效的。

（五）结语

本文的分析表明，货币供应量对消费类价格指数、生产类价格指数和资产类价格指数具有一定的滞后影响，但是这种影响的因果关系相对较弱，在当期会对资产类价格指数产生较大的影响，同时受消费类价格指数和生产类价格指数变动引起的货币政策反向操作的影响较大。因此，在此轮通货膨胀中，货币政策不能过多承担治理和抑制通货膨胀的责任，而要综合运用财政政策、产业政策和体制改革来治理通货膨胀，或者合理疏导和消化通货膨胀的影响。根据更为复杂和精准的模型测算货币因素对此轮通货膨胀的具体影响，以及紧缩的货币政策对实体经济的影响程度，从而合理确定货币政策的调控力度，应是进一步研究的重点。

参考文献

范志勇：《成本推动型通货膨胀的含义、甄别和反通货膨胀政策：一个文献研究》，《世界经济》2010 年第 1 期。

李雅丽：《本轮通货膨胀的货币根源分析》，《财经科学》2011 年第 7 期。

杨丽：《1998 年以来我国货币政策有效性评析》，《金融研究》2004 年第 11 期。

谢平、廖强：《当代西方货币政策有效性理论述评》，《金融研究》1998 年第 4 期。

IMF：“World Economic Outlook”（WEO），September 2011.

IMF：“Global Financial Stability Report”，September 2011.

G.3

第三章 中国城市化的进程与趋势分析

赵 峥

城市化既是国家经济社会发展的重要表现形式，更是国家经济社会发展的核心内容，已经成为决定国家经济增长、政治稳定、民生进步和环境可持续发展的关键所在。积极稳妥地推进城市化进程，提升城市化的质量和水平，是我国“十二五”时期国民经济社会发展的重要战略。本部分主要对中国城市化的现状进行分析，梳理和总结目前中国城市化发展面临的主要挑战，并提出推动中国城市化进程的政策建议。

一 中国城市化发展的基本特征

城市化能够带来社会、经济的繁荣和物质文明的巨大提高，是中国经济社会持续发展的主要动力。伴随着中国经济社会的发展，城市化对于经济增长和结构转型、创新聚集与社会进步的意义与价值已经在理论和实践层面达成了共识，从中央到地方都在积极推动城市化进程，并取得了积极的成绩，中国城市化对国家经济社会发展的带动作用日益突出，出现了许多新的变化，并呈现比较鲜明的发展特征。

（一）城市化水平进一步提高，保持稳步提升状态

从中国城市化发展的历史轨迹看，进入新世纪后，中国城市化水平总体上有了大幅提升，由2000年的36.22%上升到2010年的47.7%，10年上升了10多个百分点。根据2010年第六次全国人口普查数据，我国居住在城市的人口已达66557万人，占总人口的49.68%。按照目前的发展速度，“十二五”期间，我国

城市化率就将超过50%，将会出现城市常住人口超过农村人口的局面。但由于中国人口结构已经开始发生变化，人口老龄化态势明显，人口出生率不断降低，可以判断，像城市化初期那样大规模的城市化水平提升将不会出现。我国城市化总体规模将在现有基础上大体保持1%的速度稳定增长，波动幅度不会很大，城市化总体水平将会保持稳步提升状态。

（二）人口流动加速，双向梯度转移特征明显

在城市化规模稳步扩大的同时，城市化进程中的人口流动也在加剧。一方面，转移人口的生存与发展问题受到了越来越多的重视，许多地方都把推进农业转移人口转为城市居民，把符合落户条件的农业转移人口逐步转为城市居民作为推进城市化的重要任务。在北京、上海等特大城市，合理控制人口规模、加强和改进人口管理、充分尊重和发挥外来人口的作用已经成为城市人口政策的主导思想。在大量中小城市和小城镇，放宽农村转移人口的落户条件已经成为较为普遍的现象。另一方面，由于各地政府采取多项措施，鼓励当地居民就近就业、创业，加之大城市生活压力的增大，离开“北上广”也成为更多人的现实选择。在这一背景下，人口从小城市向中等城市转移、中等城市向大城市转移的由小到大式的梯度转移特征依然存在，而许多生活在一线城市的人口开始回流至中西部二、三线城市，由大到小式的梯度转移也成为一种重要现象，人口双向梯度流动特征十分明显。

（三）城市群引领空间集聚，区域差异发展逐步收敛

在过去的一段时间里，国家积极推进城市空间组团发展，以城市群促进区域经济发展已经成为国家和地方发展的共识。我国城市空间布局的空间集群分布特征更加明显，一批成熟和新兴城市群都在以快于全国的发展速度引领区域快速发展。目前，在全国范围内，在水平尺度上，已经形成不同规模和类型的城市相互联系的平面城市集群；在垂直尺度上，不同规模的城市也在深化分工协作，从发展趋同走向协同发展，大城市聚集发展产业链高端环节，中小城市从事加工、制造等中低端环节，每个城市分工不同，定位各异，彼此之间相互补充，互通有无，形成了立体网络状的城市发展新格局。从区域层面看，东部地区的京津冀、长三角、珠三角、山东半岛等城市群发展平稳，正在逐步打造

更具国际竞争力的城市群。而我国不断实施的空间均衡发展战略，使得中西部地区城市群发展得到了更多来自中央的政策支持，使得中西部地区无论是在城市群规模上还是结构上都有了较大幅度提升，诸如中原城市群、呼包银城市群、关中城市群、北部湾城市群等中西部地区城市群后发优势正在凸显。在东部发达地区城市群发展保持相对稳定态势的情况下，区域城市群发展差异将逐步收敛。

（四）城市化发展方式逐步转变，城市绿色发展成为趋势

随着气候变化和资源环境的压力不断增大，城市化进程中的资源环境问题越来越受到关注。国家层面已经明确指出，外延增长式的城市发展方式难以适应新形势下的发展要求，未来中国城市化将不可能再走传统的高耗能、高污染、粗放式的道路，中国城市化的发展方式要进行实质性转变。在地方发展的具体实践中，绿色交通、绿色能源、绿色建筑、绿色生产、绿色消费等逐渐成为城市发展的主题，低碳城市、生态城市、绿色城市等城市发展模式也在全国各地普遍出现，各地支持城市低碳、绿色发展的产业、财税等配套政策陆续出台，以低碳排放为特征的城市产业体系及温室气体排放数据统计和管理体系也得到进一步完善，城市绿色发展已经成为一种趋势。

二　中国城市化发展面临的主要挑战

当前中国正处于经济与社会结构转型、发展方式转变的关键时期，城市化不仅是这一转型过程的一部分，而且也将是应对转型过程中诸多挑战的重要手段。从发展历史来看，中国城市化进程已经带来经济社会的快速发展，取得了积极而显著的发展成效。但是，从目前的情况来看，中国城市化进程更多地表现在规模和数量的扩张上，还具有比较明显的粗放性特征。随着宏观环境和发展目标发生变化，进一步推进中国城市化进程还面临许多必须应对的矛盾和挑战。

（一）人口城市化发展仍然“量”、“质”失衡，克服“半城市化”问题的体制机制仍不完善

城市化的本质是人的现代化和文明化。现代城市化不能简单等同于人口数量

的城市化，并不是让农村人口都聚集在城市就是城市化，也并非简单通过单纯户籍制度改革，从形式上让农民变市民就实现了城市化，而应该是以人为本、有质量的城市化。目前，我国城市化发展的质量还远未与城市化规模相匹配，更没有建立与城市化速度和规模相适应的有质量的保障体系和配套措施。

一方面，“半城市化”的现象仍然严重。目前，中国常住人口的城市化居民相当一部分并没有成为真正的市民，还没有从根本上实现从较低生存水平向较高生活水平和文明程度的转化。具体表现在，一是转移人口的迁而不转。在实践中通常集中表现在县变成区或者镇变成市区过程中，农民在土地被征用后成为市民，但是失地农民的就业问题没有解决，在其他生活条件和思维观念上都没有任何的变化，仅仅是“被”城市化。二是转移人口的转而不迁。现实中大量的农民工虽然到城市里就业了，但他们的身份、生活、社保、住房都没有发生根本性的变化，并没有分享到城市发展的成果。城乡劳动者同工不同酬、劳动用工管理不规范、农民工超时劳动、劳动安全条件差、职业病和工伤事故较多的现象普遍存在。

另一方面，支持人口迁移转换的体制机制还不完善。我国的公共服务和社会福利体系仍然是与相应的户籍绑在一起的，导致城乡和不同地区户籍“含金量”存在明显差别。虽然全国已有20多个省份宣布实现城乡统一登记的居民户口制度，但是附着在户籍制度上的公共服务和福利制度并没有发生实质改变，原城乡人口在最低生活保障、经济适用房（廉租房）住房保障、社会保险、征兵、退伍兵安置、优抚对象的抚恤优待，甚至交通事故赔偿上的待遇差别问题，均没有得到根本解决。各试点地区在政策设计上，原则上规定具有稳定就业、稳定收入和稳定住所及一定工作、居住年限的转移人口，可以在城市落户并享有与当地城市居民同等的权益，但实际上落户的前置条件还很多，转移人口难以真正在城市落户。特别是进入设区市，获得户口往往必须与放弃土地挂钩，这让转移人口很难接受。同时，很多地方的户籍改革主要是针对本辖区的非农户口，但对跨行政区的流动人口户籍基本没有放开。户籍制度抬高了农村人口进城的门槛，使城市化处于僵持状态，成为转移人口谋求机会公平、待遇平等、权益保障的障碍。更值得注意的是，体制壁垒的现实存在还直接影响到了代际公平。尽管生于城市、长于城市，但很多转移人口子女仍然被排斥在城市主流教育系统之外，被城市劳动力市场边缘化，当代的不公平延续为后代的不公

平，陷入身份的累积因果循环中，给社会长期稳定和经济健康发展带来了巨大隐患。

（二）城市经济房地产化现象依然严重，城市产业空心化威胁加大

城市化过程既是城市人口规模不断扩张的过程，也是产业结构不断优化升级的过程。从历史上看，城市的出现并不等于城市化历史的开始，而是工业革命以后，源于对生产和规模化效益的追求，引发了资本、劳动力和其他多种物质生产要素的空间加速集聚，城市化才得以真正进入快速发展期。就我国而言，改革开放以来，长三角、珠三角和京津冀三大都市经济区城市化水平大幅提升，这很大程度上得益于其大规模吸纳国际资本和产业转移，使其成为参与国际分工和竞争的主要载体，通过产业发展成为吸纳农村人口转移的主要地区。而从目前城市经济发展的现实情况来看，地方政府与房地产企业的双赢发展是本轮城市化过程中的显著特征之一，这一特征推动了城市化快速发展，同时也弱化了城市化发展的产业动力。目前，我国城市化发展的房地产依赖现象仍然非常明显，城市经济房地产化现象在有些地区非常严重。单纯依赖房地产业支撑经济增长，忽视其他产业的培育与壮大，造成产业发展的“空心化”，是许多城市发展所面临的现实问题。城市经济的房地产化不仅直接影响到了城市经济发展的可持续性，也更容易形成政府与开发商的利益捆绑，造成广大公众在城市化进程中的集体失语，直接弱化公众主动参与城市化建设的积极性，并引发一系列涉及拆迁、征地领域的群体性事件，极大地影响了城市化的健康发展。

（三）空间资源与环境压力增大，现代城市功能仍不完善

城市化经济本质上表现为空间上的集聚经济，强调空间上布局的经济合理性和投入产出的适当比例，城市化进程本身也具有降低资源消耗、实现可持续发展的内在要求。但目前，我国城市化发展方式转变的力度仍然不够，城市化发展所面临的空间资源与环境问题依然突出。

一方面，城市化发展的资源环境压力正在不断增大。我国自然资源种类繁多，资源绝对数量可观，按资源总量计算，我国耕地、森林、草地、淡水、矿产等自然资源都位居世界前列。但由于庞大的人口基数，我国资源环境各要素的人均拥有量明显不足，人均资源占有量大大低于世界平均水平。然而，在我国城市

化快速发展过程中，城市规模不断扩张、常住人口和流动人口增加、机动车大量使用，导致能源消耗十分巨大，同时还伴随着大量污染物排放，已经形成了沉重的资源环境负担。同时，一些地方政府在“经营城市”的理念下，通过土地批租和土地担保等手段拓宽城市建设融资渠道，客观上加快了城市建设，城市建成区面积迅速扩大，拓展了城市发展空间和人口容纳能力，但也造成了大量空间资源的浪费和消耗，导致能源消耗和环境污染的矛盾更加明显。2011 年是国家“十二五”规划的开局之年，从目前的情况来看，中国各地正在加紧布局大型工程，进行大规模开发建设，城市发展与资源能源消耗、环境污染之间的矛盾将会越来越突出。

另一方面，资源和能源的大量消耗并没有换得等量的城市功能的增进和改善。城市重表轻里、重外轻内、重上轻下的现象仍然十分严重，城市功能相对缺乏。现实中，许多大城市发展存在“大跃进”和“贵族化”倾向，片面追求城市发展的速度，注重城市华丽的外表和国际化风貌，在城市建筑等方面瞄准国际一流，和发达国家城市相比也不差，但在公共基础设施、城市管理、社会文化等方面投入长期不足，致使城市拥挤现象严重，排水、供电、供水、学校和医院，以及住房紧张的问题十分突出。例如，就城市排水系统而言，英国伦敦排水系统被称为世界工业奇迹，早在 1865 年，伦敦排水系统工程全长就达到 2000 公里，至今仍在使用。而我国首都北京最常用的排水系统标准的设计是 1～3 年一遇，往往遇到夏季暴雨就成汪洋。大城市如此，小城市就更明显，特别是小城镇，城市公共设施往往更加落后。

三　推进中国城市化发展的建议

长期来看，中国真正实现经济发展方式转型、实现国家繁荣富强，最根本的是要实现城市化。质量是我国城市化发展的核心。没有质量的城市化不仅不会促进国民经济和社会进步，还会抑制经济增长的动力，激化社会矛盾，影响国家长期可持续发展。在未来城市化进程中，我们应该坚持以提升城市化质量为主线，更多地关注人口的生存与发展质量、产业发展质量和空间发展质量，促进人口迁移和转换并举，促进产业优化升级，促进空间积聚和功能完善，全面提升人口城市化质量、产业城市化质量和空间城市化质量，更加重视集约发展、内涵发展和绿色发展，推动区域人口、经济、社会、资源和环境全面协调，走有质量的城市化发展道路。

（一）提升人口城市化发展质量，着力解决转移人口“融入”问题

城市化是人口迁移和转换的过程。城市化表现为人口大规模迁移，是农业人口转化为非农业人口，并从平面无限分散向有限空间集聚的过程。同时，城市化是人口身份转换的过程，是转移人口融入城市社会、分享城市文明成果的过程。有质量的城市化在价值取向上应强调把人放在一切发展活动的中心，尊重人、依靠人、为了人，推动从物本向人本转变。在推进人口城市化进程中，既要着力解决“进入”问题，也要着力解决“融入”问题，实现人口的迁移和身份转换一体化。第一，要进一步探索福利与户籍脱离的人口社会管理制度，加快落实稳定居住为依据的城市户籍准入制度。要将有稳定就业岗位的农民工和因城市建设征地失去承包地的农民转变为市民为重点，把有稳定劳动关系并在城市居住一定年限的农民工及其家属逐步转为城市居民。第二，实现城市户籍准入与农民土地权利分离。充分尊重农民在进城或留乡问题上的自主选择权，切实保护农民承包地、宅基地等合法权益，同步完善征地和土地流转制度，建立和实行土地征用与经济补偿、社会保障、就业服务同步进行的征地安置制度，令农民留乡有地有收益，离开土地也有保障，从根本上消除农村转移人口的土地障碍，客观上避免和减少城市化快速发展时期的土地矛盾问题，同时也为我国城市化发展留下缓冲空间。第三，加快推进劳动就业、义务教育、公共住房、社会保障等制度的改革，逐步形成转移人口与城市居民身份统一、权利一致、地位平等的公共服务制度体系，健全普惠的覆盖转移人口的公共服务体系，实现国民教育、医疗卫生、公共住房、社会安全、社会救济和社会保障等各个方面公共服务均等化，促进转移人口积极融入现代城市。同时，特别要保证转移人口随迁子女平等接受义务教育的权利，并做好与高中阶段教育的衔接，避免代际发展机会的缺失。

（二）提升产业城市化发展质量，避免城市经济房地产化

城市化是产业结构演变的过程。城市化表现为生产要素从农业向非农产业转换、第二和第三产业快速发展、国家或地区的经济活动从以农业生产为主转向以工业和服务业为主，是以第二、第三产业为动力，三次产业互为补充，互相促进产业结构不断演化升级的过程。产业的发展不仅为城市社会财富的积累带来了动力和源泉，而且也直接影响到城市人口生存和发展的质量。具体来看，第一产业

发展给人口城市化提供生存和发展的物质基础和原始动力，第二产业是人口城市化的吸纳主体和核心动力，第三产业发展给人口城市化的持续推进以后续动力。就我国而言，提升产业城市化发展质量，一方面要注重城市产业的发展，积极支持传统产业提升竞争力，着力发展新兴产业，努力去除城市经济房地产化；另一方面要着力避免陷入人口城市化快于产业城市化的“拉美陷阱”，推进城市化与就业协调增长，注重产业与人口的同步发展。在推进城市化的进程中，努力优化产业结构，建立与人口城市化发展相适应的现代产业体系。第一，在总体上，要适应现代产业结构演变规律，转变房地产业主导城市经济的局面，促进产业结构优化升级，大力发展服务业和制造业，加快形成支撑城市化的强势支柱产业和现代产业体系，为转移人口提供丰富的就业机会和广阔的发展空间。第二，要鼓励劳动密集型制造业发展，重点用高新技术改造传统产业，同时加快发展创新型、战略性新兴产业，为产业升级奠定坚实基础。第三，制造业发展到一定规模和水平后，随着产业结构升级和技术进步加速，吸纳就业的能力开始下降，因此，解决新增劳动力的就业问题将主要依靠第三产业，即服务业。因此，要大力发展服务业，促进生产性服务业、消费性服务业和社会服务业协调发展，拓展服务业的领域和层次，充分发挥服务业的就业“蓄水池”作用。

（三）提升空间城市化发展质量，实现功能优化和绿色发展

城市化是生产要素和经济活动在空间集聚的过程。城市化表现为劳动力、资本、技术等生产要素和生产、交换、分配等经济活动在城市聚集，是以地理空间聚集为核心，城市在空间数量上增多、规模上扩大、功能和设施上逐步完善的过程。提升空间城市化发展质量的关键在于在有限的空间内实现资源环境与人口的协调发展，既节约又发展，尊重人和自然，实现人居和自然环境发展的统一。第一，以城市群为核心完善国家城市化空间战略格局。目前，集聚化、网络化发展已经成为中国城市化空间格局变化的重要特征。未来应按照统筹规划、合理布局、完善功能、以大带小的原则，遵循城市发展客观规律，以大城市为依托，以中小城市为重点，逐步形成辐射作用大的城市群，促进大、中城市和小城市协调发展。着力构建以陆桥通道、沿长江通道为两条横轴，以沿海、京哈京广、包昆通道为三条纵轴，以轴线上若干城市群为依托、其他城市化地区和城市为重要组成部分的城市化战略格局。第二，完成城市功能。注重体现人本理念，切实以保

障、改善民生为根本，让人民群众共享城市文明成果，实现由偏重数量、规模和粗放发展向注重提升质量内涵、集约高效发展转变，着力提升城市品质，完善城市功能，不断提升城市科学规划、科学建设、科学管理水平，统筹地上地下市政公用设施建设，全面提升交通、通信、供电、供热、供气、供排水、污水垃圾处理等基础设施水平，增强城市综合承载能力，提升服务功能。同时，扩大城市绿化面积和公共活动空间，加快面向大众的城市公共文化、体育设施建设，增强城市生产生活功能。第三，注重城市绿色发展。城市绿色发展的核心是要在保证城市经济效率和生活质量的前提下，使能源和其他自然资源的消费和污染最小化，使其既能满足当代城市发展的现实需要，又能满足城市未来发展的需要。在城市发展模式上，坚持以人为本、节地节能、生态环保的原则，合理确定城市开发边界，规范新城、新区建设，节约、集约用地，严格控制高耗能、高污染行业在城市的布局，坚持节能减排，鼓励发展低碳经济、循环经济，保护自然生态环境，实现由主要依靠资源能源消耗、经济粗放增长，向资源节约型、环境友好型城市发展模式转变，努力构建注重节约能源资源和保护生态环境，人与自然和谐发展的城市可持续发展新格局。

四　专题：城市化质量与房地产“四化”

在城市化规模总体稳定的背景下，中国城市化的质量问题日益突出，已经成为影响国家经济社会持续健康发展的重要因素。而提升城市化的质量与水平，也已经成为我国“十二五”时期重要的国家战略。房地产业发展与城市化质量的提升是相互联系、不可分割的。城市房地产业的快速健康发展为城市化质量的提升提供了用之不竭的动力，而城市化质量的提升也为房地产业的发展提供了良好的环境和条件。城市化质量的核心要求是人口、产业、空间和社会的和谐统一，与之相适应，在以质量为导向的城市化进程中，房地产领域也将出现新的发展趋势，体现出民生化、绿色化、区域化和多元化的发展特征。

（一）民生化

我国城市化发展已经进入了从规模向质量转变的关键时期。这一时期，大规模转移人口的住房需求不断增加，而随着城市居民生活水平的提高，对房地产的消费特别是改善型需求同样表现出非常明显的同步提升。从长远来看，城市化的大势不可逆转，我国国民经济又快又好发展的方向没有发生根本变化，城市化对房地产的持续而旺盛的市场需求仍然会长期存在。但是，由于经济社会发展的阶段的转变和结构的调整，这一时期的住房问题已经不再是一个单纯的市场问题，伴随着城市化进程的不断加速，大量城市人口的住房问题已经不能通过完全市场化的办法来解决。在新的历史阶段，从国家战略的角度出发，我国房地产发展的目标已经具有更多的民生特色，其主要任务是通过影响供给和需求，一方面通过加大保障性住房供给，扩大保障覆盖范围，一方面抑制投机性购房，规范房地产市场秩序，解决普通民众的住房问题，最终实现“住有所居”的目标。在这一大背景下，房地产业也需积极调整思路，凸显民生主题，积极履行社会责任，体现行业道德和操守，杜绝唯利是图、不择手段的行为方式，自觉维护市场经济秩序，积极投身保障房开发建设，缓解城市居民居住压力，努力提供优美的城市景观，创造美好的生活环境，改善人民的生活品质，以自身产业健康发展促进国民经济的健康运行。

（二）绿色化

绿色发展是当今世界经济社会发展的潮流，实现绿色发展也是城市化质量提升的内在要求。随着气候变化和资源环境压力的不断增大，外延增长式的城市化发展方式已经难以适应新形势下的发展要求，也就决定了未来中国城市化将不可能再走传统的高耗能、高污染、粗放式的道路。目前，在城市化发展进程中，低碳与绿色正在成为中国城市发展的热点，绿色交通、绿色能源、绿色建筑、绿色生产、绿色消费等已经成为许多城市发展的主题，低碳城市、生态城市、绿色城市等城市发展模式也已经在全国各地普遍出现，城市绿色发展将成为一种趋势。为适应城市绿色发展需要，房地产绿色化趋势也将更加明显，以资源节约、环境保护为导向的绿色房地产将成为主流。中国房地产发展中会更多地增加绿色元素，在设计、开发、建设、维护等各方面突出强调绿色理念，大力发展绿色建筑、智能建筑，最大限度地节能、节地、节水、节材，保护环境、减少污染，为人们提供“安全、适用、节能、环保、美观”的产品和健康、适用、高效的工作和居住空间，营造与自然和谐共生的城市环境。

（三）区域化

城市化发展质量和水平具有显著的区域差异性。房地产发展同样也需要重视这种差异性，针对不同发展水平区域需要提供不同的产品和服务。目前，中国东部地区经济基础较好，区域城市化水平总体较高，整体发展较为平稳。同时，受国家西部大开发战略的影响，西部地区城市发展也极其迅速，西部城市化发展的后发优势将逐渐凸显。为进一步缩小地区发展差距，在今后的一段时间，国家将会延续空间均衡发展战略，对西部地区、沿边地区、民族地区等重点地区给予更多的政策支持，相应的，上述地区的城市，尤其是区域中心城市会有一个跨越式的发展，无论是在城市规模上还是结构上都会有较大幅度提升，城市的带动和辐射作用也会显著增强，城市化速度将持续加快。这就需要房地产业根据不同地区城市化发展水平设计发展重点，有针对性地选择和安排房地产发展模式，更多地关注西部地区房地产发展需求，积极参与西部地区城市化进程。同时，区域之间的人口与产业转移也直接影响房地产业的发展。由于资源要素集聚程度不同和公共服务非均等化影响，人口从小城市向大城市转移的梯度转移特征依然明显。另一方面，随着劳动密集型产业逐渐从东部转移到中西部，以及大城市生活压力的增加和中小城市条件的改善，由大到小的人口和产业转移也日益增多。这也需要房地产业适应区域人口和产业转移的需要，在提升大城市房地产发展品质的同时，特别注重中小城市房地产发展的需要，因地制宜地促进中小城市房地产质量的提升。

（四）多元化

城市化不仅是一种经济现象，也是一种社会现象，其具有丰富的社会内涵，是促进社会繁荣稳定的必由之路。中国城市化集中体现为人的城市化，既表现为数以万亿人口数量的增加，也承载了人们在城市生存、成长、不断追求城市生活品质、谋求更高更好发展的梦想与追求。城市社会文化带有明显区别于乡村文化的多元性、开放性特点，城市是政治、经济、科技、文化的聚集地，在城市，不同文化交汇融合，每天都进行大量的内部交流和外部交流，人们的思想意识更为多元而开放。从这个角度看，房地产业提供的产品不仅仅是一个生存空间和单纯的个人或家庭的载体，而是一种发展和享受资料，是居住者运用和发展智力、体现自己社会价值和进行学习、研究、娱乐及社交等活动的重要场所。就房地产发展而言，不同城市特色不同，不同城市社会阶层要求不同，特别需要尊重城市特色和社会不同阶层的个性需求，丰富房地产业的社会文化内涵，围绕不同城市核心价值和品牌提供产品，围绕不同社会阶层的核心需求提供产品和服务。同时，从现实情况看，地方政府与房地产企业的双赢发展是21世纪以来中国城市化发展过程中的显著特征之一，这一特征凸显了权力和资本的力量，推动了城市化快速发展，同时也弱化了城市化发展的公共价值导向，带来了一次漫长而艰难的利益格局调整过程。在一些地方，依赖政府与开发商形成明确的或默许的利益捆绑所推动的城市化往往违背公众意愿，侵害公众利益，极大影响了社会的和谐与稳定。这也迫切要求房地产业在提供产品和服务过程中要特别尊重与重视社会不同阶层和利益群体表达意愿和参与公共事务的权利，积极主动地吸收和反映社会各界诉求，通过参与多元、包容的社会环境建设提升产业发展素质，实现物质开发与社会建设的和谐统一。

参考文献

樊纲等：《城市化：一系列公共政策的集合（着眼于城市化质量）》，中国经济出版社，2010。

李娟、赵峥：《中国环境治理的主要成效与思路研究》，《桂海论丛》2011年第4期。

赵峥：《中国城市化与金融支持》，商务印书馆，2011。

G.4

第四章 世界经济与住房市场形势分析与预测

郭宏宇

一 2010~2011年全球经济形势分析

（一）全球经济形势：经济增长延缓、通胀趋于严重、金融体系风险增加、贸易活动总体向好

1. 全球经济增长：经济复苏由快转慢，发达国家形势严峻

（1）全球。2010年的世界经济似乎在迅速好转。尽管IMF与世界银行的统计数据略有差异，但二者的统计数据均表明全球经济迅速复苏。在经历2008年、2009年的经济增长率连续下降之后，2010年的经济增长率突然回升至2004~2007年水平（见表4-1）。

表4-1 2001~2010年世界GDP增长率

单位：%

年份	2001	2002	2003	2004	2005	2006	2007	2008	2009	2010
IMF数据	1.61	1.95	2.68	3.90	3.47	4.03	3.97	1.49	-2.32	4.05
世界银行数据	1.61	1.95	2.67	4.08	3.56	4.02	3.94	1.50	-2.05	4.22

注：市场价格GDP年增长率基于不变价本币计算。总额计算基于2000年不变价美元计算。

资料来源：IMF网站、世界银行网站。

全球经济的复苏在2010年上半年尤为明显，但是，从2010年下半年开始，全球经济增长的上升势头开始减缓，并在2011年初出现下滑。2010年第二季度，全球GDP增长达到5.33%的峰值，此后便持续下滑，进入2011年后，GDP增长率的下滑趋势仍然延续，并有略微加速的趋势（见图4-1）。全球经济增长

速度的下降主要归因于发达国家经济复苏的延缓，从2010年第三季度到2011年第一季度，发达国家GDP增长率持续下滑，而新兴市场国家的经济增长速度虽然较2010年上半年有所降低，但在这3个季度仍保持稳定，直到2011年第二季度才略有下降。进一步观察工业产出的增长可以发现，从2010年9月开始，发达国家的工业产出增长率与新兴市场国家的工业产出增长率呈现完全相反的走势，并且发达国家的工业产出增长率走势与全球工业产出的增长率走势相近（见图4－2）。因此，可以认为发达国家的经济复苏延缓是全球经济增长上升势头减缓的主要原因。

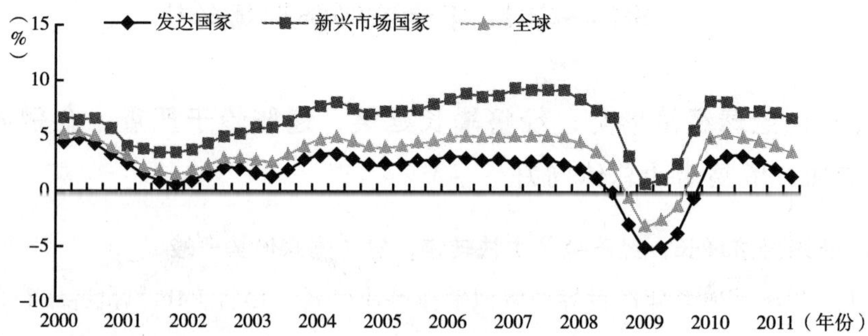

图4－1　2000年第一季度至2011年第二季度世界GDP增长率

注：市场价格GDP年增长率基于不变价本币计算。总额计算基于2000年不变价美元。与上年同季度环比。

资料来源：IMF网站。

（2）发达国家。对发达国家，我们以美国、日本和欧元区[①]（G3）作为代表。在经历2008～2009年的经济下滑之后，发达国家的GDP增长率均大幅回升。在2010年的4个季度中，经济增长率总体上维持在较高水平，这给人们带来金融危机消退、经济即将复苏的希望。尽管2011年日本因为地震、海啸与核电站事故而出现经济下滑，但是美国、欧元区的经济增长速度仍较为稳定（见图4－3），这表明截至2011年第二季度，发达国家的经济复苏势头尚未受到根本冲击。

① 考虑欧元区，是因为欧债危机的解决依赖于欧洲中央银行的政策，而欧洲中央银行的主要影响范围为欧元区。

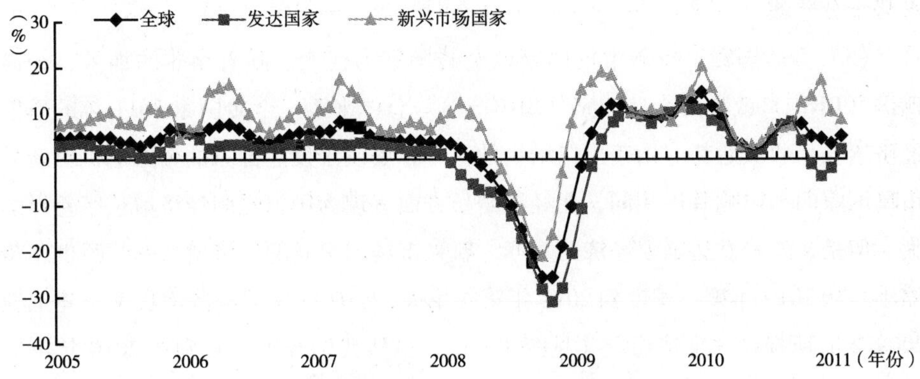

图 4-2　2005 年至 2011 年世界工业产出增长率

注：与上年同期 3 个月的移动平均值环比。

资料来源：IMF 网站。

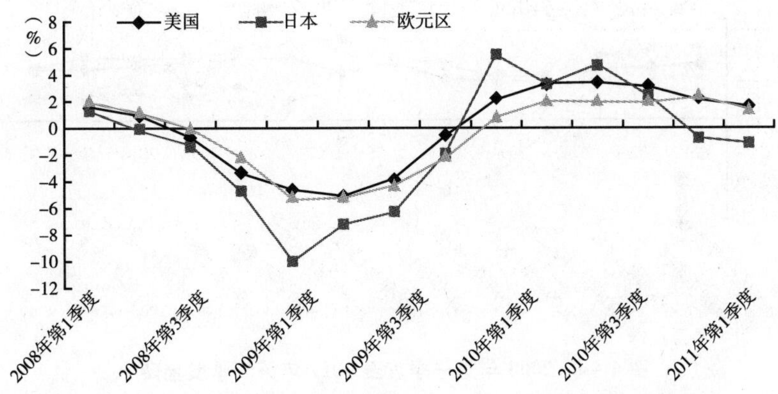

图 4-3　2008 年第一季度至 2011 年第二季度 G3 国内生产总值季度增长率

注：G3 指美国、日本与欧元区。与上年同期环比，季度数据经过季节调整。

资料来源：OECD 网站。

但是，发达国家的经济增长是建立在大规模政策扩张的基础之上。对经济政策的依赖使得经济体系中的大量风险向政策部门集中。目前，美国、欧元区均面临较为沉重的债务压力，从 2008 年到 2010 年，美国与欧元区的债务负担率均大幅增加，并且债务负担率很可能继续维持上升趋势。债务负担率的上升给政府政策的扩张带来压力，从而增加未来政策导向与力度的不确定性。考虑到发达国家已有的经济增长严重依赖于政府政策带来的公共需求，所以发达国家的经济增长

形势十分严峻。

（3）金砖国家。新兴市场国家以金砖国家为代表。随着南非的加入，金砖四国（BRIC）改称为金砖国家（BRICS①）。总体来看，金砖国家2011年的季度经济增长呈收敛趋势。由于出口结构的差异，爆发于发达国家的金融危机对新兴市场国家间的影响并不相同，在经济增长方面表现为国家之间经济增长率差异加大。但是，随着发达国家经济的复苏，新兴市场国家间的经济增长率差距也逐步缩小。从2010年第一季度到2011年第二季度，金砖国家的经济增长率总体上较2009年有所提高并维持稳定（见图4－4）。虽然我国和巴西分别在2010年第二季度和2010年第三季度出现经济增长率的下降趋势，并且巴西的经济增长率下降趋势还比较明显，但是，这一趋势很大程度上归因于我国和巴西为控制通货膨胀而采取的紧缩政策。因此，总体来看新兴市场国家已经度过了最困难的时期。

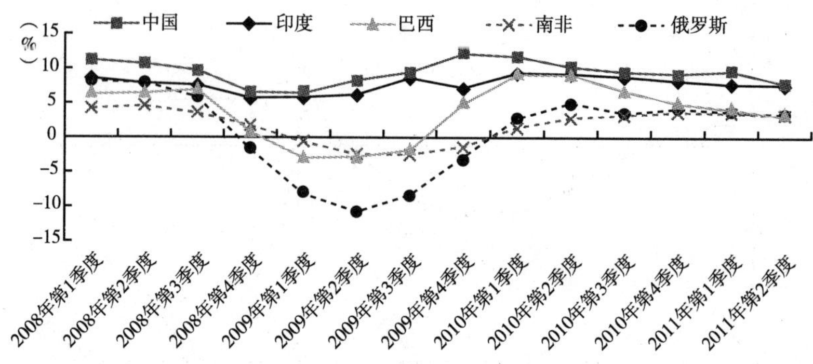

图4－4　2008年第一季度至2011年第二季度金砖五国国内生产总值季度增长率

注：由于我国国家统计局公布的是季度累计增长率，并且统计局未公布季度累计的不变价GDP，因此分解时假设季度累计数据是由季度数据简单平均而得。考虑到各季度的GDP差异较小，这一近似计算的误差在季度GDP与上年同期环比时的误差在接受的范围之内。

巴西、俄罗斯数据为OECD的估计数，考虑到统计口径的可比性，我们仍采用OECD的数据。其中，由于OECD网站未提供俄罗斯2011年第二季度的GDP增长率数据，故此处数据取自俄罗斯联邦国家统计局网站。

OECD季度数据经过季节调整。

资料来源：我国数据引自国家统计局网站；印度数据引自印度中央统计局网站；其余数据引自OECD网站。

① BRIC为巴西、俄罗斯、印度和中国的英文首字母，BRICS为巴西、俄罗斯、印度、中国和南非的英文首字母。

新兴市场国家的经济发展在很大程度上得益于出口的增长。从2010年下半年起，巴西、俄罗斯和印度的出口便恢复增长，并在2011年上半年达到2008年初的水平。但是，新兴市场国家对外部市场的依赖过大，如果发达国家的复苏延缓，那么新兴市场国家的经济发展速度很可能随之下滑。

2. 通货膨胀：发达国家的通货膨胀正在向新兴市场国家扩散，但是通货紧缩的可能性仍然存在

（1）全球。全球性的通货膨胀与经济复苏相伴而来。从2009年7月开始，消费物价指数开始上升。2009年12月之后，物价上升幅度趋于稳定。但是，从2010年8月开始，消费物价指数恢复上升趋势。在剔除食品、石油等气候与季节性影响因素之后，核心消费物价指数也有相似的走势，只是上升幅度略微平缓（见图4－5）。值得注意的是，2011年7月的全球消费者价格指数已经达到4.59%，已经接近于5%恶性通货膨胀的界限。

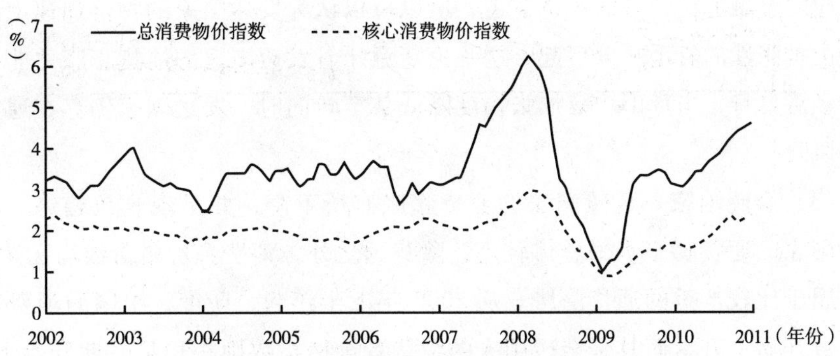

图4－5　2002年至2011年7月全球总消费物价指数与核心消费物价指数

资料来源：OECD网站。

此次全球的通货膨胀，很大程度上是因发达国家通货膨胀的拉动。在发达国家于2010年11月出现明显的通货膨胀趋势之时，新兴市场国家的通货膨胀仍比较平缓，直到3个月之后才出现缓慢上升趋势，如图4－6所示。

（2）发达国家。从2009年末开始，发达国家出现不同程度的物价上涨。以美国、日本和欧洲为代表。日本除2010年第四季度和2011年第三季度之外，总体上处于通货紧缩之中，但是通货紧缩的程度有所缓解。美国则在2010年初和2011年初有两次大的通货膨胀程度提升。相对而言，欧洲通货膨胀的幅度较

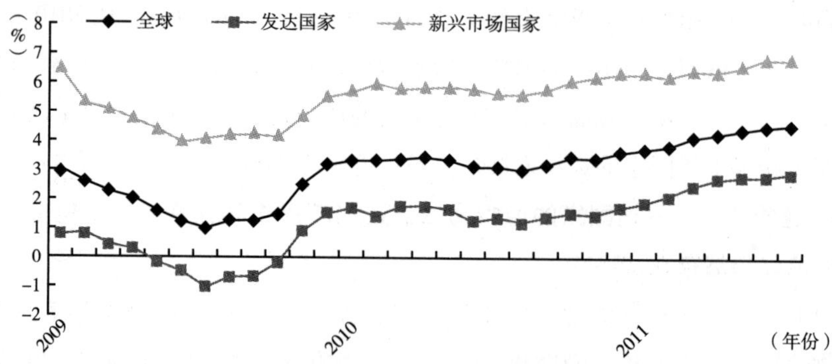

图 4-6　2009 年至 2011 年 7 月全球发达国家与新兴市场国家的总消费物价指数对比

资料来源：OECD 网站。

小，但上升势头坚定而平稳。考虑到美国、日本及欧洲均采取扩张性的货币政策来应对金融危机带来的经济衰退，所以可以认为发达国家的物价加速上升趋势是由扩张性的货币政策引起。这一论断意味着发达国家的通货膨胀并非源于实体经济自身，当货币政策扩张幅度降低甚至转向时，发达国家仍存在通货紧缩的风险。

（3）金砖国家。金砖国家的通货膨胀有所下降，并呈现收敛趋势。新兴市场国家的通货膨胀水平整体较高，除我国之外，消费者价格指数均在 5% 以上，属于比较严重的通货膨胀。从 2009 年下半年起，印度、中国的消费者价格指数开始上升，而其余金砖国家的消费者价格指数则在稍早时期开始下降。通货膨胀的不同走势使得金砖国家的通货膨胀在 2010 年初表现出较大的差异。进入 2010 年后，除我国表现持续上升趋势、印度出现明显下降之外，金砖国家的通货膨胀率呈小幅波动态势，整体比较稳定。其结果是金砖国家的通货膨胀差距逐步减少，并向 7% 附近收敛，整体上较 2009 年略有下降（见图 4-7）。

金砖国家通货膨胀率的收敛似乎表明新兴市场国家的通货膨胀受到共同因素的影响，考虑到发达国家整体上的通货膨胀上行趋势，可以认为在金融危机与政策扩张的传导下，发达国家的通货膨胀正在向新兴市场国家扩散。

3. 全球金融形势：各国的金融市场流动性出现分化，政策风险处于较高水平

（1）全球。与全球性的通货膨胀相对应，2010 年，发达国家的金融市场流

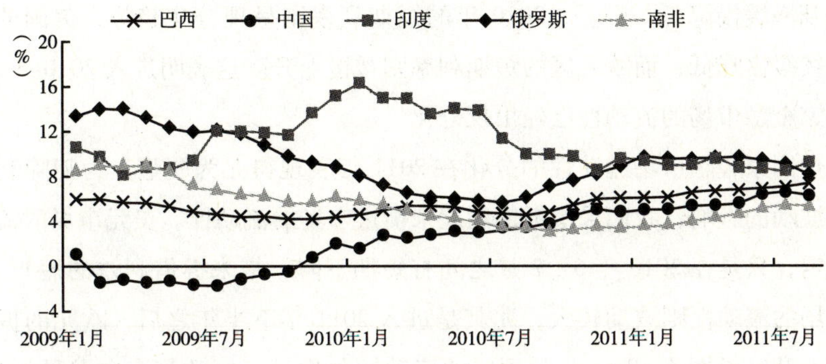

图 4-7　2009 年 1 月至 2011 年 8 月金砖国家的月度居民消费物价指数

注：消费者物价指数为每月与上年同期环比。

资料来源：OECD 网站。

动性急剧增加，表现为全球利率水平急剧下降（见图 4-8）。但是由于对未来政府政策走势的不确定及对未来经济走势的不确定，金融市场的风险也处于较高水平。

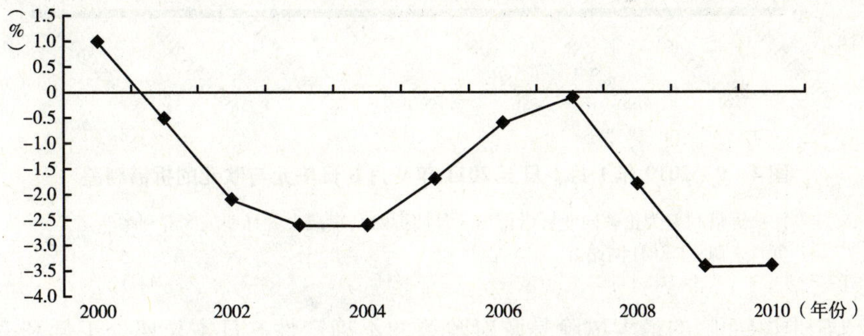

图 4-8　2000～2010 年全球真实利率水平走势

注：全球利率水平为欧洲中央银行融资利率与美国联邦基金利率以 GDP 加权的均值，再减去一年前的预期通货膨胀率以得出真实利率。2010 年为前三季度的平均利率。

资料来源：IMF 网站。

（2）发达国家。发达国家的货币政策扩张大幅度提高了货币市场的流动性。日本的短期利率走势比较稳定，从 2008 年到 2011 年，整体上呈缓慢而平稳的下降趋势。美国与欧元区的情形则大为不同。从 2008 年下半年起，美国和欧元区的短期利率迅速下降，到 2009 年初便降至极低的水平。2009 年，美国和欧元区的短期利率缓慢降低。但是，2010 年的短期利率则呈现分化趋势，美国的短期利率继续缓慢降低，而欧元区的短期利率则缓慢上升。这表明进入 2010 年之后，发达国家金融市场的流动性已经出现分化。

发达国家金融市场流动性的分化在 2011 年表现得尤为明显。为消除利率水平总体波动的影响，我们采用拆借利差来衡量市场的流动性。美元市场的流动性总体稳定，只是在 2010 年 6、7 月之间有短期下降，带来拆借利差的短暂上升。欧元市场的流动性则波动较大，尤其是进入 2011 年下半年之后，欧元的拆借利差急剧上升（见图 4－9）。发达国家的流动性分化是各国政策走向差异的反映，同时也显示了 2010～2011 年金融市场对宏观政策的高度敏感。

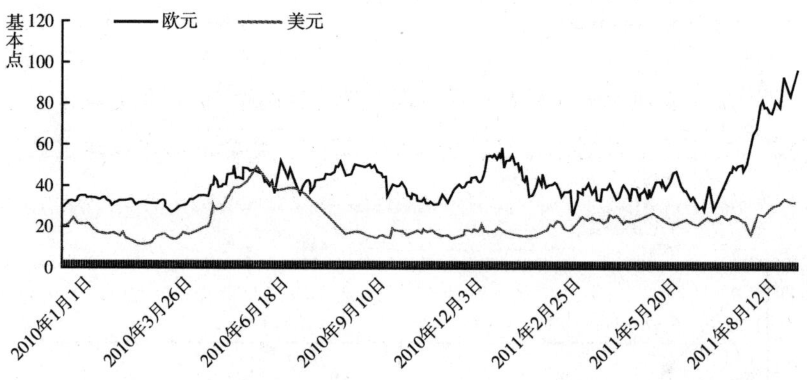

图 4－9　2010 年 1 月 1 日至 2011 年 9 月 6 日美元与欧元的拆借利差

注：拆借利差为伦敦同业拆借市场 3 月期拆除利率减去 3 月期国库券利率。
资料来源：OECD 网站。

发达国家面临的最大风险是政府政策的不确定性。日本长期处于低利率水平，政策不确定性在利率中体现得较小，美国和欧元区则相对清晰。我们以长期利率与短期利率的利差来衡量金融市场的期限风险，考虑到长期中最大的不确定因素是政策走势，所以进一步用此利差来衡量政策风险。从 2009 年起，美国和欧元区长短期利率的利差不断增加。进入 2010 年后，长短期利率的利差升至顶点，并开始较大幅度地波动。截至 2011 年上半年，这一波动仍未停止。长短期利差的波动表明，金融市场对于政府政策走势并没有明朗的意见，2010～2011 年的政策风险仍处于较高水平。

（3）金砖国家。新兴市场国家面临的金融问题与发达国家存在较大差异，

主要是融资成本过高的问题比较突出。其中，我国的融资成本问题在其他章节中有所涉及，此处仅以俄罗斯、南非作为新兴市场国家的代表。我们以长期利率来衡量利率水平，并将俄罗斯、南非的长期利率和 G3 中利率水平最高的欧元区进行对比（见图 4－10）。可以发现，俄罗斯 2010～2011 年的利率水平较 2009 年小幅下降，南非同期的利率水平基本稳定，但是与发达国家的利率水平相比几乎高出一倍。这表明新兴市场国家进行长期融资的成本仍然较高。

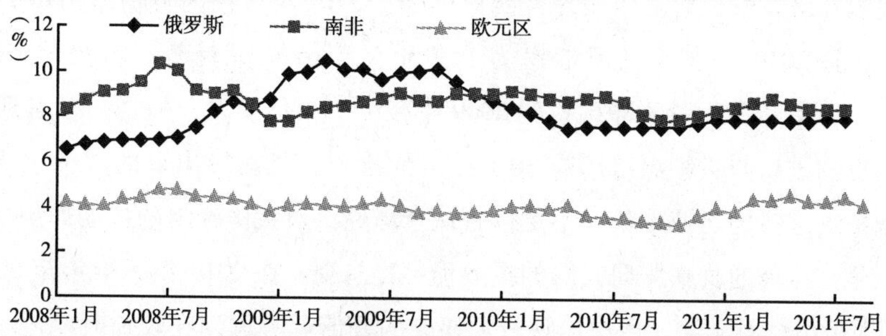

图 4－10　2008 年 1 月至 2011 年 7 月俄罗斯、南非和欧元区的长期利率对比

资料来源：OECD 网站。

4. 全球贸易形势：总体向好，回升减缓

相对于金融形势而言，2010～2011 年的全球贸易形势延续了 2009 年的恢复趋势。无论是 OECD 国家还是非 OECD 国家，出口与进口都在平稳回升。进入 2011 年后，全球总出口与总进口已经达到 2008 年第一季度的水平，但是增长速度逐渐趋缓。这表明全球国际贸易虽然总体上已经复苏，但是仍缺乏强有力的发展动力。

5. 全球经济与我国经济的相互影响：我国带动世界经济增长，世界给我国带来通胀压力

2010 年，我国继续充当全球经济增长的“发动机”。根据世界银行的统计，2010 年我国 GDP 为 58786.29 亿美元，占全球 GDP 的 9.32%，在世界各国中位居第二，仅次于美国。按照 2010 年我国经济增长率 10.3% 计算，拉动全球经济增长 0.96 个百分点，考虑 2010 年全球 GDP 增长率为 4.22%，我国对全球经济增长的贡献率接近 1/4。① 我国对全球贸易同样贡献巨大。2010 年，我国货物出

① 现价美元。以上数据引自世界银行网站或根据世界银行网站数据计算。

口总额为15778亿美元，居世界第一，占全球的31.3%；货物进口总额为13951亿美元，居世界第二，占全球的12.8%。按照2010年我国货物出口增长率31.3%、货物进口增长率38.7%计算，我国拉动全球货物出口增长3.24个百分点，拉动全球货物进口增长3.50个百分点，考虑到2010年全球货物进口（出口）增长率为22%，我国对全球货物出口增长和货物进口增长的贡献分别为15%和16%，有力地带动了全球贸易的复苏。①

我国经济发展也得益于全球经济的回暖。2010年，我国货物净出口为1831亿美元，按2010年末人民币汇率为1美元兑6.6227元计算，占当年GDP的30.5%。2010年我国货物净出口比2009年减少126亿美元，但是，考虑到2010年我国货物进口与货物出口均有30%以上的增长，货物净出口的减少主要是由于我国货物进口的迅速增长，不足以否认全球经济对我国经济的拉动作用。②

但是，全球通货膨胀向我国的扩散仍不容忽视。在2010年下半年至2011年8月，人民币相对于美元再次出现较大幅度的升值。考虑到在较长时期内一价定律的作用，人民币需要有比美元更大的通胀或者预期通胀才能克服这一升值压力，从而给我国经济带来较大的通货膨胀压力。

（二）全球住房市场形势：复苏延缓、分化加剧，新兴市场国家的住房市场发展总体形势好于面临债务危机的发达国家

1. 世界房地产业市场整体形势：复苏延缓、分化加剧

2010～2011年的世界住房市场整体上仍然低迷，根据Knight Frank数据库的数据，到2011年3月为止，全球房价指数仅上涨不到1.8%，这是2009年以来全球房价指数的最低增长。住房市场的颓势向更多国家蔓延，在计算房价指数的50个样本国家和地区中，有25个国家和地区在2011年前3个月保持平缓或出现负增长，而2010年同期仅有18个国家如此。③ 这表明虽然全球住房市场在2009年露出复苏的曙光，但是复苏趋势依然延缓。

① 以上数据引自世界贸易组织网站或根据世界贸易组织网站数据计算，与国家统计局公报数据略有差异。

② 以上数据引自《2010年国民经济和社会发展统计公报》或根据统计公报数据计算。

③ http://www.knightfrank.com/news/Knight-Frank-Global-House-Price-Index-Q1-2011-results-0642.aspx.

与整体上的复苏延缓相对照的是区域之间的住房市场分化加剧。根据 Knight Frank 数据库的数据，亚洲房价指数在过去的 12 个月中上升了 8.4%，但增长幅度远低于一年前同期 17.8% 的增长率；欧洲房价指数与一年前基本持平，但相对于一年之前平均 4.1% 的下降有所改善；北美洲房价指数则在 2011 年第一季度下降了 0.4%，成为住房市场表现最差的洲。① 进一步考虑与经济、金融形势的关联，可以发现债务危机严重的国家，其住房市场的表现也较差，受债务危机冲击较小的国家和地区，其住房市场的表现也较好。亚洲的一些国家和地区的住房市场似乎已经成为债务危机中的资金避风港，使得这些国家和地区的房地产市场更为迅速地发展，从而带来世界住房市场发展的进一步分化。总的来看，越是远离债务危机区域，住房市场的走势越好。

2. 主权债务危机国家的住房市场：冲击巨大，短期难以复苏

债务危机②国家的住房市场的发展速度总体上大幅度低于债务危机之前，并且绝大多数国家的住房市场存在持续下跌的趋势。冰岛是爆发此轮债务危机的第一个国家，尽管从 2010 年到 2011 年上半年，冰岛的住房市场已经逐渐止住下跌趋势，但是增长速度远低于 2005～2008 年的平均水平（见图 4－11）。这表明债

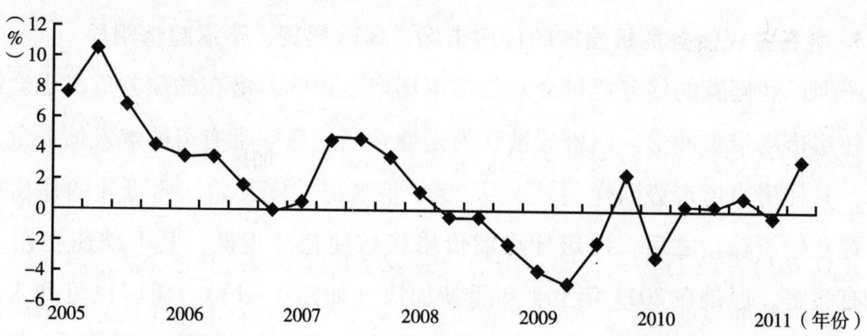

图 4－11　2005 年第一季度至 2011 年第二季度冰岛房屋价格指数季度变化率

注：与上一季度环比。

资料来源：http：//www.globalpropertyguide.com。

① http：//www.knightfrank.com/news/Knight－Frank－Global－House－Price－Index－Q1－2011－results－0642.aspx.

② 此处的债务危机与美国爆发的次贷危机相区分。债务危机特指中央政府的主权债务危机，是政策压力的表现，而次贷危机是次级抵押贷款市场问题的连锁反应，与政府债务只有间接的关联。

务危机对冰岛住房市场的冲击并未结束。希腊是目前主权债务危机的焦点，其住房市场也受到沉重的打击，从2010年到2011年上半年，希腊的房屋价格指数不断下降，虽然在2010年第四季度和2011年第一季度的下跌幅度略有缩小，但是2011年第二季度下跌幅度重新扩大（见图4－12）。这表明债务危机正在形成对希腊住房市场的强烈冲击。总体来看，债务危机对一国的住房市场冲击巨大。

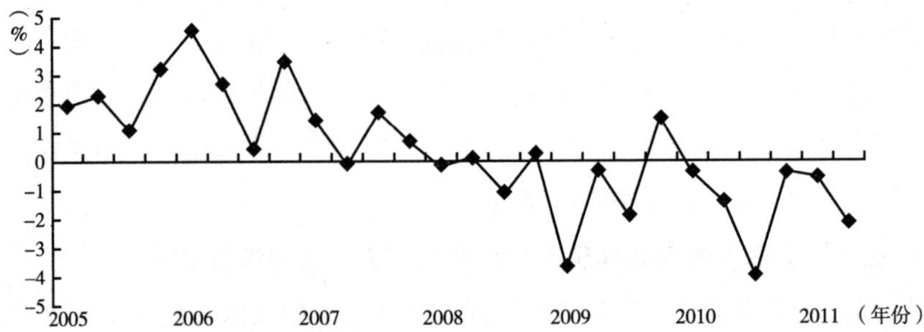

图4－12　2005年第一季度至2011年第二季度希腊房屋价格指数季度变化率

注：与上一季度环比。

资料来源：http：//www. globalpropertyguide. com。

3. 潜在主权债务危机国家的住房市场：风险显现，下滑趋势明显

不但已经爆发的债务危机会对住房市场产生影响，潜在的债务危机也会给一国的住房市场带来冲击。西班牙被认为是继希腊之后非常有可能爆发债务危机的国家，其住房市场走势同样很差。从2008年第二季度开始，西班牙的住房市场便已经开始下跌，之后，西班牙房屋价格指数便持续走低，其下跌速度在2010年虽有缓解，但是在2011年上半年重新加快（如图4－13）。美国也可列入潜在债务危机的国家，尽管其政府债券仍维持在较高的评级，但是一方面标准普尔将其信用等级下调一级，另一方面美国政府的赤字及债务上限问题又摇摆不定，所以美国债务危机可能以违约之外的形式爆发。从2008年第二季度开始，美国的住房市场便持续下滑，到2009年末，美国房屋价格指数虽然仍在下滑，但是下滑幅度已经减小（见图4－14）。相似的结论来自美国房屋建筑商协会（National Association of Home Builders，NAHB）的统计数据，美国NAHB住房市场指数从2009年下半年起便回升并且平稳。但是，美国房屋价格指数下跌幅度的缩小很可能是供给下降的结果，从2008年7月到2011年7月，美国的营建许可数与新

屋开工数急剧下降并维持在较低规模，新屋销售量也从 2010 年 6 月起显著下降并维持在较之前更低的水平。总的来看，潜在的债务危机对潜在债务危机国住房市场的冲击也十分显著。

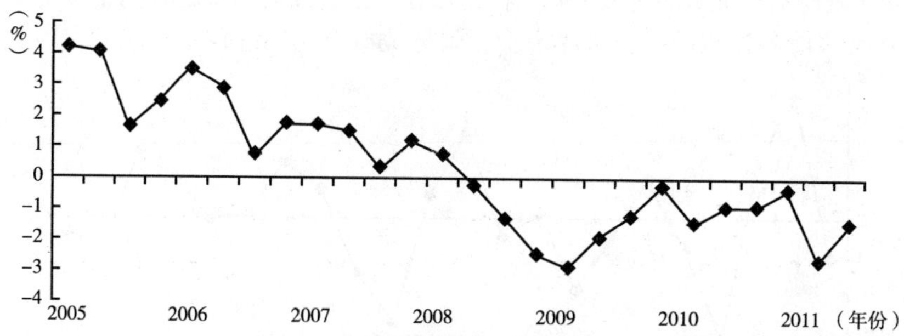

图 4－13 2005 年第一季度至 2011 年第二季度西班牙房屋价格指数季度变化率

注：与上一季度环比。

资料来源：http：//www. globalpropertyguide. com。

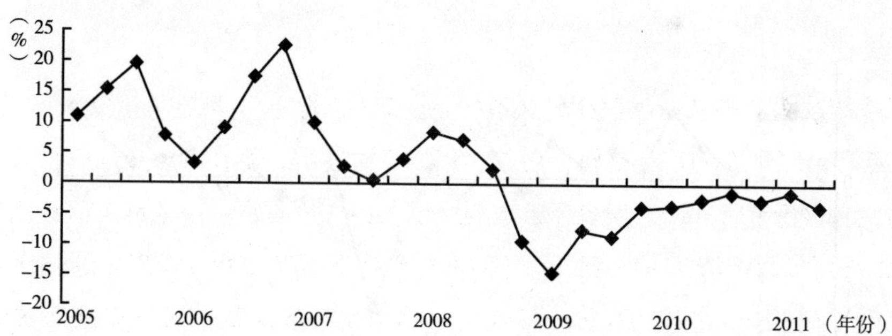

图 4－14 2005 年第一季度至 2011 年第二季度美国房屋价格指数季度变化率

注：与上一季度环比。

资料来源：http：//www. globalpropertyguide. com。

4. 主权债务危机国家周边的住房市场：增长率大幅波动，住房市场前景高度不确定

债务危机周边的国家和地区会受到债务危机的间接影响，这部分国家的住房市场虽然存在较大波动，但是总体走势尚可。德国和法国与债务危机国家同属欧元区，被认为是受债务危机拖累最大的国家。与之相应，住房市场的波动也比较剧烈。从 2010 年到 2011 年上半年，德国和法国的房屋价格指数变动幅度均存在较剧烈的变化，其变化幅度接近于金融危机时期（见图4－15、图4－16）。英国相对远离债务危机国家，但是由于和债务危机所在的欧元区关系密切，其房屋价格指数同样存在较大幅度的波动（见图4－17）。总的来看，债务危机国家周边的住房市场的表现不是价格的持续下降，而是对住房市场发展前景的较高不确定程度。

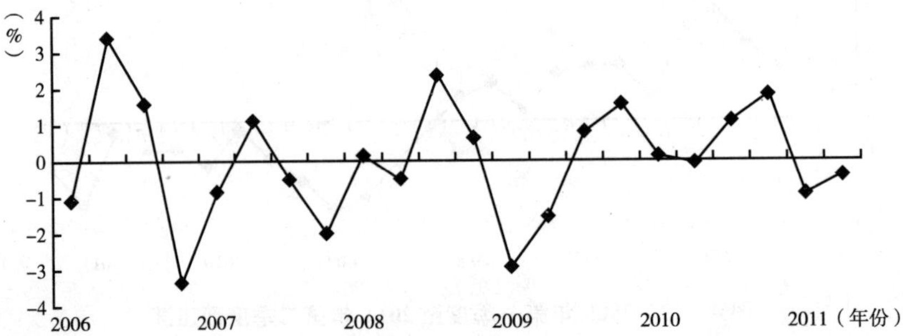

图4－15　2006年第一季度至2011年第二季度德国房屋价格指数季度变化率

注：与上一季度环比。

资料来源：http：//www. globalpropertyguide. com。

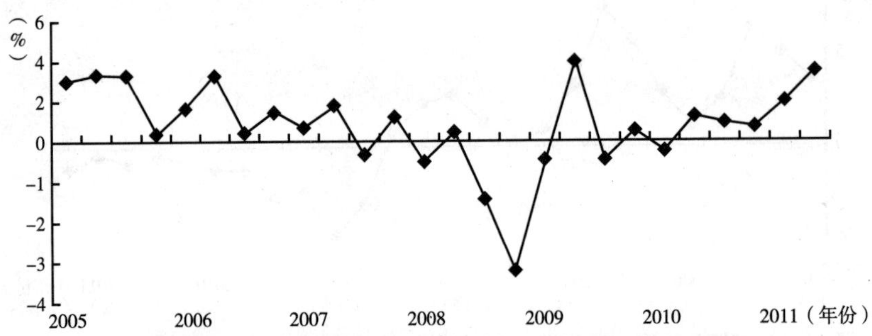

图4－16　2005年第一季度至2011年第二季度法国房屋价格指数季度变化率

注：与上一季度环比。

资料来源：http：//www. globalpropertyguide. com。

5. 主权债务危机地域外围的住房市场：总体发展较高，部分住房市场发展迅速

与全球住房市场的颓势相比，债务危机国家外围的住房市场发展较好。① 香

① 除中国香港之外，巴西住房市场业发展迅速，其2009年后的住房价格指数走势与香港相似。参见 http：//www. globalpropertyguide. com。

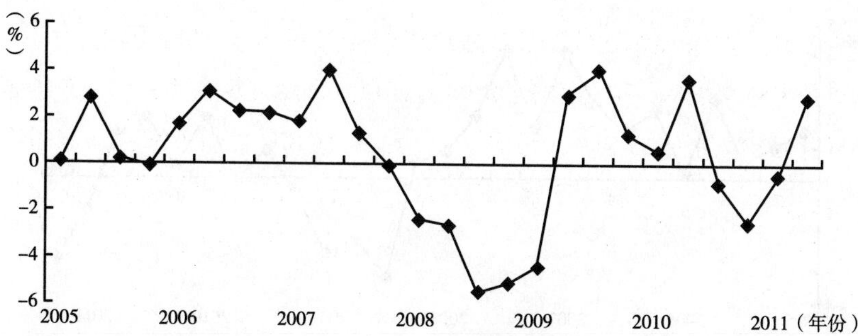

图 4－17　2005 年第一季度至 2011 年第二季度英国房屋价格指数季度变化率

注：与上一季度环比。

资料来源：http：//www. globalpropertyguide. com。

港特别行政区的房屋价格指数增长率从 2009 年第二季度起便大幅上升并稳定在较高的水平（见图 4－18）。日本的房屋价格指数在 2010 年也形成缓慢增长趋势，但是在 2011 年因受地震、海啸和核事故等灾害影响而下挫（见图 4－19）。考虑到自然灾害并非持续的影响，可以认为日本住房市场本身已经逐步恢复。

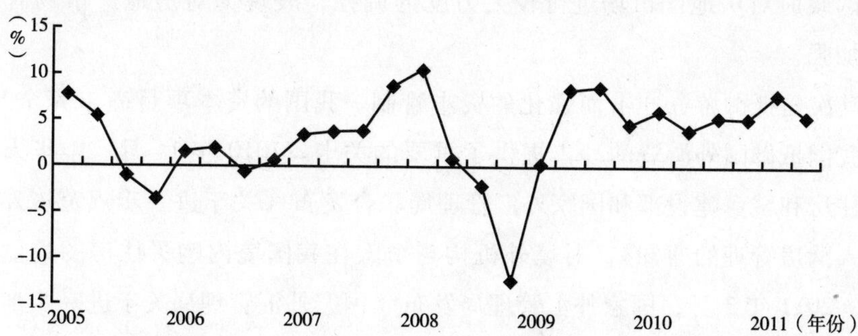

图 4－18　2005 年第一季度至 2011 年第二季度香港房屋价格指数季度变化率

注：与上一季度环比。

资料来源：http：//www. globalpropertyguide. com。

6. 全球房地产市场与我国境内房地产市场：推动政府强化对房地产市场和资本流动的管制，对房地产市场的抑制作用较大

我国处于欧债危机的外围，房地产市场所受冲击较小，但是已经存在的较高房地产泡沫和资本流动的管制使得我国境内房地产市场所受冲击有别于其他处于主权债务危机外围的国家和地区。

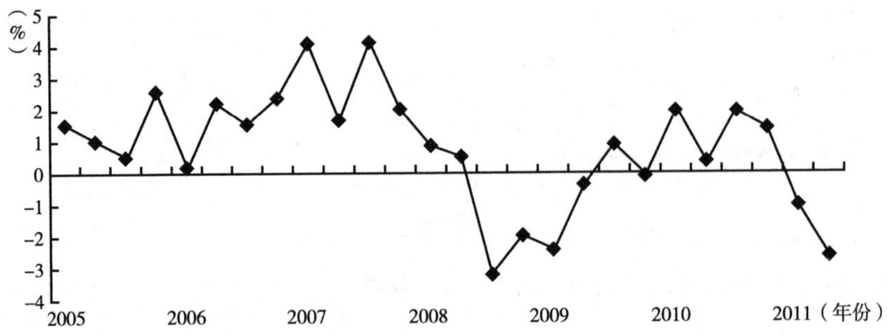

图4-19　2005年第一季度至2011年第二季度日本房屋价格指数季度变化率

注：与上一季度环比。

资料来源：http：//www.globalpropertyguide.com。

首先是各债务危机国在欧债危机下强化房地产市场监管的示范效应。欧债危机的发生时间正值我国房地产泡沫迅速的积累期，对宏观政策的预期产生较大冲击。在对债务危机原因的总结中，希腊、爱尔兰等国家经济发展对房地产业的过度依赖，以及房地产泡沫的破裂被列入重要原因，这必然会促使我国政府对房地产市场进行较大力度的调控，表现为对房地产市场管制政策的加强。

其次是抵御游资冲击而强化的资本管制。我国的资本项目尚未完全开放，这为我国抵御国外游资的冲击提供了重要的关卡。2010年11月，中华人民共和国住房和城乡建设部和国家外汇管理局联合发布《关于进一步规范境外机构和个人购房管理的通知》，对境外机构与个人在我国境内购买住房的数量进行限制。2011年3月，国家外汇管理局发布《国家外汇管理局关于进一步加强外汇业务管理有关问题的通知》，严控短期跨境资金流动。这些管制措施的实施力度也是较强的。2011年上半年，我国外汇管理部门继续对热钱流入进行强有力的打击，查处各类外汇违法违规案件的涉案金额超过160亿美元，较2010年同期增长26.9%，共处行政罚没款2.6亿元，超过2010年2.43亿元的全年罚没款总额。①

最后，我国较高的通货膨胀促使央行对通胀输入和游资冲击做出较强烈的反应。在宏观政策目标中，目前最大的问题是通货膨胀，央行对于通胀输入和游资

① 以上数据引自国家外汇管理局网站。

冲击会更加敏感，在欧债危机之下更倾向于采取紧缩的货币政策。根据2011年第二季度《中国货币政策执行报告》，2011年上半年，我国外汇净流入压力有所加大，截至6月末，国家外汇储备余额为31975亿美元，同比增长30.3%，并且预计2011年下半年仍将保持外汇资金净流入格局。[①] 国家统计局也表示，物价还是在高位运行，输入性通胀压力仍然比较大，特别是由于目前一些主要国家仍然维持宽松的货币政策，我国的输入性通胀压力没有根本减轻。[②] 这些官方的正式表态都表明我国对于欧债危机的反应趋向不是政策扩张而是政策紧缩。

由于我国境内的房地产市场在较大程度上依赖于对政府政策的预期，所以中央政府对房地产市场监管和资本管制的强化会在一定程度上抑制我国境内房地产市场的上升，从而与其他主权债务危机外围国家和地区的住房市场上升态势产生较大区别。

二 2011～2012年全球经济与住房市场形势预测

（一）2011～2012年全球经济形势预测

1. 全球经济增长：增速回落，持续走低

（1）面临的问题。世界经济面临的两个最大问题，是发达国家对经济政策的高度依赖，以及新兴市场国家在短期内难以用国内需求替代来自发达国家的国际市场需求。问题的解决需要世界范围内的政策协调，然而由于发达国家面临国内经济、政治压力，国际政策协调难以有明显的成效。从美国对赤字政策的争论与削减、欧盟对救助债务危机国家方案的内部分歧可以看出，尽管各国政府已经认识到经济增长对政府政策的高度依赖，但是并没有建立起行之有效的国际政策协调机制。

（2）复苏的动力。发达国家政策协调的困难给发达国家的未来经济发展带来高度不确定性，所以，尽管发达国家的复苏趋势仍然存在，但全球经济增长仍要寄希望于新兴市场国家。鉴于新兴市场国家已经度过了最困难的时期并着力挖

① 中国人民银行网站。

② 《国家统计局新闻发言人就前三季度国民经济运行情况答记者问》，国家统计局网站。

掘国内需求，所以全球经济在较长时期内的复苏仍可以期待。

（3）国际机构的预测。总的来看，短期内全球经济增长速度会有小幅回落。根据国际货币基金组织2011年9月发布的《世界经济展望》的预测，2011年与2012年的世界GDP增长率分别为3.995%和3.997%，其中，发达国家分别为1.613%和1.923%，新兴市场国家分别为6.395%和6.075%。① IMF此次预测的经济增长不但低于2010年，而且也低于其在2011年6月的预测值。

（4）我们的观点。IMF对于发达国家的经济增长预测是持续走低，这一预测基于发达国家政策协调的困难。我们认为这一预测可能过于悲观，鉴于经济危机之后发达国家内部能较为迅速地推出刺激经济的方案，而且对金融危机重新降临的担忧可能会促进发达国家之间的政策协调。所以，尽管GDP增速将放缓，但是2012年发达国家的经济增长可能略高于2%，与之相应，2012年全球经济增长率可能略高于4%。

2. 全球通货膨胀：通胀压力加大

（1）通货膨胀的影响因素。通货膨胀可以归因于成本推动、需求拉动和货币扩张，这些方面的影响趋势不尽相同。成本方面，尽管从2009年到2011年，能源与金属价格大幅上升，食品与农产品价格也大幅增长，但是，2011年这四类商品的价格都出现下降趋势。根据IMF的预测，这四类商品价格的下降幅度可能趋向平缓，但是直到2012年末很难再有明显上升趋势。需求方面，尽管全球贸易发展迅速，但是由于经济增长速度放缓，需求对价格水平的拉动作用也相应减小。货币扩张方面，已有的货币扩张已经为市场提供了过高的流动性，下一步的政策重点非常不确定，从促进经济增长的角度来看，政策重点将转移到财政政策，这就降低了货币政策大幅扩张的可能性，但是主权债务危机的控制仍需要大规模的货币扩张，以维持债务危机国家的偿债能力。总的来看，尽管通货膨胀仍然存在，并由发达国家向新兴市场国家传导，但是全球通货紧缩的压力也仍然存在。

（2）国际机构的预测。总的来看，2011~2012年的全球价格水平可能在增加之后放缓。根据国际货币基金组织2011年9月发布的《世界经济展望》的预

---

① IMF的经济增长预测所采用的假定为常数汇率（按照2011年7月18日到8月15日的平均水平），并非根据市场汇率，故与按照市场汇率计算的增长率存在差异。

测，发达国家在2011年与2012年的消费者价格指数的年度增长率分别为2.6%和1.4%，前者高于2009年的年度增长率，后者则略低。亚洲新兴工业化国家分别为3.7%和3.1%，与发达国家的趋势相同，但是水平略高。

（3）我们的观点。货币政策走向是当前全球物价水平的最重要影响因素。IMF对发达国家物价水平变化的预测，低估了货币政策扩张的可能性。一方面，政策重点转向货币政策并不意味着货币政策不再扩张，出于配合财政政策实施的需要，仍可能增加货币发行；另一方面，当前主权债务危机要求债务危机国获得足够的债务清偿能力，与之前发展中国家的债务危机不同，当前债务危机国对于偿债货币的发行有强大的影响力，这就增加了通过货币扩张使债务风险向通货膨胀风险转化的可能性。因此，我们倾向于调高2012年发达国家与全球的通货膨胀水平，认为2012年的预期通货膨胀率接近于IMF对2011年通货膨胀率的预期，即发达国家2012年的通货膨胀率在2%甚至更高。

3. 全球金融形势：利率先升后降，发达国家与新兴市场国家持续分化

（1）主要影响因素。政府政策的走向是当前全球金融形势的最重要影响因素，此处的政策走向既包括货币政策扩张的力度，又包括金融监管的力度。总的来看，发达国家的货币政策扩张可能性仍然较大，但是对于金融机构与交融交易的监管可能趋向于严格。鉴于金融危机所反映的金融监管不足，巴塞尔协议Ⅲ增加了对金融机构的监管要求与力度。随着巴塞尔协议Ⅲ的监管框架被各国接受，金融衍生品交易会受到一定程度的抑制，但是如果货币政策扩张，那么增加的金融市场流动性可能会抵消金融监管力度提高的影响。

（2）国际机构的预测。总的来看，货币政策扩张会导致利率水平的下降，当货币政策扩张力度减弱之后，利率水平将会回升。根据国际货币基金组织2011年9月发布的《世界经济展望》的预测，2011年与2012年6月期的伦敦市场拆借利率①分别为-1.7%和-0.5%，世界的长期真实利率分别为0.4%和-0.5%，与2010年的实际利率水平相比，均呈现先降后升的格局。发达国家和新兴市场国家的利率水平分化将继续维持。

（3）我们的观点。由于对政府政策的高度敏感，全球金融市场的不确定程度要高于经济增长和通货膨胀。IMF对货币政策的扩张给予了较低的概率，但我

① 扣除美国GDP平减指数的变化。

们认为，货币政策扩张的可能性较高，所以我们预测的利率水平较 IMF 的预测更低一些，2012 年的短期和长期利率水平可能持续下降。这也意味着发达国家和新兴市场国家的利率水平分化将在 2011 ~2012 年持续存在。

4. 全球贸易形势：总体略降，新兴市场国家稍强

（1）主要影响因素。国际贸易的发展受制于 GDP 的增长和汇率的波动。在 GDP 增长速度放缓，各国面临可能因货币政策扩张带来货币贬值的压力下，2011 ~2012 年，全球国际贸易增长必然难以加快。与新兴市场国家相比，发达国家的 GDP 增长速度会降低更多，新兴市场国家可能通过增加相互贸易来提升出口。因此，发达国家在 2011 ~2012 年的贸易形势可能会较新兴市场国家有较大的落后。

（2）国际机构的预测。总的来看，2011 ~2012 年的全球贸易将有所降低。根据国际货币基金组织 2011 年 9 月发布的《世界经济展望》的预测，2011 年与 2012 年，发达国家的进口增长率分别为 5.9% 和 4.0%，出口增长率分别为 6.2% 和 5.2%；新兴市场国家的进口增长率分别为 11.1% 和 8.1%，出口增长率分别为 9.4% 和 7.8%。尽管发达国家与新兴市场国家在 2011 ~2012 年的国际贸易增长率均低于 2010 年，但是新兴市场国家的贸易形势仍然稍强。

（3）我们的观点。汇率变动对全球贸易的影响可能会更大一些，这取决于发达国家的货币政策与汇率政策协调。尽管长期来看，这种协调可能因经济增长压力达成，但是在短期内汇率可能会有更大的波动。因此，我们认为 2011 ~2012 年的国际贸易增长可能较 IMF 的预测低 1 个百分点左右。

5. 全球经济与我国经济的相互影响：我国继续作为全球经济增长的“发动机”，通胀压力可能加重

2011 年的经济增长速度延续了 2010 年逐步放缓的趋势，第一季度、半年、前三季度的 GDP 较上年同期增长率分别为 9.7%、9.6% 和 9.4%，而 2010 年第一季度、半年、前三季度的 GDP 较上年同期增长率分别为 12.0%、11.2% 和 10.7%。可以看出，我国的 GDP 增长率呈缓慢下降趋势，这一趋势可视作货币政策倾向紧缩的结果。考虑到抑制通货膨胀的目标，货币政策的紧缩趋势在一年之内可能将会持续，2011 ~2012 年的经济增长率可能比 2010 ~2011 年略低。但是，考虑到这一经济增长速度仍显著高于全球平均水平，我国的经济总量占全球经济的比重还会继续上升，所以我国仍然会在全球经济增长中保持较高的贡献

度，成为全球经济增长的“发动机”。

但是，我国经济的持续高速增长和全球经济增长速度的回落会进一步增加我国的通货膨胀压力。经济的高速增长促进了人民币的国际化，二者共同形成人民币的增值压力，为缓解增值压力而产生的通货膨胀压力在2011～2012年仍然会继续存在。考虑到全球通胀压力的加大，我国为避免人民币大幅升值所产生的通货膨胀压力也会加大。

（二）2011～2012年全球住房市场预测

1. 总体走向：持续低迷，复苏延后

如果将2010～2011年的全球住房市场简单外推，那么2011～2012年的全球住房将继续低迷，不同地域之间的发展速度也将进一步分化。在此基础上，我们考察对住房市场有重要影响的因素。第一是经济增长速度。如上文的分析，2011～2012年的经济增长速度将比2010～2011年下降，经济增长速度的回落将抑制住房市场的复苏。第二是整体的物价水平。由于全球通货膨胀压力加剧，房地产价格也相应有所回升。第三是金融市场形势。由于住房市场的发展需要金融市场的支持，而金融市场的利率水平很可能出现下降趋势，这就给住房市场发展提供了低成本的资金支持。但是，考虑到全球加强金融衍生品监管的趋势，所以住房市场会随着对衍生品依赖程度的不同而产生分化。加上发达国家与新兴市场国家之间持续存在的利率差异，可以认为金融市场是加速各国住房市场分化的因素。第四是政策走向因素，这也是2011～2012年住房市场发展的最大不确定因素。由于对于欧债危机的发展形势很难有准确的判定，所以市场信心将下降。2009年以来，OECD－欧洲的标准化商业信心指标（BCI）总体上升，但是从2011年6月起，这一指标出现下降趋势（见图4－20）。这表明人们对欧洲的商业前景缺乏信心，也反映出人们对欧债危机可能加重的担忧。美国的市场信心也有相似的表现，被作为市场恐慌指标的VIX指数在2011年8月起便提升到新的高度并稳定（见图4－21）。这说明投资者对美国的政府政策走向缺乏信心。总的来看，2011～2012年，全球住房市场发展的抑制因素要多于促进因素，可以认为全球房地产将持续低迷，复苏时间将继续延后。

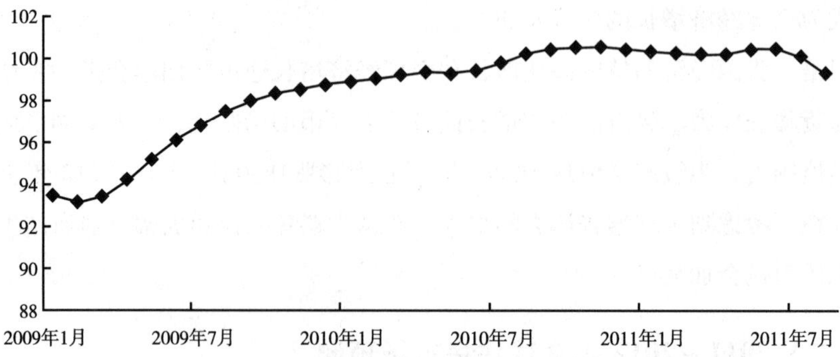

图 4 - 20　2009 年 1 月至 2011 年 8 月 OECD - 欧洲的标准化商业信心指标（BCI）走势

注：经幅度调整，长期平均值 = 100。

资料来源：OECD 网站。

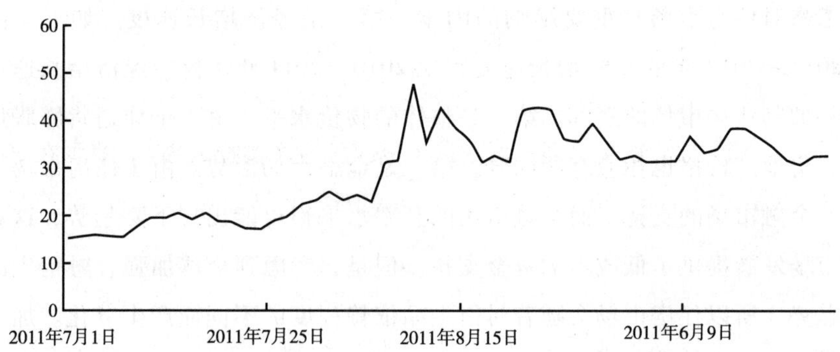

图 4 - 21　2011 年 7 月 1 日至 9 月 19 日 VIX 指数

资料来源：CBOE 网站。

2. 不同地域的走向：依距离债务危机区域的远近而呈现差异，分化加剧

全球住房市场的低迷并不妨碍个别国家或地区住房市场的高速发展。如 2011 年第一季度的中国香港、印度和中国台湾房价指数分别较 2010 年同期增长了 24.2%、21.9% 和 14.3%。① 之后，印度的房价指数更是在第二季度较第一季度增长了 16.67%。我们认为，这一住房市场发展趋势的分化将延续到 2012 年。

以下因素会对住房市场分化有较大影响。第一，经济发展速度的分化。尽管

① http://www.knightfrank.com/news/Knight - Frank - Global - House - Price - Index - Q1 - 2011 - results - 0642.aspx.

各国经济发展速度都可能较上一年有所下降，但是新兴市场国家的发展速度仍然显著高于发达国家，这一因素会加大住房市场的分化。第二，政策取向的分化。发达国家总的倾向是扩张，以使经济走出低迷并保证市场的流动性；新兴市场国家总的倾向是紧缩，一方面是为了抑制自身较高的通货膨胀，另一方面也是为了对冲由发达国家传导而来的货币扩张，这一因素会抑制住房市场的分化。第三，国际资金出于避险的需要会由发达国家流出，并流向新兴市场国家，由此推动分化的加剧。总的来看，由于新兴市场国家的政策紧缩程度也存在差别，所以房地产发展在地域上的分化趋势仍然可能是2011～2012年的主流。分国家而言，美国、欧元区的住房市场可能继续低迷，亚洲新兴市场国家的住房市场可能高涨。

3. 全球住房市场走势对我国境内房地产市场的影响：抑制作用可能加大

总的来看，如果政府不进行调控，那么我国住房市场也应在住房市场分化的大趋势下进一步高涨。但是，我国政府已经对房地产市场高度关注，这可能使得2011～2012年我国境内房地产市场与亚洲新兴经济体有着完全不同的走势。考虑到2011年11月温家宝总理强调进一步巩固房地产调控成果①，我国在2011～2012年仍将会对房地产市场维持较严格的调控。同时，对于游资的强化监管趋势也会继续维持。

政府调控时间的延长会改变人们的政策预期，进而改变人们对我国境内房地产市场走势的预期，形成“发达国家房产泡沫破裂与游资压力→政府的紧缩政策→紧缩政策预期→房地产下挫预期”的机制，从而对我国房地产市场产生更强的抑制作用。

三 专题：主权债务危机影响全球住房市场的机制

2010～2011年的全球住房市场发展出现分化，预计2011～2012年将继续分化。上文中典型国家的住房市场数据表明了这一点，并且显示出住房市场分化与主权债务危机的关联性，即越是远离债务危机地域，住房市场越呈快速发展的趋势。在这一部分，我们将从理论上论证这一结论的可靠性。

---

① 《温家宝：进一步巩固房地产调控成果》，2011年10月24日《中国证券报》。

(一) 主权债务危机降低政府支持力度的机制

(1) 危机增加支持住房市场的显性支出压力。政府对住房市场的支持意味着政府承担着发展住房市场的责任。无论这一责任源自政府的住房保障职责、控制金融风险的职责还是增加财政收入的需要，政府的支持行为必然要对应着显性或隐性的政府支出，从而给政府带来财政压力。一般来说，显性的政府支出会得到控制。但是当债务危机使得经济增长速度下滑时，政府支持中的住房保障部分会自动膨胀。由于经济增长速度下滑通常伴随着失业率上升或者实际工资水平的下降，所以无力负担购房支出的低收入群体会同步上升，这就要求政府增加对于住房市场的支持力度，以保证购房者能够以较低成本获得住房。美国次贷危机的经验证实了这一点：在次贷危机发生之后，政府对住房市场的介入不但没有减少，反而迅速上升。

(2) 危机增加支持住房市场的或有支出压力。政府对住房市场的支持可能以或有支出的形式表现，如政府对住房金融市场主体提供的显性或隐性担保。当住房市场发展良好时，其风险处于较低水平，政府的担保责任只表现为极低的支出责任。但是，当经济下滑使得住房市场发展速度下降时，住房抵押贷款的损失扩大，政府担保责任对应的支出也随之膨胀。加之政府担保引发的道德风险问题，大量的风险向政府集中，政府支持住房市场导致的支出将进一步膨胀。对于发达的金融市场而言，由于住房金融产品的链条过长，其道德风险更为严重，政府因担保责任等支持方式所承担的损失越大。

(3) 危机降低了政府支持住房市场的能力。与危机带来的政府支持住房市场支出膨胀相伴随的，是政府支持住房市场能力的降低。住房债务危机首先反映为政府收不抵支的困难，要求政府削减赤字。但是，在经济增长速度放缓甚至下降背景下，增加税收会进一步降低居民的可支配收入，具有更大的政治风险。这就迫使政府减小支出规模。支出规模的降低伴随着支出结构的调整。作为风险的重要发源地，用于支持住房市场的支出也在降低之列。从部分债务危机国家、潜在债务危机国家和债务危机区域周边国家的中央政府债务负担率变化趋势可以发现，从2009年起，债务负担率出现显著上升趋势，并且一些国家已经远高于《马斯特里赫特条约》规定的60%债务率界限（见图4－22）。尽管突破《马斯特里赫特条约》的债务上限并非必然意味着发生债务危机，但是，政府控制赤

字的行为是必须实施的。因此，危机地区及周边国家政府对住房市场的支持力度也会因危机而有所降低。

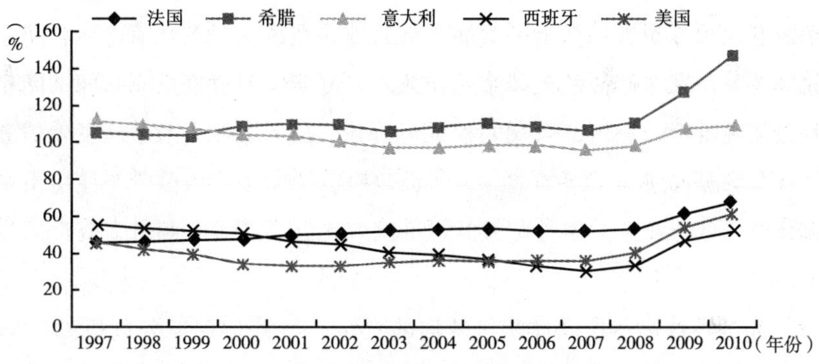

图 4－22　1997～2010 年部分国家的中央政府债务负担率

注：债务负担率 = 中央政府债务余额/GDP。

资料来源：CBOE 网站。

（二）主权债务危机改变住房市场私人资金流入的机制

（1）危机强化了对私人资金的监管。主权债务危机与之前的金融危机相重叠，共同促使政府对危机之前的金融监管进行反思。学界的主流意见认为金融监管不足是主权债务危机国家的重要特征。首先，是对衍生工具的监管不足。在希腊主权债务危机中，信贷违约互换（CDS）成为投机者对欧元区发起一系列攻击的主要工具。为此，德国和法国于 2010 年 5 月初共同向欧盟委员会递交了有关加强对金融衍生品监管的建议，尤其针对信用违约互换（CDS）交易的管理，以期打击金融投机活动。① 其次，是对系统性风险重视不够。当住房市场的风险波及金融市场时，金融机构“大而不能倒”的问题变得突出，并制约着政府对住房市场、金融体系以至整个宏观经济的政策干预方向和力度。最后，是对国际信用评级机构的特殊金融机构的监管过松。在这场危机中，国际信用评级机构起了催化剂的作用。以希腊为例，评级机构调低希腊主权债务等级，导致市场看空，致使希腊政府融资困难，之后以希腊政府融资困难为理由再次下调债务等级，导

① 中国社会科学院欧洲研究所课题组：《希腊主权债务危机的由来及其对我国的影响》，《欧洲研究》2010 年第 4 期。

致市场进一步看空，希腊政府融资更加艰难，从而形成恶性循环。在欧洲金融监管框架内建立公共信用评级机构无疑是解决之道。① 对金融监管的反思促使以巴塞尔协议Ⅲ为代表的新金融监管框架出台并被各国逐步接受。在巴塞尔协议Ⅲ的监管框架下，对金融机构提出了更加严格的资本充足率要求。值得注意的是，在债务危机之下，潜在债务危机国家的金融监管可能出现过度反应，即试图通过更为严厉的金融监管防止道德风险的积累与债务危机的爆发。由于已发生债务危机国家的风险均源自住房市场的泡沫，所以政府会倾向于严格监管与住房市场相关的金融机构与金融业务。这种监管的过度反应无疑会严重限制私人资金向住房市场的流动。

（2）危机导致资本流动规模与结构的变化。尽管主权债务危机的影响是全球性的，但是各国受到影响的程度却不同。由于危机的主体是一国政府，危机的应对也是通过一国政府，所以债务危机影响的差异最终反映为各国主权风险的差异。我们选取标准普尔对典型国家的信用观察数据（见表4－2），可以发现，无论本币长期还是外币长期，各国的信用展望存在较大的差异。发生主权债务危机的国家信用展望固然是负面，潜在信用危机国家的信用展望也是负面。与之相反，主权债务危机地域周边国家的信用展望为稳定，主权债务危机外围国家的信

表4－2　近期标准普尔对典型国家的信用观察

地　域	国家(地区)	本币长期		外币长期	
		最近日期	信用展望	最近日期	信用展望
主权债务危机国家	冰　岛	2011/05/17	负　面	2011/05/17	负　面
	希　腊	2011/07/27	负　面	2011/07/27	负　面
潜在债务危机国家	美　国	2011/08/05	负　面	2011/08/05	负　面
	西班牙	2010/04/28	负　面	2010/04/28	负　面
主权债务危机地域的周边	德　国	1992/07/27	稳　定	1989/06/26	稳　定
	法　国	1992/07/27	稳　定	1989/06/262	稳　定
	英　国	2010/10/26	稳　定	2010/10/26	稳　定
主权债务危机地域的外围	巴　西	2011/08/25	正　面	2011/05/23	正　面
	中国香港	2010/12/16	稳　定	2010/12/16	稳　定
	印　度	2010/03/18	稳　定	2010/03/18	稳　定

资料来源：标准普尔网站。

① 中国社会科学院欧洲研究所课题组：《希腊主权债务危机的由来及其对我国的影响》，《欧洲研究》2010年第4期。

用展望则为稳定与正面。国家风险的差异必然会反映在住房市场的发展趋势之中，从而造成全球住房市场分化。

国家风险的差异反映在融资成本的变化中，以国债收益率为参照，潜在危机国家和危机国家周边的国债收益率在危机爆发后大幅攀升。2010 年 12 月上旬，西班牙 10 年期国债收益率突破 5.5%，美国 10 年期国债收益率升至 3.5%，德国 10 年期国债收益率也达到了 3%。①

国家风险与资金成本的差异带来资本流动结构的差异。当以 FDI 与 GDP 的比值来衡量资本流动时，可以发现发达国家与新兴市场国家总体上呈反向变动。在金融危机爆发之后，新兴市场国家与发达国家的变动方向仍然相反，但是波动幅度加大（见图 4 - 23）。资本流入的增加在一些新兴市场经济国家尤为明显，如巴西和印度在 2010 年均表现为资本净流入的迅速上升。

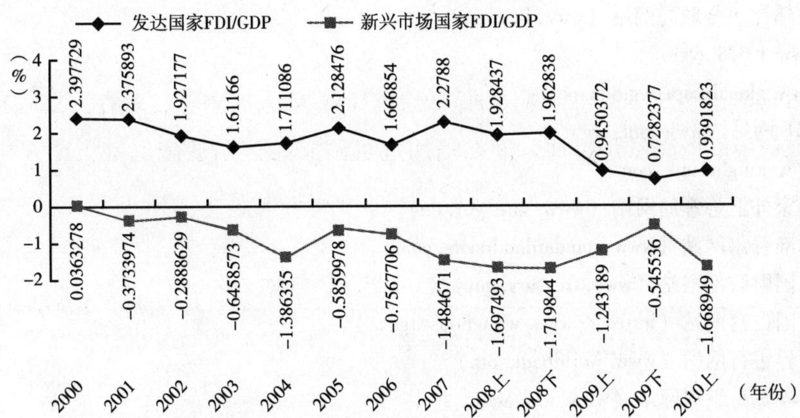

图 4 - 23　2000 ~ 2010 年发达国家与新兴市场国家的 FDI 与 GDP 之比

资料来源：IMF 网站。

（三）小结

总的来看，主权债务危机对各国住房市场具有多重影响机制。影响之一，是政府对住房市场支持力度的下降；影响之二，是改变住房市场的资金流入规模与结构。对于债务危机国家、潜在债务危机国家与债务危机周边国家，这两种影响

① 戴正宗编译《全球主权债务冲击 2011》，2010 年 12 月 18 日《中国财经报》。

是同方向的，使得这些国家住房市场的发展趋势放缓甚至下降。但是对于债务危机外围的国家，尤其是新兴市场经济国家，债务危机反而会导致避险资金流入，加之政府对住房市场支持力度较少受债务危机影响，债务危机反而会在一定时期内促进住房市场的发展。因此，主权债务危机既是全球住房市场整体低迷的重要原因，也是全球住房市场出现分化的重要原因。

参考文献

印度中央统计局网站（mospi. nic. in）。

美国人口调查局网站（www. census. gov）。

美联储网站（www. federalreserve. gov）。

联邦住房金融局网站（www. fhfa. gov）。

www. fx678. com.

www. globalpropertyguide. com.

IMF 网站（www. imf. org）。

www. knightfrank. com.

国家外汇管理局网站（www. safe. gov. cn）。

标准普尔网站（www. standardandpoors. com）。

美国财政部网站（www. treasury. gov）。

美国白宫网站（http：//www. whitehouse. gov/）。

世界银行网站（www. worldbank. org）。

世界贸易组织网站（www. wto. org）。

Matteo Iacoviello，"House Prices，Borrowing Constraints and Monetary Policy in the Business Cycle，" *American Economic Review*，June 2005.

市场主体

Participants of Chinese Housing Market

G.5
第五章
房地产企业

刘彦平

一 2010～2011年中国住房企业发展现状分析

（一）房企经营环境：调控力度空前，市场风声鹤唳

中央政府对房地产市场的宏观调控政策和地方政府的执行力度，直接影响到房地产企业的要素供给和经营环境。

1. 调控政策密集出台，组合发力

2010年以来，中央政府出台了一系列不断升级的房地产调控措施。2010年9月29日，“国五条”的出台标志着严厉的调控政策拉开了序幕。2011年1月26日新“国八条”付诸实施，对投资投机性购房、高房价的指向十分明确，是2010年一系列调控政策的延续和强化，也意味着更大规模的调控正式启动。此后，一系列房地产调控政策陆续出台，如限购、限价令施行、房产税开征、货币政策持续紧缩、信贷政策愈加严厉、保障性住房大规模开建、监督问责的制度化等，都对国内房地产行业产生了深远的影响。多项调控政策密集出台、组合发力，在房地产市场调控中起到了积极作用，因而被称为“房地产新政”。这一轮密集而持久的调控政策力度空前，直接影响到楼市的消费预期、购买行为、成交量乃至行业生态。特别是在2011年前三季度，中央及地方政府针对商品房和保障房双管齐下，行政和经济手段并用，限购政策范围不断向二、三线城市扩展，另有600多个城市出台了房价控制目标。在此形势下，各地楼盘成交持续低迷，同时也使长期居高不下的房价开始趋稳甚至部分下滑。同时，处于调控压力之下的房地产开发商开始面临业绩下滑、资金链紧绷等压力。可以说，全国房地产行业在经历了10余年黄金发展后，感受到了前所未有的冲击，而且大有“山雨欲来风满楼”之势。

2. 调控成效显现，民生导向突出

系列房地产市场调控政策发挥了明显而积极的作用。2011年，房地产市场数景气指逐步回落，尤以一、二线城市景气指数下降最为明显。房地产开发投资和施工面积增幅虽然保持高位，但这主要源于上年新开工面积增长较快，而2011年房地产新开工面积和土地购置面积增幅均有较大幅度回落。新建房屋交易量增幅持续保持低位，二手房交易量持续下降，部分城市已降至2008年金融危机时的水平。房价地价涨幅回落，房价稳中有降城市数量逐月增多，居民购房意愿持续下降，商品住房市场有望开启健康发展的新里程。与此同时，保障性住房建设进展顺利，显示出这轮力度空前的调控举措有着鲜明的民生导向。正如温家宝总理所指出的，要尽快建立和完善法规，从投入到建设到监管到退出，都要有一套完善的管理制度，使保障性住房的建设真正成为改善中低收入住房困难家庭的基本居住条件的民生工程、阳光工程。

（二）生产经营及其变化：市场总体萎缩，旺季风光不再

1. 年度销售目标完成，业绩分化

根据国家统计局发布的统计数据①，2011年1~9月份，我国商品房销售额39312亿元，同比增长23.2%（其中，住宅32694亿元，同比增长21.2%；办公

① 《前三季度国民经济保持平衡较快发展》，国家统计局网站，2011年10月18日。

楼1781亿元，同比增长35.1%；商业营业用房4071亿元，同比增长33.8%）。数据看起来并没有那么糟糕，但在实际的业态中，却可看出普遍吃紧、业绩分化现象。

在持续调控的背景下，中小房地产企业的销售业绩普遍吃紧，以致在传统“金九银十”的旺季时节却遭遇到了市场寒流。个别大型房企的表现也并不如预期理想，2011年10月11日保利地产发布公告，数据显示，9月份，其实现签约面积58.75万平方米，同比下降33.14%；实现签约金额67.36亿元，同比下降26.21%。据了解，这是保利2011年首次出现销售回落的状况。而此前富力地产也宣布下调原定的全年400亿销售目标的20%。不过，大型房企秉承加快供应、加快销售、加快资金回笼的高周转策略，仍然保持着业绩的稳定增长。其中，万科地产截至2011年10月的销售金额已逾千亿元，恒大地产前三个季度的销售金额和销售面积分别为694亿元和1047万平方米，均已经超越了上年水平。此外，中海地产、绿地集团等的情况也接近了上年全年的水平。

2. 开发投资递增，风险压力加大

2010年下半年以来，全国房地产开发投资完成额累计增幅继续上扬。2011年1~9月份，全国房地产开发投资44225亿元，同比增长32%。其中，住宅投资31788亿元，同比增长35.2%。在调控持续政策毫无松动迹象的时候，消费预期和市场成交等开始下滑，行业景气度不容乐观，而投资额的大幅增加极有可能意味着未来库存量和回款周期的压力，从而使房地产企业的经营风险大增。

（三）基本素质及变化

1. 调控致市场低迷，市场集中度进一步强化

严格的房地产调控政策，使得全国主要城市楼市成交受到巨大冲击。特别是在三、四线城市限购被提上议程之后，政策加码日胜一日。尽管如此，国内一流的房地产企业，如万科集团、恒大地产、中海地产、保利地产、绿地集团等，以及后来者，如佳兆业、新城控股、融侨集团和金辉集团等，仍逆市发力，稳健前行。从2011年前三季度销售业绩来看，前30名房企销售业绩进一步攀升。数据显示，前三季度销售金额前10名和销售面积前10名，门槛分别为245亿元和203万平方米，比上年的销售金额入榜门槛提高44%，销售面积入榜门槛提高22%，增长幅度显著。另据中国社会科学院中国企业品牌竞争力指数研究课题组发布的《2011年中国房地产企业品牌竞争力指数报告》显示，2010年房地产行业178家上市公司营业额为6937.17亿元，其中万科、恒大、保利三家房地产企业的营业收入为1324亿元，占到178家上市房企营业额的19%以上。① 可见，房地产行业正面临更加严峻的分化，行业集中度正在进一步加强。

2. 资金压力日趋加重，中小企业困境加剧

2010年底以来，房地产整体市场低迷，不少房企资金链出现问题。国家统计局的数据显示，2011年1～5月，开发企业的自筹资金比重再次上升到39%，达到历史最高。1～8月，房地产开发企业资金来源5.4万亿，同比增速为23%，比上年同期下滑11.6个百分点。与此同时，上半年106家上市房企存货上涨39%，达到9640亿元。同时，股权融资也遭遇挫折，2011年上半年没有一家房地产公司在香港上市。沪深两市发布中报的上市房企累计实现净利润193亿元，平均增幅也只有22%，其中33家公司业绩有不同程度的下降。

为了应对这一困局，近期，房企通过卖地、卖项目、卖股权等来融资的行为集中爆发。诸如“绿城信托门”事件，以及在温州、鄂尔多斯等地出现的房企负责人出逃或自杀等案例，也从一个侧面反映出当前房企现金流正遭到越来越严峻的挑战。

2011年10月15日，财政部发布了《中华人民共和国财政部会计信息质量检查公告》，包括多家名企在内的17家房企陷入此次检查风暴，涉及财务数据不实、信息违规、信息披露不充分等问题，房企的资金链问题再次引发舆论关注。

与此同时，那些体量小、融资渠道少的房地产企业在销售遇阻、开发贷收紧等多重不利因素作用下，生存境况进一步恶化。2011年前三季度，我国房地产企业累计股权并购数量已经达到87宗，总交易金额已经达到256.65亿元，房地产企业股权变动创历史纪录，超过上年同期两倍以上。2011年先后有恒大、佳兆业、恒盛地产、SOHO中国等地产巨头出手收购中小房企资产。种种迹象清楚表明，房企收益爆炸式增长的10年黄金期业已结束，一个“后房地产时代”的经济格局开始酝酿。

3. 圈外巨头纷纷涌入，传统房企谋求转型

2011年的房地产市场出现了所谓的“围城”现象。房企受调控带来的诸多

① 《社科院报告：房地产业垄断趋势明显竞争较弱》，新华网，2011年8月19日。

压力，开始谋求转型，投资其他行业，但房地产市场收益稳定、门槛较低的诱惑却又吸引着众多圈外巨头纷至沓来。比如杉杉、五粮液、地奥、长虹、国美、阿里巴巴等“非本行房企”却在楼市低迷期崭露头角，这些在服装、矿产、医疗、食品、电器、IT等行业的“大腕”纷纷进军地产行业。据不完全统计，在房地产领域亮相的行业外资金已超过500亿元。与此同时，不少房企却通过抛售名下项目、转型至矿业等其他手段躲避财务风险，截至2011年10月，已有约25家房企涉足矿业，约占房地产上市板块的1/5。多重调控下，房地产行业的暴利光环已渐渐消退，投资矿产是房地产企业寻求逆境突围的一条重要路径，如华业地产在中报中称，“公司的房地产业务受宏观调控政策影响，销售增速减缓，投身矿产之举，有助于抗风险，并培育新的利润增长点”。①

（四）生产要素及变化

1. 资金面：房企平均负债率加大，资金链紧绷

2011年9月的楼市数据显示，市场成交量减少、资金链紧绷和库存增加正成为遏制国内房价的三重压力。根据国家统计局发布的数据，1~9月，开发企业到位资金规模61947亿元，同比涨幅较1~8月回落0.7个百分点。其中，国内贷款涨幅回落1.4个百分点，企业自筹资金回落0.3个百分点，利用外资回落21.4个百分点，定金和预收款回落1.6个百分点。开发企业资金压力不断增大，正成为动摇高房价的主要力量。

市场的情况也印证了不断回落的统计数据。来自市场机构的统计显示，房地产上市公司负债和存货双双激增，现金流入相对较缓。全部124家房地产上市公司上半年年报显示，现金流为2119.8亿元，同比增长12%；存货10281.9亿元，同比增长39%；总负债11681.3亿元，同比增长39%，远高于业绩增长。大多数房企的资产负债率超过70%。叠加70个城市的指标数据可以看到，楼市拐点已经开始接近。

2. 土地储备：开发商瞄准三、四线城市

2011年前三季度，土地供应总计达8.73亿平方米，同比增加13%。其中，住宅用地供应量减少，前三季度供应量为3.05亿平方米，同比减少约12%。据

① 《楼市调控转向银根，4000家房企命悬一线》，2011年10月20日《北京商报》。

中国指数研究院数据，2011 年 1 ~ 8 月，全国十大重点城市中，除了深圳、广州、南京、上海 4 个城市的土地成交量超过上年同期外，其他城市均出现下滑。8 月，全国住宅类用地平均溢价率仅为 10%。但另一方面，受部分市场主体预期调控政策见底和地方政府供地节奏加快的影响，土地市场初现“回暖”迹象。上半年，体量较大的综合性用地占据了总价排行榜的多数席位。在政策和资金链的双重压力下，实力名企拿地、企业联合体拿地的趋势非常明显。另据新浪乐居数据统计，截至 9 月，全国 50 强开发商中，已经有近 40 家布局三、四线城市，并在这些城市实现了土地储备 2 万余公顷。实际上，在更早些的时候，一线品牌开发商就开始进军三、四线城市，比如 2010 年，万科在三线城市的新增土地储备量就已超过二线城市。2011 年，恒大已布局的 62 个城市中，三、四线城市占比超过六成。碧桂园进驻湖南 8 年，早已扎根宁乡、浏阳、湘潭、张家界和郴州等县市。很显然，三、四线城市成为品牌开发商的主战场。

3. 人才：跳槽风盛行，人才分化

受宏观调控因素影响，2011 年以来，房地产行业人才需求减弱，招聘活动较往年冷清很多。此外，楼市持续低迷让管理、营销策划类人才走俏，行业内“挖”人力度空前，趋于白热化，部分中高端商业人才的跳槽频率甚至呈喷发之势。在人才大流动中，大型知名房企更占优势。正如房地产企业销售业绩分化加剧一样，房企人才也出现分化趋势，专业人才和管理营销人才开始加速流向三、四线城市的地产项目以及商业地产开发商。

（五）住房产品：困惑中的探索

1. 市场总体低迷，成交量下降

2011 年前三季度，逾六成城市的成交面积同比下降，海口降幅最大，达 49.27%，重点城市中，仅天津和成都成交面积同比略有上升。北京、深圳、天津等成交均价同比下跌，重庆、上海和杭州同比上涨，其中重庆涨幅最大，达 24.11%。

前三季度，一、二线城市楼市成交量变化呈现较为一致的规律：第一季度成交量同比不断下降，传统楼市“小阳春”在限购令影响下黯然失色。4 月成交量持续下滑，5 月、6 月两月同比略有上涨。进入第三季度，单月成交量持续下跌，同比增长率也是逐月下滑。“金九银十”风光不再。行业笼罩着紧张的氛围，有关楼市的种种悲观论调不绝于耳。

2. 差异竞争浮现，品质关注加强

随着调控显效，充斥楼市多年的产品雷同、炒作概念、价格畸形、投机消费等问题开始收敛，稳定房价、改善实际居住需求、改进住房产品品质等行业发展本质开始回归。

除户型面积、小区内部配套等满足基本居住需求外，生活本位、空间协调、功能协同成为开发商关注的重点，楼盘的个性化、人性化、安全、舒适乃至艺术气质受到追捧。比如在北京，地产“联姻”教育走红。万科旗下的中粮万科·长阳半岛继2010年成功签约北京小学、北京四幼、红黄蓝幼儿园后，2011年又成功签约北京四中，为业主子女提供“全程教育”。位于京津高速永乐店收费站附近的首创·国际半岛也将构建国际教育港，引入国际公学、企业大学、培训机构等与国际接轨的优质教育资源。此外，会所成为高端楼盘的配套必选和身份“标志”，满足老年人和儿童需求的设计与设施，也开始成为住房商品的亮点。在保障住房方面，关于品质的要求也成为政策约束的重要内容。

3. 豪宅逆市走高，房企尚需冷静

受人民币升值、通货膨胀预期高、股市高度不稳定等诸多因素的影响，很多一线城市的别墅、洋房等高端住宅项目的销售量不降反涨，市场表现好于普通住宅。2011年7月，北京豪宅项目成交502套，平均总价为840.2万元，创历史新高。1~8月，上海累计成交均价在10万元/平方米的豪宅计101套，成交量明显高于历史水平。此外，武汉、济南、深圳等一线城市的豪宅项目也密集推出，且销售情况良好。

2010年以来，保障房工程供应了大量的低端楼盘，限购政策又使普通住宅大量滞销，在这种情况下，主攻中低端商品房开发的房地产商将面临发展困境，可能转而进行产品结构调整，扎堆上马高端楼盘。然而，入市高端住宅的大量增加，在很大程度上是行业追逐暴利的思维定式与业务模式的延续，极有可能导致市场过热，带来不利的后果，从而对本已严峻的房企资金链状况带来新的考验。

二　房地产企业健康发展存在的问题

第一，发展模式面临转型升级。多年来，我国房地产行业经营模式粗放、简

单，土地溢价和金融杠杆的使用是房地产开发商最主要的利润来源，具有明显的短期利益导向。然而，随着市场监管和调控力度不断加强，房地产开发企业的赢利模式已经到了必须转向的阶段。如何延伸产业链、规范内部管理，并形成新的可持续的开发模式和产品模式，如何实现从依赖地价与房价的上涨获得高毛利转向依靠综合开发与服务能力的提高，进而真正成为以房产开发为核心的现代制造企业和高端服务企业，是摆在整个房地产行业面前的重大命题。

第二，产品单一，亟待创新优化。国内楼市产品缺乏个性和创造性，是一个由来已久的问题。即使是较为新潮的低碳绿色楼盘、精装楼盘、多面积赠送户型等，也充斥着雷同和模仿的现象。随着房地产市场竞争的加剧，购房者对居住氛围、户型、质量等各方面要求越发苛刻，对住房产品提出了更高要求。这就要求开发商将更多的资源和精力花在产品设计与产品创新上，从户型变化、功能设计到功能布局等方面，大胆尝试和创新。高质量、高品质的住房产品，永远是开发商竞争与发展的基本立足点。

第三，行业发展遭遇人才“瓶颈”。专业性人才匮乏已成为制约房地产行业发展的一大“瓶颈”。有关统计显示，近年来，房地产企业专业人才的年均增长率不到7%，与行业总体成长率极不相称。其中，大部分行业优秀人才主要集中在大型房地产开发企业，造成房地产行业专业技术人才与高级管理人才严重匮乏，企业间相互挖墙脚的现象也日益突出。我国房地产行业发展时间短，人才积累不足，更主要的是由于房地产行业普遍存在用人第一、育人第二的短视心态，不利于人才的培养和成长。

第四，社会责任再成战略命题。企业社会责任是房地产行业的老话题，却一直没能实现理想的突破。过去十余年，房地产经济一路飙升，创造了楼市奇迹，也遗留了一系列的社会与经济隐患。房价畸高、暴利拆迁等问题造成的社会问题，严重损害了房地产企业的社会形象。事实上，房企所有利益相关者都会为企业提供一部分发展资源。企业在运营过程中，必须与各利益主体达成合理的经济契约和道德契约。鉴于住房产品的部分公共品属性，以往“对股东负责”的单边契约有相当大的局限。房企应重新思考和定位与投资者、员工、消费者、供应商、社区、社会以及环境等方面的关系及利益安排，主动营造和维护良好发展环境。行业发展的事实证明，企业社会责任与企业发展是呈正相关关系的。当前，中国房地产业正在进入一个持久而影响深远的转型期，来自社会、经济、环境各方压力的汇集，成为房企发展的“瓶颈”，践行企业社会责任正是房企实现发展与转型的重要动力。

三　政策建议

1. 取消预售制度

预售制度实行的初衷是为了解决房地产开发企业开发资金不足的问题，鼓励商品房市场的发展。但就目前行业发展态势来看，该政策的立意基础已不存在。商品房销售制度从“双轨制”转向“单轨制”已成为一种明显的趋势。事实上，早前央行发布的房地产金融报告就曾指出，“很多市场风险和交易问题都源于商品房新房的预售制度”。在现实中，期房因出现不能按时交房、开发商擅改规划、欺诈销售等一系列的问题而饱受诟病。而现房存在高透明度、低风险、资金周转快等诸多优势，其实景呈现和直观透明更能让购房者放心、省心。当前调控政策成效初显，但要形成长效机制，进而推动房地产行业优化整合和素质升级，取消预售制度已经成为一个现实的决策选项。

2. 探索融资创新

当前，全球经济阴云密布、资本市场波动不稳，而国内又处于较为严厉的市场调控背景下，传统融资方式机会大减、成本递增。面对上述挑战，中国房地产开发商亟须开辟新的融资管道，借鉴境外投资基金资金筹措及投资的有效方法，加大对接信托、基金等融资创新，这也是房企提升自身竞争力的必要途径。其中，引入私募基金为策略投资者，让普通合伙人（GP）提供有效的激励，使其有意愿通过各种策略为投资方和开发商实现回报最大化，应该是中小企业重点考虑的一个方向。大型开发商则可通过资产战略转型，拓展新领域，向综合房地产金融企业转型，迈向房地产产业链的上游，以便更有效地规避政策约束、土地成本等风险。从保障房建设的融资渠道来看，借鉴西方国家经验，引进房地产信托基金（REITS）运转模式，将给房地产市场带来稳定、长期的资金流入，协调房屋居住和房屋持有的不同利益诉求。

3. 强化风险管理

2011 年，房地产行业经营环境最显著的变化就是宏观调控政策和金融信贷、市场监管等多方面政策的同时收紧，市场总体低迷，市场预期普遍悲观。在此形

势下，强化风险意识、切实提高风险管理水平是房企面临的核心问题。在若干风险控制点中，资金链安全、拆迁、工程质量问题等是重中之重。

4. 优化专业服务

长期以来，开发商专注于前期的销售环节，往往忽视楼盘交房后出现的种种质量问题及小区管理维护，由此引发的购房者集体事件，给开发商的品牌、形象等带来较多负面影响。未来房地产市场中，开发商应更多地面对后期居住的服务需求。

此外，随着住房消费者日渐理性、成熟，其对服务的要求和期望值也不断提升。同时，消费偏好和购买行为也在发生较大的变化，比如异地购房行为增多等。开发商应及时调整和优化服务策略，来促进销量、提升消费者的满意度和忠诚度。特别是在体验营销和一站式置业服务方面，更有很大的提升空间。可以说，人性化、差异化的专业服务是创新的营销手段，同时也是企业提升竞争力的重要武器。

5. 加强品牌建设

过去十年中，房地产行业快速发展，为品牌建设提供了极佳的机遇。然而在高速增长的氛围中，国内房企并未能抓住这个历史性的契机，行业中真正成功的强势品牌还寥寥无几。随着当地房地产市场行情急转直下，房企开始真正重视品牌力量，可以说犹未为晚。打造品牌，涉及企业对自身战略使命、企业文化和产品创新的综合规划，关系到企业家精神的真正弘扬。就目前中国房地产行业而言，企业品牌建设和项目品牌建设同等重要，通过项目品牌来带动企业品牌尤其是一条可行的路径。

6. 打造低碳房企

中国每年新建的房屋面积占到世界总量的50%①，建筑节能减排已列入我国三大重点节能领域之一。房地产业的低碳发展，不仅是国家整体碳排放目标承诺的要求，也是行业实现创新升级、健康发展的内在需求。积极面对低碳经济，构建“绿色建筑”能力，是未来房地产企业核心竞争力之一。因此，要改变我国住房产品普遍存在的诸多问题，比如房屋设计、规划不合理，小区绿化面积小、效果差，建筑材料质量参差不齐，能源利用不合理等，大力推行住宅产业

---

① 顾云昌：《中国每年新建房屋面积占世界总量50%》，新华网，2009年12月12日。

化，提高开发水准，合理规划户型布局，提高精装修比例，引进和采用新型环保建材以及新技术，使用清洁能源，积极担当低碳生产、低碳消费、低碳生活的先锋。

四　2011～2012年中国住房开发企业发展展望

总体而言，2012年国家和地方的房地产调控政策不会松动，保障房建设将坚定推进、影响深远。同时，伴随城市化进程，住房的刚性需求不会明显衰减。也就是说，保障性住房将批量供给，政策性商品房将成市场新宠，商品房则将继续在困境中探索前行。对于绝大多数住房开发商来说，2012年将是成败攸关、生死攸关的一年。

1. 市场盘整：企业全面转型

综合各种数据分析可以得出，2012年中国楼市最值得关注的是经营风险问题。2010年底以来，住房开工面积持续加大。上市房地产公司中报显示，A股房地产上市公司库存占资产比率创历史新高。预计从2011年第四季度开始，住房市场将进入“去库存”阶段，并将一直延续到2012年。2012年，全国预计有800万套保障性住房竣工，按每套60平方米算，将接近5亿平方米，商品房供应也将达到顶峰，合计年供应量可能接近20亿平方米。中国住房市场可能开启“过剩时代”，房屋空置率会继续上升，楼价上升势头中止，开发商风险加大，投资客进一步撤离，因此宜采取保守的财务策略。同时，住房开发企业将进入全面转型阶段，包括物业自持经营、产品创新加强、绿色建筑领航、合作并购盛行、战略联盟勃兴等。

值得提醒的是，在环境挤压和战略转型过程中，很多住宅开发商可能会转向商业地产、旅游地产，对此要有清醒的头脑和理性的判断。进入商业地产、旅游地产，势必会遭遇较大的资金壁垒、专业壁垒和竞争壁垒，对此应有足够的认识和充分的准备。

2. 保障住房：房企业务“蓝海”

对保障住房建设的参与，将是2012年住房开发企业的重要“蓝海”领域。保障房建设分两类，一类是产权式保障房，包括经济适用房、限价商品房和棚户区改造；一类是租赁式保障房，包括公租房、廉租房。随着保障住房建设资金缺

口的加大，住房开发企业将有更多机会参与保障房建设，可以通过代建、开发及参加配建等方式，重点参与产权式保障住房的建设。

3. 行业洗牌：迈向成熟之机

2011 年以来，房地产开发企业面临中国房地产市场起步以来最为严厉的市场与政策环境，房地产行业逐步进入行业洗牌与结构调整阶段，这也是第一次真正意义上的行业大调整。2012 年，房企、中介机构并购将加剧。资源的重组有利于行业整合及规范，推动房企品质和竞争力的不断提升。同时，随着商品房和保障房的“双轨”运行，一个相对健康的楼市正在到来。大的环境变化和行业重组有利于房地产行业彻底转变以往的粗放式成长模式，树立现代理念，规范经营，加强责任意识，将推动整个房地产行业走向健康和成熟。

4. 行业标准：有望实质启动

标准化历来是一个行业成熟与规范的重要标志。现行粗放式的房地产业发展模式，无法有效控制作业时间、建设与装修成本以及作业的质量，很大程度上制约着我国房地产行业的健康发展。住房产品的质量标准化与质量工艺化，是我国房地产业迈向成熟的关键。从 2012 年开始，在房地产行业的大调整进程中，产品质量标准化将真正提上日程，并逐步开启实质性的进步，包括住房产品标准化、住房产品工艺化、配套产品标准化和配套产品工艺化等。

五　住房上市公司指数：住房 100 指数分析

（一）指数构建

1. 指数选取

本分析根据房地产开发企业的特点，从市场占有、赢利能力、运营能力和成长性方面选取 5 个财务指标构建住房上市公司指数。采用营业收入反映公司在持续经营条件下的赢利能力，同时，它也是考察市场份额的标准，该指标越高越好。赢利能力方面选取营业利润率，它是收入获取能力和成本控制能力的综合性指标，避免非持续性的营业外收支对利润的影响，该指标越高越好。选取资产收益率来反映管理层运用资产的运营能力，该指标越高越好。房地产企业以商品住宅为主，其存货在实物资产中所占的比重往往最高。本分析选取存货周转率来反

映存货周转的效率，从而反映报表利润实现的快慢。另外，还选取净资产收益率来反映企业为股东创造财富的能力，它也是企业潜在增长能力的重要体现，该指标越高越好。

2. 数据来源及样本

本指标体系数据来源于沪深两市的房地产开发企业的2010年年度报告中的财务数据，选取截至2010年12月31日营业收入排前100名的住房企业。样本选择中剔除了以出租或租赁为主、商品房销售在营业收入中所占比重很小（低于10%）的企业，同时，以持续稳定经营为标准，将带有ST标志的公司排除（见图5-1）。

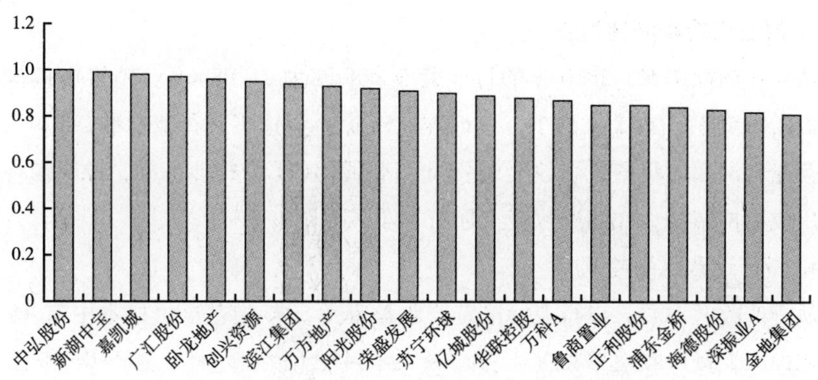

图5-1　深沪A股上市公司住房100指数前20位公司

（二）指标结果对比分析

1. 上市公司东多西少

住房100指数包含的上市公司大都集中在东部发达地区，尤其是珠三角、长三角和京津环渤海经济区内。这些区域经济发达，住房商品化程度高，房地产公司占比相对较多。住房100指数包含的上市公司中，东部地区的公司占80%，远高于沪深A股中东部公司所占的比例66.27%，而中西部地区的房地产企业相对较少，其中中部占12%，西部占8%（见表5-1）。

2. 销售收入两极分化

排前20位的上市企业的住房销售收入为2167.86亿元，占据100个排名份额

表 5-1　房地产企业分地区占比对比

单位：%

项目＼区域	东部	中部	西部
住房 100 指数公司	80	12	8
沪深 A 股全部公司	66.27	19.44	14.29

的 66%。而排后 20 位上市企业的销售收入为 57.03 亿元，仅占 100 个排名企业份额的 1.74%。其中，万科 A、招商地产、保利地产、金地集团 4 家企业合计销售收入 1199.83 亿元，企业数量上占 4%，销售额却超过了 100 家企业全部销售额的 1/3。4 家企业在市场规模上仍旧是房地产上市公司中的标杆企业。

3. 营业利润率尚待提高

从营业利润率看，2010 年的行业营业利润率为 21.08%①，销售规模排名前 100 家的上市房企有 45 家高于行业标准，55 家企业达不到行业标准，其中，有 3 家的营业利润率为负值。半数上市公司营业利润率不及行业标准，说明销售能力与费用成本控制能力在匹配程度上还有不小的差距。

4. 资产运营水平趋同

从资产收益率看，以行业标准资产收益率 4.50% 为基准，样本中有 46 家超过行业标准，资产收益率在 1% ~4.5% 的有 45 家企业，有 9 家不及 1%。半数以上的上市公司资产收益率不达标，表明公司管理层在运用资产创造利润的能力方面明显不足，也意味着资源的有效利用程度低，是资源配置不当的一种表现。

5. 净资产收益率低于行业水平

以行业标准净资产收益率 15.71% 为基准，有 40 家样本房企的净资产收益率在行业标准之上，净资产收益率在 10% 以下的房企有 44 家，其中还有 1 家为负值。净资产收益率代表了运用股东资产的创富能力，若为负值是吞噬股东财富的表现。低于行业标准表明多数房企在为股东创造财富方面表现不佳，通过正常的经营创造利润从而增加股东权益的能力欠缺。

6. 存货周转速度较慢

从存货周转率的角度观察，按照年度 0.42 次的行业标准，有 33 家达标，未

① 以各企业的营业收入为权重对营业利润率进行加权平均得出，行业资产收益率和净资产收益率的计算方法相同。

能达到行业标准的67家。以年度0.42次为基准，正负各0.2个百分点，有55家企业集中分布在这一区域。

（三）结果聚类分析

以现行开发企业的模式分析，市场销售能力的高低在企业综合能力中占主导地位，是企业自身能力的体现。能否快速销售不仅决定着资金回笼的快慢、资金链的紧张程度，而且是其他企业能力发挥作用的基础。所以，选取销售收入排前20位的上市公司，对它们的其他指标进行聚类分析。

四项皆优。营业利润率、资产收益率、净资产收益率、存货周转率的排名都在行业标准之上的只有3家：新湖中宝、广汇股份和中弘股份。说明同时在赢利能力、资产的运营能力、为股东创造财富的能力表现优异的企业甚少。比较符合行业快速成长期时的企业特征：绝大多数企业都存在能力上的“短板”。

四项中三项优秀。营业利润率、资产收益率、净资产收益率、存货周转率四项中三项排名在行业标准之上的有4家企业，分别是万科A、金地集团、嘉凯城和滨江集团。其中，嘉凯城和滨江集团的净资产收益率位居行业前列。

四项中两项优秀。营业利润率、资产收益率、净资产收益率、存货周转率四项中两项排名高于行业标准的有保利地产、招商地产、荣盛发展和世茂股份4家企业。其中，保利地产和荣盛发展的净资产收益率较高，世茂股份的强项在营业利润率上。

四项中单项优秀。营业利润率、资产收益率、净资产收益率、存货周转率四项中单项排名居于行业标准之上的有外高桥、金融街、首开股份、福星股份和中航地产5家企业。5家公司占有的指标比较分散，说明能力体现的方面区别很大，各有所长，单项能力突出。

六　专题：严冬中房企还能挺多久？

2010年“国十条”① 收窄了房地产企业的资金来源，随着房市调控的持续

① 本书中“国十条”均指国务院于2010年4月17日发布的《国务院关于坚决遏制部分城市房价过快上涨的通知》。

发力，房地产企业脆弱的资金链正在接受日益严峻的挑战。种种迹象表明，房企的黄金时期已经过去，而萧瑟的严冬似乎已至。但房价欲降还羞，政策在持续，房地产商在硬撑，民众在等待，各方的博弈进入了一个关键的时期。面对越来越大的压力，严冬中房地产企业还能挺多久？

（一）房地产业发展环境趋冷

自从2003年房地产行业被确认为国民经济发展的支柱性产业之后，房地产业在中国国民经济体系中所扮演的角色越来越重要。一方面，呈爆炸性增长态势的房地产业带动了中国消费、固定资产投资、工业产能等指标均保持较高水平的增长，成为拉动中国经济增长的重要引擎。另一方面，在房地产业高收益、高增长非理性繁荣的背后，全社会的资源日益集中于房地产行业，国民经济各部门都对房地产市场的发展产生严重的依赖性，中国宏观经济的房地产化已成为现实，大量公司进入房地产业。

1. 房地产行业的非理性繁荣及其调控政策

沪深A股上市公司的行业发现状况是全国经济的一个缩影，它具有显著的代表性。2000年以来，A股上市公司中直接涉及房地产业务的公司数量一直呈上升趋势，至2010年，大陆A股主板市场中直接经营房地产业务的公司已经达到268家，是2000年的2倍多。更为明显的趋势是，2005年以来，A股主板市场中直接经营房地产业务的上市公司比重也在逐年增加，至2010年达到21.5%，超过1/5，比2005年高出3.4个百分点。房地产业务已经成长为A股市场分布最广泛的行业，不仅表现为房地产类上市公司为数众多，更表现为众多的涉足房地产领域的非地产类公司。根据上市公司所披露的年度报告，按照深、沪两市对上市公司的标准行业分类的22个行业（制造业按次类区分），除去房地产行业本身外，几乎所有行业中都有上市公司直接经营了房地产业务。① 其中，建筑业中有近一半的公司经营房地产业务；批发和零售贸易、社会服务业和纺织服装皮毛制造业有1/5以上的公司经营房地产业务；综合类公司中有近60%的公司直接经营房地产业务（见图5－2和表5－2）。

---

① 制造业中的木材、家具制造业类未有公司直接经营房地产业务，这是因为A股主板市场中木材、家具制造业类公司仅有两家（国栋建设和宜华木业），数量太少，不具有代表性。

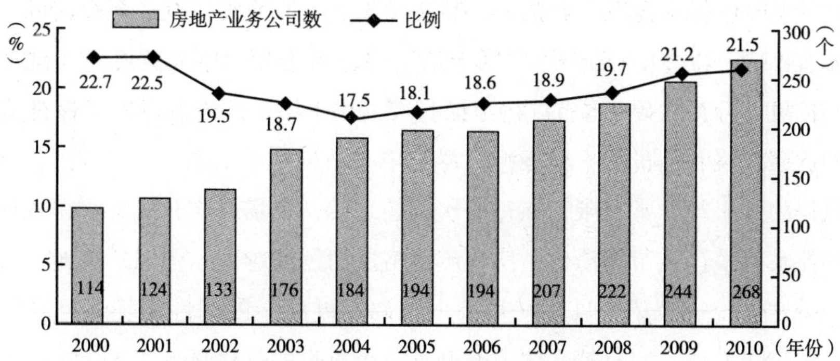

图 5－2　直接经营房地产业务上市公司数及占比（2000～2010 年）

资料来源：根据 Wind 数据整理。

表 5－2　各行业公司经营房地产业情况

单位：个，%

行　业	有房地产业务公司	占比	主板公司总数	占比
采掘业	2	0.75	41	4.88
传播与文化产业	1	0.37	16	6.25
电、煤、水的生产和供应业	12	4.48	70	17.14
房地产业	101	37.69	101	100.00
建筑业	11	4.10	27	40.74
交通运输、仓储业	6	2.24	63	9.52
金融、保险业	3	1.12	36	8.33
农、林、牧、渔业	3	1.12	26	11.54
批发和零售贸易	23	8.58	93	24.73
社会服务业	9	3.36	39	23.08
信息技术业	5	1.87	68	7.35
其他制造业	1	0.37	9	11.11
电子制造业	5	1.87	50	10.00
纺织服装皮毛制造业	9	3.36	43	20.93
机械设备仪表制造业	10	3.73	195	5.13
金属、非金属制造业	6	2.24	104	5.77
木材、家具制造业	0	0.00	5	0.00
石化、塑料制造业	9	3.36	127	7.09
食品、饮料制造业	7	2.61	60	11.67
医药生物制品制造业	10	3.73	89	11.24
造纸、印刷制造业	3	1.12	19	15.79
综合类	32	11.94	56	57.14
总　体	268	100	1337	20.04

资料来源：根据 Wind 数据整理。

这种非理性繁荣及其引起的高房价现象引起了政府的重视，但政府的政策效果却各有不同。以2010年4月“国十条”的出台为界，中央政府对房地产业的政策调控可以分为效果不同的两个时期，在2010年4月之前，为了保证房地产市场的健康发展和房价的平稳运行，尽管中央政府也曾经推出一系列调控政策，但是取得的效果却非常有限，在每一次调控之后，市场反应并没有取得预期的效果，调控政策很快被市场消化，房地产价格反而越涨越高。中国的房地产市场陷入了一种“调控—观望—反弹—更高—再调—再高”的恶性循环，每经历一次政府宏观调控循环，房价都会快速跃升到一个更高的价格平台。

2010年4月“国十条”出台之后，房地产业调控政策频繁出台，而且手段一次比一次更加严厉。这些调控措施一般涉及土地、金融、税收等多种调控手段，而调控的方式也由之前主要依靠行政命令转向综合运用利率调整、信贷控制、税收优惠甚至限购等措施，对非理性繁荣的中国房地产市场产生了不小的冲击。2011年上半年，这种综合调控的措施依然继续，而且有愈加严厉的态势。

2. 宏观经济形势的不确定性及其影响

宏观经济形势的不确定性为房地产业的增长前景带来阴霾。从国内外宏观经济形势看，2011年全年中国都面临较为复杂多变的经济环境。从国际环境看，国际金融危机的深层次影响尚未完全消除。受欧洲主权债务危机、发达国家失业率居高不下、国际市场大宗商品价格高位震荡、全球通胀压力不断加大等影响，全球经济复苏步伐有所减缓。从国内环境看，2010年第二季度之后，中国经济增长速度出现放缓的趋势，尤其从长期来看，在面临经济增长方式转变、经济结构战略性调整、人口红利衰退等一系列挑战面前，中国经济增长的形势更加严峻。在这一国际国内背景下，国内外市场的委靡不可避免地将对房地产业未来增长产生负面影响，而受政策严厉调控的房地产业增长前景将更不为人所看好。

3. 银根紧缩带来的冲击

银根紧缩政策对房地产行业的影响巨大。2011年上半年，央行先后6次上调存款类金融机构人民币存款准备金率，并3次加息，截至2011年7月，大中型金融机构存款准备金率已经达到21.5%的历史高位，同时金融机构人民币一年期存款利率达3.5%，一年期贷款利率达6.56%。提高存款准备金率、上调利率等一系列银根紧缩政策主要是为了继续抑制通货膨胀、收紧市场的流动性，但同时一定程度上也是为了配合楼市调控。房地产是典型的资金密集型行业，银根

紧缩政策对开发与消费都明显依赖银行信贷的房地产市场将产生重大影响。一方面，银根紧缩政策提高了住房按揭贷款的利率，部分有意购房者由于按揭成本的提高暂时打消购房打算，这对房地产市场需求是一个不小的打击。另一方面，尽管银根紧缩措施并未完全改变房地产企业对银行贷款依赖度过高的状况，但是商业银行为满足提高存款准备金率的要求，控制贷款增长速度，甚至收紧贷款，必将给房地产开发企业的流动性带来压力。特别是一些中小企业，由于资信、抵押等诸多方面的原因，要想满足贷款需求将更加困难。

（二）房地产业呈现全面回落态势

1. 行业景气下滑

纵观2010年第一季度至2011年第三季度，受中央政府一系列调控政策影响，房地产企业景气指数和企业家信心指数均呈现明显的下滑趋势。其中，企业景气指数从2010年第一季度的135.800下降到2011年第三季度的119.400，降幅达16.4点；而企业家信心指数从2010年第一季度的133.100下降到2011年第三季度的99.900，降幅达33.2点。尽管从数据上看，2011年前三季度中国房地产企业景气指数仍然运行在“较为稳定”的区间内，企业家信心指数也并未过低，但与全国平均水平相比，房地产企业景气指数和企业家信心指数均显著低于全国企业水平，说明2011年以来我国政府出台的一系列以遏制房价过快上涨的政策措施对整个房地产行业产生了诸多影响，企业家对企业经营状况略有担忧，对未来行业的发展前景不够乐观。

2. 开发投资回落

房地产开发投资出现回落。2011年前9个月，尽管全国房地产开发投资增速仍然保持在30%以上的较高水平，但在一系列宏观调控政策影响下，全国房地产开发投资增速已经开始有所回落，投资增速趋势性下滑明显，行业景气指数处于下滑周期，而由此导致的投资趋势性不振已经开始体现在统计数据上。其中，根据国家统计局2011年1~9月统计数据显示，全国房地产市场1~9月实际投资额4.42万亿元，同比增长32%，累计增速为2010年3月以来最低；9月单月全国房地产投资额为6444亿元，同比增加24.98%，为2011年单月增速最低，增速较8月单月增速减少近7个百分点。

房地产资金来源趋紧。在一系列遏制房价过快上涨等宏观调控政策影响下，尽

管进入2011年以来，全国房地产开发企业资金来源增速出现上升趋势，但与上年同期相比仍呈现大幅回落的态势。据国家统计局数据显示，2011年1～9月，全国房地产资金来源为6.19万亿元，同比增长22.66%。其中，国内贷款继续减少，9月仅为860亿元，环比减少1.25%，同比减少8.33%；利用外资同比增长50.1%，增幅比上一个月下降20.6个百分点；企业自筹资金同比增长33.5%，增幅较上月下降0.3个百分点；其他资金同比增长20.7%，增幅较上月下降0.8个百分点。1～9月国内贷款累计为9749亿元，同比仅增长3.73%，增幅较上月下降1.4个百分点。总体来看，除利用外资增速与上年同期相比大幅提升外，其他各分类资金来源增速同比均呈回落态势，说明2011年以来一系列遏制房价过快上涨的政策效果正在显现。

3. 土地购置增速下降

房地产购置和待开发面积稳定增长。尽管从2010年年中开始，中央严厉的调控措施一步步出台，但是从土地购置面积和待开发面积指标看，房地产开发企业并未受到严重的影响，土地购置和待开发面积同比增速保持稳定。进入2011年，在一系列宏观调控政策影响下，全国房地产开发企业土地购置面积虽然仍保持了增长态势，但增速开始持续下降，与此同时，待开发土地面积增速由负转正。国家统计局发布的数据显示，2011年1～6月，全国房地产开发企业购置土地面积29631.6万平方米，同比增长18.4%，增幅同比回落17.2个百分点，比2011年第一季度回落14.3个百分点。同期，全国房地产开发企业待开发土地面积29631.6万平方米，同比增长29.4%，增幅比2011年第一季度提高6.5个百分点，比上年同期下降15.1个百分点。上述两个指标说明，房地产开发企业对房价持续上涨并不具有信心，开发进程大大减缓，企业囤地现象依然严重。

4. 商品房开工面积由升转降

从全国商品房累计施工面积、累计新开工面积以及累计竣工面积来看，2010年这三个指标均呈现较快的增长水平，尤其是累计新开工面积和累计施工面积同比保持了大幅增长态势。但2011年以来，商品房施工面积增速较为平稳的同时，新开工面积增速呈大幅下滑态势。国家统计局发布的数据显示：2011年1～9月，全国商品房累计施工面积460785.6万平方米，同比增长29.65%，比2011年第一季度回落3.6个百分点。其中，商品住宅施工面积310795.2万平方米，同比增长30.0%，增幅同比提高2.4个百分点，比2011年1月回落近10个百分点；房屋新开工面积147774.7万平方米，同比增长23.72%，增幅比2011年1

月回落近0.4个百分点，而与上一年同期相比增幅回落达近40个百分点。在全国商品房累计施工面积和新开工面积增速回落的情况下，全国商品房累计竣工面积增速也呈下降态势，2011年1~9月，全国商品房累计竣工面积43456.0万平方米，同比增长17.85%。

5. 购买需求明显放缓

房地产业需求放缓，全国商品房销售量增速回落。在消费者观望气氛浓厚、部分城市严格执行“限购令”以及银根紧缩等一系列调控政策影响下，2011年上半年，全国商品房销量呈回落态势。国家统计局发布的数据显示，2011年1~9月，全国商品房销售面积71288.7万平方米，同比增长12.89%，比上一个月回落0.6个百分点。其中，商品住宅销售面积63603.6万平方米，同比增长12.06%，增幅较上一个月回落1个百分点。同期，全国商品房销售额为39311.5亿元，同比增长23.17%，增幅较上一个月回落2.7个百分点。其中，商品住宅销售额为32693.7亿元，同比增长21.15%，增幅较上一个月回落3.3个百分点。

（三）上市公司资产负债表风险加大

1. 自由现金量：透露洗牌信号

自由现金流量剔除了所有因非正常经营活动所产生的非经常性收益（利得）产生的现金流，它反映了企业在持续的、核心的业务中产生的营业利润，是在不影响公司持续发展的前提下，可供分配给股东和债权人的最大现金额。它是衡量房地产公司资金链的一个重要指标。

从房地产业上市公司的自由现金流分布来看，2005年以来，现金流0亿~5亿元的房地产业上市公司的比例一直在下降，从2005年的最高点53.62%降到2011年第二季度的22.02%。尤其是2011年以来，这一比例在半年内下降了4.7个百分点。与此同时，现金流为负的企业的比例则在不断增大。2009年，有34.62%的公司的现金流在-10亿~0亿元区间内，2010年这一比例上升到了43.10%，2011年第二季度这一比例进一步升至51.38%的高位。近一年半的宏观调控致使大部分房地产公司出现了负的现金流。另外，2011年上半年，整个行业现金流的中值为-1.79亿元，较2010年增加了0.70亿元，均值显示整个行业的现金负债有所减少。这是由于部分优势房地产企业的现金流在增加，拉高了整个行业的现金流水平，行业洗牌的信号十分显著（见表5-3）。

表 5－3　房地产业上市公司自由现金流分布区间占比

单位：%

区间＼时间	2005	2006	2007	2008	2009	2010	2011 年第二季度
<－20 亿	0.00	4.23	14.81	11.83	16.35	11.21	11.01
－20 亿～－10 亿	4.35	14.08	2.47	6.45	14.42	7.76	7.34
－10 亿～0 亿	33.33	46.48	38.27	38.71	34.62	43.10	51.38
0 亿～5 亿	53.62	26.76	33.33	30.11	27.88	26.72	22.02
5 亿～10 亿	5.80	8.45	7.41	4.30	4.81	4.31	3.67
>10 亿	2.90	0.00	3.70	8.60	1.92	6.90	4.59
中值(亿元)	0.25	－0.39	0.00	－0.31	－0.99	－1.09	－1.79
均值(亿元)	0.34	－7.29	－14.94	－8.72	－11.93	－7.16	－6.47
公司数(个)	69	71	81	93	104	116	109

资料来源：来自国泰安数据库或根据相关数据整理。

2. 资产负债率：两极分化隐忧

2008 年以来，房地产业上市公司的资产负债率一直处于上升通道中，至 2011 年第二季度，行业平均资产负债率已达 0.65，比上个季度上升了 2 个百分点。从资产负债率的分布来看，两端区间的占比均在增加。2011 年第二季度，负债率在 75%～100% 的公司比例为 22.02%，高于 2010 年 5.64 个百分点；负债率低于 30% 的公司占比为 7.34%，高于 2010 年 2.17 个百分点。负债率的两极分化提高了整个行业资产的负债水平（见表 5－4）。

表 5－4　房地产业上市公司资产负债率分布趋势

区间＼时间	2005	2006	2007	2008	2009	2010	2011 第一季度	2011 第二季度
0～30(%)	5.80	5.63	6.17	6.45	5.77	5.17	7.63	7.34
30～50(%)	23.19	22.54	29.63	29.03	18.27	15.52	14.41	11.01
50～75(%)	53.62	53.52	46.91	47.31	60.58	60.34	55.08	57.80
75～100(%)	15.94	15.49	13.58	15.05	13.46	16.38	21.19	22.02
100 以上(%)	1.45	2.82	3.70	2.15	1.92	2.59	1.69	1.83
中值	0.62	0.66	0.71	0.77	1.13	0.69	0.69	0.70
均值	0.59	0.62	0.63	0.59	0.62	0.65	0.63	0.65
公司数(个)	69	71	81	93	104	116	118	109

资料来源：来自国泰君安数据库或根据相关数据整理。

受宏观调控政策的影响，房地产业上市公司的平均存货大幅攀升。2009年，房地产业上市公司的平均存货净值为16.59亿元，至2010年底，剧烈增加至34.38亿元，增加了1倍多。随着调控的继续，2011年第二季度，房地产公司的平均存货进一步上升为37.20亿元。存货的大量累积会影响到公司利润的实现，从而给整个资金链带来巨大风险。

（四）房地产业面临深度调整，洗牌在即

1. 调控目标尚未彻底达成，仍需持续

无论是考虑到政策调控的效果还是配合未来中央政府对宏观经济全局的掌握，在中长期内，保持对房地产市场调控政策的平稳性和连续性依然是政府最优的选择。从政策调控效果看，从2010年4月“国十条”颁布至今，尽管中央对房地产业的调控取得了一定效果，一线城市房价在一定程度上出现了普遍的下跌，然而从整体来看，本轮政策调控的预期远未达到。首先，中国房地产市场整体价格依然远远偏离一般居民购买能力。其次，一线城市住宅价格在限购令出台之后尽管有一定回落，但从历次政策调控效果看，这种价格的短期内回落到底意味着住宅价格真正进入下降通道，还是仅仅是短期内的震荡波动，仍需要进一步确认。再次，一线城市限购令出台之后，在一线城市住宅价格出现一定程度下跌的同时，二、三线城市住宅价格却出现大幅上升。这说明，未来在全国房地产市场价格回落到政府既定目标之前，严厉的政策调控将继续维持。从对中央政府宏观经济全局的战略把握看，从2010年初起，伴随着物价水平的高企，防通胀、保民生一直是中央政府实施宏观调控时所考虑的首要目标。为了实现这一目标，央行多次运用加息、调整存款准备金率等货币政策工具，这些货币政策工具的运用从客观上影响到了房地产市场消费者对未来房价的预期，进而对房地产市场价格起到了一定的抑制作用。鉴于在未来一段时间内防通胀的形势依然严峻，因此中长期内政府对房地产业的调控政策将不会出现质的转变。

2. 行业洗牌在即，大势无可逆转

在这种大的背景下，短期内房地产业的需求很难得到有效的刺激，房地产行业供给相对过剩的状况将使房地产商面临着巨大的去库存化压力，从而使房价进入稳定的下行通道。如果房价维持在僵持状态，销售端不能及时地回笼资金，那么不断高企的融资成本会使部分房地产公司日益严峻的资金链随时断裂，进而引

发整个行业的洗牌。即使开发商迫于压力，以价换量，但在当前的供给状况下，预计房价降低20%以上才能重新激发房地产市场的活力。那些前期以高额成本拿地及融资的开发商被洗牌，则在所难免。

附表　深沪A股上市公司住房100指数排名

公　司	销售收入		营业利润率		资产收益率		净资产收益率		存货周转率		综合实力	
	指数	排名	指数	排名	指数	排名	指数	排名	指数	排名	指数	排名
中弘股份	0.808	20	0.879	13	1.000	1	1.000	1	0.939	7	1.000	1
新湖中宝	0.939	7	0.717	29	0.899	11	0.838	17	0.697	31	0.990	2
嘉凯城	0.960	5	0.465	54	0.869	14	0.960	5	0.798	21	0.980	3
广汇股份	0.818	19	0.636	37	0.798	21	0.798	21	0.990	2	0.970	4
卧龙地产	0.626	38	0.697	31	0.980	3	0.818	19	0.869	14	0.960	5
创兴资源	0.030	97	0.990	2	0.990	2	0.949	6	0.889	12	0.949	6
滨江集团	0.899	11	0.798	21	0.747	26	0.919	9	0.434	57	0.939	7
万方地产	0.081	92	0.859	15	0.949	6	0.939	7	0.929	8	0.929	8
阳光股份	0.727	28	0.586	42	0.818	19	0.808	20	0.768	24	0.919	9
荣盛发展	0.909	10	0.545	46	0.737	27	0.879	13	0.626	38	0.909	10
苏宁环球	0.788	22	0.899	11	0.929	8	0.889	12	0.182	82	0.899	11
亿城股份	0.737	27	0.707	30	0.859	15	0.758	25	0.455	55	0.889	12
华联控股	0.394	61	0.919	9	0.939	7	0.657	35	0.545	46	0.879	13
万科A	1.000	1	0.646	36	0.626	38	0.768	24	0.394	61	0.869	14
鲁商置业	0.707	30	0.515	49	0.596	41	0.990	2	0.566	44	0.848	15
正和股份	0.333	67	0.788	22	0.919	9	0.364	64	0.970	4	0.848	15
浦东金桥	0.485	52	0.949	6	0.909	10	0.677	33	0.343	66	0.838	17
海德股份	0.010	99	0.929	8	0.970	4	0.606	40	0.838	17	0.828	18
深振业A	0.657	35	0.727	28	0.778	23	0.828	18	0.354	65	0.818	19
金地集团	0.980	3	0.556	45	0.606	40	0.727	28	0.424	58	0.808	20
中润投资	0.414	59	0.778	23	0.808	20	0.970	4	0.303	70	0.798	21
保利地产	0.990	2	0.535	47	0.545	46	0.778	23	0.404	60	0.788	22
莱茵置业	0.535	47	0.293	71	0.677	33	0.909	10	0.808	20	0.778	23
华远地产	0.525	48	0.889	12	0.687	32	0.848	16	0.242	76	0.768	24
深物业A	0.343	66	0.495	51	0.768	24	0.859	15	0.717	29	0.758	25
顺发恒业	0.556	45	0.818	19	0.646	36	0.929	8	0.192	81	0.737	26
广宇发展	0.495	51	0.364	64	0.758	25	0.788	22	0.737	27	0.737	26
世茂股份	0.848	16	0.838	17	0.616	39	0.515	49	0.283	72	0.727	28
万通地产	0.798	21	0.455	55	0.657	35	0.566	44	0.586	42	0.717	29
外高桥	0.949	6	0.212	79	0.303	70	0.667	34	0.919	9	0.707	30

续附表

公　司	销售收入		营业利润率		资产收益率		净资产收益率		存货周转率		综合实力	
	指数	排名	指数	排名	指数	排名	指数	排名	指数	排名	指数	排名
珠江实业	0. 222	78	0. 747	26	0. 838	17	0. 707	30	0. 505	50	0. 697	31
中航地产	0. 828	18	0. 192	81	0. 475	53	0. 636	37	0. 879	13	0. 687	32
金丰投资	0. 455	55	0. 596	41	0. 707	30	0. 495	51	0. 758	25	0. 677	33
华丽家族	0. 182	82	0. 869	14	0. 960	5	0. 980	3	0. 010	99	0. 667	34
招商地产	0. 970	4	0. 667	34	0. 556	45	0. 485	52	0. 323	67	0. 646	35
福星股份	0. 879	13	0. 283	72	0. 485	52	0. 455	55	0. 899	11	0. 646	35
中华企业	0. 717	29	0. 808	20	0. 566	44	0. 747	26	0. 101	90	0. 636	37
陆 家 嘴	0. 687	32	0. 960	5	0. 727	28	0. 505	50	0. 051	95	0. 616	38
深 长 城	0. 465	54	0. 828	18	0. 697	31	0. 717	29	0. 222	78	0. 616	38
合肥城建	0. 293	71	0. 566	44	0. 667	34	0. 697	31	0. 677	33	0. 606	40
华发股份	0. 889	12	0. 404	60	0. 465	54	0. 596	41	0. 525	48	0. 596	41
首开股份	0. 919	9	0. 677	33	0. 364	64	0. 576	43	0. 232	77	0. 586	42
世荣兆业	0. 232	77	0. 616	39	0. 879	13	0. 475	53	0. 556	45	0. 576	43
金 融 街	0. 929	8	0. 758	25	0. 404	60	0. 434	57	0. 212	79	0. 566	44
栖霞建设	0. 758	25	0. 485	52	0. 586	42	0. 293	71	0. 576	43	0. 556	45
浙江东日	0. 111	89	0. 374	63	0. 828	18	0. 535	47	0. 828	18	0. 545	46
京能置业	0. 364	64	0. 768	24	0. 717	29	0. 616	39	0. 202	80	0. 535	47
联美控股	0. 091	91	0. 657	35	0. 444	56	0. 374	63	1. 000	1	0. 525	48
美都控股	0. 697	31	0. 081	92	0. 525	48	0. 263	74	0. 960	5	0. 515	49
广宇集团	0. 616	39	0. 333	67	0. 313	69	0. 737	27	0. 515	49	0. 495	50
重庆实业	0. 162	84	0. 848	16	0. 788	22	0. 354	65	0. 364	64	0. 495	50
上实发展	0. 768	24	0. 626	38	0. 414	59	0. 525	48	0. 162	84	0. 485	52
华业地产	0. 646	36	0. 394	61	0. 394	61	0. 545	46	0. 475	53	0. 475	53
香江控股	0. 566	44	0. 475	53	0. 374	63	0. 384	62	0. 596	41	0. 455	54
沙河股份	0. 242	76	0. 313	69	0. 576	43	0. 646	36	0. 616	39	0. 455	54
凤凰股份	0. 384	62	0. 576	43	0. 535	47	0. 626	38	0. 263	74	0. 444	56
天保基建	0. 424	58	0. 434	57	0. 636	37	0. 414	59	0. 465	54	0. 434	57
苏州高新	0. 859	15	0. 162	84	0. 232	77	0. 444	56	0. 646	36	0. 424	58
荣安地产	0. 444	56	0. 737	27	0. 434	57	0. 586	42	0. 141	86	0. 414	59
信达地产	0. 838	17	0. 303	70	0. 354	65	0. 232	77	0. 606	40	0. 394	60
绵世股份	0. 020	98	0. 980	3	0. 889	12	0. 323	68	0. 121	88	0. 394	60
宝安地产	0. 263	74	0. 505	50	0. 384	62	0. 424	58	0. 727	28	0. 384	62
宁波富达	0. 747	26	0. 384	62	0. 263	74	0. 556	45	0. 323	67	0. 374	63
天 地 源	0. 596	41	0. 263	74	0. 253	75	0. 465	54	0. 667	34	0. 364	64
渝 开 发	0. 273	73	0. 687	32	0. 455	55	0. 172	83	0. 636	37	0. 354	65

续附表

公　司	销售收入		营业利润率		资产收益率		净资产收益率		存货周转率		综合实力	
	指数	排名	指数	排名	指数	排名	指数	排名	指数	排名	指数	排名
中粮地产	0.606	40	0.909	10	0.323	68	0.283	72	0.091	91	0.333	66
万业企业	0.475	53	0.606	40	0.515	49	0.303	70	0.313	69	0.333	66
荣丰控股	0.051	95	0.970	4	0.848	16	0.313	69	0.020	98	0.323	68
中珠控股	0.172	83	0.343	66	0.495	51	0.404	60	0.687	32	0.313	69
中茵股份	0.212	79	0.242	76	0.424	58	0.899	11	0.293	71	0.303	70
天津松江	0.515	49	0.111	89	0.222	78	0.869	14	0.253	75	0.293	71
中国武夷	0.545	46	0.273	73	0.152	85	0.202	80	0.788	22	0.283	72
津滨发展	0.778	23	0.061	94	0.101	90	0.141	86	0.818	19	0.273	73
云南城投	0.121	88	1.000	1	0.293	71	0.394	61	0.030	97	0.263	74
南京高科	0.677	33	0.354	65	0.172	83	0.152	85	0.485	52	0.253	75
鼎立股份	0.253	75	0.091	91	0.343	66	0.273	73	0.859	15	0.242	76
空港股份	0.303	70	0.152	85	0.242	76	0.343	66	0.778	23	0.232	77
高新发展	0.434	57	0.051	95	0.010	99	0.333	67	0.980	3	0.222	78
新 黄 浦	0.192	81	0.939	7	0.333	67	0.222	78	0.081	92	0.212	79
中 关 村	0.667	34	0.030	97	0.051	95	0.051	95	0.949	6	0.202	80
名流置业	0.576	43	0.323	68	0.162	84	0.121	88	0.495	51	0.182	81
丰华股份	0.071	93	0.141	86	0.505	50	0.212	79	0.747	26	0.182	81
东华实业	0.374	63	0.131	87	0.212	79	0.253	75	0.657	35	0.162	83
西藏城投	0.323	68	0.424	58	0.121	88	0.687	32	0.071	93	0.162	83
浙江广厦	0.636	37	0.253	75	0.111	89	0.192	81	0.414	59	0.152	85
北辰实业	0.869	14	0.121	88	0.091	91	0.091	91	0.374	63	0.141	86
天房发展	0.586	42	0.444	56	0.192	81	0.162	84	0.131	87	0.131	87
深深房 A	0.354	65	0.202	80	0.202	80	0.182	82	0.535	47	0.121	88
海泰发展	0.283	72	0.172	83	0.182	82	0.111	89	0.707	30	0.111	89
万泽股份	0.101	90	0.525	48	0.283	72	0.081	92	0.444	56	0.101	90
鑫茂科技	0.313	69	0.020	98	0.061	94	0.030	97	0.909	10	0.091	91
格力地产	0.404	60	0.414	59	0.141	86	0.242	76	0.111	89	0.081	92
粤宏远 A	0.202	80	0.232	77	0.131	87	0.101	90	0.384	62	0.071	93
万好万家	0.131	87	0.000	100	0.000	100	0.000	100	0.848	16	0.061	94
泛海建设	0.505	50	0.182	82	0.071	93	0.040	96	0.000	100	0.051	95
长春经开	0.141	86	0.010	99	0.273	73	0.131	87	0.152	85	0.040	96
银基发展	0.152	85	0.222	78	0.081	92	0.071	93	0.061	94	0.030	97
刚泰控股	0.040	96	0.071	93	0.030	97	0.020	98	0.273	73	0.020	98
光华控股	0.000	100	0.101	90	0.040	96	0.061	94	0.172	83	0.010	99
中江地产	0.061	94	0.040	96	0.020	98	0.010	99	0.040	96	0.000	100

G.6
第六章 住房需求主体

赵英伟

一 现状分析与未来预测

2010年初，全国主要大城市的房价在调控声中不断创出本轮调控的新高，从而使国务院在4月17日发布“国十条”，提出坚决遏制部分城市房价过快上涨的政策。5月，北京率先推出了最严厉的限购令，9月29日，相关部委出台了“五条措施”，史无前例地推出了限贷、限购等措施，各地限购政策不断出台。2011年，上海和重庆开始对特定房产征收房产税。在不间断政策的严厉打压下，住房的需要主体也开始出现明显的分化，购买者开始持币观望，期盼着房价的大幅回落，刚性需求者则有了更大的商品房挑选余地。投资性购买者基本被强制性地挤出了一线城市的房地产市场，转战去了二、三线尚没有限购的中小城市。租房者继续被以限购为理由而大幅上涨的一线城市房租煎熬着。可以预测，在政府的强有力的干预下，房产价格的松动已经是必然的趋势，交易量低迷、信贷规模紧缩，以及政府控制房价的决心，最终会使房地产商放下身段，由追求单位商品价格利益最大化的经营策略向压缩库存、加快资金周转、调整负债比例的经营策略转变。

（一）购买者：波动较大对调控信心不足，支付能力低下观望气氛浓厚

从商品房的销售情况来看，2010年的商品房销售额和销售面积都保持了较好的上升势头，如图6－1所示。2010年，全国商品房销售面积104349万平方米，比2009年增长了10.13%；商品房的销售额52478亿元，同比增长

了 18.31%。单纯由双方的增长百分比可以观测到由于商品房销售单价的上涨使销售额被推高了 8% 左右。虽然 2010 年我国政府作出了遏制房产价格过快上涨的种种努力，但在货币发行量大幅增加、物价不断上涨的大背景下，购房者仍然作出了高价购房的无奈之举，这主要是由购房者对国家调控房价政策的信心不足、担心房价会继续快速上涨的惯性心理而导致，从而把国家对房地产价格调控政策的效应对冲掉了。因此，国家在制定房地产调控政策时必须保持政策的稳定性、长期性，给购房者以信心，避免让关系到大多数居民利益的房地产政策存在巨大的不确定性，实施以民为本的和谐发展战略。

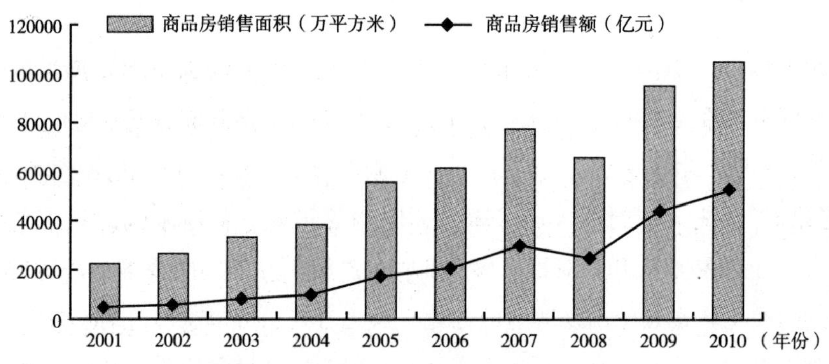

图 6－1　2001～2010 年商品房销售情况

资料来源：国家统计局网站。

再来分析 2011 年 9 月之前的全国商品住宅的销售状况，如图 6－2 所示。2011 年，随着房产税改革相关政策评估报告的出笼，全国商品住宅销售量同比增速明显放缓，环比开始出现大幅回落。根据百城价格指数对北京等十大城市全样本调查数据：3 月，十大城市住宅平均价格为 15782 元/平方米，环比上涨 0.29%。具体来看，除上海环比下跌 0.02% 外，其他 9 个城市住宅价格环比上涨，涨幅皆在 1% 以内。3 月住宅价格环比涨幅居前的城市分别是：保定、呼和浩特、中山、吉林、秦皇岛、潍坊、南通、昆山、湖州、株洲，其中，保定和呼和浩特住宅价格涨幅介于 2%～3%，中山、吉林等城市涨幅在 1%～2%。另有南昌、淄博等 16 个城市的涨幅也处于 1%～2%，徐州、包头等 56 个城市涨幅在 1% 以内。鄂尔多斯和温州 3 月的住宅价格与上月持平。3 月住宅价格环比跌幅

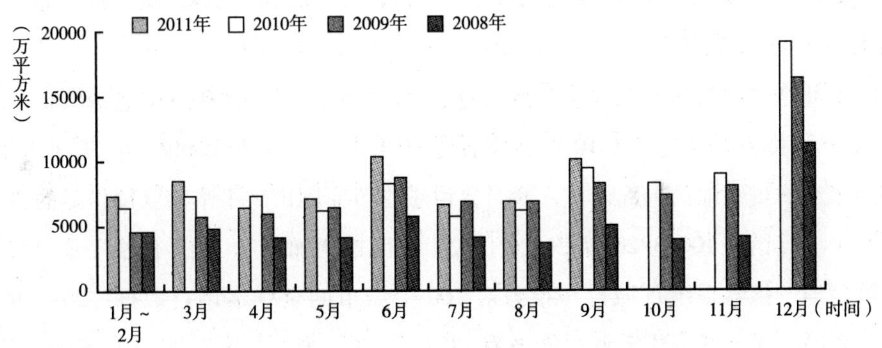

图 6－2　2008～2011 年月度全国商品住宅销售量

资料来源：中国统计数据应用 http：//gov. acmr. cn/。

居前的城市分别是：德州、东营、张家港、三亚、汕头、南宁、长春、绍兴、绵阳、西宁，跌幅均在 1% 以内。另有青岛、贵阳等 6 个城市的跌幅也在 1% 以内。[①] 为了保护首次购房者的利益，2011 年 4 月 2 日，住建部重申了财政部、国家税务总局发布的《关于首次购买普通住房有关契税政策的通知》、《财政部、国家税务总局关于调整房地产交易环节税收政策的通知》，明确优惠政策不变。随着一系列政策的出台，购房者的观望情绪浓厚，更加期望在国家调控下房价能下跌，4 月的全国商品房销售量 4 年来第一次出现了同比下降，当月仅实现 6495. 49 万平方米的销售量。

2011 年 5 月，一线城市的刚性需求和二、三线城市未限购城市住宅的热销使得全国商品住宅销售量开始恢复，同比小幅增长，5 月达 7197. 09 万平方米，之后的 6 月创下了 2011 年 8 个月中的最高值，达到了 10262. 54 万平方米。面对商品住宅销售的火热，中国人民银行、中国银行业监督管理委员会决定，实施完善差别化的住房信贷政策调节和引导住房需求，同时提高贷款基准利率，5 年以上的贷款利率升至 6. 8%，之后在 7 月升至 7. 05%，有些地区的商业银行在取消首套房优惠利率的同时，开始上浮 10% ～15% 收取贷款利息，[②] 购房者的还款压力开始增大。7 月 12 日，国务院常务会议需求房价上涨过快的二、

① 中国指数研究院网站：http：//industry. soufun. com/。

② 2011 年 7 月《中国房地产报》。

三线城市也采取必要的限购措施，8 月 25 日，台州市限购，8 月 30 日，韶关市限价。

由此全国商品住宅销售量开始低迷，7 月、8 月的全国商品住宅销售量基本与2009 年持平，略高于2010 年，分别是6754.26 万平方米和6981.43 万平方米，陷入了交易量萎缩的局面。进入9 月，由于季节原因出现了本年度销售量的第二个高点，月销售10063.28 万平方米，较上年同比增加7%，但是价格平稳。根据中国房地产指数系统百城价格指数对 100 个城市的全样本调查数据，2011 年 9 月，全国100 个城市住宅平均价格为8877 元/平方米，与 8 月相比下降 0.03%，是自上年9 月以来的首次下降，其中，54 个城市价格环比上涨，2 个城市价格与 8 月持平，44 个城市环比下跌。

进入10 月黄金周以后，北京房地产交易管理网数据显示，国庆前四天，北京十一长假期间的商品房住宅签约套数为383 套，二手房住宅签约套数为 51 套，共计 434 套，日均成交百余套，分别比 2009 年同期下跌了 26.2% 和 3.8%。此外，国庆前四天北京商品房实时认购 728 套，比上年同期的 1449 套下跌了 49.8%。深圳规划国土委统计数据显示，9 月成交均价为 20028 元/平方米，与 8 月的 21565 元/平方米相比，下跌 7.1%。虽然房价有所下调，但仍然“偏贵”。

另外，中国人民银行针对全国 50 个大、中、小城市进行城镇储户问卷调查中，设计了“未来三个月是否打算买房和预期房价涨跌”的问题，如图 6 – 3 所示。调查结果表明，2010 年第二季度之后，未来 3 个月中准备购房的居民人数持续低迷，到了 2011 年第三季度下降至 14.2%，接近于 2008 年经济危机时的历史底部区域。对未来 3 个月房价的预期是：2010 年第二季度预期上涨不断增加，2010 年第四季度达到 43.3%。之后由于国家不断出台严厉调控房价的政策，房价上涨的预期开始下降，至 2011 年第二季度降至 25.9%。随着交易量的低迷，以及对国家通过行政手段调控房价政策是否能长期坚持有所疑问，2011 年第三季度，对房价预期上涨的居民比例又上升到 37.9%。如表 6 – 1 所示，在 2010 年第二季度认为房价“过高，难以接受的”的比例是 72.50%，至 2011 年第三季度升到 75.6%。可见，被调查的大多数居民认为现阶段的房价过高，难以接受，寄希望于政府能调控房价。

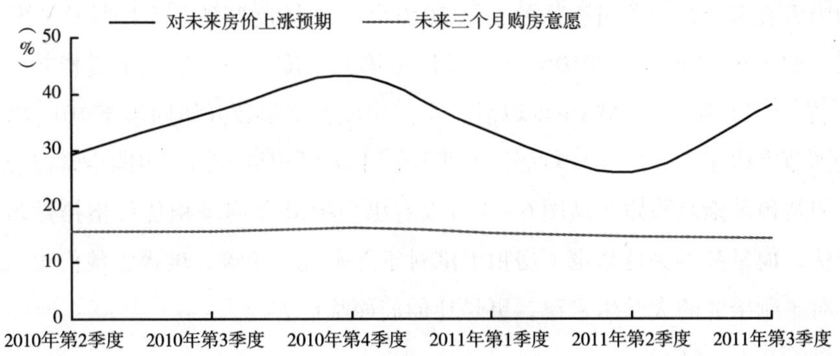

图 6－3 2010 第二季度至 2011 年第三季度未来三个月房价预期和购房意愿

资料来源：根据中国人民银行季度《全国城镇储户问卷调查综述》中的数据整理。

表 6－1 认为当前房价“过高，难以接受”和“选择投资”的居民比例

单位：%

项目＼时间	2010 年第二季度	2010 年第三季度	2010 年第四季度	2011 年第一季度	2011 年第二季度	2011 年第三季度
过高，难以接受	72.50	72.20	75.50	74.40	74.30	75.60
投 资	36.40	38.8	45.20	44.20	41	39.70
选择房地产投资	—	26.1	26.10	25.10	22.20	23.60

资料来源：根据中国人民银行季度《全国城镇储户问卷调查综述》中的数据整理。

根据中国人民银行的储户调查可以推测出，虽然居民对高企的房价难以接受，但是在我国经济发展的现阶段，广大居民还是以房地产投资作为资产增值的主要手段。预计 2011 年末或者 2012 年初，随着房地产商住宅库存大量积压、资金回笼速度缓慢，房地产开发商的资金链会越来越紧张，还贷压力增大，地产商可能会做出大幅度降价促销以回笼资金的决定。此时，购房者应把握机遇，购买适合自己购买的住房。因为行政手段下扭曲了市场商品住宅价格，当行政高压消失时，很可能出现报复性反弹。

（二）租房者：限购令成为房租上涨的噱头，刚毕业的大学生生活压力大

2010 年 5 月北京开始的限购令成了全国房租上涨的一个噱头，虽然也有季

节的因素在里面，但不可否认的是从2010年第二季度开始了全国性房租价格的上涨，如图6-4所示。2010年第一季度至第二季度，全国房租租赁指数上涨了4%左右。进入第三、第四季度以后，全国房屋租赁指数开始回落至101点左右。从全国范围内来看，限购令对居民心理层面上的影响更大，当限购令常态化了以后，租赁市场渐趋稳定。从图6-4可以看出，2010年房屋租赁价格指数虽然有起有伏，但是基本保持稳定。房租上涨对于外来人口来说，增大了他们生活的压力，对于刚毕业的大学生来说，更是让他们面临更大压力。

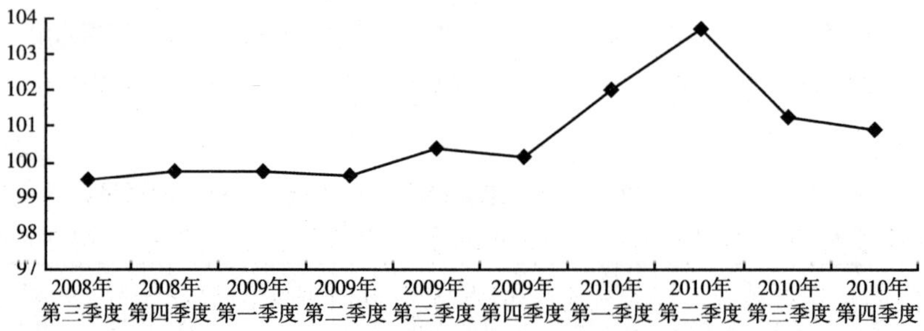

图6-4　2008第三季度至2010第四季度全国房屋租赁价格指数季度统计

注：上期=100。

资料来源：国家统计局网站。

根据中国指数研究院发布的2011年九大城市的月度平均房租数据（见表6-2），2011年，自1月开始，北京、上海、广州、深圳等九大城市的房屋租赁价格都有不同程度上涨。其中以北京、广州、重庆最为突出。北京的平均房租1月是1743点，2月升至1802点，然后一路走高，8月达到了1971点，比年初上涨了13%，同比上涨了12.24%。广州的房租1月是1497点，到8月涨到1637点，相比年初上涨了9.4%。重庆由于房租指数的基数较小，因此是2011年1~8月中波动最剧烈的城市，1月虽然房租只有785点，但是同比上涨了13.9%，在九大城市里是最高的，2月同比增长高达21.33%，3月更是创下了26.3%的巨大涨幅，8月房租指数已升至860点，比年初上涨了9.5%。重庆房租指数涨幅大的原因除原来的基数很小外，重庆比较严厉的限购令也是一个不能忽视的原因。另外，上海、深圳、成都、杭州、苏州、天津6个城市的房租指数也有不同幅度的上涨。

表 6-2　2011 年 1~8 月九大城市房租指数

单位：点

城市	1月	2月	3月	4月	5月	6月	7月	8月
北京	1743	1802	1814	1849	1869	1913	1947	1971
上海	1505	1552	1551	1551	1558	1577	1612	1626
广州	1497	1531	1523	1526	1549	1587	1624	1637
深圳	1797	1825	1834	1831	1851	1876	1904	1922
成都	1034	1063	1078	1070	1075	1111	1126	1159
杭州	1402	1452	1458	1442	1458	1478	1517	1509
苏州	1286	1323	1343	1347	1338	1394	1442	1461
天津	933	968	985	976	983	997	1011	1020
重庆	785	811	821	801	815	812	836	860

资料来源：中国指数研究院数据中心。

根据国家统计局所公布的 2010 年北京城镇单位就业人员年平均工资 65000 元的收入水平来衡量，以及伟业我爱我家市场研究院的数据统计，9 月 1~20 日，全市租金均价为 3253 元/月/套，每月的房租支出占月收入的 50% 左右，远高于 25% 的合理数据。① 如此高的房租比，对于刚参加工作的毕业大学生来说，更是难以承受的压力。城市里“蚁族”和“蜗居”越来越普遍的现实说明，刚毕业的大学生基本生活在城市的边缘。如今，随着高校毕业生人数的逐年增长，他们构成了城市发展人力资源的重要组成部分。同时，他们也是城市发展的活力源泉。在生存的重压之下，当他们不得不决定离开的时候，城市也会因此而失去发展的活力。让每一个人有尊严地活着或许是这个时代赋予城市管理者的责任。

（三）投资者和投机者：住宅投资仍是首选，房地产信托海外投资

对于住房需求者的重要主体的投资者和投机者来说，2010 年下半年至 2011 年是非常动荡的一年。在一线城市推出限购和房地产税等种种打压房地产政策后，他们中产生了很大的分化：第一类是传统的房地产增值型投资；第二类是投资转型，由实物地产投资转向虚拟地产投资；第三类是远走海外抄底境外房地产市场的投资。

① 依据住房支付能力指数计算，房租或还贷款额不超过收入的 25% 为合理。

第一类：传统房地产增值型的投资。由于货币发行量快速大幅增加，物价上涨，股市长期低迷没有财富效应，外汇和黄金市场的波动频繁风险较高，使得这类投资人在投资渠道选择不多的前提下开始了对无限购城市的房产投资。根据中国人民银行的储户问卷调查，在居民选择储蓄、投资、消费的栏目中，2010 年第三季度开始在调查问卷中增加了投资意愿“选择投资房地产”的项目。2010 年第二季度选择投资的居民只有 36.4%，在 CPI 指数和房价不断上涨的背景下，选择投资的居民在 2010 年第四季度占比 45.2%，达到最高，2011 年第一、第二季度有所下降，但仍然保持在 44.2%、41% 的高位，2011 年第三季度跌破 40% 下降至 39.7%。但是在投资选项里，选择房地产投资的一直是投资的首选，可见 75% 左右的居民选择现阶段“房价过高、难以接受”的同时，23.6% 居民却选择了投资房地产作为首要投资目标。与 2011 年第三季度“基金理财产品”21.3%、“债券投资”14.2%、“股票投资”9.2% 的选择相比，仍为最高比例。

围绕城市规划和交通网络的投资开始热络。城市规划是一个城市长期发展的蓝图，它为城市未来的发展指明了方向。在城市规划中，有一项十分重要，其与人们生活密切相关，那就是土地使用规划。它包括城市发展规模、用地发展方向、建筑密度、容积率、绿化率等。这些规划的制定，决定了一个十分重要行业的发展——房地产。对于投资者和投机者来说，直观地利用城市的规划是获得投资收益的捷径。同时，城市间交通网络的不断完善也为投资者和投机者提供了新的房地产投资渠道，城际公路、高铁建设让传统的 1 小时城市经济圈已经由传统的 100 公里扩大到 300 公里，一部分投资者开始沿着高铁沿线开始了自己的房产投资。以京沪高铁为例，高铁通车后对沿线大城市周边经停站点房价的拉动作用巨大，无锡、常州、镇江的楼盘刚刚入市就取得了不错的成绩。目前，无锡高铁东站附近的项目有碧桂园、和泽佳苑、冠达豪景东苑、华夏名都等。据悉，冠达豪景东苑现市场价格在 6600 元/平方米左右，而在 2010 年初的售价不到 5000 元/平方米。仅仅一年半，价格就涨了 1500 元/平方米左右。可见，高铁站以及高铁商务区正式投入使用后，将大大提升周边区域的价值，区域内商业与住宅楼盘未来会有更大的升值潜力。另外，从现场可以了解到，楼盘价格上涨并未影响到购房者热情，前来咨询的购房者仍然络绎不绝，对于高铁通车后周边楼盘的前景，购房者抱乐观态度。①

① 搜狐地产资讯，http://news.sz.soufun.com。

第二类：投资转型，由实物地产投资转向虚拟地产投资。这类投资人已经彻底放弃了对实物地产的留恋，转向房地产信托和房地产抵押贷款的民间借贷市场。实体到虚拟，这是人类产业发展的进步。据用益信托网统计，2010 年信托行业共发行房地产信托项目 1921 亿元，同比增加 328%；房地产信托发行规模占集合类信托规模的比重由 2009 年的 34% 提升至 2010 年的 51%。由于投资者对房地产信托的追捧，2010 年的信托投资热持续到 2011 年的第一季度。为了控制房价、配合房地产的调控政策，银监会主席刘明康 2011 年 5 月 6 日在第 22 次委务扩大会议上强调，在房地产信贷风险防控上，要科学支持保障性住房建设，对当前房地产市场出现的一些新苗头密切监测、加强研判，加强房地产信托业务的监管。管理层开始收紧房地产信托的发行规模。用益信托的数据显示，包含保障房在内，2011 年前三季度共发行了 233 款房地产信托产品（含保障房），发行规模为 620.91 亿元。与 2010 年同期相比，发行数量增长了 28.73%，但发行规模同比下降了 6.14%；与第二季度相比，发行数量下降了 33.05%，发行规模下降了 46.15%。从 2011 年第三季度房地产信托的占比来看，第三季度房地产信托产品的占比仅为 38.84%，同比下降了 7.42 个百分点，环比则下降了 14.01 个百分点，这是近一年来房地产信托占比首次低于 40%。

第三类：远走海外抄底境外房地产市场的投资。欧美等国的地产市场经过 2008 年次级债洗礼后，价格早已回归理性，邻国日本的商品住宅也持续低迷了十几年，这对于先富起来的中国富裕阶级来说，海外地产的价格相对国内一线城市的地产来说就具有了价格上的可比优势，当这种优势和因为国内限购而无处宣泄的国内投资躁动相遇时，进军海外市场就变成了中国地产投资客的又一选择。2011 年 7 月，澳洲新快网 Frasers Property Australia 的销售经理 Adam Sparkes 表示，Chippendale 的中央公园（Central Park）开发项目中，533 笔成交中有 20% 的买家居住在海外，其中 10% 的人来自中国。2011 年 4 月，戴德梁行（DTZ）的一项最新报告显示，2011 年 1～3 月，中国消费者在新加坡购买的私有房产占新加坡所有海外消费者购房总量的 24%，这是他们首次成为新加坡房地产行业的最大海外买家。① 高力国际最新发布的《2011 年第一季度温哥华房地产市场调研报告》显示，在大温哥华地区，2011 年第一季度，温哥华多户住宅市场销售

① 戴德梁行，http://www.dtz.com/。

坚挺，共成交2527套，同比上涨35%，成交的大幅增长主要源于中国大陆投资者的激增。上述报告称，中国大陆投资者在加拿大温哥华的购房比例持续增加，截至2011年第一季度，已经达到29%。此外，加拿大房地产协会2011年5月的报告也显示，温哥华4月的房价同比又上涨了10%，主要原因是豪宅价格的上升。[①] 虽然这部分投资的总量不是很多，但是影响深远，一旦久居国外成为一种习惯，改革开放30多年来先富起来的富裕阶级所积累的财富大量流出国门会成为一种必然，在内需依然不振的大前提下，如何处理好这部分人的投资躁动意义深远。

（四）住房消费预测：刚性需求与持币观望相互交织

对于2012年我国住房消费的走向，我们的看法是居民对美好生活的向往是长期不变的。作为传统的东方古国，以家庭为核心的社会基本结构决定了拥有“自己的房子”就拥有了“家”的情节深入中国居民的心。在限购政策长期存在的前提下，影响住房消费的主要因素就是有资格买房子的居民刚性需求。短期住房需求的预期就是指有购买力的住房需求，其受消费者的欲望、预期和支付能力等因素影响。现阶段居民的住房支付能力在不断弱化，普通居民已无力负担高昂的房价。在房价不断走高，而居民住房支付能力越来越弱的背景下，希望政府对房价的调控长期化的意愿强烈。房价在政府的高压下，购房者的购房心理预期开始发生变化，波动比较大，开始出现一边希望房价下跌持币观望，一边出手购房的矛盾现象，归根结底是现阶段强烈刚性需求与盼望房价下跌观望心理交织在一起的结果。

1. 购房者的刚性需要将成为2012年购房的主体

2012年的购房需求主体将以刚性需求为主。在持币观望气氛比较浓的大前提下，一线城市的购房者将以刚性需求为主。由于我国的资源禀赋分配不均，大量的社会资源集中于北京、上海、广州、深圳等大城市，资源禀赋的稀缺性决定了这些大城市基本都是“就业城市”。依据我国2011年国家统计年鉴，每年毕业的大学生有570万。当他们中的部分涌向能提供更多就业机会的大中城市的时候，大城市的房屋租赁市场就会出现十分热络的景象。将来他们会在这些城市里

---

① 高力国际，http：//www. colliers. com。

安家、娶妻生子，他们同时也是大城市活力和发展的源泉。如图 6－5 所示，2006 年，依据我国人口的结构，我国人口最多的层级是在 35～39 岁和 15～19 岁两个阶段。5 年过去了，原来处在 15～19 岁年龄层的人现在已经到了 20～25 岁，这个年龄层正是读大学一年级至刚参加工作 2～3 年的年轻人，可以想象他们在城市里安家购买自己的住宅的消费需求有多少。由人口结构所决定的集中爆发的刚性需要是大量存在的，他们消费能力的爆发取决于他们和他们背后的家庭能接受的房价和实际支付能力的交点。二、三线城市的城市化率较低，相对于一线城市，二、三线城市居民的刚性需求表现得会更加明显。2012 年，三、四线城市中无限购城市的有效需求会充分表现出来。

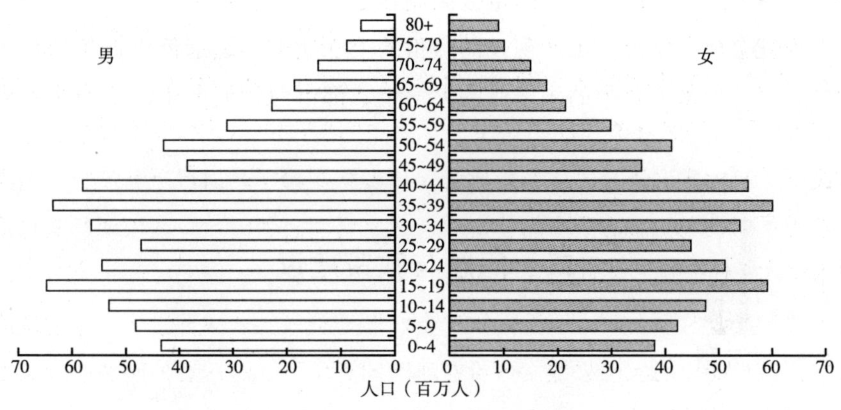

图 6－5　中国人口结构（2006 年）

资料来源：美国调查局网站（http：//www. census. gov/）。

2. 投资者和投机者的房价预期变化使其退出房地产市场，等待底部出现

严厉的限购短期内将限制投资性、投机性和外地人的需求，被行政手段强制改变了的市场结构让人们对住房价格的预期发生了大的变化。随着各大城市销售量的持续低迷，价格也开始松动。对于房价的预期影响着投资者和投机者的消费行为，此类消费者购房的目的不是改善住房，而是想获得未来房价上涨的预期收入。现阶段，房价上涨的预期不存在了，但这类消费者是无法长期容忍房价的持平和价格下跌的。新的投资者和投机者的购房需求减弱很大，现阶段很难想象投资房产会短期获得投资收益。如果房价出现大幅下跌，那么这时候不排除抄底投资和投机性资金可能会重新回到商品住宅市场。拥有存量房的投资者和投机者由于收益预期发生变化，将伺机寻找退出房地产市场的机会，来确定现有的收益。投机者为了提高资金的使用效率不计成本退出市场的现象将可能出现。

3. 一线城市房租市场将会继续保持上涨趋势

最近几年，一线城市的房租的上涨幅度明显低于其房价上涨的幅度，买房总价值和房租之比一直比较低。随着房价的稳中有降，租房市场开始热络，每年的新增就业对房租市场的需求不断增加，使房租在2012年依然能保持上涨的趋势。

另一个新的问题是，限购使富裕阶级无法通过购房而出租剩余的房子，实现房屋的租赁，那么理所当然，市场上被用来出租的房子就会随着外来人口增加而相对越来越少，因为增加的量被限制住了，这样，在限购的大城市里房租不断上涨就会成为常态。虽然现在的房租的上涨速度还远远低于近年房价上涨的速度，可是外来人口中的刚毕业的大学生、都市白领们的生活压力仍然会比较大。

二　问题与政策建议

（一）问题

1. 政策的长期性、稳定性有待提高

近年来，我国的房地产政策调整幅度很大，始终围绕着房地产业是经济发展的支柱产业发展房地产，政策对于房地产市场的影响极大，房地产政策调控的引导作用明显。现在，房地产楼市的问题已经与民生等问题联系在一起，应该让国家的房地产政策具有长期性，更具有可预测性，而不是随着经济的波动而“暴风雨”般短期大幅度变化，如此对房价不仅不会有明确的引导作用，反而让消费者失去对国家房地产调控政策的信心。近几年在房价快速上涨中，消费者对国家调控政策的信心不足，盲目跟风，起到了推波助澜的作用。

2. 住宅消费政策过于单一，没有细分市场

一线城市的房价确实太高了，必须调控。但是在调控的时候，可以考虑消费层次，适当放宽对别墅和高档住宅的消费限制，因为别墅和高档住宅基本不属于普通市民的消费需求。现在的限购过于一刀切，对于富裕阶级来说，他们对高档

住宅的消费需求被压制，因此这部分需求容易流到别的领域，形成炒其他生产资料的不安定行为。当房价上涨过快的时候，中央政府和地方政府匆忙的应急手段就是用行政性的"限购"、"限价"干预市场、扭曲市场价格，这种对住房需求主体不分层次地限购和限价是粗放的、不科学的管理方法。我国的住房政策基本把富裕和中产的购房需求混在一起，让富裕阶级被动地接受和普通市民一样的"限购"和"限价"。科学的做法应该是针对不同的住房需求作出不同的引导政策，最终实现社会和谐共赢。

另外，商品住宅市场的区域性特征很明显，应该有地域特性，一刀切很难解决问题，使社会资源不能在不同地区进行有效的合理分配。

3. 消费者的不理性消费心理

房地产具有资本和消费的双重属性，具有一定的吉芬商品特点。所谓吉芬商品，就是在其他因素不改变的情况下，当商品价格上升时，需求量增加，价格下降时，需求量减少。我国的商品住宅价格与此类似，当价格不断上涨的时候，消费者往往不够理性，在商品住宅价格上涨的财富效应推动下，非理性购买，大肆抢购，把房价推得更高，并出现价涨消费量也增加的非理性现象。同样，当商品房价格平稳和下降的时候，消费者的购买意愿往往却变得不高，可见其吉芬商品属性明显。最近上海多处楼盘大幅下调房价，引发已购房的老业主极为不满。2011 年 10 月，上海嘉定"龙湖郦城"售楼处集聚众多老业主，砸损楼盘售楼处招牌，同时，中海御景熙岸售楼处，众多老业主也纷纷聚集表示抗议，售楼处内部一片狼藉。而绿地嘉定秋霞坊等楼盘也出现了业主纠纷。部分业主称由于降价，房子还没入住已经损失了数十万，接近总房价的 1/3。部分业主还声称房地产商的降价行为系"价格欺诈"。由此可见，已购房者更希望房价上涨，消费者的心理充满着矛盾，将要购房者和已购房者的利益完全对立。应加强对消费者的理性消费引导，避免不考虑自身的支付能力，上涨时跟风追涨，下跌时心理承受力脆弱，而做出一些不理智的行为，要注意消费者心理变化以免出现社会矛盾。

4. "夹心层"住房需求如何解决

"夹心层"，是指在住房市场上没有能力购买和租赁商品房或者即使有能力购买或租赁商品住宅也会使其负担沉重，无力提高自己的生活水准和剩余消费的群体。这部分群体应纳入社会住房体系，即使无法进入保障房和廉租房范畴，也应该针对“夹心层”的住房实际问题在税收政策上和贷款利率上给予补贴。住房和城乡建设部副部长齐骥在做客中国政府网回答网友提问时表示，对这部分住房困难家庭，各地都在关注。住房保障制度是近年来逐步发展和完善的，各级政府的主要精力是尽快解决低收入家庭住房困难问题。随着解决低收入家庭住房困难的规划和计划逐步实施并取得成效，各级政府将开始花比较大的精力来关注这些所谓“夹心层”的住房困难问题。

（二）政策评价与建议

1. 在社会政策的框架内制定房地产政策

近年来，中国房地产市场的发展方向已经成了中国政府、民众和企业界争论最多的话题，中国政府对待房地产的政策也是不断地左右摇摆，缺少一个长期的、准确的定位和发展方向，原因是政府已经把房地产看成是经济增长和发展的一个重要资源，就是说，依据经济的发展速度的快慢和房地产对 GDP 的贡献的大小来决定现阶段的房地产政策。如今的房地产政策关系到中国经济是否能又快又好、可持续发展的大问题。房地产泡沫不是新鲜事，泡沫一直存在，并且不停地扩张。围绕着房地产政策的讨论研究也在逐步升级。房地产对中国经济的重要性不容置疑，2010 年，房地产投资已经占了 GDP 的 10%，固定资产投资的 1/5 投资在房地产行业，50 多个产业与房地产关系密切。从世界主要发达国家的房地产发展来看，凡是房地产市场发展健全和公共住房解决得好的国家，都是把房地产作为国家社会政策的一部分。房地产对经济的拉动已经不是这些国家政府的首要考量，首要的考量是社会发展，是社会成员的居住权。经济因素当然很重要，房地产的发展也必须考虑到供求关系，否则是不可持续的，但是这种经济考量是在宏观的社会政策构架内进行的。

确定现阶段房地产的发展政策首先要服从于社会政策，不再是政府调控经济发展速度的重要手段。如果这个问题不解决，则我国的房地产政策 3 年来左右摇摆不定的尴尬局面将会持续不断地上演，住房需求主体的购房需求也被动地被左右着。原来相信政府调控而持币待购的人发现，政策变化太快，随时都会为了经济快速发展让房价“再飞一会儿”。这让本来正常的市场定价也变得难以捉摸，没有可预见性，让住房需求主体开始困惑、迷茫、反思。最后得到的结果是十分可怕的，就是恐慌性购房。你因为相信调控而不去买房，但是到头来房价却在不

断地涨，回顾这几年历史你就会得到一个最实际的答案：尽快去购房，尽快多购房子。经常可见开发商的售楼处出现如“卖白菜”一样拥挤不堪的销售情况，这在世界范围内都是很难看到的商品房销售盛况。可见保持房地产政策的稳定定位是多么重要。

2. 合理引导住房消费，建立多层次的住房消费结构

政府的房地产政策应针对不同的消费需求提供差别化的住宅消费。我国现阶段的住房政策行政干预过多，缺少针对住房消费的合理引导，缺少长期的发展规划，没有针对不同层次的消费需求提供相对应的住房消费目标。通常，一个国家的住房消费层次会分成三大部分：富裕层、中产、低收入群体。

第一，对富裕层开放别墅、高档住宅的限购，发挥市场自我调节的作用。在总体消费对经济的拉动越来越低的今天，一刀切的限购和限价把市场里最具有消费能力的人群赶出了市场，这些无处宣泄的住房消费开始进军海外市场。与其让他们为外国 GDP 数字作贡献，不如把他们留在国内，让别墅、高档住宅随行就市。对别墅和高档住宅无须限购、限价，因为即使该类房产降价 50%，我国城市中 80% 的居民依然买不起，更交不起每月高昂的物业管理费。就如国外的奢侈品，没有老百姓会真的介意“爱马仕铂金包”卖50 万元合理还是 15 万元更具有价值，这是富裕阶级玩的“面子游戏”。改革开放 30 多年的财富，不能让其白白地流向国外住房市场。

高档商品房的限价比限购更没有道理。看看我国的商品住宅的现状：设计理念落后、千篇一律的外形、没有任何创意的空间设计，很少能体现出绿色和环保。这些建筑要素的提升都需要高水平的建筑设计，都需要投入更多的资金和人力成本。对高档住宅限价的长期化将会使很多新的高科技理念无法融进商业住宅，制约我国商品住宅业高端市场的进一步发展。当然，具体实施起来需要合理科学地划分出别墅、高档住宅的定义和范围，将它与一般商品房严格区分开来，不能让一些不法开发商钻了监管的空子。还有就是在银行贷款上严格限制对别墅、高档住宅的贷款，有限的金融资源应用到更需要资金的保障房和一般商品房的发展上。

第二，严格限购一般商品住宅，通过税收和利率的优惠鼓励居民首次购房。对于满足普通居民住房消费的一般商品房，应该坚决执行限购政策，防止过分投机炒作，继续鼓励居民首次购房，通过税收和贷款利率来调节居民的住房需求，

对二套房持中立态度，第三套及以上的住房征收房产税和资本交易利得税。现在所实施控制房价的政策比较适合于一般商品房的消费需求，希望能长期坚持，不为经济发展速度快慢所左右。

第三，大力兴建保障房和廉租房，严格审查申请资格，完善退出机制。我国政府对兴建保障房的力度和决心是举世瞩目的，为保障社会弱势群体的住房权益作出了很大的努力，同时这也是实现社会又快又好和谐发展的必要条件。现阶段我国的保障房发展政策，应该注意住房消费的导向方向，不能误导居民放弃购买一般商品房，而去消极等待国家的保障住房。

应该有鼓励居民积极争取更美好生活的住房引导机制，不然，国家的财力是无力全部负担的。我们无法退回到计划经济时代的住房政策，因此，严格审查保障房的申请资格就十分必要。为了社会的公平性和更具有竞争力，应该完善现在的保障房退出机制。保障房任何时候都不能在市场流通，如果居民生活条件改善，可以选择把保障房卖回给保障房提供机构，保障房提供机构可以按照物价上涨或贷款利息以适当的溢价回购保障房，再重新分配给其他保障房需求者。不能让高收入者住进保障房和廉租房，防止数年后保障房回到商品房市场高价出售获得暴利的现象出现，这对富裕阶层和中产阶层都是不公平的。作为一个发展中国家，激励进步、公平竞争、照顾弱势群体、全面兼顾的住房需求引导机制的建立是关系到健康和谐发展的重大命题。

3. 将“夹心层”纳入社会住房保障体系

在世界各国，中等收入以上家庭住房大多可以在市场通过租或买来解决，在自我解决住房的时候，所在国政府都会根据每个家庭的实际社会负担能力，通过减免个人所得税、对商业住宅贷款给予补贴的手段来帮助中等收入家庭购买住房，这本身也是对社会各阶级的一种照顾。国际上衡量房地产是否存在泡沫的通用标准是1:6，即6年家庭收入之和能买得起一套房子属正常。现在我国一线城市超出这个标准不少，也就是说，中等收入阶级的购房压力也很大，如果他们的大部分收入都为商品住房所消耗，则会使我国消费水平低下的现象加剧。我国的财政收入每年都增长很快，2011年将超过10万亿元，拿出一部分来补贴住房者的贷款利息成为可能。同时可以参考日本、美国等发达国家的经验，通过国家担保、补贴贷款的形式实现居民的首次置业。

三　住房支付能力指数

2011 年的住房支付能力指数依然延续中国住房发展报告一贯所使用的“房价收入比”和“住房支付能力指数”这两种衡量我国的住房支付能力的指标。所使用的主要参数来自张清勇（2010）的《住房需求主体》①，其中住房标准面积的中数有所变动，因为国外的住房通常以“套数”为单位来表示其面积，而我国则以建筑面积来表示，适中的“中数面积”是多少的争论一直不断，本年度的计算中数以国家“十一五”规定的人均 30 平方米作为住房标准面积中数。通过对国家统计局 2000 ~ 2010 年的资料整理计算，得出“房价收入比”和“住房支付能力指数”。如图 6 – 6 所示，从 2001 年开始，人均收入的不断提高使全国房价的收入比由 9.5 倍下降至 2003 年的 8.4 倍，2004 年、2005 年房价的上涨率超过收入增长率 3 ~ 4 个百分点后，房价收入比在 2005 年重新上升至 9.1 倍。2006 年、2007 年两年虽然房价在不断上涨，但由于总体的涨幅落后于收入的增长，使房价收入比继续呈下降趋势，至 8.4 倍。2008 年受美国的次债危机的影响，国内房价下跌了 1.7%，但居民收入却得到了继续增长，使我国的房价收入比

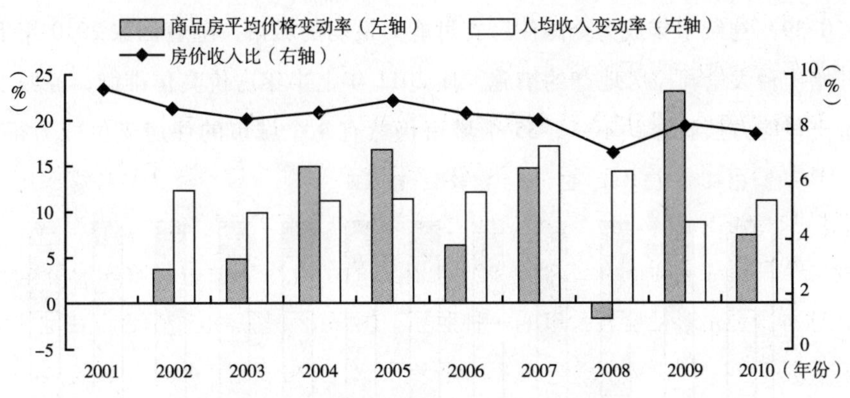

图 6 – 6　2001 ~ 2010 年的全国房价收入比

资料来源：2002 ~ 2011 年《中国统计年鉴》。

① 张清勇：《住房需求主体》，载倪鹏飞主编《中国住房发展报告（2010 ~ 2011）》，社会科学文献出版社，2010，第 133 ~ 157 页。

降至10年来的最低，7.2倍。2009年，我国经济快速回升，房价报复性上涨，使2009年的房价收入比重新回到8倍以上。2010年，由于国家开始调控房价，房价的涨幅低于收入的增长，使全国的房价收入比在8倍左右。同时由图6－6可见，如果我国在“十二五”期间能够合理地控制房价的上涨，使其稳定在现在位置，同时又能实现“十二五”的国民收入翻番的收入目标的话，在“十二五”末期，我国的住房收入比会大幅下降，接近国际公认的4～6倍的合理区间的上限。

前面的章节已经阐述过，我国的资源禀赋过于集中于大城市，因此对全国房价收入比的考量往往会掩盖一些大城市真实的住房支付能力。本报告课题组针对这个问题，给出了35个城市住房支付能力指数的分布，如图6－7所示。本报告测算了2001年至2011年上半年35个大中城市住房支付能力指数，在这10年的时间中，住房支付能力最弱的为2006、2007、2008年三年，其中，2007年的住房支付能力最弱，有20个城市住房支付能力很弱，占到57%。此后开始逐年下降，至2009年，随着房价的下跌，还有5个城市住房支付能力很弱，分别是北京（0.47）、上海（0.54）、杭州（0.61）、深圳（0.48）、海口（0.68）。到了2010年，随着房价的快速增长，住房支付能力很弱的城市又增加了，分别是太原（0.57）、宁波（0.64）、福州（0.66）、广州（0.61）等9个城市，其中北京市（0.39）连续多年成为全国住房支付能力最弱的城市。随着国家2010年下半年开始出台大量调控房地产的措施，使2011年上半年房价高位徘徊，各城市的房价支付能力强弱涨跌不一，35个城市仍然有9个城市的住房支付能力很弱，

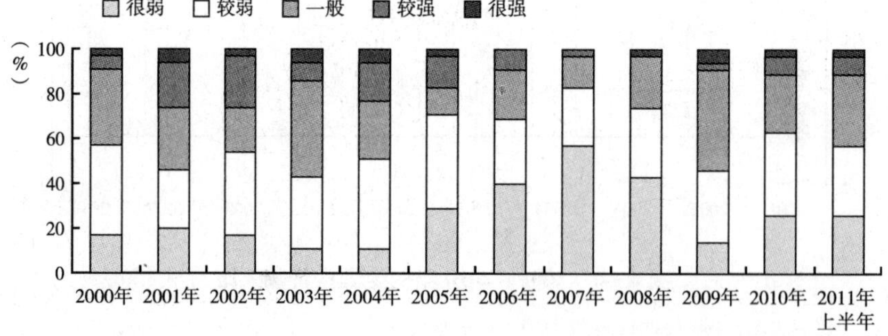

图6－7　2001～2011年上半年35个城市住房支付能力指数分布

资料来源：2002～2011年的《中国统计年鉴（2001～2010）》，2011年的数据来自国家统计局网站（http：//www.stats.gov.cn）。

其中，北京（0.39）保持和上年持平，天津（0.67）住房支付能力由“较弱”降为“很弱”，而宁波（0.72）由“很弱”升为“较弱”。35个城市里住房支付能力很强的只有1个城市，是呼和浩特（1.37），较强的分别是昆明（1.29）、长沙（1.27）、石家庄（1.11）。可见政府调控房价的任务依然十分艰巨。

四 专题：城市中产阶层住房的苦恼

中产阶层这个概念的定义在我国现阶段的争论很多，本报告无意去参与如何定义中国中产阶层的范畴的讨论。现阶段在高涨的房价下，居住在大中城市的中产阶层对商品房的住房支付能力也在快速弱化，在全社会都在关心保障房、廉租房的建设时，但对生活在城市的中间阶层的住房问题显得不够关心。相对于社会的弱势群体，他们的受教育程度和收入都要高很多，他们也是社会主要人力资本的构成部分，代表着一个城市的中坚力量，但是他们没有资格购买或租赁保障房、廉租房，住房政策在有意无意地回避这个阶层，一直也没有特别的住房政策惠及这个阶层。本报告就高房价对大中城市的白领阶层生活状况的影响及其住房支付能力给出了对应的分析和建议。

（一）中产阶层的定义

围绕中产阶层这个概念的定义，是最近几年我国社会结构研究领域十分热络的话题，其是关系到生活在城市的大多数人对自我的认识和自我定义的一个重要指标。早在20世纪50年代，美国著名社会学家赖特·米尔斯出版了《白领：美国的中产阶级》，提出了“白领”和“中产阶层”两个概念。由此开始，围绕着中产阶层的研究就展开了。我国2005年的《中国中产阶层调查》中显示，中国中产阶层在社会中所占的比例为11.9%，经济上月收入5000元；职业为事业单位管理人员或技术专业人员、党政机关公务员、企业技术人员、经理人员、私营企业主；接受过大学本科及以上教育。[①] 2010年，中国社科院社会学所当代中国社会结构变迁研究课题组的研究报告表明，目前我国中产阶层的规模约为总人口

① 周晓虹：《中国中产阶层调查》，社会科学文献出版社，2005，第32页。

的23%，2001年以来，我国中产阶层人数年均递增1%左右。[①] 北京工业大学和社会科学文献出版社联合发布的《2010年北京社会建设分析报告》公布的数据表明，目前北京中产阶层在社会阶级结构中所占的比例已经超过40%，约540万人。[②] 2005年，国家统计局城调队一份抽样调查显示，6万~50万元是中国城市中等收入群体家庭年收入标准，到2020年，中国中等收入群体的规模将由现在的5.04%扩大到45%。可是国家统计局新闻处相关负责人明确表示，国家统计局没有公布过这一数据，在正规的统计口径中也没有“中产阶层收入”这一项目。按照麦肯锡全球研究所下的定义，中国中产阶层是那些年收入（按购买力算）为1.35万~5.39万美元（合9万~36万元）的人。但是人民币兑美元按照购买力的折算比例至今没有国家权威机构公布过。因此每当与中产阶层有关的研究成果发布时都会引来强烈的社会反应，大家纷纷提出不同的看法。本报告无意去定义现阶段我国中产阶层的范畴，而是对在高房价的城市里生活的这一受过高等教育、收入上达不到购买社会保障房或租赁廉租房标准的群体，面对高企的房价，他们的支付能力如何，这种高房价给他们带来的影响有哪些，所形成的社会问题有哪些，给予相应的分析。

（二）城市的高房价对中产阶层的影响

经过30多年的改革开放，2011年我国一举成为世界第二大经济体，IMF在2011年4月所公布的报告显示，我国人均GDP为4383美元，排世界第95位。我国的经济取得了举世瞩目的成就，城市化进程也方兴未艾，随着城市化进程的推进，我国2010年的城市化率达到49%。在此过程中，我国的中产阶层队伍得到了很好的壮大，他们是我国商品住宅购买的主力军。中国社科院社会学所研究员李春玲和北京工业大学副教授胡建国在《北京中产阶层住房消费》报告中，通过调查北京市的15个中高档商品房社区，随机抽取了450户家庭作为样本，发现北京76.8%中产家庭拥有房产，企业主平均达到2套，中产阶层不是房地产投资主力。其中，企业主和专业技术人员分别以100%、81.2%的比例位居第1和第3，成为北京中产阶层住房条件水平最高的人群。调查结果显示，在拥有

---

① 陆学艺：《当代中国社会结构》，社会科学文献出版社，2010，第27页。

② 陆学艺：《2010年北京社会建设分析报告》，社会科学文献出版社，2010，第8页。

私人房产的数量上，企业主拥有私人房产的数量最多，平均达到2套。其他中产阶层拥有的房产套数差异不大，主要集中在1.1～1.3套。[①] 由此可见，中产阶层在购买房产上更为理性，以自住房为主，剩余收入转化成储蓄和消费倾向比较大，那么高房价对他们的影响是什么呢?

1. 高房价使中产阶层产生分化

我国的贫富差距较大，需要大力培育中产阶层。由于中产阶层大都受过高等教育，具有专业技能，他们的大量出现可以缓解社会矛盾，使普通居民看到，通过努力和个人奋斗能够改变个人生活水平，让自己的生活更好，具有很好带动意义，缓解社会低收入阶级与富裕阶级之间由于财富差距拉大所造成的社会矛盾。现阶段由于房价高涨，中产阶层的资产构成发生了巨大的变化。首先搞清中产阶层的财富主要放在哪里。清华大学中国金融研究中心2008年的调研（抽样样本定位在15个城市，收集了约2100个样本数据）发现，我国2008年城镇家庭净财富平均为60.7万元。在我国家庭资产构成中，房产是最主要的资产，占比为62.72%，现金、活期存款和定期存款占比超过15%。可见，住房在中产阶层家庭财产中的重要性。这样在我国尚未培养出健康的“橄榄形”社会阶级构成前，却由于房价的高涨让刚刚形成不久的中产阶层开始出现了分化，一部分提前买房的人由于房价上涨而上升至富人阶级，例如以北京三、四环之间在售商品房均价为28000元左右为例，也就是说在三、四环拥有100平方米的住宅就可以简单地拥有200万以上的个人资产。前几年低价买到住宅的中产阶层的财富增值速度远远超过正常的投资收入和工资的增长速度，住房的财富效应拉大了买到房子的中产阶层和没有买房的中产阶层之间的财富差距，这种差距是以后单纯依靠工资收入所难以追赶的。同时，对于刚进入中资产阶级的新来者也是一道难以逾越的财富“鸿沟”。如果继续忽视中产阶层的住房问题，会发生中产阶层分化的现象。另一部分，前几年没有买房子的中产阶层的财富增长速度明显低于买房者。面对已经高涨的房价，如在高位买房，由于还贷金额巨大，疲于还贷，无力进行消费，生活水平下降，跌落至中产和无产阶级之间的“房奴”阶级。非常不利于我国现阶段经济的健康稳定发展。

---

① 李春玲、胡建国:《北京中产阶层房屋消费》，载李春玲主编《北京社会发展报告（2009～2010)》，社会科学文献出版社，2010，第246～258页。

从世界范围来看，2008 年次债危机后，发达国家的中产阶层分化是经济危机后的又一趋势。关于中产阶层的分化对社会的不良影响，大前研一的《M 型社会》里有过深刻的阐述。现在中国的房价收入比在全世界不是最高的，但也差不多了，高昂的房价是城市白领心中最深的痛，也是消灭中产阶层最有力的武器。在我国城市化进程没有结束，经济仍在高度发展的今天，如果出现中产阶层的大规模分化，我国转变发展模式、以内需拉动经济的发展策略将很难实现。

2. 高房价使中产阶层的个性消费减少，挤压了多元化消费

纵观发达国家的中产阶层的消费，向来是社会关注的中心，他们被认为是消费的领导者、具有独特的人文情怀，“个性”且“前卫”的消费观念是普通劳动者所模仿的，具有领导消费潮流的能力，“雅皮”的消费观念是在社会发展与时尚的潮流中执著地寻求自我表现与社会认同的空间，他们影响社会的消费趋势、厂商的设计理念。对个性消费的追求使社会大众文化的发展趋向多元，而多元化的发展又是社会创造力和革新力的思想源泉。中国中产阶层不仅在消费上走在其他阶级的前列，更重要的是他们形成了相对理性和具有超前意识的现代消费观念，是促进社会整体消费多元化的主要推动力量。

由表 6－3 可知，2001 年的时候，居民消费①占 GDP 的比例为 45%，其中城镇居民消费占到 31%，此后每年逐步减少，到了 2010 年竟然下降到了 33% 和 26%。我国国内生产总值中，最终消费的比重低于投资的比重，并持续走低，使城镇居民消费率随之下降。城镇居民消费在支出法 GDP 中所占比重下降，成为制约居民消费的重要因素，给扩大内需带来负面影响。事实上，目前内需不旺除了城镇居民可支配收入捉襟见肘之外，疯狂飙升的房价已成为扩大内需的最大“杀手”，若任其继续下去，势必拖累经济发展。高房价对居民消费产生挤出效应。挤出效应是指房价上涨或居高不下，导致城镇居民购房负担过重，使希望购买住房者未雨绸缪，减少开支，增加储蓄，以实现其购房计划，从而挤占其他消费。高房价使许多人沦为“房奴”，不少家庭为了有一个栖身之地，只得节省日常开支，增加储蓄，来积攒首付款。这也是作为居民一部分的中产阶层的缩影。由于房价的高涨使中产阶层本身的个性化消费大大被压缩了，社会消

① 国家统计局对住房属性的界定中，住房属于固定资本形成，即房地产开发投资形成的房地产，在支出法 GDP 核算中归入固定资本形成。

费的两极化十分突出。一方面，我国奢侈品消费快速增加，昂贵的奢侈品消费十分火爆，现在已超过美国成为世界第二大奢侈品消费国；另一方面，山寨文化盛行，大量粗制滥造的山寨商品充斥市场，缺少艺术性和创造力，长此以往将严重影响我国自主消费文化的发展，进一步削弱我国社会向多元化、个性化的社会转型。

表 6－3 2001～2010 年中国居民消费占 GDP 比例

单位：亿元，%

年份	国内生产总值	占比	居民消费	占比	城镇居民消费
2001	109655.17	45	49435.90	31	33644.90
2002	120332.69	44	53056.60	31	36784.90
2003	135822.76	42	57649.80	30	41344.10
2004	159878.34	41	65218.50	30	47528.60
2005	184937.37	39	72652.50	29	53280.80
2006	216314.43	38	82103.50	28	60842.20
2007	265810.31	36	95609.80	27	71487.80
2008	314045.43	35	110594.50	26	83099.50
2009	340902.81	36	121129.90	27	92296.30
2010	401202.03	33	133290.90	26	102393.90

资料来源：中国统计数据应用网，http://gov.acmr.cn/。

（三）中产阶层的新建住宅购买能力指数

为了能够更清楚地考量我国主要城市中产阶层的购房能力，本报告以 2005 年《中国中产阶层调查》提出的人均月收入 5000 元为白领中产作为标准参数，考虑到这个数字是 2005 年的数据，加入 2005～2010 年国民收入的增加部分，得到 2010 年的中产收入为 8789 元。同时以家庭为计算单位，并且假设每户有两个中产，考虑扣除工资所得税（3500 元的个税标准，不考虑三险一金因素）大约人均 8287 元。以 2011 年上半年 8 个城市新建商品房平均单价乘以“十一五”国家住房人均 30 平方米的标准面积，首付 30%，30 年还清贷款来考量中产阶层的住房支付能力。如图 6－8 所示，8 个城市中住房支付能力低于 0.7（很弱）的城市有北京（0.52）、上海（0.64）、杭州（0.65）、深圳（0.48），较弱的城市有广州（0.77），一般的是天津（1.10），支付能力很强的有青岛（1.44）、重庆

(2.21)。但是由于房价都是平均房价，如果城市各个区的房价差异大，则就很难真实地反映出住房支付能力。

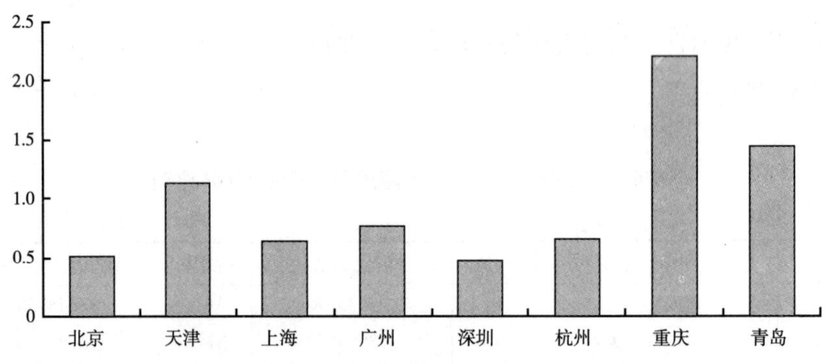

图6-8 2011年8个城市新建购买能力指数

资料来源：根据国家统计局网站数据计算得出。

由图6-8可见，2011年上半年的新建商品住宅价格对于在北京、上海、杭州、深圳的中产阶层来说依然是难以购买的，很难负担。可以推测，当他们步入中年又负担起扶养老人和养育子女的责任，这也是一笔很大的开支。《中国中产阶层调查》显示，我国中产阶层在工作上投入巨大，工作时间显著多于中产以下阶级。调查样本总体的人均工作小时为每天6.79小时，而收入中产平均工作时间为8.04小时，职业中产为7.58小时，学历中产为7.27小时，进入收入、职业、学历三重意义上的标准中产阶层，日均工作时间则高达8.51小时，比中产以下阶级的日平均工作6.46小时高出2.05小时。如果一个人竭尽全力奋斗了十几年甚至几十年，却连套像样点的房子都买不起，或者买起了但是艰难地还贷，我们不禁要问，那些自认为不应享受政府保障性住房的“夹心层”如何解决住房问题？他们认为低收入家庭的住房由政府埋单了，高收入家庭的住房自行解决了，而他们离解决住房问题是不是有点远？与那些收入虽然低但却因此买到了“保障性住房”的人相比，谁的富裕感更强？随着政府财力的快速增长，中国政府近年来确实加大了在医疗、教育和其他福利服务方面的惠民支出，但这些好处主要惠及的是低收入者，真正落到中产阶层身上的并不多。当然，也有一些白领能够靠着父母的支持购房。但我们真的无法将“啃老族”、“房奴”与中产阶层画上等号。因为经济上的不独立、生活上的不安定就无法形成独立的人格，也就不能承担本属于中产阶层的社会担当。

（四）对策建议

1. 将中产阶层住房纳入我国社会住房保障体系

在全社会都关心保障房建设的今天，如何将中产阶层的住房问题也纳入我国的社会住房保障体系也是全社会都很关心的大问题。经济、社会学家把有着成熟中产阶层、形成“橄榄形”的社会结构作为一个和谐、稳定国家的标志和基础，让中等收入者买得起房也是形成中产阶层的重要前提。1950 年，美国总统杜鲁门在第五个年度国情咨文中再次谈到了住房政策：“为帮助中等收入家庭，我建议国会颁布新的立法以使非盈利集团能够为他们提供住房，并控制房租价格的上涨。”① 我国早在 1998 年《国务院关于进一步深化城镇住房制度改革加快住房建设的通知》（国发〔1998〕23 号文件）公布实施后，当时担任副总理的温家宝就特别强调，大力发展经济适用住房“既是这次房改的重要目的，也是房改是否成功的一个重要标志”，而且还说，“中低收入家庭是目前城镇家庭的主体，发展经济适用住房可以满足他们的需求，是实现本世纪末人民生活达到小康的重要条件”。此后，在党的十七大报告已明确“创造条件让更多群众拥有财产性收入”。在一个正常的社会，中等收入家庭应该是一个有能力置业且形成中产阶层的群体，而房屋又是其基本财产。如果中等收入家庭与普通商品房的房价收入比已远远超出国际公认的合理比例，也就是中等收入家庭买不起普通商品房或难以承受购房之苦，那么他们就应该被纳入住房保障的范围，政府有责任提供或资助他们购买到合适的住房。一个正常的社会不应该引导或逼迫民众挤压生存空间来购买住房。中等收入家庭的住房保障工作正受到各级政府的日益重视，在现行体制和制度下，如何既依靠限价房及公共租赁住房实现保障目的，同时又能够有新的尝试和创新，探索与之不同的解决之道，是各级政府当前面临的挑战。中产阶层是社会稳定的基石，保障中产阶层的住房需求是建设和谐社会的必要条件。

2. 调控商品房价格，长期坚持普通商品的限购

世界上很多国家和地区对于住房都不是简单地当做市场问题，而是作为民生和社会保障的基本问题。住房政策也是一种公共政策。在我们看来，住房包含了多种需求：投机、投资、改善性居住需求、普通消费需求、民生保障需求。在中

① 郭建波：《世界住房干预理论与实践》，中国电力出版社，2007，第 65 页。

国目前的房地产市场形势下，我们认为，住房政策的重心必须下移，牢牢坚持以普通消费需求和民生保障需求为主、改善性需求为辅的原则，严格限制住房的投资属性，严禁投机。限购政策较为精准地把握住了楼市的主要矛盾，其本质就是进一步明晰商品房的消费属性，市民居住为主是限购政策的理论核心。对于中国这样资源禀赋相对集中于大城市，进而集中于城市化进程中的住房市场上的国家来说，只靠市场调节，必然出现资本主导房价的现象。过去的几年里，资本借助各种手段，依托金融杠杆，给住房消费市场添加了太多的投资投机属性。这种“无形的手”作用的结果是，虽然总体上城市居民的住房条件确实大有改善，但是支付的成本也越来越高；住房占有差异越来越明显；部分中低收入家庭和大批“新城镇居民”的住房问题尤为突出；农民工转化为市民的门槛越来越高不可攀；社会情绪和压力矛盾越来越大。因此，当前实施的普通商品房限购应该是长期化的政策。在我国构建多层次的住房消费中，普通商品住宅的限购应该制度化，让更多的中产阶层能够实现购买自己住房的愿望，形成健康和谐的“橄榄形”社会。

3. 让首套房优惠贷款制度化，政府适当补贴贷款利息

进入 2011 年 10 月份以后，商业银行和国有银行相继取消了首套房贷优惠的措施。一般情况下首套房的贷款对于银行来说属于优质资产，也属于国家鼓励的住房消费应该惠及的范围，但是现阶段，随着银行贷款额度越来越紧，贷款利率上浮越来越高的情况下，无论是商业银行还是股份制国有银行，其本身作为商业企业所具有的逐利性特征使其自然地减少了或直接取消了首套住房的贷款优惠。为了让银行实现更高的利润，贷款由低利率向高利率转移是无可非议的，但是如此行为则作为自住房购房主体的中产阶层的负担就会增加，本来应对已经高高在上的房价已经让中产阶层的财务余力筋疲力尽，当金融贷款的优惠再无法得到保障的时候，其生活的压力就越来越大了，根本无力进行其他刚性消费。因此，对于广大中产阶层的首套住房的优惠贷款应该制度化，并完善现行的公积金制度，利用沉淀的公积金，对住房支付能力相对不足的家庭给予适当的帮助，并在贷款期限、利率等方面给予照顾。根据实施首套房优惠贷款的多少，可以考虑由政府给予商业银行一定的贷款利息补贴，以帮助中产阶层实现家庭置业。当市场趋向于逐利的时候，政府就应该发挥作用，不能任由市场随波逐流。

4. 改善分配结构，建议以家庭为单位的税收体系

经济学上找不到要对中等收入家庭给予保障或补贴的理论，但以发达国家为

代表的市场化经营方式中，大多有贴息、贴租的做法，各国购房中大多采取相应减税制度。在我国并没有系统的以家庭为单位的购房税金减免和利息补贴政策，现阶段我国的个人所得税、资本利得税多是以个人为单位征收，这样一些中产阶层家庭的税务负担会过重。以个人为征收单位的现行办法通常忽视了中产阶层所承担的社会责任，即对子女、老人的照顾责任。在建立“家庭”这个社会单元的时候，住房往往是这个社会单位的必需品，无论是租房还是自主购房，住房的状况直接决定了这个家庭的生活质量和幸福程度。对于以家庭为单位的购房优惠政策，我国现阶段商品房的房产税优惠政策仅以是否属于第一套房、是否低于90平方米来决定，基本没有更多地考虑这个家庭所抚养的人口数和家庭的收入状况。我国作为新兴的工业国家，还处于成长期，中产阶层家庭的基本构成还是比较年轻，大多都处于抚养子女或赡养老人的负担最重的时期，在抚养子女1～18岁、赡养老人60～80岁的阶段，教育子女的支出、支付给老人的赡养费、医疗费在一个家庭中所占比例不断增加。此时，他们又要面对高企的住房价格，一定会有无力承担的感觉，即使不算低的收入在这种种压力之下也有些捉襟见肘，就算勉强承担了，也无力再进行剩余收入的消费活动。以日本为例，2009年户主收入为700万日元，配偶收入为400万日元，抚养两个小孩子的情况下，购房的时候所享受到的优惠政策，最多10年间可以获得363万日元的减税（见表6－4）。在日本，一个家庭年收入1300万日元是不可能享受到保障房和廉租房待遇的，但日本政府没有简单地根据个人收入忽视他们所负担的社会责任，在他们购买住宅的时候，给出了相应的税金减免。

针对高房价扼杀中国中产阶层的现状，应对住房制度和供给体系进行彻底改革。尽快启动住房市场“双轨制”，将投资性需求和奢侈性住房交由市场，真正出于消费性和自主性住房需求的交由政府，并根据不同层次的住房需求对土地供应和金融支持作出合理安排。麦肯锡2006年的《中国新型消费者》说，中国能够逃脱诸多发展中国家的宿命，“我们的预测表明，中国将避免使许多发展中国家深受其害的‘哑铃经济’：庞大的穷人阶级、人数不多的富豪阶级和人数同样稀少的中产阶层。”① 但是，随着我国城市住宅价格不断上涨，在住房支付能力

① 《麦肯锡季刊》：《中国的新型消费者》，http：//china. mckmsegguarter/g. com/the new－chinese－consumer－1800，2006。

表 6-4 2009 年日本住宅减税

单位：万日元

年数	住宅贷款余额	减税额度 1%	所得税 + 住民税	减税额
1	4917.97	49.17	36.3	36.3
2	4833.44	48.33	36.3	36.3
3	4746.34	47.46	36.3	36.3
4	4656.6	46.56	36.3	36.3
5	4564.12	45.64	36.3	36.3
6	4468.83	44.68	36.3	36.3
7	4370.64	43.7	36.3	36.3
8	4269.47	42.69	36.3	36.3
9	4165.21	41.65	36.3	36.3
10	4057.79	40.57	36.3	36.3

资料来源：依据日本税务署住宅减税政策算出。

不断弱化的今天，中产阶层被高房价困扰着，如果不采取相应的对应政策，我国是否能如麦肯锡报告所说的能摆脱“哑铃经济”还是疑问。为了让中国社会发展成“橄榄形”的健康的经济体，我们的住房政策和税收政策必须进行改革。同时，相应的土地政策、财税政策、保障政策、金融政策等应加以明确划分与定位，不能再重复过去那种应急式的短期的急风暴雨般的政策。

G.7

第七章 住房金融机构

高广春

一 2010～2011年中国住房金融机构运行情况分析

（一）住房金融机构体系概览：依然延续商业性住房金融机构主导格局

一般而言，住房金融机构体系可以分为商业性住房金融机构、合作性住房金融机构和政策性住房金融机构三类。依据中国人民银行网站对人民币房地产贷款的发放机构的分类与概括，商业性住房金融机构主要包括主要金融机构、农村合作金融机构和城市信用社。其中，主要金融机构包括国有商业银行、国家开发银行及政策性银行、股份制商业银行、城市商业银行、邮政储蓄银行，农村合作金融机构包括农村商业银行、农村信用社和农村合作银行。合作性住房金融机构指曾经存在的烟台住房储蓄银行和蚌埠住房储蓄银行。目前，合作性住房金融机构在中国几乎绝迹，仅存的机构当是2004年2月由中国建设银行与德国施威比豪尔住房储蓄银行在天津试点开办的中德住房储蓄银行，简称中德银行。就政策性住房金融机构而言，中国目前还没有真正意义上的政策性住房金融机构。由于住建部下辖的各级各类公积金管理中心承担了部分政策性住房金融机构的职能，因此，可称其为准政策性住房金融机构。但由于还不是具有合法金融牌照的金融机构，尽管有主张将其改制为政策性住房金融机构，但目前还不是住房金融机构。

2010年第四季度以来，住房金融机构支持体系仍然保持了商业性住房金融机构主导的特征，合作性住房金融机构和政策性住房金融机构支持不足。至2010年末，在商业性住房金融机构、合作性住房金融机构和政策性住房金融机构三大机构体系对住房开发和消费贷款的支持中，商业性住房金融支持占尽绝对

优势。其中，在住房开发的信贷融资支持结构中，合作性住房金融机构和政策性住房金融机构的支持度近乎为零，而商业性住房金融机构几乎包揽了所有的开发信贷业务。在个人住房按揭贷款支持中，商业性住房金融机构对个人住房消费的贷款支持度占比仍然超过 80%，住房公积金贷款支持度占比仍然不足 20%，合作性住房金融机构的支持度更是少得可怜。

商业性住房贷款分布在各类银行业金融机构中，其中主要集中分布于大型商业银行和股份制商业银行，这些银行的法人机构数和从业人员情况如表 7－1 所示。由于缺乏公开的信息，本期报告还无法推算各类住房金融机构住房贷款的具体比例。

表 7－1　银行业金融机构法人机构和从业人员情况（截至 2010 年底）

单位：人，家

机　构	从业人员数	法人机构数
大型商业银行	1545050	5
政策性银行及国家开发银行	59503	3
股份制商业银行	237158	12
城市商业银行	206604	147
农村信用社	550859	2646
农村商业银行	96721	85
农村合作银行	81076	223
信托公司	7382	63
新型农村金融机构和邮政储蓄银行	152820	396
外资金融机构	36017	40

资料来源：中国银监会网站。

（二）住房金融机构财务结构及其房地产金融要素分析：对房地产金融依赖度高，金融风险日益显现

结合本期报告的需要，对住房金融机构的财务状况从规模、质量和收益三个方面进行考察。

1. 住房金融机构资产规模

表 7－2 表明，截止到 2011 年 8 月，中国银行业金融机构资产总额已经突破百亿元大关，从增速看，小型银行金融机构的资产增长速度最快，是大型商业银

行资产增速的近3倍，股份制商业银行资产的增速也接近20%。从金融深化度看，我国各类金融机构的资产增速均高于GDP的增速，2010年，M_2/GDP达到1.82，在当前世界主要国家中仅次于日本；信贷/GDP也达到154.6的高水平，比2009年有所下降，在世界所有国家中的排位从2009年的第3位下降到2010年的第7位。①

表7-2 中国住房贷款相关银行业金融机构资产负债情况（截止到2011年8月）*

机 构	总资产（亿元）	比上年同期增长率（%）	占比（%）	总负债（亿元）	比上年同期增长率（%）	占比（%）
银行业金融机构	1044410	16.60	—	977890	16.00	—
大型商业银行	495026	11.20	47.40	463515	10.60	47.40
股份制商业银行	167621	19.20	16.00	157444	18.20	16.10
城市商业银行	87983	29.20	8.40	82040	28.60	8.40
其他类金融机构	293781	21.40	28.10	274890	21.10	28.10

*银行业金融机构范围：1. 银行业金融机构，包括政策性银行及国家开发银行、大型商业银行、股份商业银行、城市商业银行、农村商业银行、农村合作银行、城市信用社、农村信用社、新型农村金融机构、邮政储蓄银行、外资银行和非银行金融机构。2. 商业银行，包括大型商业银行、股份制商业银行、城市商业银行、农村商业银行和外资银行。3. 政策性银行及国家开发银行，包括国家开发银行、中国进出口银行、中国农业发展银行。4. 大型商业银行，包括中国工商银行、中国农业银行、中国银行、中国建设银行、交通银行。5. 股份制商业银行，包括中信银行、中国光大银行、华夏银行、广东发展银行、深圳发展银行、招商银行、上海浦东发展银行、兴业银行、中国民生银行、恒丰银行、浙商银行、渤海银行。6. 其他类金融机构，包括政策性银行及国家开发银行、农村商业银行、农村合作银行、外资银行、城市信用社、农村信用社、非银行金融机构、新型农村金融机构和邮政储蓄银行。7. 非银行金融机构，包括信托投资公司、企业集团财务公司、金融租赁公司、货币经纪公司、汽车金融公司、消费金融公司。

资料来源：中国银监会网站。

2. 住房金融机构各项贷款及房地产贷款占比

中国银行业金融机构资产规模的快速增长离不开房地产的重大支持。可以根据房地产贷款占银行业金融机构贷款的比重来判断房地产业对银行业金融机构资产的影响度。图7-1表明，2010年10月以来，统计贷款累计新增量在各项贷款累计新增量中的占比保持在25%以上的高位，其中，2011年各月份各项贷款虽然有较大降幅，统计贷款也有一定降幅，但统计贷款累计新增量在各项贷款累计

① 王松奇等：《2011中国商业银行竞争力评价报告（摘要）》，《银行家》2011年第10期。

新增量中的占比超过30%，2月甚至达到了40%的高位。这反映了中央宏观紧缩政策虽然对银行金融机构的信贷总量以及房地产企业的贷款规模产生了一定的紧缩效应，但银行金融机构对房地产企业的依赖度不降反增。

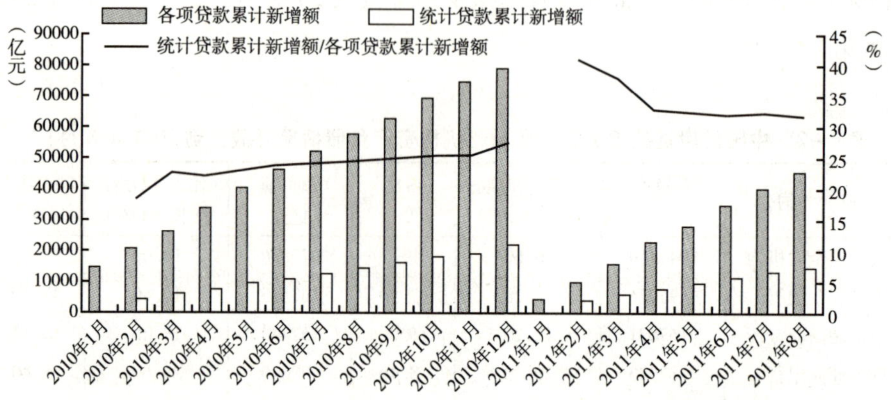

图7－1　2010年以来统计贷款累计新增额、各项贷款累计新增额及占比

资料来源：各项贷款累计新增额是依据中国人民银行网站相关数据计算，统计贷款累计新增额是依据中国房地产信息网相关数据计算。

需要特别指出的是，上述数据与中国人民银行和中国银监会披露的数据有较大出入。由于从目前公开披露的数据看，中国人民银行自2010年以来按季、半年和年披露包括房地产贷款在内的贷款投向，中国银监会仅于2010年上半年在银行业运行分析中披露过包括房地产贷款在内的贷款投向，因此本期报告仅在相同期间上进行比较，即与中国人民银行按季比较，与中国银监会只比较上半年的情况。

首先看与中国人民银行按季比较的情况。据《2011年一季度金融机构贷款投向统计报告》，2011年第一季度末，人民币各项贷款余额49.47万亿元（与其统计数据表格中披露的数据相同），当季新增2.24万亿元（但是根据其统计数据表格中披露的数据计算出来的是1.55万亿元），第一季度，主要金融机构及农村合作金融机构、城市信用社人民币房地产贷款（房地产贷款包括房地产开发贷款、购房贷款和证券化的房地产贷款）新增5095亿元。照此计算的房地产贷款占比是22.75%（5095/22400），或32.87%（5095/15500）。两者差距超过10个百分点。考虑到上面推算的数据所依据的各项贷款是中国人民银行统计数据表

中所披露的数据，这里以32.87%为准，与上面推算的数据进行比较。

由于上面推算的占比=统计贷款累计新增额/各项贷款累计新增额，依据中国人民银行网站相关数据推算的占比=房地产贷款累计新增额/各项贷款累计新增额。以下分别比较分母和分子，然后比较结果。

（1）关于房地产贷款。中国人民银行的房地产贷款的前两项相对于中国房地产信息网的统计贷款，由此中国人民银行统计的房地产贷款总额比中国房地产信息网披露的统计贷款多一项，其数量理应高于统计贷款。

（2）关于各项贷款。两种均使用来自中国人民银行网站统计数据表所披露的数据。

（3）在分母相同，分子有大小之分的情况下，由中国人民银行网站相关数据得出的结果比依据中国房地产信息网相关数据得出的结果应该高才对，但由于中国人民银行房地产贷款比中国房地产信息网统计的贷款低，由中国人民银行网站相关数据推算的结果反而比由中国房地产信息网相关数据推算的结果低，即32.87%小于38.04%，两者相差5.17个百分点。

另据《2011年上半年度金融机构贷款投向统计报告》，2011年6月末，全部金融机构人民币各项贷款余额51.4万亿元（与其统计数据表格中披露的数据相同），上半年累计新增4.17万亿元（但是根据其统计数据表格中披露的数据计算出来的是3.48万亿），主要金融机构及农村合作金融机构、城市信用社、外资银行人民币房地产贷款累计新增7912亿元。照此计算的房地产贷款占比是18.97%（7912/41700）或22.72%（7912/34800），两者相差3.75个百分点。同理得出，由中国人民银行网站相关数据推算的结果比由中国房地产信息网相关数据推算的结果低，即22.72%小于32.17%，两者相差9.45个百分点。

其次看与中国银监会相关数据的比较情况。据《中国银行业运行报告（2011年第二季度）》，上半年住房金融机构各项贷款投放共计4.19万亿元，与中国人民银行披露的数据（4.17万亿元）基本相同。但对于房地产贷款投放，该报告没有披露第一季度的情况，也没有披露上半年的房地产贷款投放情况，只是对第二季度进行了一个比较性披露，“与今年一季度相比，二季度新增贷款投向转离房地产等行业，主要集中于以下三大领域：批发和零售业（占比25.3%）、个人贷款（占比24.3%）及制造业（占比23.8%）”。房地产业新增贷款仅占全部新增贷款的0.9%。显然，这个数据不仅与由中国房地产信息网相关数据推算的结果相去甚远，而且与由中国人民银行网站相关数据推算的结果相差很大（见图7－2）。

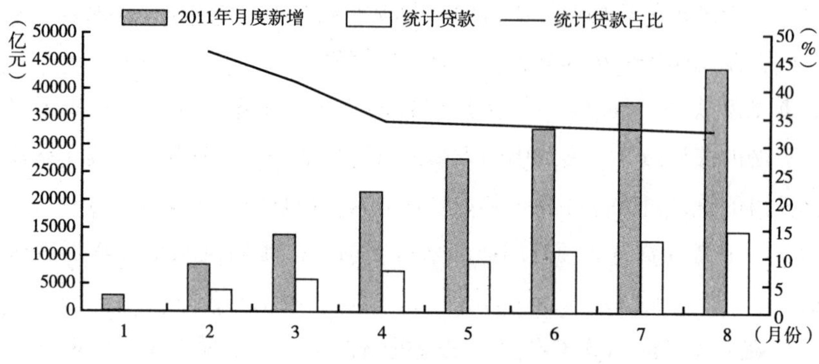

图7－2　2011年1～8月统计贷款占比情况

资料来源：各项贷款累计新增额是依据中国人民银行网站相关数据计算，统计贷款是依据中国房地产信息网相关数据计算。

3. 住房金融机构行业贷款投放结构及房地产贷款的位次

鉴于数据的可得性约束，本期报告以部分上市银行为例进行考察。从表7－3可看出，房地产贷款在各银行行业贷款投放结构中的地位举足轻重。表中绝大多数银行在绝大多数年份都将房地产贷款投放放在了首位。

表7－3　部分上市银行行业贷款投放结构中房地产贷款的位次

单位：位，%

银行＼年份/位次	2005		2006		2007		2008		2009		2010	
	排位	占比	排位	占比	排位	占比	排位	占比	排位	占比	排位	占比
工　行	2	19.5	1	20.56	2	20.63	3	20.59	1	24.37	1	25.28
华　夏	—	—	—	—	3	14.97	3	13.44	2	14.42	2	17.04
民　生	2	19.64	1	31.1	1	29.1	1	26.97	1	23.03	1	21.45
浦　发	—	—	—	—	1	25.51	2	22.78	1	23.67	1	26.86
兴　业	—	—	1	31.96	1	42.05	1	34.27	1	30.64	1	30.8
招　商	1	17.68	1	19.12	1	25.89	1	23.48	1	30.71	1	28.8
中国银行	2	21.29	2	22.71	1	28.94	1	27.5	1	23.8	1	25.05
建　行	1	24.56	1	25.42	1	25.74	1	24.58	1	25.13	1	26.36

注：本表中房地产贷款为开发贷款与个人按揭贷款之和。

资料来源：根据各上市银行年报相关数据计算。

从住房金融机构收益情况看，可以平均利息收益率为准测算房地产贷款对住房金融机构的收益贡献度，具体可用房地产贷款利息收入在住房金融机构各项贷款利息收入中的占比来衡量，由贷款规模乘以平均利息收益率即可得出。由于平均利息收益率对各类贷款而言都是一样的，所以房地产贷款在各项贷款中的占比实际上就是房地产贷款业务对住房金融机构的收益贡献度。由此，就整个住房金融机构而言，前述统计贷款累计新增额占各项贷款累计新增额的比例即为房地产贷款对住房金融机构整体收益贡献度。就上市银行而言，上述房地产贷款在行业贷款投放中的占比即为房地产贷款对公司贷款收益贡献度，可以发现房地产贷款对住房金融机构的收益贡献度也是很高的，就表7－4中所列上市银行的情况看，房地产贷款的贡献度在绝大多数年份都位列第一。

4. 住房金融机构的贷款质量及房地产贷款的质量

表7－4是主要住房金融机构贷款质量状况，可以发现主要住房金融机构的贷款质量还是比较高的。质量最好的银行是外资银行，不良贷款率仅为0.5%；其次是股份制商业银行，不良贷款率仅为0.6%；较差的是农村商业银行，但不良贷款率仍然低于2%。

表7－4 商业银行不良贷款情况

单位：亿元，%

机构 \ 时间 / 项目	2010年第四季度		2011年第一季度		2011年第二季度	
	不良贷款余额	不良贷款率	不良贷款余额	不良贷款率	不良贷款余额	不良贷款率
商业银行	4336	1.10	4333	1.10	4229	1.00
大型商业银行	3125	1.30	3100	1.20	3030	1.10
股份制商业银行	566	0.70	552	0.70	530	0.60
城市商业银行	326	0.90	333	0.90	326	0.80
农村商业银行	271	1.90	299	1.80	299	1.70
外资银行	49	0.50	49	0.50	44	0.50

资料来源：中国银监会网站。

表7－5表明，2010年底，房地产开发贷款的不良率在各行业中排第11位，个人按揭贷款的不良率更低，排第19位。由此可见，房地产贷款质量较高，对住房金融机构的风险影响较低。

表7－5　分行业不良贷款率（2010年底）

单位：亿元，%

序号	行业/项目	不良贷款余额	不良贷款比率
1	农、林、牧、渔业	113.50	3.15
2	住宿和餐饮业	93.10	3.01
3	信息传输、计算机服务和软件业	33.80	1.93
4	科学研究、技术服务和地质勘查业	13.50	1.88
5	制造业	1452.90	1.87
6	汽车	27.60	1.8
7	文化、体育和娱乐业	18.20	1.76
8	教育	56.40	1.64
9	批发和零售业	548.60	1.56
10	居民服务和其他服务业	34.00	1.29
11	房地产业	439.80	1.26
12	电力、燃气及水的生产和供应业	295.10	1.19
13	卫生、社会保障和社会福利业	15.50	1.03
14	其他	115.30	1.01
15	交通运输、仓储和邮政业	354.00	0.97
16	建筑业	99.70	0.77
17	租赁和商务服务业	146.10	0.73
18	公共管理和社会组织	20.10	0.6
19	个人贷款	421.80	0.58
20	水利、环境和公共设施管理业	90.20	0.39
21	住房按揭贷款*	205.40	0.37*
22	采矿业	22.90	0.25

注：*2010年第二季度的不良资产率为0.32%。

资料来源：中国银监会网站。

2011年6月，个人按揭贷款的资产质量进一步提升了0.5个百分点。但房地产开发贷款的质量如何，尚未见到公开的数据。

从已有的这些指标看，房地产贷款质量较好，对住房金融机构资产质量几无负面影响，但从其他一些角度反映的实情不容乐观，相关分析见本章专题部分。

（三）2010年第四季度以来住房金融机构住房金融业务行为分析：预期紧缩，门槛日升

1. 宏观政策背景

2010年第四季度以来，住房金融机构的住房金融业务主要基于以下宏观经

济金融调控和监管背景。

国家宏观经济政策。虽然2010年10月的中央经济工作会议将促转变作为2011年经济工作的主线，但实际上防通胀成了宏观经济政策的第一要务。

商品住房金融政策。2010年第四季度以来的商品住房金融政策的基本特点是，持续加码差别化信贷的力度，目标直指高企的房价。首先是2010年9月29日所谓的“二次调控新政”（“一次调控新政”即自2009年底至2010年4月间针对2008年底救市以来房地产市场疯涨的形势连续推出的一系列调控政策，尤其是2010年4月中旬国务院直发的有史以来级别最高的调控文件——国发〔2010〕10号文件，《国务院关于坚决遏制部分城市房价过快上涨的通知》）。此次调控虽名义上是着眼于细化、完善一次调控新政，实际上力度加大了不少，因而可称之为“二次调控”。相对于国发〔2010〕10号文件，主要加码点包括以下方面：一是对首套房，取消首次购买90平方米以下普通住宅的贷款最低首付可为20%，首付款比例调整到30%，利率同前。二是将暂停房贷令，即对三套及以上及不能提供一年以上当地纳税证明或社会保险缴纳证明的非本地居民两类购房，暂停发放购房贷款，由只要求房价过高城市（即商品住房价格过高、上涨过快、供应紧张的地区）商业银行可根据风险状况扩及所有城市。三是禁止用消费贷款曲线买房。两者相同的金融调控措施只有一条，即对贷款购买第二套住房的家庭，严格执行首付款比例不低于50%、贷款利率不低于基准利率1.1倍的规定。其次是2011年1月，国务院办公厅发文《关于进一步做好房地产市场调控工作有关问题的通知》（国办发〔2011〕1号）。其中，为配合加码的行政政策，如地方政府责任、限购与停购，加码的金融调控措施对9.29新政未升级的二套房贷政策进行了升级，贷款购买第二套住房的家庭，首付款比例不低于60%，贷款利率不低于基准利率的1.1倍。人民银行各分支机构可根据当地人民政府新建住房价格控制目标和政策要求，在国家统一信贷政策的基础上，提高第二套住房贷款的首付款比例和利率。

2. 住房金融机构住房金融业务行为

在上述不断加码的调控政策背景下，各类住房金融机构住房贷款业务的门槛不断提高，做文章最多的是首套房贷，无论是首付还是利率，都在宏观调控政策的基础上逐步施加了更严格的限制和条件。其逐步变脸的过程从表7-6中可见一斑。

表7-6 2010年第四季度以来中国各类住房金融机构差别化房贷行为概览

2010年10月 2010年10月底,部分银行总行口头通知,取消对首套住房贷款利率7折优惠,仅允许执行同档期基准利率最低下浮15%,即首套房贷优惠利率最低按8.5折执行。这意味着2008年底开始实行的首套房贷利率7折优惠政策将成为历史。首付最低30%,也结束了2009年以来20%的优惠政策。①
2010年12月 12月,上海部分银行首套房贷零优惠。②
2011年1月 2011年1月,光大银行率先对首套房贷实施基准利率,而浦发银行、招商银行则取消二手房首套房贷利率优惠,还有部分股份制银行对首套房贷实施有条件的8.5折利率优惠。中行、工行等大型商业银行酝酿取消优惠利率。③
2011年2月 2011年2月,五大行在北京地区的首套房贷款优惠利率已经全面取消,统一执行央行规定的同档期基准利率。北京只有部分中小银行在首套住房贷款利率上仍存优惠空间。广州市各大银行首套房贷优惠已基本绝迹。与广州毗邻的深圳,不少银行首套房贷利率不仅没有优惠,还采取了5%、10%不等的上浮。而此前口头承诺或者已经签了合同贷款书的八五折优惠泡汤,即所谓反价。部分购房者只能无奈上诉银监会。④
2011年3月 2011年3月,大多数银行取消首套房贷优惠利率。
2011年5~6月 2011年5月,部分银行首套房贷利率上浮20%,甚至传闻首付提至五成;央行《2011年一季度中国货币政策执行报告》指出,我国个人购房贷款增速已连续11个月下滑;5~6月北京、广州、浙江、南昌、石家庄、广州、深圳等地部分银行首套房首付比例根据房贷者个人的情况可能会提高到四成⑤,部分银行甚至已经暂停了个人住房贷款,即便是首套房,获得贷款的难度也大大增加。⑥
2011年7月 2011年7月底,中、农、工、建、交五大国有银行对于首套房利率优惠几乎无迹可寻。建行方面的房贷新政规定,首套房贷利率实行央行同期基准利率,首付三成,但对信用资质偏低的客户则在基准利率上上浮10%,首付升到四成。中行、农行日前均调整了首套房贷政策,首付已上调至四成,利率在基准利率基础上再上浮5%到10%。还有一些股份制商业银行房贷政策规定,原则上首套房(贷款申请)优先于二套房,首套房首付四成,利率至少上浮20%;二套房首付六成,利率至少上浮30%。另外,在个人房贷审批程序上短则两个月,长则可达半年。⑦

续表

2011 年 10 月
10 月中旬，建设银行在北京对首套房贷利率实行差别化贷款利率政策，将首套房贷最低利率由原来的基准利率上浮到基准利率的 1.05 倍。此前，北京其他各商业银行对首套房贷的利率均执行基准利率。至此，北京地区出现了第一家上浮首套房贷利率的银行。⑧ 进入 10 月份后，广州房贷利率几乎每周都在调整，首次置业房贷利率上浮 20% ~30% 不等。也有客户投诉银行两个月仍未批放贷款。

注：①《贺元：首套房贷利率优惠降低，京沪多家银行证实，首套房贷最低利率上调至 8.5 折》，《中国证券报》http：//news.dichan.sina.com.cn2010/10/29。

②《部分银行首套房贷零优惠》，2010 年 12 月 22 日《新闻晚报》。

③《首套房贷成本抬升工行中行酝酿取消利率优惠》，http：//news.dichan.sina.com.cn 南方网 2011/1/14。

④《贷款人投诉银行反价　银监部门出面撑腰》2011 年 2 月 25 日《南方日报》；《四大银行全部取消首套房贷利率优惠》，2011 年 2 月 25 日《北京晨报》。

⑤《四大行北京部分分行上调首套房贷首付及利率》，2011 年 5 月 11 日 09：00 每日经济新闻。

⑥ 李木子：《开发贷未发文　叫停房地产政策趋于缓和》，2011 年 5 月 27 日《证券日报》。

⑦《放贷空间收窄　个人房贷利率普遍上浮》，2011 年 08 月 10 日《经济参考报》。

⑧《建行在京上调首套房贷款利率　其他银行或将跟进》，2011 年 10 月 14 日 京华时报微博。

各银行如此专注于首套房贷条件的加码和限制令人费解。本来首套房贷是最接近刚性需求的一类，国家层面的政策关于这一类是倾向于保和促的。由此，各银行的此种行为难免会使人认为其不是为了稳定房市，而是趁机逐利。难怪此间不少地方的首套房贷款户通过向银行监管机构投诉甚至打官司维权。

除了上述首套房贷外，对于其他类型的房贷，各类金融机构均逐步从严行事。如从 2010 年 10 月起，所谓两种消费贷款曲线买房模式及抵押消费贷款和无担保贷款（主要是外资银行发放）被多家银行叫停。监管机构要求暂停的房贷，部分银行甚至逐步选择了“停贷”。甚至有媒体传出，山东部分银行从 2011 年 2 月份开始就已经基本不办理房贷业务了，即便是办理房贷，提出的条件也十分苛刻。2011 年 5 ~6 月，在房贷政策并无新变化情况下，不少银行实际上对各类房贷在审批上都加大了难度，放款更难，近乎停贷。①

① 高晨、马文婷：《北京部分银行二手房贷首付上调至四成》，2011 年 6 月 24 日《京华时报》。

二　住房金融机构未来展望

（一）预测思路和方法

在未来一年内，中国经济恐将依然遵循政府主导的模式，在这样的背景下，判断中国住房金融市场的未来走向的第一座标当然是中国政府的短期宏观调控政策和长期经济改革路径。在住房领域，尽管住房政策调控的权威性和公信力随着近几年杂耍般的表演有所下降，但只要稍谙中国国情的人士都明白，能够驾驭中国房地产这头"野驴"的依然是政府。从长期看，近几年的有关房地产的诸种文件表明，中国正在悄悄纠正 2003 年 18 号文的后遗症——中国经济的过度房地产化和中国房地产的过度商业化，进而逐渐摸索一条商业和保障相互平衡协调发展的新路子。

基于此，从长期看，中国住房金融机构有望逐步走上一条稳健发展的道路，无论是在信贷资产规模、行业贷款布局还是收益等方面，对房地产贷款的依赖度会逐步下降。房地产贷款风险对住房金融机构的压力也会逐步得到缓释。住房金融结构由商业性住房金融机构垄断的格局也有望改变，合作性住房金融机构、政策性住房金融机构的作用将逐步提升，一个相对多元和平衡的住房金融结构将逐步成为一种常态。

从短期看，未来一年，商业性住房金融机构主导的住房金融机构体系还难以改变。各类住房金融机构可能会继续度过 2011 年剩下的几个月和 2012 年初几个月的严寒期，此后的投放规模会有所增加，差别化房贷行为中对首套房贷款的优惠可能在一定程度上予以恢复，对二套房贷的首付要求可能重新降到 50%，而对三套房及以上带有明显投机成分的住房贷款会继续严控。鉴于数据的可获得性约束，本期报告仅对商业性住房金融机构房地产贷款在未来一年对各项贷款的占比情况进行定量预测。

在住房金融市场一章中，本期报告已经对 2012 年房贷总规模及其季度分布进行了定量预测。用这些数据除以 2012 年的商业性住房金融机构各项贷款及其季度分布值即可得到结果。

（二）预测结果

1. 各项贷款预测及其季度分布

由表 7 - 7 可知，2003 ~ 2011 年，中国人民银行口径下的各项贷款供给波动

较大，特别是2009年波幅高达130.89%，此后两年连续为负增长。整个样本区间的增幅均值是21.15%。考虑到2011年中国经济政策环境趋于审慎宽松，2012年各项贷款增长将结束连续两年走负的局面，转负为正。增幅估计为均值的一半左右，即10%。据此，2012年中国人民银行口径下的各项贷款规模将达到74342.53亿元。

表7-7　2003~2011年各项贷款累计新增额走势

年　份	年度额(亿元)	增幅(%)
2003	27702.30	—
2004	18367.26	-33.70
2005	17326.90	-5.66
2006	30594.89	76.57
2007	36405.60	18.99
2008	41703.76	14.55
2009	96290.18	130.89
2010	79510.73	-17.43
2011	67584.12	-15.00
增幅均值	—	21.15

资料来源：依据中国人民银行相关数据整理。

图7-3表明，2003~2011年，各项贷款季度分布的均值分别是37.26%、24.71%、21.62%和16.41%。从各年的具体分布看，大多数年份中，贷款在上半

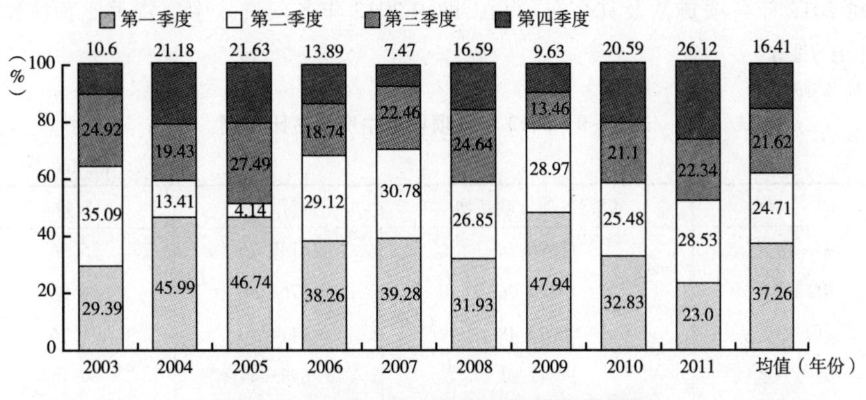

图7-3　2003~2011年各项贷款季度分布

资料来源：依据中国人民银行网站相关数据整理。

年的投放占比高于50%，但在政策偏紧年份，分布则相反。特别是在2010年和2011年，贷款投放在下半年的比重均有所放大。2012年，政策审慎放宽环境下，贷款季度分布前两年的走势，特别是第一季度的政策依然趋紧。在此种判断下，2012年贷款投放不会以均值进行季度分布，更有可能以2011年的分布结构为准进行布局，由此估计，2012年各项贷款季度分布结构为23%、26%、27%、24%（见表7-8）。

表7-8　2012年住房各项贷款规模及其季度分布预测

季度比重分布(%)	第一季度	23.00
	第二季度	26.00
	第三季度	27.00
	第四季度	24.00
季度规模分布(亿元)	第一季度	17098.78
	第二季度	19329.06
	第三季度	20072.48
	第四季度	17842.21
年度规模(亿元)	全　年	74342.53

资料来源：依据中国人民银行相关数据推算。

2. 各项贷款中的房贷占比预测

由住房金融市场一章中所得的2012年房贷预测及其季度分布数据除以本章中对2012年各项贷款及其分布预测，即得2012年各项贷款中房贷占比预测结果（见表7-9）。

表7-9　2012年各项贷款中房贷占比预测

单位：亿元，%

时　间	银行各项贷款新增	统计贷款	比重
第一季度	17098.78	6148.76	35.96
第二季度	19329.06	6761.80	34.98
第三季度	20072.48	6414.50	31.96
第四季度	17842.21	6985.44	39.15
年度规模	74342.53	26310.49	35.39

资料来源：依据中国人民银行和中国房地产信息网相关数据估算。

三　住房金融机构存在的问题与政策建议

（一）住房金融机构存在的问题

自2010年第四季度以来，住房金融机构在步步紧逼的紧缩性住房金融政策条件下，对住房市场的判断趋于谨慎，对房地产开发和住房消费贷款的投放数量，特别是个人按揭贷款的投放数量逐月走低，对投机性住房贷款和高风险房地产开发项目予以“停贷”。政策对住房市场的紧缩性效果逐步显现，2011年9月，住房商品交易价格走跌的态势扩及大部分主要城市。但是，住房金融机构存在的问题和面临的挑战依然存在，主要表现在以下几个方面。

第一，房地产贷款在银行金融机构各项贷款中的比重依然处于较高位。正如前所述，房地产贷款增速在走低，个人按揭贷款增速甚至连续10多个月负增长，但其规模在住房金融机构各项贷款中的比重反而比2010年有较大上升。虽然由于各项贷款和房地产贷款总量增速的下降缓冲了房地产贷款集中度提高的影响，但这反映住房金融机构对房地产贷款的依赖度在增强。

第二，房地产贷款的信用风险加大。虽然目前中国人民银行和中国银监会公布的文件和各商业银行的风险压力测试均没有反映出房地产贷款在眼前有什么麻烦，但正如上所述，无论是中国银监会最近的《中国银行业运行报告》还是稍早的中国银行业协会发布的《中国银行家调查报告2010》，以及中国银监会对大型房企的调查，均将房地产贷款风险的防控放在了突出位置，中国银监会在2011年7月甚至调升了房地产贷款的风险权重。另外，大型房企中，2012年底前到期的大额贷款占比为63.6%。由此判断，房地产贷款的风险可以说已经是箭在弦上。

第三，住房金融机构对首套房贷门槛的持续提升正在伤及刚性需求者，甚至是国家的有保有压的调控政策。2001年第四季度以来，绝大多数住房金融机构在逐步封锁投机性住房贷款的同时，也跟首套房贷较上了劲，不断冲击国家关于首套房贷的政策底线，部分机构将首付款提至四成，或将首套房贷利率提至基准利率以上。此种行为反映了在执行国家差别化房贷政策和商业逐利之间，住房金融机构的天平倾斜到了逐利一边。单从商业性角度考虑似乎无可厚非，但对于国家实施有保有压的房地产调控政策无疑是不利的。

第四，合作性住房金融机构的作为仍然有限。尽管 2011 年 7 月传出中德储蓄银行在重庆设立分支机构的信息，但目前合作性住房金融仍只由这一家机构支撑。合作性住房金融的发展难题依然待解。

第五，政策性住房金融机构依然虚位以待。虽然公积金管理中心在一定意义上扮演着政策性住房金融机构的角色，但在国家保障房建设快马加鞭的背景下，靠这样一种不伦不类的机构发挥政策性住房金融的作用无疑是天方夜谭。

（二）关于住房金融机构的政策建议

第一，各类住房金融机构应尽快调整贷款投向，降低对房地产贷款的过度依赖。特别是大型商业银行、股份制商业银行应积极助力国家经济结构的优化和调整进程，着力在新兴产业和重点实体性产业领域开发贷款潜力，弱化房地产贷款偏好，降低房地产贷款的比重，进而建构可持续的行业贷款结构体系。

第二，有效防控房地产贷款风险。一是监管调控部门应更多着眼于经济考虑而非政治考虑，披露房地产贷款的真实信息，创新对住房金融机构房地产贷款风险的监控机制和手段。二是各类住房金融机构切实落实中国银监会关于房地产贷款风险的防控要求，特别是“名单制管理”和“开发贷款以在建工程抵押”两个基本要求，加强房地产风险预警管理和完善相应的风险防控措施。三是创新对房地产客户信用风险的防范和控制手段。

第三，强化有保有压的房地产贷款导向。一是对首套房贷款需求建立政府和商业有效对接的优惠激励机制，可持续支持住房的刚性需求，特别是对中低收入家庭和中小商品房户型的刚性需求的贷款支持。二是在现有的制度和机制框架没有实质性改变的情况下，对商业银行应该履行的首套房贷优惠设定严格边界，对超越边界随意以所谓防范风险为名降低、取消甚至提升首套房贷门槛的机构，进行相应的惩戒。

第四，扩大合作性住房金融机构生存和发展的空间。首先是从法律法规以及政策诸层面界定合作性住房金融的性质、定位和空间，为真正引进并建立规范性的合作性住房金融机构提供法律法规和政策支持。其次是鼓励现有的合作性住房金融机构——中德储蓄银行探索总结包括公司治理、组织架构、市场定位、业务运营、风险管理等在内的合作性住房金融有效运行和发展的模式，并在拟设的合作性住房金融机构中进行复制和创新。

第五，尽快建构有效的政策性住房金融机构支持体系，以匹配大规模的保障

房建设和消费。其一是建构政策性保障房建设贷款支持机构；其二是建立保障房建设和消费融资增信机构。

四　住房金融机构指数：银行房贷占比

（一）测算方法

该指标的含义即住房金融机构房地产贷款在其各项贷款总额中的占比。房地产贷款即房地产开发贷款和个人按揭贷款之和，也即统计贷款。各项贷款总额即各项贷款累计新增额，统计贷款口径也是指累计新增额。期间单位以年计。

可以从两个角度观察和测算银行房贷占比情况。其一是根据各项贷款和房贷总额数据计算房贷占比，其二是根据各家上市银行所披露的各项贷款和房贷数据测算不同银行房贷占比。相应的测算方法也就分为两类。

根据各项贷款和房贷总额数据计算房贷占比，基本步骤是：

（1）根据每年各项贷款余额确定每年各项贷款新增额数据。

（2）确定每年房贷数据，即统计贷款数据。

（3）银行房贷占比 = 统计贷款年累计新增额/各项贷款年累计新增额。

根据各家上市银行所披露的各项贷款和房贷数据测算不同银行银行房贷占比。上市银行所披露的与住房建设和消费相关的贷款有两项，其一是房地产业贷款，其二是个人按揭贷款。但由前面的分析可知，还有部分贷款以间接途径进入了住房开发企业，遗憾的是，本期报告尚未找到这部分贷款的测算方法，因此仅就已披露的这两项数据进行简单加总和除法计算。基本步骤是：

（1）依据上市银行年报确定每年各项贷款累计新增数据。

（2）依据上市银行年报计算统计贷款：

统计贷款 = 房地产业贷款 + 个人按揭贷款

（3）将统计贷款累计新增额除以贷款累计新增额得到各上市银行房贷占比：

银行房贷占比 = 统计贷款累计新增额/贷款累计新增额

由于上市银行中也有部分机构没有完全披露相关数据，因此本期报告只就实际披露的银行的数据给出本项指标的相关数据。

（二）测算结果

1. 住房金融机构银行房贷占比：占比较高，风险管理难度加大

表7－10是2004年以来的住房金融机构房贷占比情况。可以发现，绝大多数年份的占比超过25%，2005年、2007年和2011年（前8个月）的占比超过30%，这一方面反映住房金融机构对房地产贷款依赖度较高，另一方面反映了房地产贷款占住房金融机构的风险管理构成较大。2009年的很少房贷占比虽然较低，但其绝对额却很高，仅略低于2010年，约为2008年的1.8倍。2009年很少房贷占比低的主要原因是，2009年的各项贷款新增额超过10万亿元，是历年来最高的，约为2008年的2.5倍。在房地产贷款增幅相对低的情况下，各项贷款更高的增幅事实上稀释了房地产贷款的比重。但该年房地产贷款规模近90%的增幅，足可吹起2009年房价涨幅高达近25%的房市大泡沫。由此判断，住房金融机构贷款对房地产市场的影响不仅要看住房金融机构房贷占比，还要看其房贷规模的增长速度，过快的增幅在房贷占比较小的情况下，同样可以迅速推高房市。当然，2008年相对于2007年房贷规模的过快收缩也会对2007年“高烧”的房市产生快速的降温效果。

表7－10　统计贷款（国内贷款＋按揭贷款）在各项贷款中的占比

单位：亿元，%

类别＼时间	2004	2005	2006	2007	2008	2009	2010	2011*
各项贷款增额	18794.60	18272.90	31441.30	39466.70	42382.00	105468.10	79510.73	45230.24
统计贷款增额	4737.62	6135.74	8062.81	11838.05	10829.06	19695.58	21751.4	14394.83
统计贷款增额/各项贷款增额	25.21	33.58	25.64	30.00	25.55	18.67	27.36	31.83

注：*2011年为前8个月数据。

资料来源：2004～2009年数据依据中国银监会网站相关数据整理，2010～2011年数据依据中国人民银行相关数据整理。

2. 主要上市银行房贷占比

如同前述，中国银行业与住房有关的贷款，除了各银行直接披露的资料外，还有一系列间接流向房地产企业的贷款。所以，估测中国银行业的住房贷款占比，要同时考虑我国主要商业银行这几年直接报告的资料，以及间接流入房地产

企业的资料。由于我国主要商业银行所披露的住房贷款的数据是以直接的方式所表现的数据，因此本期报告以这些数据为准计算（见表7－11）。

表7－11 部分上市银行房贷占比

单位：%

银行\年份	2003	2004	2005	2006	2007	2008	2009	2010	备注
工商银行	16.72	16.7	19.5	H股年报	20.63	20.59	24.37	25.28	—
华夏银行	13.71	12.18	未披露	未披露	14.97	13.44	14.42	17.04	2003年、2004年为开发贷款
民生银行	11.70	10.89	19.64	31.10	29.10	26.97	23.03	21.45	2003年、2004年无个人按揭贷款
浦发银行	11.55	11.95	9.95	10.63	25.51	22.78	23.67	26.86	2003～2006年无个人按揭贷款
兴业银行	11.03	9.76	10.59	31.96	42.05	34.27	30.64	30.80	2003年、2004年、2005年无个人按揭贷款
招商银行	4.84	4.78	17.68	19.12	25.89	23.48	30.71	28.80	2003年、2004年无个人按揭贷款
中国银行	16.41	19.7	21.29	22.71	28.94	27.5	23.80	25.05	—
建设银行	未披露	24.79	24.56	25.42	25.74	24.58	25.13	26.36	—

从表7－11和图7－4看出，主要商业银行的房贷占比在大多数年份里处于20%～30%，但个别银行特别是兴业银行在近几年的比重超过了30%，在2007年甚至超过了40%。还有一点需要特别指出的是，银行贷款中还有一部分以间接的形式进入了房地产业，所以如果将这部分贷款考虑在内，这些银行的房贷占

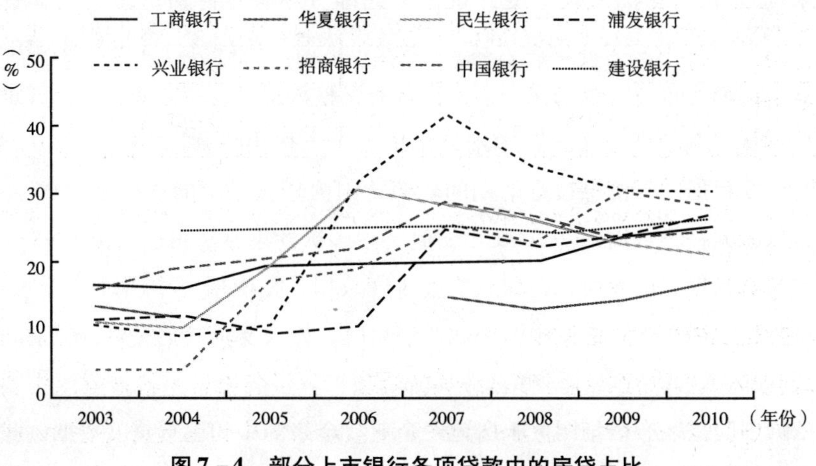

图7－4 部分上市银行各项贷款中的房贷占比

比均会提高几个百分点。这反映了上市银行在房地产业的贷款集中度较高，银行贷款的风险因而加大。

五　专题：银行中究竟有多少钱进入了房地产业

银行对房地产业的贷款量的多少与房地产市场的起伏息息相关，这已经成为不争的事实。因此清晰房贷量就变得很重要。可以从多个渠道提供的信息和数据资料中推算和把握银行对房地产业的房贷量。目前主流官方渠道有 4 个，其一即中国国家统计局网站或年鉴，其二即国家信息中心主办的中国房地产信息网，其三是中国银监会网站，其四是中国人民银行网站。但事实是，不同渠道的数据之间常常“打架”，甚至是“严重冲突”，而同一渠道也存在诸如“失真”、“失全”、“自相矛盾”等问题。所以，从这些渠道收集信息并分析后往往会有一种雾里看花的“收获”。

（一）房地产企业资金来源中究竟有多少来自银行贷款

掌握房地产企业资金来源中来自银行贷款的数量是了解银行房贷量的一个重要口径。上述 4 个主流官方渠道中，中国国家统计局的《中国统计年鉴》和国家信息中心的“中国房地产信息网”都采用此口径。两渠道均将房地产企业资金来源结构分为四大项，即“国内贷款”、“利用外资”、“自筹资金”和“其他资金来源”。但《中国统计年鉴》进一步的细分不够，特别是在“其他资金来源”中没有细分出“个人按揭贷款”。因此，依据《中国统计年鉴》给出的数据无法获得房地产企业资金来源中银行贷款的完整数据。另一方面，中国房地产信息网虽然从“其他资金来源”中细分出了“个人按揭贷款”，不仅有年度数据，而且有月度数据，但信息披露的期间较短，国内贷款最早的数据是 2004 年，个人按揭贷款的最早数据则是 2006 年，但《中国统计年鉴》可以给出 1998 年甚至更早的房贷数据。由此而言，如果要查年度数据，宜依据《中国统计年鉴》；如果要查月度数据，则宜借助中国房地产信息网；如果要求数据完整，但期间不需要太长，那么就非中国房地产信息网莫属了。

依据中国房地产信息网关于房地产企业资金来源中的银行贷款数据，我们得到 2006 年以来房地产企业资金来源中银行贷款的月度占比，如图 7－5 所示，年

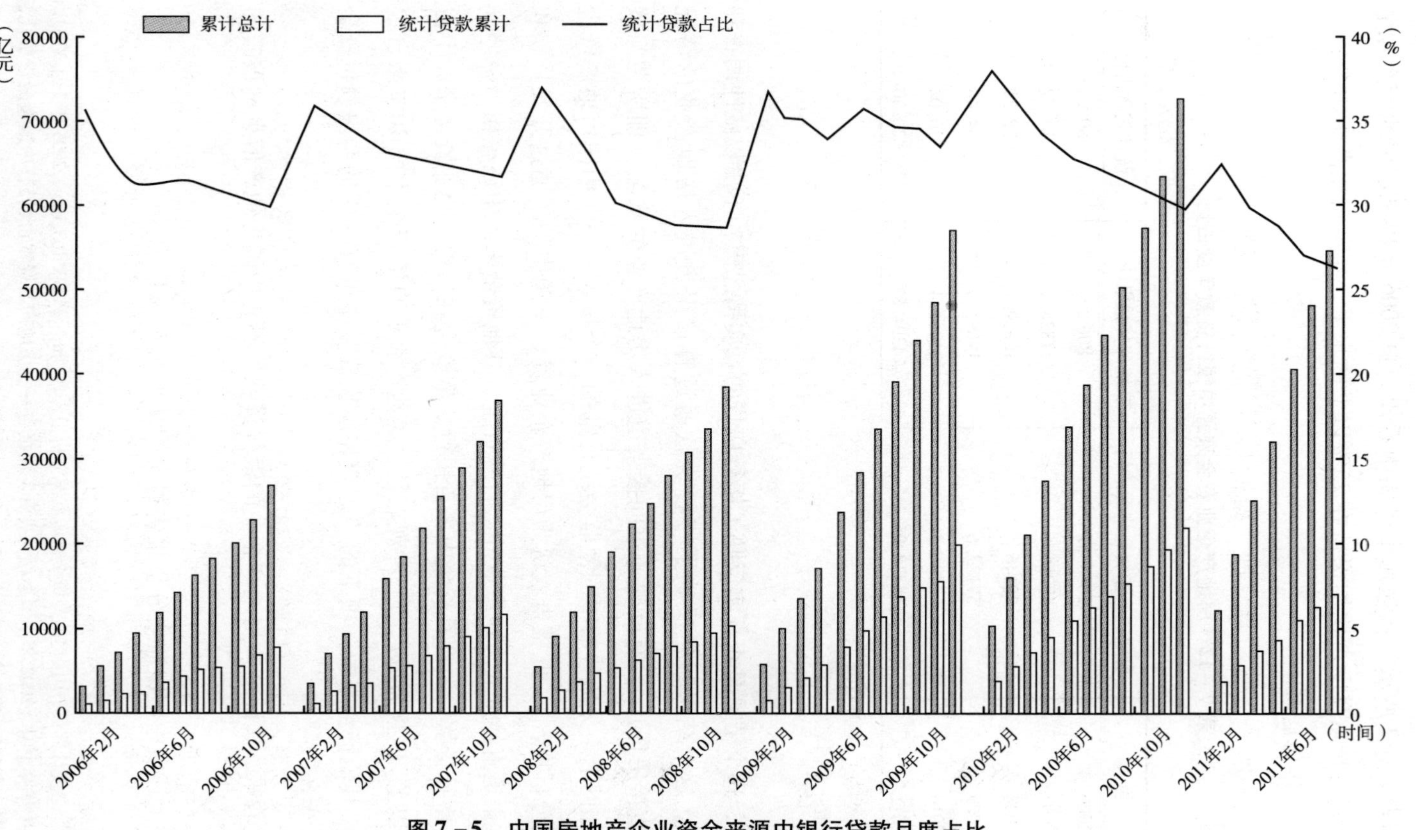

图7－5　中国房地产企业资金来源中银行贷款月度占比

注：统计贷款是房地产企业资金来源中国内贷款和个人按揭贷款之和。

资料来源：依据中国房地产信息网相关数据推算。

度数据如表 7-12 所示。从这两个图表中看出，自 2006 年以来，房地产企业资金来源中银行贷款月度占比均保持在 25% 以上的水平，年度占比高于 26%，且高于 30% 的年份居多。

表 7-12 房地产企业资金来源中银行贷款年度占比

单位：亿元，%

年 份	房地产企业资金来源总量	统计贷款累计	统计贷款占比
2006	26880.2	8062.8	30.00
2007	37256.6	11838.1	31.77
2008	38146	10829.1	28.39
2009	57127.6	19695.6	34.48
2010	72494.3	21751.4	30.00
2011*	54738.05	14394.83	26.30

* 2011 年为 1~8 月数据。

资料来源：中国房地产信息网。

那么，这个结果是否真实反映了银行房贷的真实情况呢？不少权威性调查和研究认为，这个结果只是反映了银行贷款通过直接渠道进入房地产业的情况（即所谓直接房贷），没有反映通过间接渠道进入房地产业的状况（即所谓间接房贷）。如网上广为流传的中国银监会统计部的一个报告——《中国房地产资金来源状况分析报告》，此报告就认为房地产企业资金来源中除了通过开发贷款和按揭贷款渠道直接进入房地产业外，自筹资金、其他资金来源中还有相当一部分间接来自银行贷款，如自筹资金中来自银行贷款资金在房地产企业资金来源中占比在 8% 以上。① 颇为流行的一种观点是，房地产企业自筹资金中的 70% 来自银行贷款，"其他资金来源"项下的"定金和预收款"中也有 30% 的购房预付资金来自银行贷款。②

如此看来，实际流入房地产企业的银行贷款远不止中国房地产信息网披露的数据。

——上述由中国银监会分析报告得出的结果在 55% 以上。

① 银监会统计部：《中国房地产资金来源状况分析报告》，http://biz.163.com，2005 年 9 月 30 日。

② 张中华等主编《2008 年中国金融与投资发展报告——房地产与资本市场》，中国金融出版社，2009，第 185~187 页。

——张中华等在其主编的《2008年中国金融与投资发展报告——房地产与资本市场》中提出了一个计算公式，房地产企业资金来源中的银行贷款等于“国内贷款+50%×销售额”，并以此计算出了1997~2007年的结果，如表7-13所示。

表7-13　张中华等给出的中国房地产企业资金来源中的银行贷款占比

单位：%

年份	房地产企业资金来源中的银行贷款占比	年份	房地产企业资金来源中的银行贷款占比
1997	47.44	2003	53.92
1998	52.32	2004	48.61
1999	54.33	2005	60.00
2000	55.90	2006	58.67
2001	53.58	2007	58.41
2002	53.71		

资料来源：张中华等主编《2008年中国金融与投资发展报告——房地产与资本市场》，中国金融出版社，2009，第185~187页。

——前中国人民银行副行长吴晓灵认为，这一数字超过60%。

参考张中华等的研究，将其计算公式中的商品房销售额变换为商品住宅销售额后，计算2007年3月至2010年8月间房地产企业资金来源中的银行贷款数据，得出的结果多大大高于中国房地产信息网给出的数据（见表7-14）。①

表7-14　中国房地产企业资金来源中的银行贷款占比

单位：%

时间	房地产企业资金来源月度数据	调整贷款月度数据	调整贷款月度比重
2007年3月	2839.01	1403.25	49.43
2007年4月	2426.81	1385.56	57.09
2007年5月	2590.68	1396.27	53.90
2007年6月	3474.61	1754.46	50.49
2007年7月	3071.80	1601.07	52.12
2007年8月	3308.19	1758.01	53.14
2007年9月	3381.45	1849.2	54.69

① 倪鹏飞主编《中国住房发展报告（2010~2011）》，社会科学文献出版社，2011，第272~273页。

续表

时　间	房地产企业资金来源月度数据	调整贷款月度数据	调整贷款月度比重
2007 年 10 月	3484.62	1632.88	46.86
2007 年 11 月	3179.39	1675.83	52.71
2007 年 12 月	5213.58	3128.8	60.01
2008 年 3 月	3572.41	1678.04	46.97
2008 年 4 月	2796.94	1316.8	47.08
2008 年 5 月	3076.57	1373.29	44.64
2008 年 6 月	4074.28	1716.18	42.12
2008 年 7 月	3079.08	1297.27	42.13
2008 年 8 月	2849.97	1163.76	40.83
2008 年 9 月	2980.55	1380.57	46.32
2008 年 10 月	2616.85	1123.47	42.93
2008 年 11 月	2704.69	1179.14	43.60
2008 年 12 月	4741.55	2794.99	58.95
2009 年 3 月	4024.45	2045.79	50.83
2009 年 4 月	3441.48	2033.12	59.08
2009 年 5 月	4010.88	2233.32	55.68
2009 年 6 月	6179.88	3390.34	54.86
2009 年 7 月	4936.45	2805.64	56.84
2009 年 8 月	5050.10	2549.88	50.49
2009 年 9 月	5301.89	2562.65	48.33
2009 年 10 月	5042.79	2679.59	53.14
2009 年 11 月	4135.91	1803.78	43.61
2009 年 12 月	8957.93	5565.19	62.13
2010 年 3 月	5781.23	2831.56	48.98
2010 年 4 月	5352.02	2801.96	52.35
2010 年 5 月	5685.95	2405.42	42.30
2010 年 6 月	6430.51	2721.14	42.32
2010 年 7 月	5157.18	2217.41	43.00
2010 年 8 月	5487.30	2376.35	43.31

注：调整贷款 = 国内贷款 +50% ×住宅销售额。

在表 7 - 14 的基础上，进一步计算出 2010 年 9 月至 2011 年 8 月的数据。由此，2011 年以来这一数据总体持续下降，但仍然高于图 7 - 1 的对应数据。

综合考虑各方面的观点，本报告认为，表 7 - 15 所列的数据更有可能反映房地产企业中银行贷款的真实情况。

表 7-15 房地产企业资金来源中的调整贷款占比

单位：亿元，%

时间	资金来源月度额	国内贷款月度额	住宅销售月度额	调整贷款月度额	调整贷款占比
2010 年 9 月	6141	938.3	4677.7	3277.15	53.37
2010 年 10 月	6418.6	1044.8	4331.7	3210.65	50.02
2010 年 11 月	6296.9	802.2	4361.9	2983.15	47.37
2010 年 12 月	9274.4	1295.4	8273.8	5432.3	58.57
2011 年 3 月	7094.97	1157.69	4135.9	3225.64	45.46
2011 年 4 月	6093.68	963.22	3248.7	2587.57	42.46
2011 年 5 月	6978.28	1003.37	3809.4	2908.07	41.67
2011 年 6 月	8650.99	1219.25	4992.1	3715.3	42.95
2011 年 7 月	6860.63	995.29	3487	2738.79	39.92
2011 年 8 月	6886.42	870.86	3610.9	2676.31	38.86

（二）银行的各项贷款中究竟有多少是房地产贷款

对于银行的各项贷款数据，《中国统计年鉴》、中国银监会年报以及中国人民银行网站都有披露。其中，《中国统计年鉴》借用的是中国人民银行披露的数据。但中国银监会和中国人民银行披露的数据有一定差距，表 7-16 表明，两者的差最高年份超过 3 万亿元，差比稳定在 6 个百分点左右。究竟哪家披露的数据更为真实，是一个大问题。中国银行金融机构人民币贷款疯狂猛增的 2009 年，各界使用最多的是中国银监会所公布的人民币贷款投放新增额超过了 10 万亿元，就凭这一点，大家好像更认可中国银监会的数字。

表 7-16 中国银行金融机构人民币各项贷款数据

单位：亿元，%

项目 \ 年份	2003	2004	2005	2006	2007	2008	2009	2010
银监会数据	169771.00	188566.00	206839.00	238280.00	277747.00	320129.00	425597.00	509226.00
央行数据	158996.23	177363.49	194690.39	225285.28	261690.88	303394.64	399684.82	479195.55
差	10774.77	11202.51	12148.61	12994.72	16056.12	16734.36	25912.18	30030.45
差/央行数据	6.78	6.32	6.24	5.77	6.14	5.52	6.48	6.27

遗憾的是，中国银监会不披露各项贷款的月度数据，本期报告在考察分析月度数据时还得使用中国人民银行的数据。

关于银行房贷，无论是中国人民银行公开披露的统计数据，还是中国银监会年报中，均没有披露房地产贷款（一般又可细分为开发贷款和个人按揭贷款）规模这一数据。表7－17是两机构对各项贷款的细分项目。除中国人民银行在2009年以前的各项贷款统计数据中有建筑业贷款细分项目以外，均见不到房贷的影子，但显然，建筑业贷款不是指房地产贷款。银行中究竟有多少资金放给了房地产业，从目前中国人民银行和中国银监会公开披露的数据中很难找到答案。可喜的是，从2011年开始，中国银监会开始在其网站上披露中国银行业运营报告，其中可找到一些零星的与房地产贷款有关的数据信息。从2010年第一季度开始，中国人民银行开始披露银行季度贷款投放报告，从中也可找到有关房地产贷款投放的零星的季度数据。

表7－17　中国人民银行与中国银监会各项贷款细分结构

中国人民银行		国银监会
2010年及以后各项贷款细分	2009年及以前各项贷款细分	
境内贷款：	短期贷款：	短期贷款：
短期贷款	工业贷款	中长期贷款
中长期贷款	商业贷款	委托及信托贷款
融资租赁	建筑业贷款	票据融资
委托贷款	农业贷款	其他类贷款
票据融资	其他短期贷款	
各项垫款	中长期贷款	
境外贷款	信托类贷款	
	其他类贷款	

资料来源：依据中国人民银行和中国银监会网站相关资料整理。

查询有关房地产贷款数据，特别是有关房地产贷款月度数据，在前述4个官方网站中，只能寄希望于国家信息中心的中国房地产信息网。而计算银行各项贷款中房地产贷款的占比，就需要将依据两个渠道整理的数据进行测算，其一是通过中国人民银行网站得到的各项贷款月度累计新增数据，其二是通过中国房地产信息网分别得到统计贷款月度累计数据和调整贷款月度累计数据。将后者除以前者即得银行各项贷款中投向房地产业的比例，结果如图7－6和图7－7所示。其中图7－6未考虑银行通过间接渠道进入房地产业贷款的结果，该结果均值是20.76%，即统计区间内每月的银行各项贷款新增额中有20.76%进入房地产业。

图7－7是考虑了通过间接渠道进入房地产业贷款的结果，该结果均值是26.59%，即统计区间内每月的银行各项贷款新增额中有26.59%进入房地产业。后者比前者高近6个百分点。由前所述，26.59%更接近实际情况。

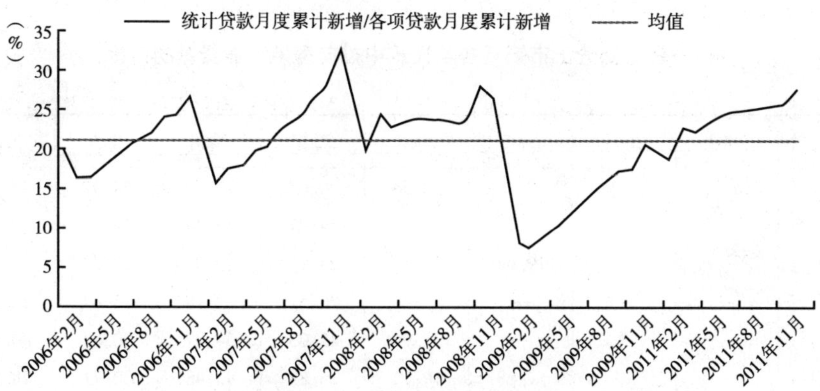

图7－6　银行各项贷款新增额中投向房地产业的比重（一）

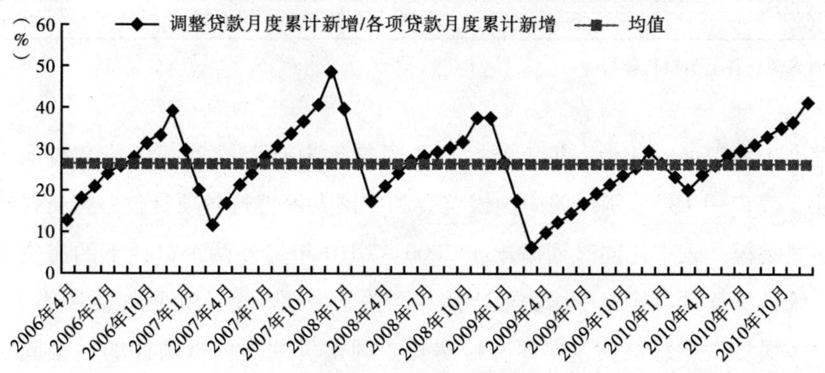

图7－7　银行各项贷款新增额中投向房地产业的比重（二）

银行各项贷款中投放到房地产业的贷款情况还可以从上市银行公开披露的数据中进行整理和推算。表7－18是依据部分上市银行各项贷款和房地产贷款披露数据计算的房贷占比。2007年以后，这些银行均同时披露了开发贷款和个人按揭贷款的数据。在近几年中，除了华夏银行以外，其他7家银行的房贷占比均超过20%，兴业银行的占比最高，4年中占比均超过30%。从各年均值看，这8家银行各年平均房贷比在25%左右。有意思的是，这一结果与上述调整贷款占比非常接近。当然，这25%的占比还不包括间接进入房地产业的贷款，如果考虑间接进入房地产业的贷款的情况，比例肯定高于调整贷款占比。更高的占比与其他各类住房金融机构房贷情况综合考虑，得到的结果与调整贷款占比接近的可能性应该大于统计贷款占比的可能性。

表 7 - 18　部分上市银行各项贷款中投向房地产业贷款的占比

单位：%

银行＼年份	2003	2004	2005	2006	2007	2008	2009	2010
工商银行	16.72	16.7	19.5	20.56	20.63	20.59	24.37	25.28
华夏银行	—	—	—	—	14.97	13.44	14.42	17.04
民生银行	—	—	19.64	31.1	29.1	26.97	23.03	21.45
浦发银行	—	—	—	—	25.51	22.78	23.67	26.86
兴业银行	—	—	—	31.96	42.05	34.27	30.64	30.8
招商银行	—	—	17.68	19.12	25.89	23.48	30.71	28.8
中国银行	16.41	19.7	21.29	22.71	28.94	27.5	23.8	25.05
建设银行	—	24.79	24.56	25.42	25.74	24.58	25.13	26.36
均　值	—	—	20.53	25.15	26.60	24.20	24.47	25.21

资料来源：各上市银行年报。

综上，我们可以认为，每年的银行各项贷款中有大约26%的贷款投向了房地产业。表7－19是分别按照中国银监会和中国人民银行各项贷款口径所推算的各年房贷规模。表中还同时列举出了2006～2010年另外两个口径下的房贷规模数据。统计贷款是直接对中国房地产信息网关于房地产企业资金来源中国内贷款和个人按揭贷款加总得出，亦即直接房贷。调整贷款是依据前述的一个固定公式，将间接进入的房贷考虑在内后的估算值。这样我们得到四个口径下的银行房贷规模值，其中有三个是估算值，一个是加总计算值。显然，由于估算的路径不同，得到的结果会有一定差异，而且这些结果均不是银行机构实际投放到房地产业的贷款额。但如果将四个口径下的值加总并简单平均，得到的均值结果将更加接近实际值。由此我们还可以进一步推算，通过间接渠道进入房地产业的贷款额即均值与统计贷款之间的差。用这个差除以银行各项贷款新增额即得到间接进入房地产业的房贷占比。在表7－19统计样本空间下，通过间接渠道进入房地产业的银行贷款比例最高的年份是2009年，也正是在这一年，中国房地产市场歇斯底里地狂奔了一把。

表 7-19　不同口径下银行各项贷款中的房贷实际规模和间接房贷占比

单位：亿元，%

类别＼年份	2004	2005	2006	2007	2008	2009	2010
银监会房贷额	4886.70	4750.98	8174.66	10261.42	11019.32	27421.68	21743.54
央行房贷额	4775.49	4504.99	7954.67	9465.46	10842.98	25035.45	20672.79
统计贷款累计	—	—	8062.8	11838.1	10829.1	19695.6	21751.4
调整贷款累计	—	—	12028.3	17868.65	15714.55	28617.2	32763.05
均值	—	—	9055.11	12358.41	12101.49	25192.48	24232.7
与统计贷款差	—	—	992.31	520.31	1272.39	5496.89	2481.3
银监会各项贷款新增额	18795	18273	31441	39467	42382	105468	83629
银监会口径下间接房贷占比	—	—	3.16	1.32	3.00	5.21	2.97
央行各项贷款新增额	18367.26	17326.9	30594.89	36405.6	41703.76	96290.18	79510.73
央行口径下间接房贷占比	—	—	3.24	1.43	3.05	5.71	3.12

（三）银行放给房地产业的钱是多了还是少了

我们还可以得到更接近实际的房地产企业中的银行贷款占比，即均值贷款之比（见表 7-20）。其中，2009 年的比例最高，比 2008 年高出近 13 个百分点，这与该年银行贷款的房市效应是相吻合的。三个口径下，2009 年与 2008 年的比值差距中，均值口径下的差距最大，这更有效地解释了房市在两年间“过山车”般的变化。

表 7-20　房地产企业资金来源中的均值贷款占比

单位：%

年　份	均值贷款占比	统计贷款占比	调整贷款占比
2006	33.69	30.00	44.75
2007	33.17	31.77	47.96
2008	31.72	28.39	41.20
2009	44.10	34.48	50.09
2010	33.43	30.00	45.19

显然，从统计样本空间内的房市走势看，这么多钱放到房地产商手里，对年轻的中国房地产市场来说显然不是一件好事情。用钱堆起来的中国房地产业的发展震撼国人心灵的不是其造了多少亿套房子，贡献了多少GDP，而是一个个全球房地产史上最扣人心弦的暴富与贪腐的神话，以及全球房地产史上最雄起的房价。

2011年5月份发布的《高傅2011胡润上海财富白皮书》显示，上海一共有13.2万千万富豪，其中20%是通过炒房致富。炒房致富的千万富豪人数达到26400人。该白皮书还显示，上海炒房的千万富翁比炒股的千万富翁多出5%，即上海有26400个炒房客成为了千万富翁，但只有19800个职业股民跨入千万富翁行列。在上海超级造富榜上，房地产行业同样高居第一，而金融与投资行业只占第三。中国房地产市场的神奇由此可见一斑。

表7－21是从网上查询并整理的部分贪腐官员的住房拥有量信息。

表7－21　被查处的部分贪腐官员拥有住房套数

单位：套

张万青	原山东省政府秘书长	30
樊中黔	贵州省贵阳市人民政府原市长助理	13(每套300余万元)
陶校兴	原上海房管局副局长	29
文　强	原重庆市司法局局长	17
陶建国	原上海浦东外高桥规划建设处处长	29
康慧军	原上海市浦东新区副区长	14(包括其妻子、女儿名下房产)
殷国元	原上海市房管局副局长、上海市土地学会会长	7(每套450余万元)
虞德海	原深圳南山区区委书记	8
薛五辰	原河南省荥阳市财政局局长	9
慕　洋	原辽宁省沈阳市市长慕绥新之女	6(分布于北京、上海、沈阳)

表7－22表明，2003年以后，中国住房价格在绝大多数年份如脱缰野马般高歌猛进。各年份中，有4个年份的价格涨幅超过14%，2009年涨幅甚至高达23.18%。从房价绝对值上看，房价的高度与国人可支付能力的差距越来越大，即使呈微跌的2008年，房价水平依然令多数国人望房兴叹。

图7－8展示了2006～2010年中国“过山车”般的房价变化图景。2007年、2008年的房价波动幅度接近20%，而2008年、2009年的房价波幅则接近30%。

表 7-22 中国住房各年价格涨跌幅

单位：%

年 份	1999	2000	2001	2002	2003	2004	2005	2006	2007	2008	2009	2010
房价涨跌幅	-0.48	2.87	2.75	3.69	4.84	17.76	14.03	6.29	14.77	-1.65	23.18	7.44

资料来源：根据《中国统计年鉴》相关数据整理。

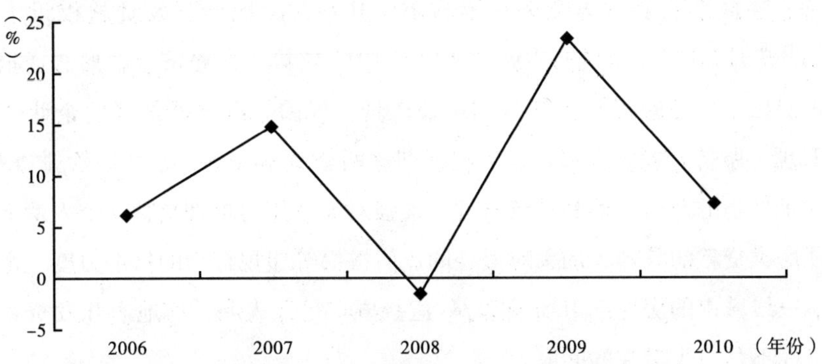

图 7-8 2006~2010 年中国房价起伏跌宕的涨跌走势

对银行而言，如此多的钱放到房地产商手里又意味着什么呢？

首先，这意味着在行业贷款投放安排中，相关银行将房地产行业的贷款置于举足轻重的地位。

其次，到目前为止，各放贷银行都在享受房贷带来的稳定而又不菲的回报。可以平均利息收益率为准测算房地产贷款对住房金融机构的收益贡献度，具体可用房地产贷款利息收入在住房金融机构各项贷款利息收入中的占比来衡量，由贷款规模乘平均利息收益率即得。由于平均利息收益率对各类贷款而言都是一样的，所以各类贷款在各项贷款中的占比实际上就是房地产贷款业务对住房金融机构的收益贡献度。由此，就整个住房金融机构而言，前述均值贷款占比实际上就是房地产贷款对住房金融机构整体收益的贡献度。

最后，就目前公开披露的数据信息而言，银行房贷的质量依然较好，但实情堪忧。

正如前述，2010 年底，房地产开发贷款的不良率在各行业中排第 11 位，个人按揭贷款的不良率更低，排第 19 位。2011 年 6 月，个人按揭贷款的资产质量进一步提升了 0.5 个百分点。但房地产开发贷款的质量如何，尚未见到公开的数据。单从已披露的数据看，房地产贷款质量较高，对住房金融机构的风险影响较低。但其他一些信息表明，房地产贷款质量已显近忧。中国银监会关于2011年上半年中国银行业运营情况分析报告将房地产风险作为中国银行业重点关注的两类风险（另一类是政府融资平台贷款风险）。2011年7月中旬，中国银监会下发《商业银行资本充足率管理办法（征求意见稿）》，调高了银行间资产、房地产开发贷款、融资平台贷款等业务风险权重，其中，房地产开发贷款权重上调到150%。[①] 7月20日，银监会主席刘明康在2011年第三次经济金融形势通报分析会议上提出，严控融资平台贷款和房地产贷款风险，继续严把开发企业“名单制”管理、坚持开发贷款以在建工程抵押这两个基本要求，增加风险排查频度，加强对抵押物的及时估值和持续管理，加强对商业用房抵押贷款、个人消费贷款等非住房类贷款的管理，加大对假合同、假按揭等违规行为的打击力度，密切关注二、三线城市的房地产市场风险。[②] 这些事实足以表明，房地产开发贷款风险问题已经不是一个潜在的问题。

事实上，自2009年底国家实施房地产紧缩政策以来，房地产贷款风险就备受监管层关注，要求各类住房金融机构进行压力测试。但2010年4~5月份各银行的压力测试结果却颇为乐观。如容忍度最高的民生银行，称假如房价下跌40%，也不会影响该行资产质量；农业银行的容忍度是房价下跌20%之后，房价每下跌1%，就会多形成1%的不良贷款；交通银行在房价下跌30%后，对开发商房贷不良率将上升0.8%，个人按揭不良率将上升0.9%，建行、工行与之类似。但2010年10月中旬，中国银行业协会发布的《中国银行家调查报告2010》显示，有75%的银行家均认同“房地产市场的走势面临较强的不确定性”，令其“在经营中感受到压力”。有88%的银行家认为，2010年房地产业风险最主要在于信贷政策收紧给房地产行业的资金链带来的压力，一旦房地产开发贷款风险链条断裂，对上端的土地储备贷款、下延的住房按揭贷款都会产生影响。2010年11月初，银监会完成对60家大型房企集团调研则有更惊人的发现，有18家平均资产负债率超过70%。60家大型房企集团共有4266个成员企业，

① 《银监会提高多项业务风险权重，房地产开发贷款权重上调到150%》，2011年7月15日《广州日报》。

② 银监会主席刘明康：《严控融资平台贷款和房地产贷款风险》，2011年7月21日《广州日报》。

其中有64个成员企业的资产负债率已经超过90%。60家大型房企集团所属的847家贷款企业中，同时在两家以上法人银行获得授信的有426家，同时在5家以上法人银行获得授信的有90家。6月末，60家大型房企集团涉及集团内互保贷款金额1417亿元，较年初增长22.3%。不少集团公司治理混乱，跨地区、跨境、跨业投资经营普遍存在。从贷款期限结构看，60家大型房企集团在一年内到期的大额贷款占比为28.3%，2012年底前到期的大额贷款占比为63.6%。监管部门判断，随着房地产市场调整期的延续及贷款陆续到期，房地产贷款逾期现象可能有所增多。①

不管怎样，中国银行业高官们和高管们已经到了认真对待房地产贷款风险的时候了。

① 参见中国房地产报作者：朱以师《房地产贷款风险管控升级》，http：//news. dichan. sina. com. cn 2010/11/1；《银行业需重估房地产开发贷款风险》，2010年11月9日《新京报》。

市场体系

Chinese Housing Market System

G.8

第八章

住房市场*

赵恒　邹琳华

一　2010～2011 年住房市场分析

自 2010 年中央实施严厉的房地产调控政策以来，受限购令、信贷控制、提高利率、增加保障性住房供给等政策综合作用的影响，房价快速上涨的势头已初步得到遏制，房地产市场逐渐显现出成交量和成交价格双双下行的局面，整体呈稳中有降的情形。为巩固调控成果，防止房价反弹，国务院要求各地方政府在 2011 年 3 月 31 日前公布新建住房价格控制目标，凸显了本轮宏观调控中央政府的决心。增加住宅供应量，调整供应结构，遏制投机投资需求的宏观调控指向再次被明确。

---

* 赵恒负责住房市场分析和政策建议部分写作，邹琳华负责专题部分写作。

（一）市场博弈：政策持续加码，各方渐进调整

为抑制投机投资需求，促进商品住宅价格的理性回归，本轮调控主攻商品住宅市场。作为落实宏观调控政策的重要措施，自住房和城乡建设部公布第一批商品住宅限购城市名单起至2011年9月14日止，已公布“限购令”的城市共为45个，包括北京、上海、天津、重庆4个直辖市，26个省会级城市和大连、宁波、厦门、青岛、深圳5个计划单列市，以及无锡、苏州、三亚、佛山等10个热点城市。

本轮房地产市场调控，中央政策不仅力度空前，而且通过一系列讲话和政策加码表明中央遏制房价过快上涨的坚定态度。同时，通过加大保障房建设力度并明确地方建设的责任，促进未来住房市场供给结构的根本性变化。约谈机制和问责制度的实施，促使作为政策落实主体的地方政府，在无论是落实各项具体调控政策还是保障房的开工建设方面，较之以前都有明显改观。经过一年半左右的宏观调控，住宅开发企业由起初的观望政策执行力度，等待政策松动，逐步转变为主动调整自身市场策略，采用各种积极的促销措施或直接降价，以求以价换量。作为消费主体，商品住宅的购买者表现不一：投资投机者因为限购政策实施、信贷和税收政策的调整，金融杠杆的作用显著降低，投资投机成本提高，逐步转移或退出市场；改善性需求和首次购买者，或受限购影响，或对房价下行预期逐渐强烈，随着时间的推移，持币观望的氛围愈加浓厚。

1. 2010年第四季度：政府调控力度加大，各方策略相应调整

2010年，面对9月房地产市场再度回暖、房价出现加快上扬的苗头，中央各部委再次出台调控措施，集中体现在信贷政策的深化上。地方政府则加快出台落实国办发10号文件的实施细则，采取行政手段严格限制投资、投机和非常住居民购房，即使是付全款也不可能再购房，将投资、投机需求彻底挤出市场。10月以后，房地产市场形势急转直下，伴随着需求范围明显缩小，一些开发商采取推迟开盘时间、静观政策与市场的变化等应对策略。自住性需求再次持币观望，等待房价回落；首次置业成本提高，抑制了超前消费和不具备购房风险防范承受能力的需求；投资、投机者退出房地产市场，转向其他投资渠道。

2. 2011年第一季度：政策再次加码，各方以变应变

为进一步遏制房价上涨的势头，巩固前期宏观调控的成果，2011年1月，

国务院发布《关于进一步做好房地产市场调控工作有关问题的通知》（又称新“国八条”）。通知发布后，直辖市、省会城市、计划单列市全面执行限购政策。为保证调控政策切实落到实处，调控目标明确、量化，而且中央首次要求各地方政府制定并公布各自调控房价的具体目标，也使调控效果的评估有据可循，截至2011年3月31日，全国共有608个城市公布了房价控制的具体目标。

面对中央明确地方政府作为落实调控政策的主体，且要求其提出并达到具体的调控目标，地方政府纠结于两难境地：一方面，如果没有完成公布的房价调控目标，会受到中央政府约谈和问责处理；另一方面则是对房价下跌后自身利益可能受损的担忧。在公布调控目标时，大多数城市都确定了控制涨幅的上限，但很少将保持房价稳定或促使房价下调作为控制目标。鉴于一线城市调控严厉和二、三线城市房地产成交仍旧处于快速平稳上升的态势，开发企业加快了进军二、三线城市的速度，以降低政策的不断落实对自身的影响程度。

从不同购房者类型来看，投机性需求在快速退出限购城市或退出住宅市场；潜在的自住性购房者受信贷政策影响较大，出现区域性分化。根据世联地产所作的调查，2011年第一季度世联购房者信心指数为55.3，高于50，表明尽管受严厉调控影响，但购房者对未来房地产走势仍偏乐观。其中，三线城市购房者信心指数（59.3）高于二线城市（57.1），二线城市高于一线城市。

3. 2011年第二季度：各方博弈进入僵持，市场观望气氛浓厚

限购政策的效应越来越显著，住宅价格总体涨幅趋缓，但是未限购城市和限购政策执行不力的部分二、三线城市，房价涨幅依然较高。同时，在CPI持续处于5%以上和第一季度房价整体有所下行的态势下，预期房价长期仍是上涨的需求者可能进入市场，市场销售状况较第一季度有所好转。

针对第一季度多数城市的房价也仍在环比上涨，中央再次表态将继续调控房价，坚持调控方向不动摇、调控力度不放松，从而“巩固和扩大房地产市场调控成效”，并于4月初启动八路督察，检查各地此前阶段性调控政策的执行情况。

由于上半年商品住宅供应用地完成计划不理想，使一些地方政府的财政收入面临较大压力。因为暂时没有替代性的“钱袋子”，所以在落实诸如“一房一价”等具体政策上，一些地方政府的调控之手仍然是“高高举起、轻轻落下”。

由于第二季度进入传统的销售旺季，面对不断加码的调控政策和日趋激烈的市场竞争，开发企业表现不一，观望者有之，四处融资顶住压力不降价者有之，顺势调整者也有之。一些开发企业已经主动调整市场策略，提高住宅的性价比，以求抓住那些确实有购房意向的人，促进销售的回暖。

住房需求依然表现旺盛，不管是首次置业的年轻人、需要改善住宅的家庭还是投资者，都有购房的迫切心情，一旦有了心中合适的价格就会出手。另外，在通胀背景下，很多人苦于投资渠道有限，买房就成了财富保值增值的最优选择。

4. 2011 年第三季度：需求者购买意愿持续冷淡，开发商价格坚冰开始松动

面对二、三线城市领涨全国楼市的势头，2011 年 7 月 12 日，国务院召开了常务工作会议，提出了加强和改善房地产调控政策的五条意见，意在巩固新“国八条”的调控效果，这给地方政府和房地产开发企业一个明确的信号：当前进行的房地产调控不会放松，并将在今后一段时间内坚持实施。为防止二、三、四线城市曲线规避调控，国务院于 7 月 14 日提出要扩大住房限制购买范围。中央严控房价的坚定态度和措施的针对性，使预期限购城市范围扩大的氛围逐渐浓厚。

由于新一轮限购给予地方的操作空间大，地方政府具体落实时表现各不相同。浙江省台州市明确提出楼市限购措施将于 2011 年 9 月 1 日起实施，成了二、三线城市限购“首令”。但是台州限购令的受限范围仅为市区的新建商品住房。跟进的衢州则对市域范围内已有三套及以上住房的家庭才实施限购。更多地方政府是以“限价”换“限购”，采用限制价格的方式可谓一举两得：不但可以满足各种购房需求自由进出市场，成交量很可能不受影响，继而来自房地产的财税收入也将得以保障，而且政府可以直接干预价格，房价调控目标就很有希望顺利实现，“限购”压力也由此明显减轻。佛山 2011 年 10 月 11 日中午发布通知，宣布从 12 日起有条件放松限购政策，当日就又下令暂缓执行；南京明确放宽个人住房公积金最高可贷款额度，对公积金二次贷款也予以一定松绑，更可看做对中央的试探。

传统“金九银十”销售旺季，被 9 月销售状况重重一击。开发商面对政策松动无望，以及年度业绩压力增加、年底面临各种款项结算的现实情况，以价换量回笼资金的压力陡然增加，部分开发商已现直接降价促销。对购房者来说，虽然房价涨幅在收窄或微跌，但是按揭贷款利率的上调打击了刚刚出现的房价下跌带来的希望，持币待购的心态更加复杂。

（二）住房价格：涨幅趋于回落，局部稳中有降

随着各城市的限购令逐步公布，限购作用也日渐显现，全国的商品住宅市场

价格呈区域性分化特征。统计表明，中国一线城市的房价首次出现停涨或下降的局面，而房地产开发企业、投资者转向二、三线城市，二、三线城市房价有被推高之势。随着时间推移，一线城市房价下降通道被打开。

1. 2010 年第四季度：调控效果初现端倪，房价涨幅逐步收窄

作为全国市场风向标的一线城市和东部地区，出现成交量和成交金额双双下行的态势，随着市场供需双方价格博弈的深入（见图 8－1），房价下行通道打开的趋势出现。可以看出，商品住宅价格虽然仍在上涨之中，但是涨幅已大幅收窄，2010 年宏观调控的效果初步显现。

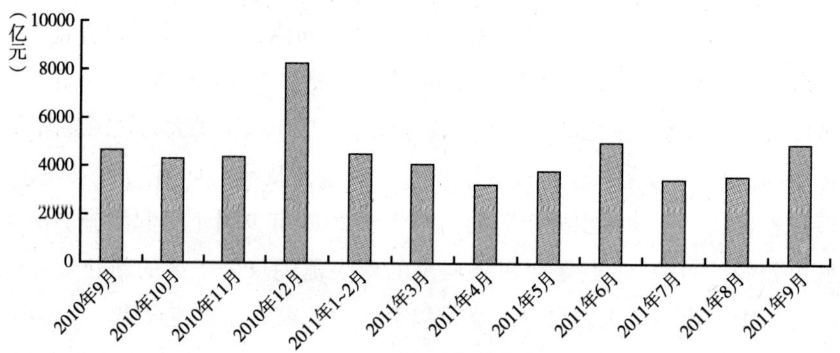

图 8－1　2010～2011 年中国商品住宅销售额（月度）

资料来源：根据国家信息中心中国房地产信息网数据计算。

分城市看，根据统计局公布的 2010 年 12 月份 70 个大中城市新建住宅销售价格指数，70 个城市房价出现不同程度的上涨，同比涨幅排前十位的城市全部为二、三线城市。其中，三亚、海口位居前两位，分别达到 47.5% 和 44.2%，涨幅较大，岳阳（18.3%）、赣州（13%）、安庆（11.7%）紧随其后。有 55 个城市商品住宅价格出现环比上涨，其中环比涨幅排前五位的有广州（2.4%）、岳阳（1.9%）、石家庄（1.9%）、赣州（1.7%）和安庆（1.7%）。

2. 2011 年第一季度：政策影响程度不一，二、三线城市领涨房价

随着调控政策的加码，房地产市场最为倚重的信贷资金收缩政策对一线城市的影响率先显现，加重了房价下行的预期，整体均价呈小幅下降的趋势（见图 8－2）。同时，二、三线城市涨幅明显。

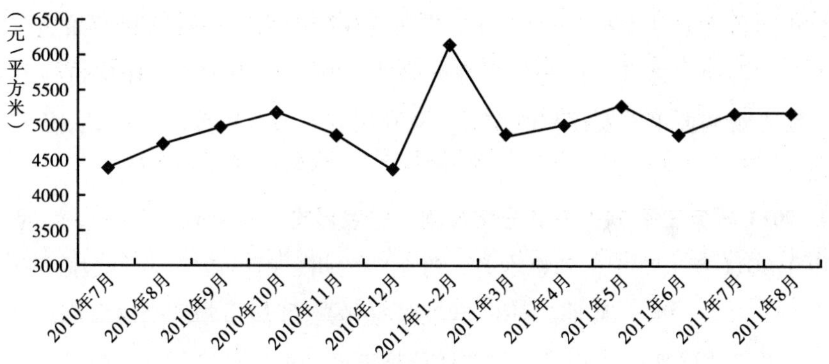

图 8-2 2010~2011 年中国商品住宅月度平均销售价格

资料来源：根据国家信息中心中国房地产信息网数据计算。

分城市看，价格下跌的城市开始出现，二、三线城市涨跌分化。2011 年 4 月，70 个大中城市新建住宅销售价格指数中，同比有 67 个城市上涨。涨幅列前五位的是：丹东（11.3%）、乌鲁木齐（9.4%）、秦皇岛（8.8%）、牡丹江（8.8%）和吉林（8.5%）。有 3 个城市出现同比下降：杭州（1.2%）、三亚（0.9）和南充（0.5%）。环比有 56 个城市上涨，排在前五位的是：锦州、呼和浩特、秦皇岛、吉林和沈阳。9 个城市环比下跌，其他城市持平。

3. 2011 年第二季度：涨幅继续缓降，市场开始分化

限购政策的效应越来越显著，住宅价格总体涨幅趋缓。未限购城市和限购政策执行不力的部分二、三线城市，房价涨幅依然较高。新建商品住宅销售价格依然呈涨多跌少态势。

分城市看，2011 年 6 月，70 个大中城市新建住宅销售价格指数中，同比有 67 个城市上涨。涨幅列前五位的是：丹东（9.8%）、乌鲁木齐（9.1%）、秦皇岛（8.6%）、牡丹江（7.9%）和长沙（7.8%）；涨幅回落的城市有 28 个；3 个城市出现同比下降：三亚（2.1%）、杭州（1%）和南充（0.9%）。环比看，有 50 个城市出现环比上涨，其中涨幅排在前五位的是：韶关、宜昌、乌鲁木齐、长沙和沈阳，有 9 个城市环比下跌。二、三线城市除个别城市价格下降外，大部分城市房价涨幅超过一线城市。

在 CPI 连续升高（6 月达到 6.4%）情况下，限购城市中有 12 个城市新建商品住宅价格涨幅超过或等于 6%；非限购城市中，有 8 个涨幅超过或等于 6%；

其余城市房价涨幅基本都在2% ~4%范围。按照国家统计局新建商品房分类数据来看，户型面积越大，住房价格涨幅越小，户型面积越小，住房价格涨幅越大，表明宏观调控正在发挥积极作用，但刚性需求依然旺盛，普通商品住房价格涨幅较高。

4. 2011年第三季度：市场分化加剧，一线城市拐点渐现

由于2011年上半年，乌鲁木齐、丹东、兰州、南昌等二、三线城市已经取代北京、上海、广州、深圳、杭州等经济发达的一线城市领涨全国房价，房价的区域性分化愈来愈明显，一线城市总体价格下行的通道已经打开，但是二、三线城市价格依然坚挺。

分城市看，在国家统计局2011年9月70个大中城市新建住宅销售价格指数中，同比涨幅排在前五位的城市是：乌鲁木齐、长沙、南昌、洛阳和石家庄；有17个城市环比下跌，环比下跌的城市比5~6月增加了8个。

（三）住房销量：逐月回落，下滑明显

商品住宅成交量逐月回落。受一、二线城市的调控细则大都在2011年2月中下旬及3月初陆续落地的影响，3月，调控成效逐渐显露，楼市成交量大幅缩水。4月，调控作用继续显现，成交量持续下滑（见图8-3）。由于2010年5、6月两月楼市交易量低，2011年5、6月住房销量同比有所上涨，但受4月新政影响，成交量依旧处于低位。进入第三季度，同比增长率亦逐月下滑。虽然“金九银十”销售旺季如约而至，但“金九”的收获以惨淡结束。

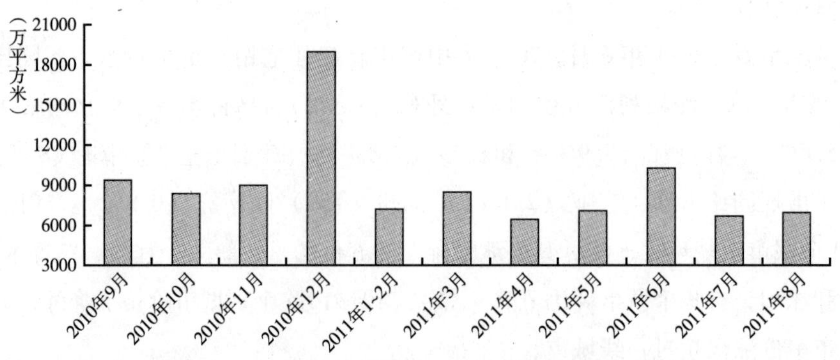

图8-3　2010~2011年中国商品住宅销售面积（月度）

资料来源：根据国家信息中心中国房地产信息网数据计算。

1. 2010 年第四季度：市场整体表现趋稳，局部呈现下降态势

随着一系列宏观调控政策出台和细化，商品住宅市场的状况显现出区域性特征，市场成交量和成交金额均表现出分化的状况。作为全国市场风向标的一线城市和东部地区，成交量和成交金额呈双双下行的态势。根据国家统计局的数据，2010 年 1～12 月，全国商品住宅销售面积 93051.6 万平方米，比 2009 年同期增长 8%；全国商品住宅销售额 43953.3 亿元，比上年同期增长 14.4%。较之 2009 年全国商品住宅销售面积同比上升 43.9%、商品住宅销售额同比上升 70.8% 而言，增涨幅大幅收窄。

分城市看，京沪领衔量价双降。在 4 个一线城市中，北京 2010 年 1～12 月商品住宅销售面积 1201.4 万平方米，同比增长 -36.1%，销售额 2060.5 亿元，同比增长 -17.1%。上海 2010 年 1～12 月商品住宅销售面积 1685.3 万平方米，同比增长 -42.4%，销售额 2395.3 亿元，同比增长 -33.8%。广州 2010 年 1～12 月商品住宅销售面积 1111.6 万平方米，同比增长 -11.6%，销售额 1180 亿元，同比增长 4.7%。深圳 2010 年 1～12 月商品住宅销售面积 413.8 万平方米，同比增长 42.3%，销售额 784 亿元，同比增长 -24%。

根据国家统计局 40 个重点城市数据，在 36 个二、三线城市中，2010 年 1～12 月销售面积同比增长的城市有 20 个，其中，昆明同比增长 40.2%，西宁增长 39.6%，太原增长 39.5%，石家庄增长 35.6%，郑州增长 31.9%，大连增长 3%，增幅最小。销售额同比增长城市有 29 个，其中，太原同比增长 118.4%，济南、长春、西宁、哈尔滨、海口、三亚等 6 个城市增幅都在 50% 以上，福州增幅最小，为 0.2%。

分地区看，中西部增幅明显高于东部。2010 年 1～12 月，东部地区商品住宅销售面积 44308.5 万平方米，同比增长 1.3%；中部地区商品住宅销售面积 23848.8 万平方米，同比增长 18.7%；西部地区商品住宅销售面积 24894.3 万平方米，同比增长 11.4%。

2. 2011 年第一季度：销量仍在增长，区域性分化显著

2011 年第一季度，全国商品住宅销量仍在上涨，但是区域性特征明显。推动销量上涨的力量主要来源于中西部地区和二、三线城市。

整体来看，2011 年 1～3 月，中国商品住宅销售面积 15849.5 万平方米，同比上升 14.3%。一线城市苦乐不均。在 4 个一线城市中，北京 2011 年 1～3 月商品住宅销售面积192.2万平方米，同比增长-27.3%；上海2011年1~3月商品住宅销售面积305.6万平方米，同比增长-24.6%；广州2011年1~3月商品住宅销售面积248.2万平方米，同比增长15.9%；深圳2011年1~3月商品住宅销售面积119.5万平方米，同比增长52.5%。

二、三线城市成交量分化，销售量上涨城市仍旧多于销售量下降的城市。根据国家统计局公布的40个重点城市数据，在36个二、三线城市中，2011年1~3月销售面积同比增长在20%以上的城市有西宁、呼和浩特、贵阳、乌鲁木齐等13个城市，其中西宁和呼和浩特同比增幅都超过70%，但也有温州、北海、海口等9个城市出现了同比负增长，其中北海同比增长率为-48%。

分区域看，中西部销量增幅显著，助推全国销量增长。2011年1~3月，东部地区商品住宅销售面积7841.3万平方米，同比增长7.6%；中部地区商品住宅销售面积3647.6万平方米，同比增长29.1%；西部地区商品住宅销售面积4360.5万平方米，同比增长16.3%。中西部销量增幅显著。

3. 2011年第二季度：销售状况有所好转，市场僵持状态并未改观

在CPI持续处于5%以上和第一季度房价整体有所下行的态势下，预期房价长期仍是上涨的需求者可能进入市场，市场销售状况较第一季度有所好转。第一季度全国共销售商品住宅面积15849.5万平方米，而第二季度则销售了23955.1万平方米，环比有所上升。

在4个一线城市中，京沪持续下滑，广深增幅相当。北京2011年1~6月商品住宅销售面积389.2万平方米，同比增长-19.8%，销售额719.9亿元，同比增长-22.6%；上海2011年1~6月商品住宅销售面积711.2万平方米，同比增长15.4%；广州2011年1~6月商品住宅销售面积443.8万平方米，同比增长5.1%；深圳2011年1~6月商品住宅销售面积188.3万平方米，同比增长5.9%。

中西部二、三线城市销量上涨，而呈下降态势的多为东部的二、三线城市。根据国家统计局40个重点城市数据，在36个二、三线城市中，2011年1~6月销售面积同比增长在10%以上的城市有石家庄、沈阳、乌鲁木齐、呼和浩特等12个城市，其中石家庄同比增长65.6%；14个城市出现了同比负增长，无锡、北海、温州、太原4个城市同比下降20%多。

分区域看，中西部销量增幅仍高于东部，但差距已比第一季度减小。2011年1~6月，东部地区商品住宅销售面积19423.7万平方米，同比增长10.6%；

中部地区商品住宅销售面积9704万平方米，同比增长15.5%；西部地区商品住宅销售面积10676.9千平方米，同比增长12%。

4. 2011年第三季度："金九"风光不再，量虽缩但价未降

商品住宅市场"金九"销售量低于开发企业的预期，使传统"金九银十"的销售旺季前景暗淡，全国市场整体虽然仍旧增长，但增幅已露出下降的苗头。销量的下降是价跌的前兆，若销量保持持续下降，则价格也难以长期为继（见图8-4）。

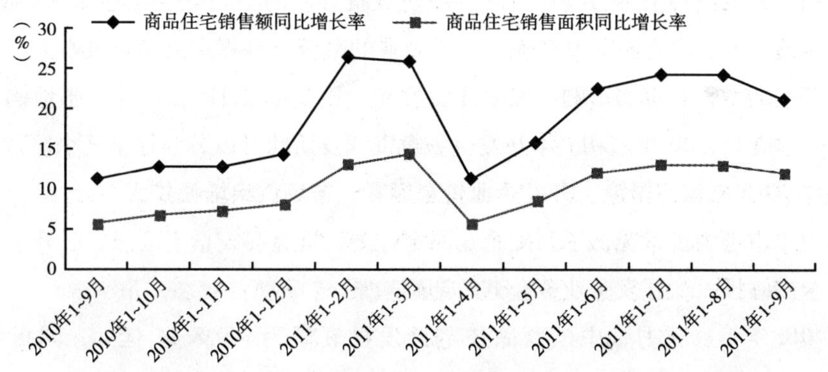

图8-4　2010~2011年中国商品住宅销售面积与销售额同比增长率

资料来源：根据国家信息中心中国房地产信息网数据整理。

2011年1~9月，中国商品住宅销售面积63603.6万平方米，同比增长12.1%，增幅与1~6月持平。2011年第三季度全国共销售商品住宅面积23799.4万平方米，比第二季度的23955.1万平方米下降155.7万平方米，比上年同期的24539.2万平方米下降了739.8万平方米，同比下降3%。

销量同比下降的城市个数继续增加，增幅持续收窄。在4个一线城市中，北京2011年1~9月商品住宅销售面积632.1万平方米，同比增长-12%；上海2011年1~9月商品住宅销售面积1062.58万平方米，同比增长-14.9%；广州2011年1~9月商品住宅销售面积743.9万平方米，同比增长7.9%；深圳2011年1~9月商品住宅销售面积279.9万平方米，同比增长0.7%。根据国家统计局公布的40个重点城市数据，在36个二、三线城市中，2011年1~9月销售面积同比增长的城市有19个，其中石家庄同比增长62.5%；增长10%以上的城市有15个；17个城市出现了同比负增长，北海、温州、无锡、兰州4个城市同比下降20%多。

分区域看，2011年1~9月，东部地区商品住宅销售面积30282.0万平方米，同比增长9.8%；中部地区商品住宅销售面积15980.7万平方米，同比增长16.3%；西部地区商品住宅销售面积17340.8万平方米，同比增长12.3%。

（四）住房投资：资金趋紧，增幅趋缓

在目前中国商品住宅的开发模式下，开发企业从拿地到预售存在一个滞后期，因而开发商对未来市场行情的判断对投资开发的增长有决定性作用。此外，由于房地产业属资金密集型产业，开发企业的融资难易程度或筹资成本大小也对投资开发的增长有重要影响。根据开发投资、开工面积、竣工面积、土地购置面积的相对变化，2010~2011年开发市场投资开发活动可以分为以下几个阶段。

1. 2010年第四季度：开发企业资金绷紧，市场供给增幅扩大

由于市场销售状况低于开发企业原定计划，资金回笼量不理想，已开工项目的资金持续投入，开发企业资金链条开始趋紧。

2010年1~12月，中国商品住宅开发投资额为34038.14亿元，同比增长32.9%，比2009年的同比增长14.2%高出1倍多（见图8-5）；商品住宅新开工面积129467.9万平方米，同比增长38.8%；购置土地面积40969.0万平方米，同比增长28.4%。

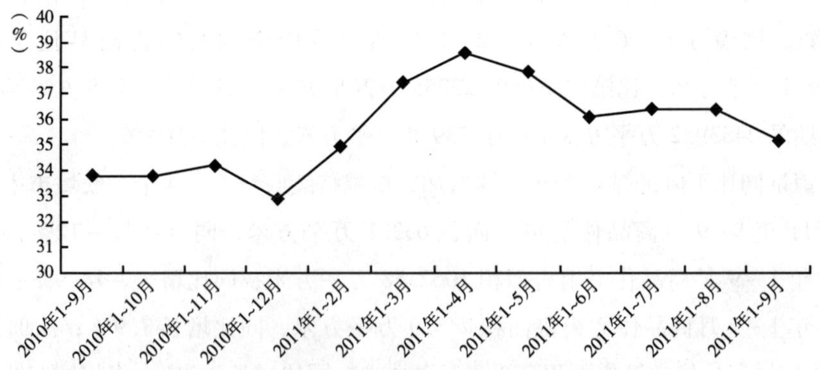

图8-5 2010~2011年中国商品住宅开发投资额增长率

（同比，上年同期为100）

资料来源：根据国家信息中心中国房地产信息网数据整理。

分城市看，在一线城市中，北京商品住宅开发投资额为1508.95亿元，同比增长66.4%，商品住宅新开工面积206.3万平方米，同比增长49.5%，购置土地面积858.7平方米，同比增长37.4%；上海商品住宅开发投资额为1229.83亿元，同比增长33.9%，商品住宅新开工面积211.1万平方米，同比增长22.7%，购置土地面积432.4万平方米，同比增长133.9%；广州商品住宅开发投资额为548.5亿元，同比增长9.3%，商品住宅新开工面积131.4万平方米，同比增长88.4%，购置土地面积157万平方米，同比增长-72.8%；深圳商品住宅开发投资额为304.9亿元，同比增长5.2%，商品住宅新开工面积35.5万平方米，同比增长8.3%，购置土地面积13.8万平方米，同比增长-54.4%。

根据国家统计局公布的40个重点城市数据，在36个二、三线城市中，有15个城市新开工面积同比增长率都在50%以上，其中厦门、呼和浩特、福州、济南同比增长在100%以上；温州、海口、石家庄同比下降，其中石家庄同比下降了6.6%。购置土地面积同比增长在50%以上的城市有济南、贵阳、沈阳、石家庄、西安、呼和浩特、郑州、青岛，其中济南同比增长315.1%，贵阳同比增长223.5%；北海、西宁、银川、兰州、昆明、南京、温州同比下降超过30%，其中温州同比下降74.6%。开发投资同比增长率在40%以上的城市有北海、太原、福州、呼和浩特、南宁、青岛、石家庄、无锡、济南、郑州，其中北海同比增长82%，太原同比增长60.8%。

分地区看，东部地区商品住宅开发投资额为19233亿元，同比增长32.7%，商品住宅新开工面积62243.18万平方米，同比增长45.3%，购置土地面积19596.61万平方米，同比增长36.3%；中部地区商品住宅开发投资额为7859.67亿元，同比增长32.4%，商品住宅新开工面积34147.09万平方米，同比增长25.6%，购置土地面积11790.59万平方米，同比增长24.3%；西部地区商品住宅开发投资额为6945.47亿元，同比增长35.3%，商品住宅新开工面积33077.65万平方米，同比增长47.4%，购置土地面积9582.34万平方米，同比增长19.1%。

2. 2011年前三个季度：土地购置增速下降明显，未来面临供给下降

进入2011年以后，由于市场销售状况和预期的影响，全国商品住宅新开工面积在延续2010年第四季度的下滑后（见图8-6），在2011年第二季度企稳，显示出开发企业对政府政策是否作出调整心态上的焦灼。竣工面积的不断增长

（见图8－7），在消耗开发企业的现金的同时，预示着库存压力增大和市场供需缺口缩小。以价换量回笼资金，将成为资金紧张开发企业的首选。库存的增高直接影响了开发用地的需求，土地市场增幅下滑迅速（见图8－8）。同时，中西部的开发投资、新开工面积、土地购置面积增幅明显高于东部，更多开发企业皆看好中西部的经济增长和住宅市场的发展潜力，纷纷拓展中西部市场。

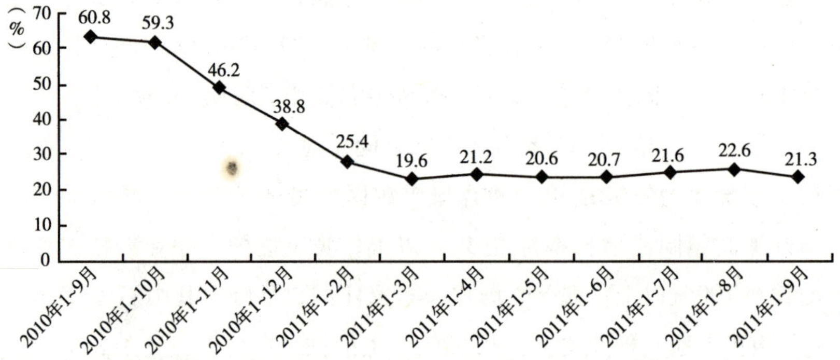

图8－6　2010～2011年中国商品住宅新开工面积增长率（同比，上年同期为100）

资料来源：根据国家信息中心中国房地产信息网数据整理。

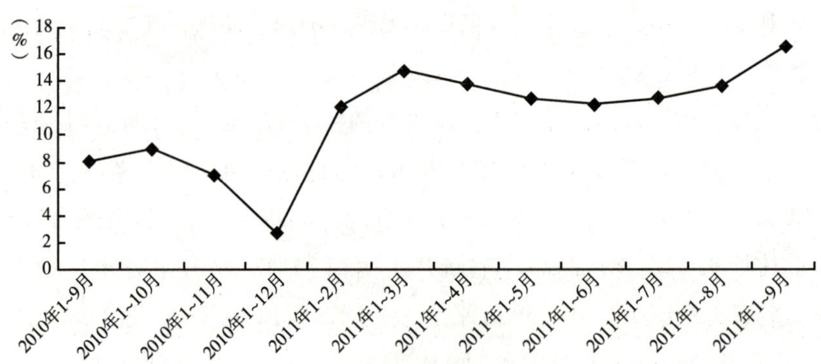

图8－7　2010～2011年中国商品住宅竣工面积增长率（同比，上年同期为100）

资料来源：根据国家信息中心中国房地产信息网数据整理。

2011年1～9月，中国商品住宅开发投资额为31787.77亿元，同比增长35.2%，商品住宅新开工面积为114479.8万平方米，同比增长21.3%，购置土地面积31184.0万平方米，同比增长7.2%。

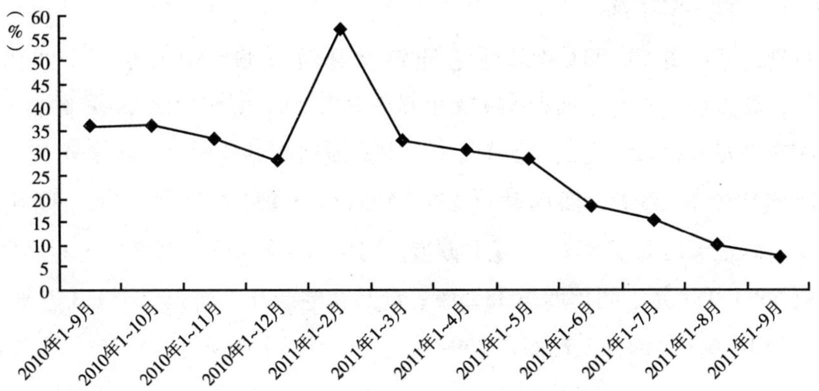

图 8-8　2010~2011 年中国商品住宅购置土地面积增长率
（同比，上年同期为 100）

资料来源：根据国家信息中心中国房地产信息网数据整理。

分城市看，一线城市新开工面积增加，投资额增幅不小，库存将持续增大。在 4 个一线城市中，北京商品住宅开发投资额为 1350.47 亿元，同比增长 31.20%；商品住宅新开工面积 2010.5 万平方米，同比增长 64%；购置土地面积 376.52 万平方米，同比增长 -35.7%。上海商品住宅开发投资额为 952.0 亿元，同比增长 9.5%；商品住宅新开工面积 1752.3 万平方米，同比增长 17.8%；购置土地面积 394.37 万平方米，同比增长 66.2%。广州商品住宅开发投资额为 492.38 亿元，同比增长 38.1%；商品住宅新开工面积 1056.8 万平方米，同比增长 1.9%；购置土地面积 62.58 万平方米，同比增长 16.2%。深圳商品住宅开发投资额为 250.23 亿元，同比增长 21.4%；商品住宅新开工面积 283.5 万平方米，同比增长 9.9%；购置土地面积 19.4 万平方米。

根据国家统计局公布的 40 个重点城市数据，在 36 个二、三线城市中，2011 年 1~9 月新开工面积同比增长率在 100% 的有宁波、厦门、温州、海口 4 个城市，其中海口同比增长 344% 以上；同比增长率在 50%~100% 的有 3 个城市；有 10 个城市同比负增长，其中银川、西宁、沈阳、南宁同比下降了 20% 多。购置土地面积同比增长有 15 个城市，同比增长在 100% 以上的有大连、重庆、哈尔滨 3 个城市，20 个城市出现同比负增长，其中厦门、南京、三亚、济南、郑州、杭州、福州、苏州同比下降超过 50%。商品住宅开发投资额同比增长率 50% 以上的城市有哈尔滨、乌鲁木齐、贵阳、呼和浩特、石家庄、温州，投资增幅较上年同期明显下降。

分地区看，东部地区商品住宅开发投资额为 118180.6 亿元，同比增长 34.9%；商品住宅新开工面积 54973.8 万平方米，同比增长 22.2%；购置土地面积 14357.3 万平方米，同比增长 1.1%。中部地区商品住宅开发投资额为 7004.2 亿元，同比增长 33%；商品住宅新开工面积 31152.6 万平方米，同比增长 26.1%；购置土地面积 8832.7 万平方米，同比增长 8.8%。西部地区商品住宅开发投资 6603.0 亿元，同比增长 38.5%；商品住宅新开工面积 28353.3 万平方米，同比增长 14.6%；购置土地面积 7994.1 万平方米，同比增长 18.3%。

二 2011～2012 年住房市场预测①

在巩固目前调控成果的基础上，预计未来在政策面持续严控下，局部会作出微调，以实现房地产市场总体的“软着陆”。根据以上分析与判断，在没有出现重大的预期之外冲击因素的条件下，整体来看，预计 2011～2012 年商品住宅市场的销售量和销售额将出现双降的局面，政策的微调可能使各区域表现不一。

（一）市场博弈：政策或现微调但从紧基调难变，各方结束观望将作有限调整

限购政策下符合条件的需求主体难以快速增长，市场在价格方面的竞争激烈程度将加剧，促销优惠政策可能会吸引部分持币待购者出手，减缓成交量下降的速度。分时段分析如下。

1. 2011 年第四季度

2011 年 9 月，物价涨幅、外贸增速及货币增速等出现回调迹象，宏观调控政策进一步取得成效，但是二、三线城市房价坚挺甚至上涨。所以即便第四季度宏观调控政策可能微调，但房地产领域从严调控的基调不会改变。短期内更多地方政府出台限购措施的可能性不大，但政策的细化、落实和执行会有所加强。开发企业会进一步调整市场策略，尤其是资金或业绩完成压力大的企业，促销力度继续增强，降价或呈蔓延之势。值得注意的是，土地市场的低迷诱使大开发商可

① 本节预测是根据课题组集体讨论结果撰写的。

能快速清盘，腾出资金扩大土地储备，中小开发商采取跟随策略将会增多。由于房价下行通道刚刚打开，居民更多是采取继续观望的态度。

2. 2012 年第一季度

中央对房地产领域严控立场不会松动，即使第一季度是信贷发放高峰期，但对房地产领域仍旧保持从紧。地方或许根据自身财政收入对房地产的依赖程度，以及 2011 年调控目标的完成情况，在某些领域作出调整。面对依然紧缩的资金环境，开发企业则继续加大促销力度回笼资金，降低库存。若降价幅度达到满足限购条件的部分购房者的预期，他们可能会出手购买。

3. 2012 年第二季度

如果通胀率进一步得到控制，能够达到预期目标，那么银根紧缩可能会缓解。如果房地产市场出现过冷局面，中央调控政策将适度微调，调控的针对性可能会增强，降低“一刀切”的负面影响。地方政府可能会针对本地出现的问题，在政策执行上相应作出调整。开发企业会在上半年的销售旺季采取更积极的策略，可能会由更多的暗降变成明降。购房者可能分化，部分购房者结束观望状态入场交易。

4. 2012 年第三季度

中央的严控基调不会改变，限购也不会取消。如果地方财政吃紧，又没有可替代的资金来源，地方可能会在更大范围内打“擦边球”，或者在某方面向中央争取更有利于自身的政策调整。无论是开发商还是购房者，都会针对政策面的变化相应调整自身的策略。开发商会充分评估上半年的销售状况，相应调整年初计划。购房者的选择余地可能更大，是否出手购买的心态更复杂。

（二）住房价格：价格由稳趋降，第一季度或现拐点

在整体性量价增幅逐步收窄的驱使下，销售量的破位将促使销售价格的下降，这种势头由一线城市向二、三线城市，城市的边缘区域向中心区域扩散。

1. 2011 年第四季度

年底一般是开发企业各种款项的结算、资金支付密集的时期，也是第二年经营计划的制订期，上年各项任务的完成情况会在很大程度上影响下一年经营目标的确定。预计大开发商会率先选择性降价，降低库存的同时试探市场对价格的反应程度。如果反应良好，进一步以价换量的概率增大，部分中小开发商将会跟

进。总体上绝对价格将会小幅下降，但是大幅降价的概率很小。

2. 2012 年第一季度

受春节假期的影响，市场价格将总体保持平稳，拉锯状态将持续一段时间。二、三线城市价格增幅将会收窄，同比增幅下降的城市继续增多。一线城市绝对价格下降的态势将持续，但是降幅不会很大，试探性降价、权衡降价可能是市场主导。开发企业在第一季度获得信贷资金的多寡将会对价格产生较大影响，信贷资金在房地产领域偏紧态势难以改观，价格拐点很可能在第一季度显现。

3. 2012 年第二季度

2009 年以来，高涨的房地产投资增幅、新开工面积增幅始终在高位运行，开发商库存量快速增加。为消化库存，降低资金压力，预计开发企业在第二季度会加大推盘力度，新盘定价更趋合理，老盘降价的幅度将更大，从争取上半年的业绩。绝对价格下降的范围呈现扩大趋势。如果短期内整体降幅太大，市场将产生更大的期望。所以，整体性降价幅度有限。

4. 2012 年第三季度

如果政策面仍旧严控，开发企业融资困难，尤其是信贷资金不能满足需求，加之上半年销售远低于预期的话，那么降价范围会继续扩大，降价幅度会更深。如果上半年销售能够缓解资金压力，那么整体价格将趋稳，维持第二季度以来的价格状况的可能性较大。

（三）住房销售：总体将呈下滑，其间或有波动

我们初步推测：2011 年第四季度至 2012 年，由于 2009 年、2010 年房地产开发投资高速增长，房地产库存压力增大，推盘速度会降低。

1. 2011 年第四季度

预计商品住宅市场销售量和销售额在进一步下滑后，为消化库存，在资金链紧张和业绩要求的双重压力下，以价换量开发企业逐步增多，销量可能会短暂回升。

2. 2012 年第一季度

预计销售量的增幅将进一步下滑，同比增幅可能会低于 2011 年同期，市场更加胶着。季度末如果市场价格能够达到部分购房者的预期，则会促使销量一定程度的增加，限购政策不太严格的二、三线城市的表现会更突出一些。

3. 2012 年第二季度

第二季度是传统的旺季，也是上半年业绩的决定性时段。预计为完成上半年的业绩目标，开发企业的促销手段将会更加丰富，力度也会更大，若市场回应积极则销量将有所提升。在限购城市，销量增加是否满足以价换量的要求，很大程度上取决于有购买力的需求者是否符合购买条件。

4. 2012 年第三季度

如果市场拐点在第二季度出现，将有利于刺激市场销量的上升，市场活跃程度将提高，更多的刚性需求者将进入市场，形成对市场价格一定程度的支撑。如果上半年销量不理想，则第三季度整体性价格下降幅度较大，销量将会在第三季度放大。

（四）住房投资：商品房投资逐月回落，保障房投资稳定增长

由于 2010 年和 2011 年商品住宅新开工面积大幅增加，商品住宅投资始终在高位运行。但是 2011 年第二季度以后，尤其是“金九银十”的惨淡，开发企业资金回笼困难。为保证资金链不断裂，预计从 2011 年第四季度开始，开发企业的投资增幅将逐月回落。

1. 2011 年第四季度

商品住宅投资总体增幅比较高，但开发企业为减少现金的消耗，到第四季度投资增幅会出现明显回落。商品住宅土地购置面积会进一步萎缩，在总体土地购置面积的占比进一步减小。资金相对充裕的开发企业有可能抄底土地市场。

2. 2012 年前三季度

若市场没有明显好转，开发企业总体投资下降的趋势将难以改变，二、三线城市的投资增幅很可能继续高于一线城市。地方政府的土地推介力度会加强，供应策略会进一步调整，如减少推出商业用地，或降低招拍挂底价。

三　2011～2012 年住房市场的问题和对策

（一）问题与挑战

1. 两大风险成为住房市场隐患

目前，市场正处在价稳量跌向量价齐跌转变的过程中，调控的基础并不牢

固。未来存在两种极端的风险，即住房市场大幅下跌或者报复性反弹。如果房地产出现拐点后，行政措施继续发挥作用，市场预期可能发生改变；如果量价齐跌，房地产市场进入衰退周期，加上经济下行，银行风险压力加大，信贷进一步紧缩，大幅下跌的压力更大；如果基于宏观经济下行和金融风险压力考虑，行政调控放松，加上从购置土地明显下滑情况看，未来投资会下降，影响未来住房供应，炒房资金很可能卷土重来，再度推波助澜，强化价格上涨的预期。如果报复性反弹出现，调控将功亏一篑。

2. 供需结构失衡状况没有根本性改观

虽然保障房有所增加，但是普通商品住宅供应比例仍旧比较低，供需结构不合理仍旧突出。从70个大中城市2011年前三季度的价格上涨幅度看，90平方米以下的中小户型价格最为坚挺，而且涨幅经常高于大户型。按照“十二五”规划，到“十二五”末，保障房的覆盖也只到20%，短期内住房供应结构很难出现根本性改观。目前普通住宅的界定比较模糊，一般是从便于税收征管的角度作出界定。同时使用单套价格和面积双重标准。由于价格由市场决定，变动频繁，而税收标准不会随时调整，所以各地不断出现普通住宅“被豪宅”现象。

3. 租赁市场重视不足，房租短期涨幅过大

由于我国区域间、城市间经济发展不平衡，就业机会存在差异，就业人口呈农村向城市、小城市向大城市、经济落后区域向经济发达区域流动的趋势。这类人员或工作尚不稳定，或还缺乏购房能力，或不符合限购城市的购房条件，通常，城市出租性住宅是满足其日常居住需求的首选。政府对住宅出租市场的重视程度远不如出售市场，管理比较薄弱，2010年以来对第二套住宅的限购强化了租赁市场供给不足的预期，市场租金快速上涨。

4. 限购覆盖程度不一，局部地区上涨过快

从前文对2010～2011年商品住宅市场的回顾可以看到，由于各地方确定限购范围、把握限购尺度的政策不一，房价的走势在各地反差很大。限购严格的一、二线城市房价增幅明显回落，并逐步下行；限购不严格或未限购二、三线城市却逆势上扬，涨幅过大。同时，近几年发展提速的中西部地区无论是房地产投资还是销售量和销售额的增幅等都快于东部。快速发展带来就业人口向这些城市转移，住房需求旺盛，一定程度上形成了房价下降的阻力。

（二）政策建议

1. 建立确保市场健康均衡发展的内生机制

目前的商品住宅市场表现出的平稳迹象是靠行政性问责制的高压，主要通过限贷和限购政策等行政手段实现，这些都是商品住宅市场发展的外生机制。而阻碍市场健康发展的内生性因素并没有消除：地方政府迫于财政压力消极执行或化解调控政策；缺乏政策刺激与制度约束，开发商不愿意参与保障房和普通商品房的建设；预售制帮助开发商降低资金门槛，分散经营风险；投资客因为没有税收调节而蜂拥而入。促进住宅市场健康发展机制还没有完全建立。一旦这些调控政策松动，市场仍旧会回到原来的轨道。所以，抓住限购带来的市场平稳的时机，加快影响土地、信贷、税收等住宅市场价格形成的一系列健康的内生机制的建设迫在眉睫。

2. 完善住房供应和住房保障的政策体系

普通住宅的界定应当以满足居民日常生活功能为出发点，比较好操作的是以单套面积为标准，考虑我国长期内家庭养老的现实，可以选择单套面积作为普通商品住宅的界定标准，而不再使用价格标准。在加大对普通住宅建设用地供应的同时，对于大量建设普通住宅的开发商，制定从拿地到出售各环节的鼓励政策，促进普通住宅的市场供给。同时，将中等收入家庭纳入住房保障体系，运用货币补贴的方式，提供信贷、税收等一系列优惠政策，提高其在市场中的购买能力。

3. 发展租赁市场，增加出租供给

租赁市场同样是解决住房需求的手段。政府在严厉调控出售市场的同时，对租赁市场也应当给予足够的重视，强化各个租赁环节的管理。以获取租金为目的的投资性住宅的存在是租赁市场存在的前提，应当允许购买第二套住宅。同时，通过税收手段，大幅提高由出租转向出售的成本，尤其是对租赁市场较受欢迎的中小户型，对二手住宅交易时持有年限短的，如持有少于10年的对增值部分开征资本利得税，从而促使其进入租赁市场，增加出租供给，满足公共租赁房不能覆盖的市场需求。

4. 建立全国统一性和差异化相结合的政策体系

我国经济发展的非均衡状态将在相当长的时间内存在，而房地产市场自身也具有区域性特征。在采取宏观调控政策时，应当在充分调查和判断的基础上，根据不同区域的经济发展水平、房地产市场的发育程度和发展状况建立统一性和差异化相结合的调控政策体系，降低“一刀切”政策的不利影响。

四　住房市场指数

商品住宅价格受到诸多因素的影响，既有地区经济发展水平、居民收入、人口等区域因素，以及土地供应制度、住宅管理制度、货币供应量等宏观因素，也有微观的住宅个别性因素，如住宅区位、建筑结构、套型特征、邻里环境等，这些都会对住宅价格有直接影响，其中非常重要的是城市商品住宅价格应当与城市的发展状况相适应。本报告在借鉴高霞、蒋立红、厉文平的《城市商品住宅价格影响因素分析》① 一文并结合其他相关研究的基础上，选取能够反映城市的发展状况的指标，并结合与城市商品住宅的价格紧密相关的因素，如城市经济发展水平、城市规模、城市基础设施和环境等一起分析。

城市经济发展水平是城市商品住宅价格的决定性因素，城市房地产发展水平与经济发展水平关系极为密切。城市经济发展水平高，能够创造更多就业机会，吸引就业人口，住宅的有效需求大，能够支撑商品住宅价格保持高位。但是住宅市场的发展必须与城市经济的发展水平相适应，如果住宅市场的发展超越城市经济的发展水平，住宅市场就会出现过热现象；反之，住宅市场的发展跟不上城市发展的速度，就会制约城市经济的发展。本报告选取的反映城市经济发展水平的指标包括社会商品零售总额、在岗职工平均工资、城乡居民储蓄年末余额、地方财政预算内支出、固定资产投资总额等。

城市规模是影响商品住宅价格的重要因子。城市必须具备一定的空间规模和经济规模才能发挥出城市的集聚效应。城市经济规模越大，城市经济的发展越迅速，对于人们居住、购买住房的吸引力越强。一个城市的建成区面积越大，城市的城市化进程越快，伴随着城市地价的上涨和城市集聚力的增强，在一定程度上越能促进商品住宅价格的上升。反映城市规模的指标包括地区生产总值、建成区面积、城市建设用地面积等。

城市基础设施和环境是商品住宅价格的重要约束条件。城市基础设施的完善

① 高霞、蒋立红、厉文平：《城市商品住宅价格影响因素分析》，《价格月刊》2008 年第 1 期。

程度是吸引投资的关键，而城市集聚的各种资本所产生的需求，会拉动房地产的发展。所以城市基础设施完善程度越高，对应的商品住宅价格也越高。本报告选取反映城市基础设施和环境的指标包括人均绿地面积（平方米），年末实有公共（汽）电车营运车辆数，剧场、影剧院（个），医院、卫生院（个）等。

指标数据选取2010年全国35个大中城市统计数据。

表8－1城市按综合影响指数大小排列，反映全国35个大中城市的城市发展状况对商品住宅价格的适应程度。指数取值为0～1，指数大小反映某一城市的发展状况与本地商品住宅价格的适应程度。某一项指数越高，说明该项指标与住宅市场价格的适应程度越高，支撑商品住宅价格的能力越强。

表8－1　城市发展影响商品住宅价格综合指数

城　市	城市规模指数	城市基础设施与环境指数	城市经济指数	综合影响指数
北　京	0.9317	1.0000	0.9749	1.0000
上　海	1.0000	0.8846	1.0000	0.9739
重　庆	0.8203	0.9130	0.7592	0.6260
广　州	0.7341	0.6938	0.7170	0.4021
深　圳	0.6005	0.6880	0.6646	0.3024
天　津	0.6521	0.5704	0.6718	0.2751
成　都	0.5231	0.4874	0.5852	0.1643
武　汉	0.5088	0.4959	0.4729	0.1314
南　京	0.5230	0.4496	0.5027	0.1302
杭　州	0.4196	0.4563	0.5024	0.1059
沈　阳	0.4505	0.4607	0.4436	0.1014
西　安	0.3841	0.5109	0.4101	0.0886
哈尔滨	0.4306	0.5310	0.2936	0.0739
青　岛	0.3748	0.3830	0.4110	0.0650
大　连	0.3920	0.3131	0.4602	0.0622
郑　州	0.4241	0.3412	0.3607	0.0575
宁　波	0.3113	0.3178	0.4438	0.0483
济　南	0.3795	0.3384	0.3279	0.0464
长　春	0.4061	0.3709	0.2770	0.0459
长　沙	0.3608	0.2822	0.3891	0.0436
昆　明	0.3363	0.4450	0.2571	0.0424
石家庄	0.3492	0.3717	0.2943	0.0421
福　州	0.3223	0.2957	0.2978	0.0313
合　肥	0.3244	0.2769	0.3055	0.0302

续表

城　　市	城市规模指数	城市基础设施与环境指数	城市经济指数	综合影响指数
南　　宁	0. 2649	0. 3825	0. 2332	0. 0260
太　　原	0. 2377	0. 3059	0. 1995	0. 0160
南　　昌	0. 2840	0. 2144	0. 2009	0. 0135
乌鲁木齐	0. 2537	0. 2524	0. 1585	0. 0112
厦　　门	0. 1838	0. 2171	0. 2209	0. 0097
贵　　阳	0. 1654	0. 2714	0. 1702	0. 0084
兰　　州	0. 1773	0. 2153	0. 1060	0. 0045
呼和浩特	0. 1669	0. 1267	0. 1439	0. 0034
海　　口	0. 0482	0. 1492	0. 1028	0. 0008
银　　川	0. 0774	0. 0930	0. 1010	0. 0008
西　　宁	0. 0170	0. 0487	0. 0210	0. 0001

资料来源：根据由国家信息中心中国房地产信息网数据计算而得。

五　专题：透过限购的迷雾看中国房地产周期波动

众所周知，中国房地产市场还没有经历过一次完整的中周期。2002 年后，中国出现持续的房地产热，总体上只涨不跌是大多数人对中国房价的直观认识。但进入 2011 年后，一、二线城市房地产交易持续低迷，降价风波开始在北京、上海、深圳等地悄然蔓延，部分楼盘甚至将价格下调了近 50%。随着对“金九银十”的期盼最终落空，不少知名房企也纷纷跟进价格调整。与此同时，中央政府、地方政府、开发商、购房者等相关主体就是否应放松限购政策“救市”展开了激烈的角力，一幕幕闹剧接连上演。当前房价打破“只涨不跌”神话下行的真实原因是什么，目前中国房地产周期正处于什么阶段，所谓“拐点”① 有没有出现，似乎已经淹没于这些纷纷扰扰的市场风波之中而无迹可寻。本专题通过对限购政策效力的理性分析，透过层层迷雾，重新发掘被纷乱时事掩盖的中国楼市周期波动主线。分析发现，拐点早在 2010 年市场最狂热时已悄然而至，中国房地产市场已经在周期的下行阶段实质性地运行了一段时间。或者说，中国正处于房地产周期的衰退阶段。政府、开发商和投资者应顺应时势，及时调整其行为策略。

① 此处的“拐点”指的是公众对房地产周期波峰的通俗称谓与理解，下同。

（一）楼市低迷条件下多方围绕限购政策的激烈角力

在当前楼市相对低迷的条件下，房地产市场各相关主体围绕限购政策展开了激烈的博弈，使得市场形势变得越发扑朔迷离、难以捉摸。

只要市场不出现重大变化，在可以预见的时期内，中央政府仍将是限购政策的坚定推行者。中央政府作为经济风险的最终兜底人，对住房限购政策寄予厚望。多年来，中央政府在房地产调控上“屡败屡战”，成果是楼市“越调越涨”。长期调控楼市的挫败感，加上限购政策出台时间与楼市下行时间的高度重合，无疑将使中央政府产生限购令是调控市场重要法宝的错觉。2008 年下半年开始的“救市”行动及其带来的房价迅速倍增后果，也使中央政府丧失了放宽限购的决心与魄力，从另一方面封堵了限购放松之路。

开发商寄希望于取消或放宽限购，投资投机者重返市场，楼市再度回到黄金时代。大多数开发商认为，地方政府已经与开发商形成了事实上的利益共同体，一荣俱荣、一损俱损，没有理由见死不救。某知名房企董事长提出，“假如真的无路可走，那就直接把价格降到底，所有的房子都卖完，以后就不再做房地产了”，这实际上是以砸盘相要挟。该房企董事长在回应“被破产”传闻时甚至还进一步暗示，市场继续萧条将导致先富阶层无法接受财富缩水、上下游产业大量农民工失业闹事的恶果，“我们上下游产业链上的那些兄弟，那些建材商，那些施工队，那些等待工钱回家过年的农民工兄弟们，这是多大的人群？这个人群是否需要我们去认真考虑他们的生计？此外，如果房地产行业真的像一些人猜测的那样，全线委顿，房价大幅下降，那么，那些受益于改革开放而先富起来的人，他们的资产会缩水多少？30%，还是40%，50%？如此缩水，他们可以接受吗？前段时间，由于退房潮引发的业主闹事，固然于法于理是不对的，但将心比心，我们是否应给予情感上的理解呢？”这些言论代表了当前开发商盼政府出手相救的典型心态。北京、上海、深圳等地一些楼盘降价后，前期购房者纷纷展开了集体“维权”活动，愤怒的购房者甚至打砸了多个调价楼盘售楼处，客观上与开发商共同上演了一出楼市可涨不可跌的苦肉计。

地方政府作为楼市利益共同体“铁三角”之一，将不断产生柔化、瓦解限购政策的冲动。地方政府无法坐视楼市下行，一有机会将试探性地放松调控政策，并进而形成星火燎原之势。2011 年 10 月 11 日，广东佛山市住房和城乡建设管理局发布《关于进一步加强我市房地产市场调控有关问题的通知》。虽然通知开宗明义地指出政策制定的目的是“巩固我市房地产市场调控工作成果，进一步促进我市房地产市场平稳健康发展，切实完成今年新建住房价格控制目标任务”，并在通知第一条即提出“严格执行非本市户籍居民家庭购房限购政策，对补缴个人所得税以及社会保险的非本市户籍人员，在购房时不予认可”。然而进一步看通知的其他条文，却来了个180度急转弯并露出狐狸尾巴，通知提出，“对符合市、区人才引进政策的非本市户籍人员，由市、区人社部门出具人才引进证明，购房时可不受个人所得税证明以及社保证明的限制；已办理房地产权证超过5年（含）的住房产权转移，不纳入限购范围；本市户籍居民家庭在现行限购政策和住房套数的基础上，允许增购一套7500元/平方米以下的住房；本市户籍‘村改居’家庭，在购买7500元/平方米以下的新建商品住房时，其拥有的因村改居由集体土地改为国有土地的自建住房，不计入住房套数”。原来是打着加强调控的旗号，行放松调控之实。虽然在社会舆论和上级政府的压力下，佛山放宽限购的政策只发布了半天便无疾而终，但却说明，在地方政府掌握了调控政策最终解释和执行权的条件下，中央政府主导的房地产限购类似于与虎谋皮，难度不言而喻。只要时机成熟，地方政府还将通过其他途径，柔化瓦解限购政策。

社会舆论对限购政策的存废高度敏感，集中反映了社会各界对限购的复杂心态。2011年10月27日，十一届全国人大常委会第二十三次会议召开联组会议，对国务院关于城镇保障性住房建设和管理工作情况的报告进行专题询问，会上住建部部长姜伟新表示，“住建部正在努力建设城镇个人住房信息系统，准备先在40个城市进行试点，试点的进程是先把40个城市自身个人的住房信息收集起来，然后尽快实行全国的联网。如果这个信息系统将来建立起来了，再加上银行系统、财政系统、税务系统的一些信息，再加上公安的一些信息系统，如果能统一起来到一个平台上，就不必再采取限购这种行政色彩浓厚的办法”。随后，这些言论被部分媒体断章取义，过度解读为放松限购的信号。全国人大某官员关于“长期采取限购政策与市场配置资源的原则相悖，应该更多地运用税收手段调节”的言论也同样被媒体恶炒，甚至被理解为一种源自人大的放宽限购呼声。①

① 以上两段言论见《住建部姜伟新：住房信息完善后将取消限购》，每日经济新闻网，http://www.nbd.com.cn/newshtml/20111027/20111027153951347.html，2011-10-27。

2011 年 10 月 31 日，珠海市政府办公室发出通知，提出限价和在香洲主城区限购的“双限”政策，再次触动了市场敏感的神经。

（二）限购是当前市场低迷的主要原因吗

虽然限购政策的松紧存废已经成为房地产市场各相关主体激烈博弈的焦点，但我们仍然要问，限购真的是造成目前房地产市场低迷的主要原因吗？通过分析认为，限购政策并不是造成目前市场低迷的主要原因。如果不考虑对市场预期的冲击，放松或取消限购并不会对市场走势形成大的影响。

1. 所谓限购政策抑制购房需求，在很大程度上只是一种假想

一是限购门槛过低，对大多数刚性需求者来说限购基本无效。绝大多数限购城市规定，本市户籍可以购买两套，外地户籍只要提供一年以上纳税或社保证明也可购买一套。且不说本地户籍者众多，即使是外地户籍者，只要有意在一个地方居住生活，纳税或缴纳社保一年以上也是顺理成章的。如此宽松的限购条件意味着，对于大多数所谓刚性需求者而言，都可不受限购约束。至于套数限制，只要通过暂缓结婚或假离婚就可以成倍突破。这还没有考虑到补缴和通过各种手段虚构纳税、社保缴纳经历的可能性。此外，还有大量小产权公房游离于限购总套数计算之外。

二是投资投机者有多种途径可以绕开限购。对于投资投机者而言，如果真如一些人所说的“越限购越值得购买”，那么投机者完全可以通过注册公司的形式批量购房，先持有出租再择机加价出售获利；在局部限购的条件下，投机者仍可以去恶炒不限购的三、四线城市住房，以及商业地产、旅游地产等，开发商甚至可以把商业地产、旅游地产等盖成住房出售规避限购。

三是限制产权登记并不能制止交易。就算通过各种途径仍然无法获得购房条件，但只要购房意愿强烈，买卖双方仍然可以通过民间合同、以租代售等形式达成事实交易，等条件成熟再行过户。与小产权房相比，随时有可能被当做非法建筑拆除的小产权房都有大量的非登记的民间合同交易，而没有强拆之忧又有正式过户前景的商品房又为什么不能先通过民间合约进行事实交易呢？

四是限购还可能抑制供给。限购条件下，拥有多套住房投资者在作出出售住房决策时，不得不考虑无法再买回来的可能性。对于开发商而言，如果“越限购越值得购买”成立，开发商最佳选择是把房源囤在手中而不是出售。

2. 部分地方政府的阳奉阴违、曲意放松，使限购政策名存实亡

地方政府负责限购政策的具体制定、解释实施和执行尺度。利用地方信息优势，地方政府在实施层面瓦解限购非常容易。如某省会城市仅限购中心城区一环以内区域，而该城市新楼盘基本都在一环以外，能被限购令直接卡住的潜在购房者少之又少。在限购政策的户籍、纳税、社保证明三大门槛中，地方政府都有放松的余地。除北京、上海等少数城市外，大多数城市的户籍门槛已经很低，获得户籍较为容易。其他的如纳税、社保证明等，只要地方政府在具体实施时不深究其真实性与可信性，可操作空间更大，通过各种途径补缴是最简单的案例之一。

3. 历史经验证明，由于庞大利益集团的存在，政府并没有能力有效调控房地产市场

围绕房价上涨，开发商、各级政府、少部分官员家属、金融机构、先富群体等已经形成了庞大的利益集团。主导调控的中央政府要对房地产泡沫所带来的经济风险负最终责任，无法置身于事外，这也是历次调控越调越涨的根本原因。2008 年 12 月 20 日，在眼看房地产市场将理性回归之际，国务院办公厅发布《关于促进房地产市场健康发展的若干意见》，明确提出要“进一步鼓励普通商品住房消费”，从而使前期努力一并付之东流。无法想象一个时常被利益集团左右，“越调越涨、屡败屡战”的调控者，这回就有能力突然反过来扼住房地产市场的咽喉。

4. 限购还在一定程度上起到了支撑房地产市场信心的作用

很多人认为，限购在限制当前住房需求的同时，也保存了未来的住房需求。他们认为，只要有这些被堰塞的住房需求存在，市场信心就不会消失，从而市场就不会真正下滑。

综上所述，对绝大多数限购城市而言，限购对市场供求的实际影响很小，限购最多只是目前楼市下行的一个诱因，而并不是主要原因。如果住房供应紧张、房价潜在上涨动力强劲，限购政策将在实施层面被完全瓦解。限购政策目前继续存在的真实意义在于，在已经开展限购的条件下，放松限购会对市场释放政府托市的积极信号，从而增加市场波动性，并且使未来政府调控市场完全失去公信力。

（三）被限购迷雾遮掩的中国房地产周期波动

如前所述，如果我们认清了所谓最有效调控政策的限购既没有想象中的魔

力，也不是当前楼市低迷主要原因的事实，那么结合楼市现状，我们将会豁然发现，拐点早在2010年市场最狂热时已悄然而至，中国房地产市场已经在周期的下行阶段实质性地运行了一段时间。确切地说，中国正处于房地产周期的衰退阶段（见图8－9）。即便有诸多政策干预，中国房地产市场也并没有逃脱周期波动规律。放宽限购政策的呼声，就好像是迷乱的溺水者手中紧紧握住的一根稻草。目前我国房地产景气指数出现持续下滑，商品房销售增速已经放缓（见图8－10、8－11）。考虑到三、四线城市房地产周期稍微滞后，数据经过区域加总后将产生中和效应，一、二线城市的房地产市场衰退实际上是很显著的。虽然名义房价还没有出现普遍的、大规模的实质性下降，但虚标的房价再高也是缺乏实际意义的。如果说只有卖得出去的房价才可能是真实房价，那么一、二线城市普遍的卖房难表明，真实房价可能已经普遍地下降了。

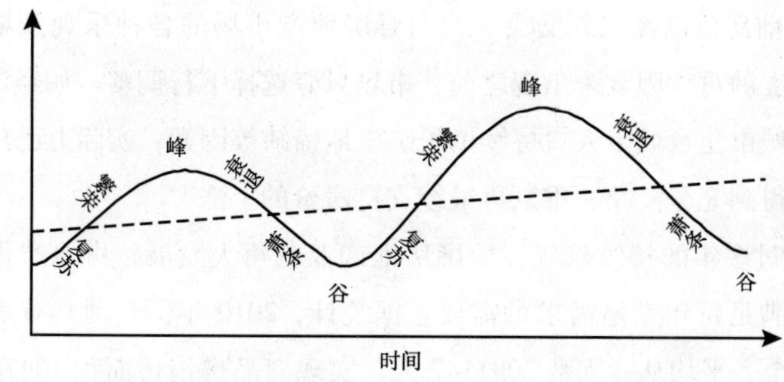

图8－9　房地产周期波动的阶段划分

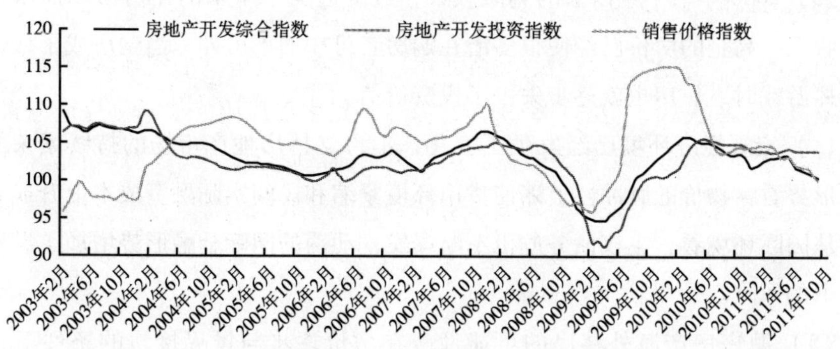

图8－10　中国房地产景气指数

资料来源：根据国家信息中心中国房地产信息网数据计算而得。

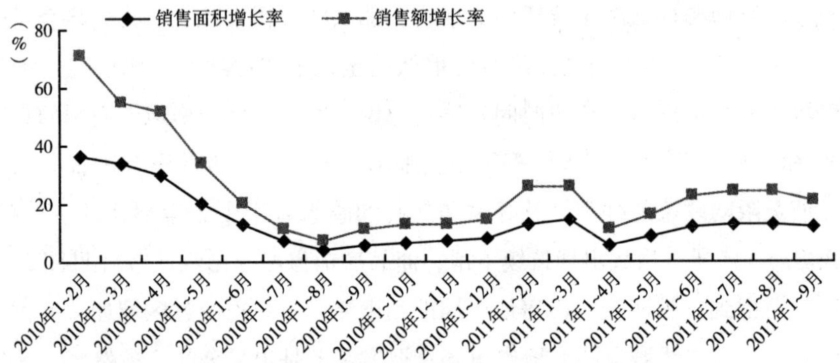

图 8-11 2010~2011 年中国商品住宅销售面积与销售额同比增长率

资料来源：根据国家信息中心中国房地产信息网数据计算而得。

大体上看，造成本轮房地产周期下行的可能原因主要有：

（1）目前房价已经充分反映了人们对房地产市场的各种乐观预期，在新的支持房价上涨的重大因素未出现之前，市场只好选择下行调整。如经济增长全球一枝独秀、城市化及城市人口持续增长、土地稀缺等因素，实际上已经在前期的房价上涨中得到充分反映，难以再继续支持房价的上涨。

（2）经过多年的持续景气，中国房地产业获得大发展，房地产供给能力已经能够较好满足每年新增需求的需要。据统计，2010 年，全国共有房地产开发企业 85218 个，平均从业人数 2091147 人，实现商品房销售面积 104764.65 万平方米，销售额 52721.24 亿元。

（3）2008 年下半年以来的刺激政策，过度透支了未来的住房市场需求。相对于收入，高企的房价已经使很多潜在购房者可望而不可即。当购房成了接资者的接棒游戏时，住房也就逐步失去了投资价值。

（4）宏观经济环境已经发生了变化，不再支持房地产市场的持续繁荣。从国内形势看，物价的脉冲性上涨使货币环境紧缩和民间实际融资成本上升成为必然；从国际环境看，主权债务危机不断爆发，动荡的国际金融形势增加了世界经济衰退的风险。

（5）抛售房产海外移民的可能性。在房价逐步与世界接轨的条件下，高房价城市中持有多套住房的居民抛售房产将财富转移到海外的可能性在增加。

（四）顺应时势的策略

在楼市进入房地产周期衰退阶段时，无论政府、开发商还是投资者，都应顺应时势，及时调整其行为策略。

作为政府，一是要加强预售资金监管和开发商行为管控，严格执行期房封顶才能发放按揭贷款政策，避免开发商因资金链断裂、卷款外逃等而使期房烂尾，将包袱甩给国家和社会；二是要加强购房者风险教育与警示，提高购房者的决策理性和在房价下跌时的心理承受能力；三是要调整保障房建设策略，或者缩减保障房建设任务，或者在保障房建设总任务不变的条件下适度延长投资建设期限，以确保保障房建成时有充分的市场需求。

作为房地产开发企业，应放弃政府救市期盼，尽早降价求生存。房地产交易虽然已进入冰冻期，多数一线城市交易量创下近三年来的新低，但只有少部分开发企业试行降价，多数开发商对于政策最终松动抱有很大期望，使得房价胶着。如果在周期衰退阶段只有一部分开发企业可以存活下来的话，率先降价回笼资金的企业生存的概率肯定大得多，并可以在下一轮周期的上升阶段赢得竞争优势。如果对市场抱有不切实际的幻想，最终可能被市场淘汰。

作为投资者，应细心观察，稳健决策，谨慎入市抄底。如果周期的底部只有一个，则在市场进入阶段性底部之间，无论什么时候抄底，都将面临财富缩水的局面。由于购房一般要使用信贷杠杆，房价下跌时购房者净资产将加速缩水，甚至很快沦为“负翁”。

专题附录：日本、中国香港和美国的房地产周期波动

在20世纪80年代，基于日本人多地少及经济起飞的事实，很少人认为日本的房价会大幅下跌。随着房地产价格的不断上扬，1991年，日本市街地价格指数达到1980年的2倍，1970年的4.8倍（见图8－12）。而涨幅居前的东京圈1991年的市街地价指数为1985年的2.7倍（见图8－13）。但进入20世纪90年代以后，日本房地产泡沫开始破灭。日本市街地价格指数从1991年的147.8点降到2008年的63.9点，跌去了56.77%。其中商业用地价格指数波动最大，从

1991 年的高点到 2008 年的低点跌去了 71.56%。东京圈市街地价格指数跌幅又居于各区域之首，从 1991 年到 2005 年市街地价格指数跌去了 71.25%，商业用地价格指数跌去了 80.67%。

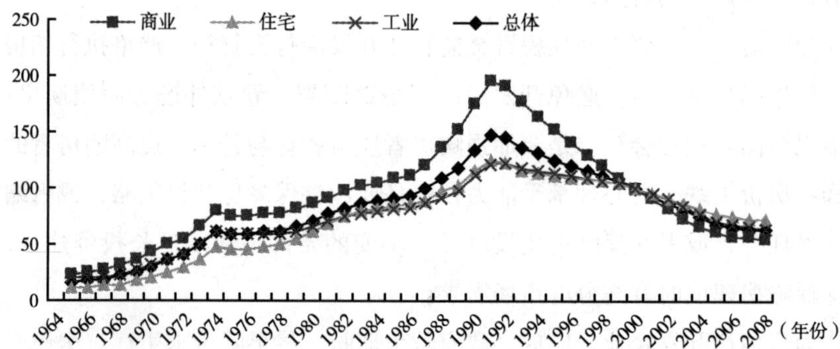

图 8-12 日本市街地价格指数（End of March 2000 = 100）

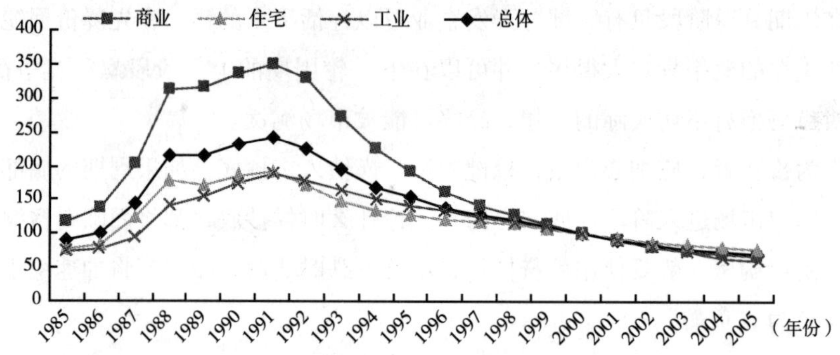

图 8-13 日本东京圈市街地价格指数（End of March 2000 = 100）

资料来源：日本政府总务省统计局。

中国香港房价从 1986 年房地产市场复苏算起，到 1997 年最高点上升了 7.1 倍。在香港楼市繁荣时期，投机充斥，“炒楼花”盛行。但在 1997 年亚洲金融危机的作用下，香港房地产市场泡沫被刺破，房价出现大跌，香港私人住房价格指数从 1997 年 10 月 172.9 点的高点降到 2003 年 7 月 58.4 点的低点，跌幅达 66.22%（见图 8-14），香港中产阶层在此次楼市泡沫破灭过程中财富缩水现象非常严重，大批的资产“负翁”由此诞生。

美国房地产市场在经历了多年持续景气后，2006 年第二季度，房价增速开

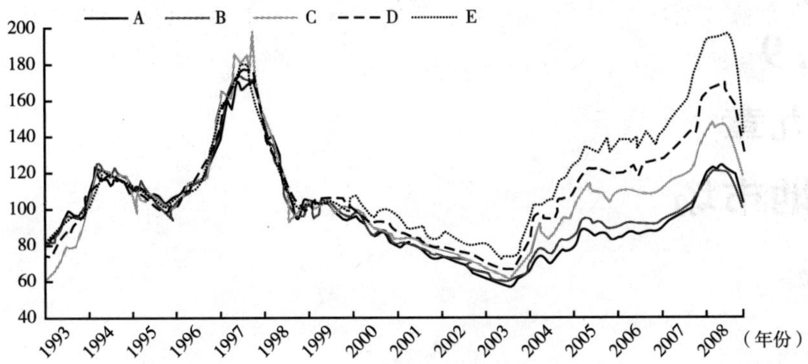

图 8－14　中国香港各类私人住宅月度售价指数（1999 年＝100）

资料来源：中国香港特别行政区政府差饷物业估价署。

注：A 类实用面积少于 40 平方米，B 类实用面积为 40～69.9 平方米，C 类实用面积为 70～99.9 平方米，D 类实用面积为 100～159.9 平方米，E 类实用面积为 160 平方米及以上。

始放缓，2007 年第三季度开始房价出现环比下跌，此后，房价出现了加速上升趋势（见图 8－15）。房价连续上涨期间积累的泡沫风险在房价下跌阶段释放出来，成为美国次贷危机及之后全球金融风暴形成的直接诱因。

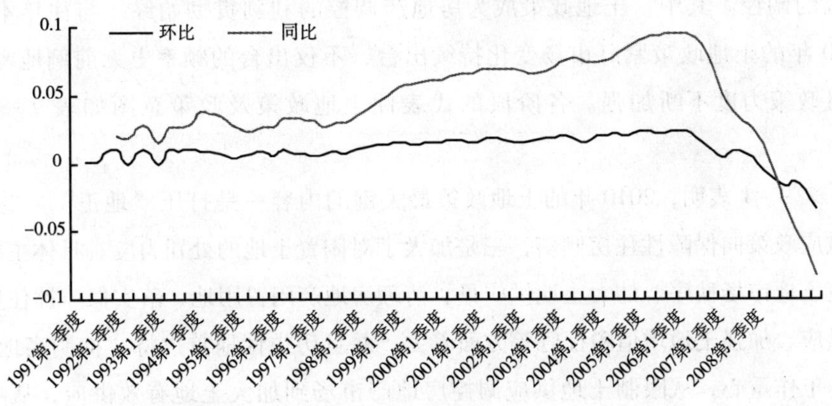

图 8－15　美国住房价格增长率（季度）

资料来源：Office of Federal Housing Enterprise Oversight（OFHEO）。

G.9
第九章
土地市场

张慧芳

一 2010～2011 年土地市场政策环境

（一）2010 年土地市场政策环境

2010 年是土地政策出台最为密集的一年。为遏制房价过快上涨，国家出台了一系列房地产调控政策，经济手段和行政手段并用，从抑制需求、增加供给（主要是保障性住房供给）、加强监管等方面对中国房地产市场进行了全方位的调控。其中，土地政策成为房地产调控的利剑贯彻始终。与往年不同，2010 年的土地政策紧盯市场变化持续出台，不仅出台的频率史无前例地密集，而且政策力度不断加强。各阶段的代表性土地政策及政策意图如表 9－1 所示。

表 9－1 表明，2010 年的土地政策最关键的内容一是打压“地王”，二是土地供应政策向保障性住房倾斜，三是加大了对闲置土地的处罚力度。具体主要从规范土地市场秩序、加大土地供应量、清理房地产闲置用地、落实保障性住房用地供应、加强土地增值税征管等方面着力，并且历史性地首次将“抑制高地价”作为工作重心，从限制土地供应调控房地产市场到加大土地有效供应，从单纯“控房价”到“控房价与控地价并重”，土地政策的调整也反映了房地产调控政策自身在不断完善。可见 2010 年的土地政策触及“低土地供应”、“高土地价格”、“大量囤积土地”等根本性问题。此外，为配合住房市场的限购令、限贷令、预售制监管、保障房等调控政策，土地政策从年初到年尾贯穿始终，土地新政从 1 月到 12 月几乎月月迭出并且屡屡加码，出台频率可谓密集，政策力度可谓

表9-1　2010年国家土地相关政策

日　期	政策或会议名称	关键内容	政策意图
1月10日	国务院办公厅《关于促进房地产市场平稳健康发展的通知》（“国十一条”）	1. 各地要根据房地产市场运行情况，把握好土地供应的总量、结构和时序 2. 各地要综合考虑土地价格、价款缴纳、合同约定开发时限及企业闲置地情况等因素，合理确定土地供应方式和内容，探索土地出让综合评标方法	增加保障性住房和普通商品住房用地有效供应；加强土地市场管理，清理房地产闲置土地
1月14日	国土资源部《关于改进报国务院批准城市建设用地申报与实施工作的通知》	提高用地报批效率；申报住宅用地的，经济适用住房、廉租住房和中低价位、中小套型普通商品住房用地占住宅用地的比例不得低于70%	进一步加强用地管理；保障中小套型商品房和保障性住房用地供给
3月7日	温家宝《2010年政府工作报告》	1. 确保保障性安居工程用地落实到位 2. 增加中低价位、中小套型普通商品住房用地供应 3. 大力整顿和规范房地产市场秩序。完善土地收入管理使用办法，抑制土地价格过快上涨。加大对圈地不建、捂盘惜售、哄抬房价等违法违规行为的查处力度	规范房地产市场秩序
3月8日	国土资源部《关于加强房地产用地供应和监管有关问题的通知》（“国十九条”）	提出19条土地新政，重点是： 1. 确保保障性住房、棚户改造和自住性中小套型商品房建房用地，确保上述用地不低于住房建设用地供应总量的70% 2. 土地出让最低价不得低于出让地块所在地级别基准地价的70%，竞买保证金不得低于出让最低价的20% 3. 土地出让成交后，必须在10个工作日内签订出让合同，合同签订后1个月内必须缴纳出让价款50%的首付款，余款最迟付款时间不得超过1年 4. 积极开展试点，探索坚持和完善招拍挂制度、有效控制房价地价的政策和措施 5. 建立房地产用地开竣工申报制度 6. 各地应及时将住房特别是保障性住房用地供应计划在部门门户网站及当地土地有形市场公开，接受社会监督 7. 严格依法处置闲置房地产用地	旨在贯彻落实国务院办公厅《关于促进房地产市场平稳健康发展的通知》（“国十一条”），标志着土地调控政策的全面启动，三个主题：确保保障性住房、棚户区改造和自住性中小套型商品房建房用地；打击囤地、炒地；抑制高地价
4月15日	国土资源部《2010年各省（区、市）住房供地计划公告》	2010年度全国住房用地计划拟供应量为大数18万公顷，同比增加135%，保障性住房、棚户区改造和中小套型商品房用地计划供应量占住房用地计划供应总量的77%，保障性住房用地为24000多公顷，与上年相比增加1倍多	供应量大幅增加，并向保障房和中小套型商品房倾斜，明确其用地供给量和所占比例

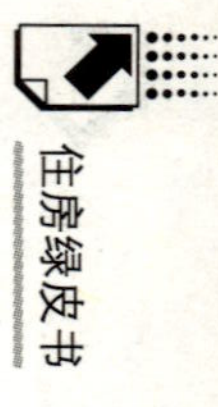

续表

日　期	政策或会议名称	关键内容	政策意图
4月17日	国务院《关于坚决遏制部分城市房价过快上涨的通知》（“国十条”）	1. 增加居住用地供应，加快闲置房地产用地处理；探索土地出让新方式，完善土地出让合同内容 2. 清算与稽查土地增值税；调整住房供应结构，保障性住房、棚户区改造和中小套型普通商品住房用地不低于住房建设用地供应总量的70%，并优先保证供应	增加居住用地供应，确保保障房用地供应
5月15日	国务院《关于进一步严格征地拆迁管理工作切实维护群众合法权益的紧急通知》	1. 充分认识做好征地拆迁管理工作的重要意义 2. 严格执行农村征地程序，做好征地补偿工作 3. 控制城镇房屋拆迁规模，依法依规拆迁 4. 强化监督管理，依法查处违法违规行为 5. 健全工作机制，及时化解矛盾纠纷 6. 加强协调配合，强化工作责任	严格征地拆迁管理工作，维护群众合法权益
5月19日	国家税务总局《关于土地增值税清算有关问题的通知》	明确土地增值税清算过程中的若干计税问题	加强土地增值税征管
5月25日	国家税务总局《关于加强土地增值税征管工作的通知》	除保障性住房外，东部地区省份预征率不得低于2%，中部和东北地区省份不得低于1.5%，西部地区省份不得低于1%	加强土地增值税征管
6月26日	国土资源部《关于进一步做好征地管理工作的通知》	明确征地补偿要做到同地同价，各地不得强行实施征地。提出征地房屋拆迁的补偿安置问题，明确房屋拆迁按建筑重置成本补偿，宅基地征收按当地规定的征地标准补偿。各地应建立征地补偿标准动态调整机制	明确征地补偿要做到同地同价，加强征地管理
8月2日	国土资源部公布全国1457宗闲置土地“黑名单”	国土资源部将一份涉及全国1457宗闲置土地计9772.4公顷的统计表交予银监会，由银监会据此做一次全面的风险排查，其中80%的闲置土地可能被收回	加强闲置土地管理
8月9日	国土资源部《关于印发深化改革创新制度建立国土资源系统反腐倡廉工作长效机制实施方案的通知》	严禁行政管理人员在从事生产经营的事业单位或中介机构交叉任职，切实做到政事分开、管办分离，坚持和完善土地和矿业权招标、拍卖和挂牌制度	努力建立与完善市场机制，实行政事分开

续表

日 期	政策或会议名称	关键内容	政策意图
9月21日	国土资源部、住房和城乡建设部《关于进一步加强房地产用地和建设管理调控的通知》	1. 强化住房用地的年度计划管理 2. 加强保障性住房用地监管 3. 严格住房建设用地出让管理 4. 加强对住房用地供地和建设的监管 5. 加大违法违规行为清理查处力度，严格查处囤地炒地闲置土地行为，严格查处擅自调整容积率行为	加强土地市场管理，强化保障性住房用地监管
9月29日	住房和城乡建设部、国土资源部、监察部《对进一步贯彻落实国务院坚决遏制部分城市房价过快上涨通知提出四项要求》	对房地产开发企业土地闲置、改变土地用途和性质、拖延开竣工时间、捂盘惜售等违法违规行为，要继续加大曝光和处罚力度。对有上述违法违规记录的房地产开发企业，要暂停其新购置土地	加强土地管理，严格执行4月"国十条"政策
12月1日	住房和城乡建设部《关于报送城镇保障性安居工程任务的通知》	2011年计划建设保障性安居工程任务是1000万套，并要求各地方政府调整之前上报的"2009～2012年三年保障性住房建设规划"和地方"十二五"保障性住房建设规划，12月10日为最后上报的截止期	保障性住房用地将大幅增加，相对会减少商品房用地供应
12月19日	国土资源部《关于严格落实房地产用地调控政策促进土地市场健康发展有关问题的通知》	1. 未完成2010年保障性住房建设用地供应任务的城市年底前不得出让大户型高档商品住宅用地 2. 溢价率超过50%、成交总价或单价创新高的地块，2个工作日内上报 3. 严格执行招拍挂出让制度和操作程序，积极探索"限房价、竞地价"、网上挂牌等多种交易形式，规范房地产用地出让行为，加大闲置土地处置力度 4. 严禁保障性住房用地改变用地性质 5. 加快2011年土地供应计划编制工作	是对年初"国十九条"土地新政的再强调：坚决抑制部分城市地价过快上涨，落实保障性住房用地供应，清理闲置土地，防范岁末年初放量供地
12月29日	国土资源部《关于房地产闲置土地情况的公告》	公布闲置住宅用地名单，共26块，其中18块闲置两年以上，收回国储；对公布名单中的房地产开发企业及其控股股东，在闲置土地查处整改到位前，暂停其参加新的土地竞买活动	严格落实相关政策，着力查处土地闲置

资料来源：根据2010年国家出台的房地产调控政策综合整理。

强大，2010 年的土地市场调控也因此被称为“史上最严调控年”，土地政策遂成为 2010 年房地产调控的新抓手。

值得关注的是，2009 年及以前国土部政策关注点主要在保护耕地、农地管理和土地出让金管理上。2009 年虽然首次突出强调保障房用地供应，但并未对参与房地产调控作出任何表态。而 2010 年，在国家加强房地产综合调控的大背景下，国土部首次将工作重心转向房地产市场，将“加大土地供应特别是保障房用地供应”、“打击囤地炒地”、“抑制高地价”作为全年工作主旋律，并且将这一主旋律延续至今（2011 年 10 月）。

（二）2011 年土地市场政策环境

2011 年前三季度，土地政策继续成为调控政策重要着力点。国家先后出台多项涵盖土地供应、招拍挂、征地拆迁、价格监测等各个环节的政策或规章，意在调整完善招拍挂制度，确保保障房用地落实到位，同时增加商品房用地供应。政策重点集中在打击企业囤地，规范土地市场交易，实现住宅用地的有效供给（见表 9－2）。

二 2010～2011 年土地市场运行基本状况

（一）2010 年土地市场运行基本情况

在加大土地供应等政策的带动下，2010 年土地出让面积和金额显著增长，全年土地出让总价款①为 2.71 万亿元，较上年的 1.59 万亿元增长 70.4%，再创新高；土地供应总面积为 42.82 万公顷，较上年增长 104.7%。其中住宅用地实际供应 12.63 万公顷，同比增长 65.3%，完成年度供应计划（18.47 万公顷）的 68.4%；保障房用地实际供应 1.77 万公顷，同比增长 60.9%，完成年度供应计划（2.92 万公顷）的 60.6%；中小套型商品房用地实际供应 6.33 万公顷，完成计划的 83.6%。一系列的调控政策一定程度上抑制了地价快速上涨的势头，土地市场供需两旺，全国土地价格较上年增长 6%，溢价水平逐渐走低，土地出让

① 全国土地出让总价款统计口径包括住宅用地、商服用地以及工矿仓储等用地。

表 9－2 2011 年前三季度国家土地相关政策

日 期	政策或会议名称	关键内容	政策意图
1 月 7 日	国土资源部“全国土地资源工作会议”	1. 科学编制和实施房地产用地供应计划，确保保障性住房、棚户区改造和自住型中小套型商品房用地不低于住房建设用地供应总量的 70%，确保 2011 年 1000 万套保障性住房用地供应 2. 完善土地招拍挂制度，继续加强房地产用地供应和开发利用的动态监管	通过用地供应计划管理确保保障性住房用地供应；加强用地监管
1 月 21 日	国务院《国有土地上房屋征收与补偿条例》	1. 明确地方政府的角色并建立相应的问责机制 2. 严格区分公共利益征收与商业开发，排除商业利益参与房屋征收 3. 先补偿后拆迁，补偿不低于市场价 4. 废除行政强制拆迁 5. 野蛮拆迁可能被追究刑责	规范拆迁强化补偿
1 月 26 日	国务院《关于进一步做好房地产市场调控工作有关问题的通知》（“国八条”）	1. 增加土地有效供应，认真落实保障性住房、棚户区改造住房和中小套型普通商品住房用地不低于住房建设用地供应总量的 70% 的要求，加大力度处置闲置土地 2. 在新增建设用地年度计划中，单列保障性住房用地 3. 大力推广“限房价、竞地价”方式供应中低价位普通商品住房用地 4. 房价高的城市要增加限价商品住房用地计划供应量	落实 1000 万套保障性住房、棚户区改造住房和中小套型普通商品住房用地供应
3 月 11 日	国土资源部《关于切实做好 2011 年城市住房用地管理和调控重点工作的通知》	1. “控价格，防‘地王’”，坚持招标、拍卖、挂牌出让制度，进一步完善工地政策 2. 编制公布城市住房用地供应计划并认真实施，确保 2011 年 1000 万套保障性安居工程建设任务落地	抑制地价不合理上涨；布置编制住房用地供应计划工作
4 月 14 日	国土资源部《国家土地督察公告》	保障性住房用地政策执行有偏差，或者存在擅自改变保障性住房土地用途问题	纠正、防范保障性住房用地改变用途

续表

日期	政策或会议名称	关键内容	政策意图
5月11日	国土资源部《2011年全国住房用地供应计划公告》	1. 各地要对保障性安居工程用地实行计划单列，确保2011年全国1000万套保障性安居工程用地 2. 对落实国家1000万套保障性安居工程建设用地实行责任制	加强全国住房用地供应计划管理；保证保障性住房用地供应
5月16日	国土资源部《关于切实做好征地拆迁管理工作的紧急通知》	1. 严格征地拆迁管理，维护被征地农民利益 2. 及时化解矛盾纠纷，妥善处理征地拆迁突发事件 3. 开展全面检查，坚决纠正违法违规征地拆迁行为	严格征地拆迁管理工作，维护群众合法权益
5月13日	国土资源部《关于加强保障性安居工程用地管理有关问题的通知》	1. 严禁擅自利用农村集体土地建公共租赁住房 2. 严格规范企业利用自用土地建保障房行为 3. 坚决制止和严肃查处"小产权房"等违法违规行为	规范保障性住房用地，制止违法违规行为
5月13日	国土资源部《关于坚持和完善土地招标拍卖挂牌出让制度的意见》	1. 继续坚持和完善招拍挂制度 2. 推广"限地价，竞房价"、"限房价，竞地价"、"限定配建保障房面积"、"综合评标"等土地出让方式	坚持并完善招拍挂制度，保持地价平稳
5月26日	国土资源部《关于严格落实异常交易土地上报制度有关问题的函》	要求县级以上城市都上报招拍挂出让中溢价率超过50%、成交总价或单价创历史新高的异常交易地块	防止地价过快上涨
7月20日	国务院常务工作会议：研究部署了近期加强土地管理的重点工作	要求：开展建立耕地保护补偿机制试点，完善土地收益基金制度，明确土地基金收益计提比例，专项用于耕地保护；提出保证2011年1000万套保障性安居工程建设用地，采取多种措施增加普通商品住房用地供应；坚持和完善土地招标、拍卖、挂牌出让制度，推进商品住房用地供应，由价格主导向双向定价、配建保障房等转变	完善土地收益基金制度；在保证保障性住房用地的同时，增加普通商品房用地供应
8月1日	财政部、教育部《关于从土地出让收益中计提教育资金有关事项的通知》	教育资金按季计提，年终进行统一清算。从2011年1月1日起，统一按照当年实际缴入地方国库的土地出让收入，扣除相关支出项目后，作为计提教育资金的土地出让收益口径，严格按照10%的比例计提教育资金	加大国家财政性教育经费投入，土地价格可能会因此上扬

资料来源：根据2011年国家出台的房地产调控政策综合整理。

金的大幅增加主要源自成交面积的增长。

1. 土地市场供需两旺，溢价水平逐渐走低

2010 年，在全国 42.82 万公顷土地供应总量中，工矿仓储用地供应 15.27 万公顷，占供应总量的 35.7%；房地产开发用地供应 15.31 万公顷，占供应总量的 35.8%；其他用地（包括公用设施、公共建筑、交通运输、水利设施、特殊用地）供应 12.24 万公顷。在不断加码的土地政策调控下，土地市场依然供需两旺，全年土地成交总面积 29.15 万公顷，其中，住宅用地实际成交 12.63 万公顷，全国 120 个城市住宅用地实际供应量同比增加 38%，创下历史新高，通过增加住宅用地供应量以调控住宅市场的举措得到一定落实。在住宅供应量持续加大的情况下，从 4 月份开始到年底，全国 120 个城市住宅用地月度供应量和成交量的增长率曲线几近重合（见图 9－1），说明了住宅用地市场的旺盛态势。但是，一系列的调控政策一定程度上抑制了地价快速上涨的势头，土地市场出现供需两旺的理性繁荣景象，全国土地价格同比上涨 6%，溢价水平逐渐走低。从 4 月开始，住宅用地楼面均价和溢价率的月度同比增长率经常处于负值状态（见图 9－2），住宅用地全年平均溢价水平为 33%，低于 2009 年 52% 的水平，住宅用地交易总体趋于理性。

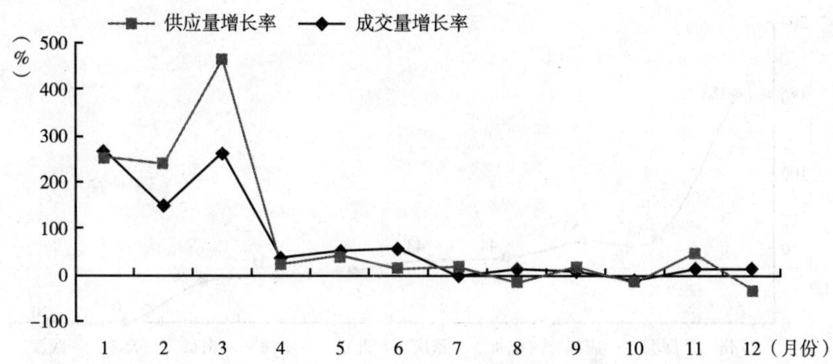

图 9－1　2010 年全国 120 个城市住宅用地月度供应量和成交量同比增长率

资料来源：原始数据来自 CREIS 中指数据、fdc. soufun. com。

从 10 个重点城市来看，2010 年，一线城市除深圳外溢价率均高于 50%，上海最高，为 80%，深圳最低，为 18%。二线城市溢价率均低于 40%，成都最高，为 37%，天津最低，为 13%。与上年相比，供应量的增加和频繁出台的调控措

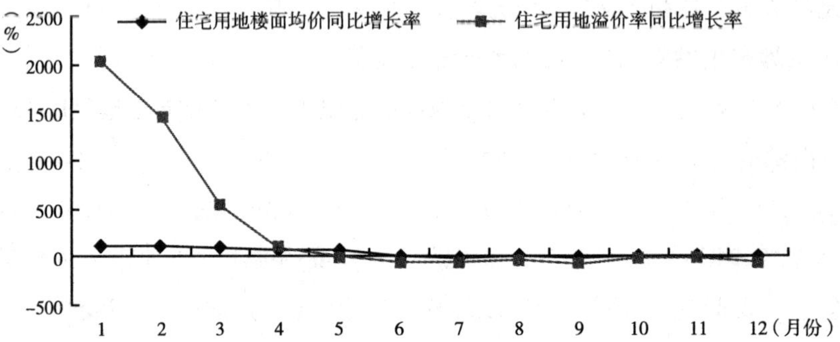

图9-2　2010年全国120个城市住宅用地楼面均价同比增长率和月度溢价率同比增长率

资料来源：原始数据来自CREIS中指数据、fdc. soufun. com。

施对土地市场影响明显，一线城市除广州外溢价率明显低于上年，二线城市中南京、武汉溢价率均低于上年，仅成都、重庆、天津三地以微小涨幅高于上年。到12月，优质地块“倍出”，成交价一度飙高，各地“地王”频现，10个重点城市整体平均的溢价水平呈高位平稳态势，广州表现尤为明显，平均溢价率高达153%，拉高全年整体溢价水平（见图9-3）。

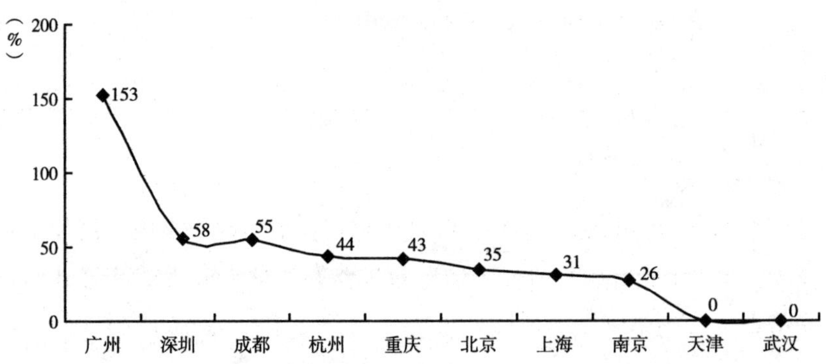

图9-3　2010年12月全国重点城市住宅用地溢价率同比变化情况

资料来源：原始数据来自CREIS中指数据、fdc. soufun. com。

2. 地价水平值持续上升，“地王”频现

2010年全国地价水平值持续上升，全国主要城市综合地价水平值为2882元平方米，比上年增长了229元/平方米。其中商业用地地价最高，为5185元/

平方米，比上年增长了473元/平方米；其次为居住用地，为4245元/平方米，比上年提高了421元/平方米；工业用地地价最低，为629元/平方米，比上年提高了32元/平方米。全国重点监测城市综合地价水平值为3943元/平方米，各用途地价均略高于全国平均水平，与全国各用途地价变化规律相一致（见表9－3）。

表9－3　土地出让金排名前十城市住宅用地成交面积和成交均价

地　区	住宅用地成交面积(万平方米)			住宅用地成交均价(元/平方米)		
	2010年	2009年	同比(%)	2010年	2009年	同比(%)
北　京	760	625	22	7357	5724	29
上　海	977	612	60	6632	7944	-17
大　连	2271	728	212	2054	1736	18
天　津	2372	2177	9	1884	1251	51
武　汉	1367	1232	11	1751	1173	49
杭　州	375	609	-38	6597	6331	4
南　京	352	297	19	5454	3336	63
成　都	742	686	8	1787	1543	16
重　庆	1062	782	36	1630	1668	-2
无　锡	605	305	98	2860	2511	14

资料来源：CREIS中指数据、fdc. soufun. com。

2010年虽然中央部委出台了一系列针对高价地的政策措施，例如限制单宗土地面积、规定地块开竣工时间、缩短地价款上缴时间等，但是2010年土地市场仍然“地王”频出（见表9－4、表9－5）。“地王”，特别是单价“地王”，对地价的拉动效应明显。2010年住宅用地单价“地王”楼面地价为52783元/平方米，超过2009年的32484元/平方米，刷新了中国土地市场住宅用地单价纪录。2010年住宅用地楼面地价排名前十的地块平均楼面地价为33830元/平方米，远高于2009年的26365元/平方米的水平。这使2010年的土地调控政策实施效果大打折扣。2010年土地的价格涨幅远大于房价涨幅。无论是同比还是环比，土地价格上涨的趋势并没有因政策调控而逆转。

表 9-4 2010 年全国住宅用地成交总价前五名排行榜

排名	城市	区域	地块名称	规划用途	建筑面积(平方米)	成交价(万元)	楼面地价(元/平方米)	竞得方	时间
1	南京	下关区	滨江江边路以西1号	商业、住宅混合	2047716	1214100	5929	中冶置业	09-19
2	广州	荔湾区	黄沙大道(广铁南站)	居住用地、城市公共建筑用地	497789	860000	17276	广铁集团羊城铁路实业发展总公司	11-25
3	南京	下关区	滨江江边路以西3号	商业、文娱、住宅混合	954193.4	789300	8272	中冶置业	09-19
4	天津	津南区	津南区咸水沽镇	居住、科教用地、商业	3010901	705000	2341	富力城	04-28
5	上海	闸北区	苏州河北岸东块1街坊地块	商办、文化娱乐、居住用地	132996.3	702000	52783	华侨城	02-11

资料来源：CREIS 中指数据、fdc. soufun. com。

表 9-5 2010 年全国住宅用地楼面地价前五名排行榜

排名	城市	区域	地块名称	规划用途	建筑面积(平方米)	成交价(万元)	楼面地价(元/平方米)	竞得方	时间
1	上海	闸北区	苏州河北岸东块1街坊地块	商办、娱乐、居住、市政	132996.3	702000	52783	华侨城	02-11
2	温州	瓯海区	学院中路温州大学	住宅、批发零售	100000	370200	37020	置信房产	11-29
3	上海	浦东新区	黄浦江沿岸E18地块(9-3)地块	住宅	136038.3	482800	35490	九龙仓	09-08
4	福州	鼓楼区	吉庇路北侧、谢家祠东侧	商品住房、批发零售	2539.8	6950	27364	余盛元	03-23
5	温州	鹿城区	上陡门住宅区前庄路东侧地段	城镇住宅用地	15775.7	41580	26357	温州光大地产	02-03

资料来源：CREIS 中指数据、fdc. soufun. com。

3. 土地市场出现分化：住宅和商办，冰火两重天；一线和二、三线城市，出现背离

2010 年楼市调控主要针对住宅，因此增加了住宅用地的供应，但北京、上海等 28 个重点城市住宅用地建面仅保持了 13% 的同比增长，增速远远低于商业办公用地 39% 的（世联数据平台，2011）的水平。从不同区域来看，城市住宅类土地成交面积增长远不如商办用地，有的甚至出现较大幅度下滑，而所有区域的商办用地均保持较快增长（见表9－6）。

表9－6　2010年不同区域土地成交面积情况

单位：%

区　　域	住宅建筑面积同比	商办建筑面积同比	包含城市
华　　北	8	21	北京、天津
东　　北	57	155	长春、哈尔滨、沈阳、大连
华　　东	13	16	上海、南京、杭州、苏州、无锡、济南、青岛、合肥
华　　中	44	72	武汉、长沙、郑州
华　　南	－25	80	广州、深圳、佛山、东莞、惠州、珠海、厦门
西　　部	－9	25	成都、重庆、西安
城市平均	13	39	

资料来源：世联数据平台。

从不同类别城市来看，一线城市住宅用地成交面积同比出现下滑，楼面价格增长幅度也小于二、三线城市。商办用地方面，二、三线城市成交面积大幅增加，一线城市商办用地成交面积增幅较小，但其楼面价格同比增长67%，从侧面反映出市场旺盛的需求和土地市场竞争的激烈程度（见表9－7）。

表9－7　2010年不同类别城市土地成交情况

单位：%

城市类别	住宅用地		商业办公用地	
	建筑面积同比	楼面价格同比	建筑面积同比	楼面价格同比
一线城市	－10	12	8	67
二线城市	17	28	111	－13

资料来源：世联数据平台。

4. 土地出让金再创新高，达2.71万亿元

据世联数据平台，2010年，28个重点监测城市土地出让金达到11243亿元，同比增长35%。除杭州、广州、沈阳、厦门、西安、长春和珠海7个城市外，其余21个城市土地出让金均保持同比正增长。其中，北京、上海、大连土地出让金超过1000亿元，而大连、武汉、哈尔滨、长沙4个城市甚至出现成倍增长态势（见表9－8）。

表 9－8　2010 年全国 28 个城市土地出让金排名

单位：亿元，%

排名	城　市	土地出让金	同比	排名	城　市	土地出让金	同比
1	北　京	1629	75	15	厦　门	232	-22
2	上　海	1513	50	16	常　州	232	19
3	大　连	1158	343	17	哈尔滨	217	116
4	天　津	932	39	18	济　南	190	35
5	武　汉	764	107	19	青　岛	183	26
6	杭　州	519	-48	20	合　肥	178	34
7	无　锡	510	99	21	长　沙	165	182
8	南　京	437	82	22	深　圳	148	18
9	佛　山	390	44	23	西　安	108	-4
10	重　庆	363	2	24	东　莞	93	3
11	苏　州	330	65	25	长　春	87	-8
12	广　州	311	-22	26	惠　州	79	59
13	成　都	308	16	27	郑　州	59	68
14	沈　阳	253	-33	28	珠　海	50	-67

资料来源：世联数据平台。

自从 1994 年中央和地方分税制改革以来，地方财政压力不断加大，但土地出让金有效地弥补了地方财力的不足，这使得地方政府有强烈的动机维持甚至推高地价，以获取更多的土地出让收入，由此全国土地出让金收入逐年攀高。2005 年全国土地出让金收入为 0.59 万亿元，到 2010 年土地出让金高达 2.71 万亿元，① 5 年间上涨近 3.6 倍。2010 年土地出让金收入已经占到地方政府可用财政收入资金的 70%（见图 9－4）。

5. 土地出让方式有所创新，招拍挂未必“价高者得”

“价高者得”是拍卖的基本规则。土地拍卖在真实反映土地价值的同时，也造成了土地价格的高企，地价传导房价，成为房价上涨的动力之一。“国十条”明确指出，在坚持和完善土地招拍挂制度的同时，探索“综合评标”、“一次竞价”、“双向竞价”等出让方式，抑制居住用地出让价格非理性上涨，这意味着土地出让方式在 2010 年出现重大调整。各地积极探索符合地方实际的土地出让方式，对抑制地价过快上涨，促进保障房建设起到了积极作用（见表 9－9）。

① 2010 年全国土地出让金收入，国土资源部公布的数据是 2.71 万亿元，财政部公布的数据是 2.91 万亿元，此处采用国土资源部的数据。

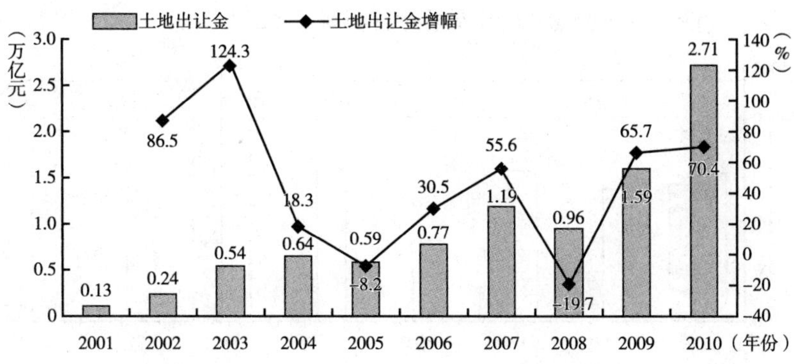

图 9-4　2001~2010 年土地出让金及其增幅情况

资料来源：根据国土资源部和国家财政部历年公布的数据综合整理获得。

表 9-9　2010 年各地土地出让方式调整一览

地　区	调整前	调整后	案例	效果
北　京	挂牌	招标	中服地块	住宅用地均价下降 50%
上　海	正式公告	预公告	齐推 105 宗地块	住宅用地均价上涨 6%
深　圳	竞地价	定地价,竞房价	宝安区西乡街道地块	直接稳定房价

资料来源：CREIS 中指数据、fdc. soufun. com。

6. 土地储备：大型品牌房企年底掀起拿地高潮

年末金地、富力、万科等大型品牌房企掀起拿地高潮。2010 年 12 月，金地新增土地储备 115. 42 万平方米，为前 11 个月平均水平的 984%；富力新增 54. 56 万平方米，为前 11 个月平均水平的 313%；万科新增土地储备 509. 69 万平方米，为前 11 个月平均水平的 255%；恒大节奏放缓，仅新增 1 幅地块，22. 99 万平方米，为前 11 个月平均水平的 8%。部分大型房企 2010 年新增土地储备量如图 9-5、图 9-6 所示。

小结：2010 年是中国经济进入新世纪以来面对的情况“最为复杂的一年”,① 也是中国经济备受考验的一年。这一年，中国房地产市场经历了最为严厉的宏观调控，土地市场作为房地产市场的基本组成部分，成为调控的重点。但

① 这一年，中国面对的是全球经济发展模式、供需关系、治理结构调整变化，外部环境更趋复杂的世界经济格局。防通胀、扩内需、调结构成为宏观政策和百姓生活的新命题。

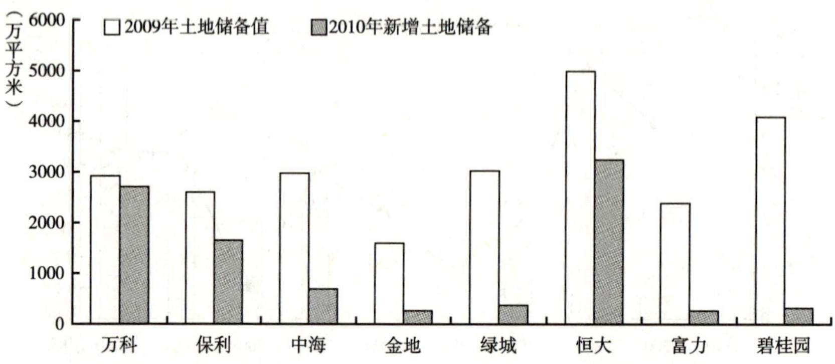

图 9－5　部分大型品牌房企 2010 年新增土地储备量

资料来源：原始数据来自 CREIS 中指数据、fdc. soufun. com。

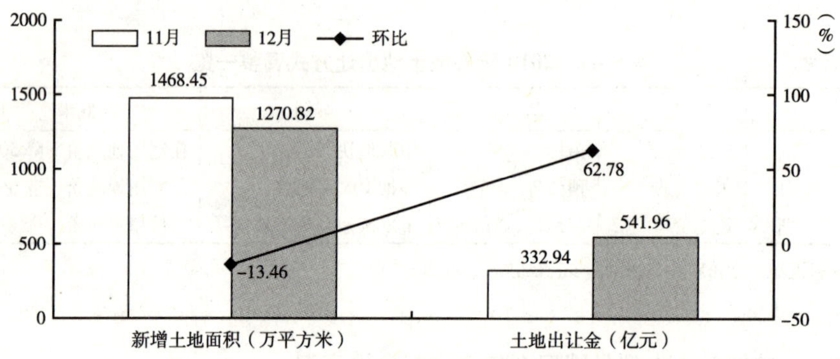

图 9－6　2010 年 12 月 20 家重点监测企业新增土地储备情况

资料来源：原始数据来自 CREIS 中指数据、fdc. soufun. com。

2010 年的土地市场：一方面，政府祭出史上最严调控；另一方面，土地出让金过千亿城市的出现表明土地市场依然火爆，开发商拿地热情依然不减。同时，许多开发商在严厉的调控之下创下年度销售创新高的骄人业绩（如万科首次年度销售过千亿元），表明开发商不惧调控，在调控中依然成长。“政策向右，市场向左”的现象在 2010 年的调控中表现尤为突出。总体看，2010 年在宏观经济形势向好、房价上涨压力较大、通胀预期增强的背景下，土地市场具有以下表现：土地市场供需两旺，成交量稳步上升；全国地价水平保持较快增长，年度地价增长率超过房价增长率，但地价非理性上涨得到遏制；土地出让金再创历史新高，“地王”含金量再次提升；土地供应计划完成率各地千差万别，二线城市好于一线城市；土地出让方式出现调整，招拍挂、“双限双竞”得到更多应用。

（二）2011 年前三季度土地市场运行基本情况

2011 年前三季度土地市场整体运行平稳，供应量与成交量同比均增加，地价滞涨，底价和低溢价成市场趋势，相对降温态势基本明朗。分用途看，住宅用地市场趋冷，无论是供应还是成交均有较为明显的下降，商办用地市场和工业用地市场有一定增长，特别是工业用地市场增加量较为明显。从价格看，总体土地市场价格有所下降，主要原因在于住宅用地价格降幅较大，其成交价显浅“V”或近似“L”形变化。商办用地价格有所上涨，工业用地价格基本保持稳定。

1. 土地供应与成交情况：供应稳步增加，住宅用地成交走低，商办用地平稳，工业用地猛增

2011 年全国住房用地计划供应 21.80 万公顷，与 2010 年全国住房用地供应计划（18.47 万公顷）和实际供地量（12.63 万公顷）相比，分别增加 18.0% 和 72.6%，是前两年（2009、2010 年）年均实际供地量（10.17 万公顷）的两倍以上。[①] 其中，全国保障性安居工程用地和中小套型商品房用地计划供应 17.13 万公顷，占住房用地供应计划的 78.6%，比上年提高 2 个百分点。计划供应保障性安居工程用地 7.74 万公顷，占住房用地供应计划的 35.5%，与 2010 年计划（6.58 万公顷）和实际供地（3.24 万公顷）相比，分别增加 17.6% 和 138.9%（见表 9－10）。

2011 年前三季度土地实际供应总计达 8.73 亿平方米，同比增加 13%。其中住宅用地（含住宅用地及包含住宅用地的综合性用地，下同）供应量为 3.05 亿平方米，同比减少约 12%，较 2010 年同期降低明显，除 1 月、2 月、6 月住宅用地供应量略高于 2010 年同期外，其余月份供应量均低于 2010 年同期，其中 3 月份同比减少最多，供应量最少。工业用地供应量达 4.57 亿平方米，同比增加达 37%，增加明显。商办用地供应量同比增加约 9%，保持基本稳定（见图 9－7）。2011 年前三季度成交土地面积较 2010 年同期增加约 21%。其中仅住宅用地成交面积下跌，同比下降 10.7%，除 1 月、5 月、6 月住宅用地成交量高于 2010 年同期外，其余月份成交量均低于 2010 年同期，其中 3 月同比减少最多，4 月成交

---

① 国土资源部《2010 年各省（区、市）住房供地计划公告》、《2010 年全国住房用地供应计划执行情况公告》和《2011 年全国住房用地供应计划公告》。

表 9-10　2009～2011 年全国住房用地供应计划

单位：万公顷，%

用地类型	2009 年实际供应	2010 年		2011 年			
		计划供应	实际供应	计划完成率	计划供应	相比 2010 年计划供应增长率	相比 2010 年实际供应增长率
保障房	1.10	2.92	1.77	60.6	7.74	17.6	138.9
棚改房	6.54	3.66	1.47	40.2			
中小套型商品房		7.57	6.33	83.6	9.39	24.0	48.3
其他住房		4.32	2.96	68.5	4.67	8.1	57.8
合　计	7.64	18.47	12.63	68.4	21.80	18.0	72.6

资料来源：根据国土资源部历年公布的相关数据整理获得。

注：①西藏、新疆生产建设兵团 2010 年住房用地实际供应量分别为 56.46 公顷、900.22 公顷，由于网络原因，当初两地填报计划滞后，未列入报送国务院的统计表。之后补上的西藏、新疆生产建设兵团 2010 年住房实际供应量数据，由于分类不祥，故在该表相关各分项中无法计入，而只能计入合计数中。即 2010 年住房用地实际供应量各分项中不包括西藏和新疆生产建设兵团，只在合计数里被包括。②保障房包括廉租房、经济适用房、公共租赁房、限价商品房。保障房和各类棚户区改造房（简称棚改房）合在一起又称保障性安居工程住房。

量最少。商办用地和工业用地成交量均有所增加，商办用地同比增加约 21%，工业用地同比增加达 53%（见图 9-8）。

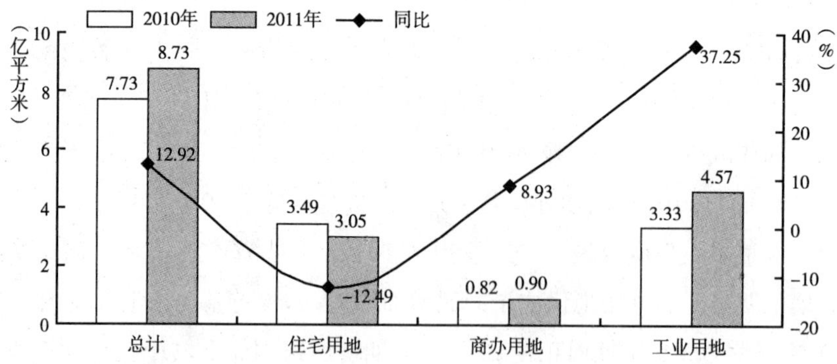

图 9-7　2011 年前三季度土地实际供应量情况

资料来源：原始数据来自 CREIS 中指数据、fdc. soufun. com。

综合来看，2011 年年初以来，全国土地市场一片惨淡，市场频现流拍和底价成交现象，即使传统的“金九”也成了“黑九月”。据统计，2011 年前三季

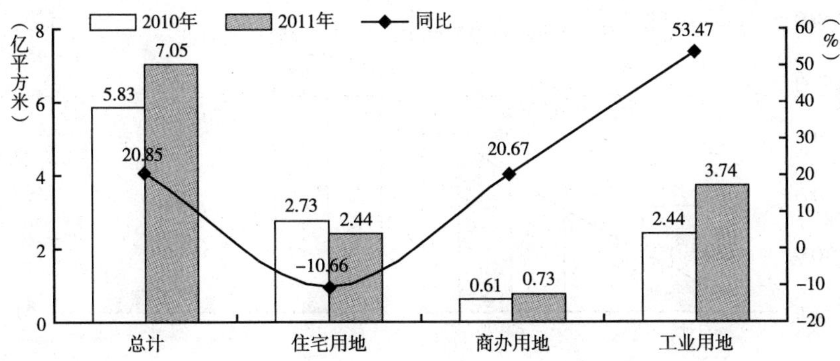

图9－8 2011年前三季度土地成交量情况

资料来源：原始数据来自CREIS中指数据、fdc. soufun. com。

度，仅浙江省流拍土地就达到了207宗，流拍土地总面积超9100亩。[①] 值得关注的是，受到严厉调控的京、沪、广、深一线城市，在上半年成交冷淡的情况下，第三季度回温明显，土地成交出现爆发性上涨，首次赶超2010年同期，同比涨幅为22.1%。

2. 土地成交价格与溢价率：成交价格明显下跌，溢价率持续走低，流拍、底价成交渐多，“地王不再”

成交价格：2011年前三季度各类土地总体成交价格同比均有所回落，成交土地均价同比总体下跌15.8%，从2010年同期的2155元/平方米降至1815元/平方米。其中住宅用地同比下跌1.8%，从3546元/平方米降至3483元/平方米。商办用地成交价有所增加，从3372元/平方米增至3889元/平方米，同比增长15.3%。工业用地基本保持不变（见图9－9）。分季度看，总体第一季度同比下跌16.9%，第二季度同比下跌21.3%，第三季度同比下跌9.8%。住宅用地同比平均约下跌2%，其中第一季度下跌6.3%，第二季度下跌7.1%，第三季度上涨7.5%。商办用地成交地价呈上涨趋势，仅第一季度同比下跌11.5%，第二、第三季度分别上涨23%和45%。工业用地基本保持不变（见图9－10）。

成交楼面地价：2011年前三季度土地成交楼面地价总体下跌15%，其中除商办用地同比增长5.5%外，其余同比均下跌。具体为：各类用地成交楼面地价

① 住在杭州网www. zzhz. com. cn，2011年10月25日。

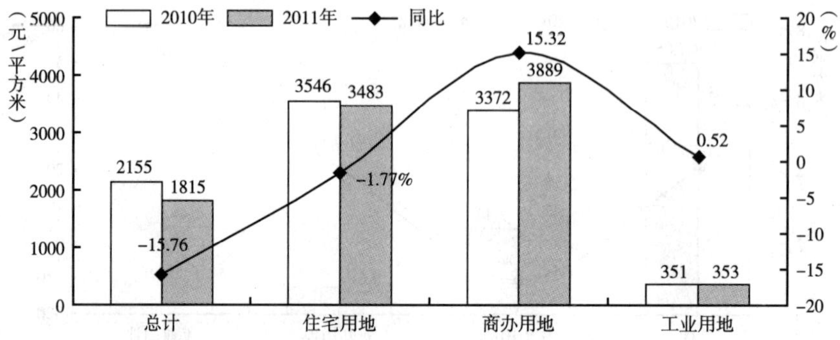

图9-9　2011年前三季度各类土地成交均价情况

资料来源：原始数据来自 CREIS 中指数据、fdc. soufun. com。

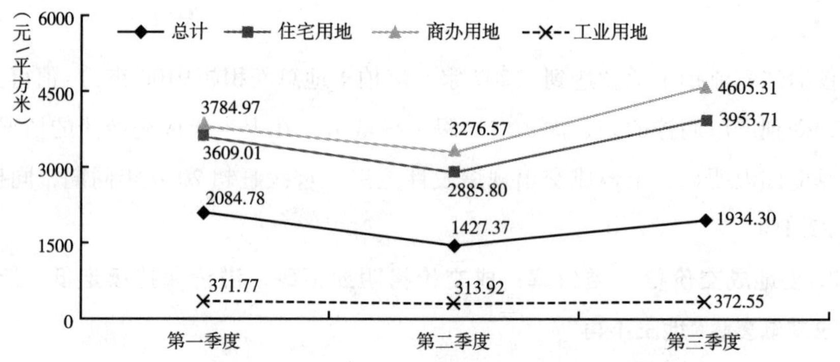

图9-10　2011年前三季度各类土地成交价格各季度变化情况

资料来源：原始数据来自 CREIS 中指数据、fdc. soufun. com。

总体从1276元/平方米下降至1085元/平方米，下跌15%；住宅用地楼面地价从1658元/平方米下跌至1503元/平方米，同比下降9.3%；工业用地从305元/平方米下跌至293元/平方米，同比下降4%（见图9-11）。分季度看，各类土地成交楼面地价均在第二季度出现下跌，第三季度出现回调，且第三季度成交楼面地价均高于第一季度。第一季度成交楼面地价同比下跌20%，第二季度下跌25%，第三季度微跌0.1%。住宅用地同比在第一、第二季度下跌后，第三季度上涨5%，其走势呈浅“V”或近似“L”字形，由1月的1615元/平方米持续下降到4月的916元/平方米，此后以微小波动缓慢上升，后期变动不大；商办用地在第一季度同比跌20%后，第二、第三季度同比上涨5.6%和41%；工业用地在第一、第二季度下跌4%和14%后，在第三季度上涨5%（见图9-12）。

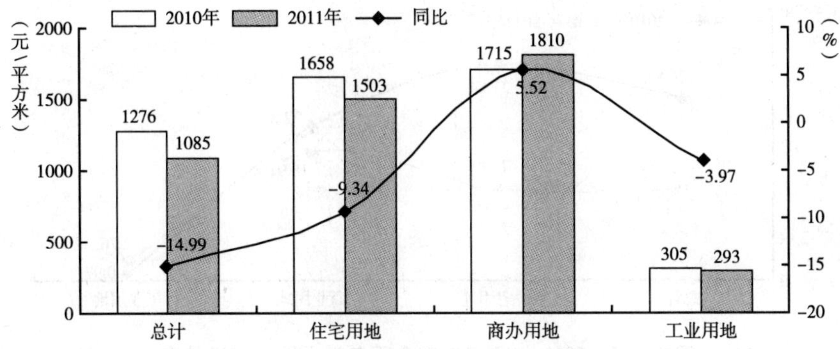

图 9-11　2011 年前三季度土地成交楼面地价情况

资料来源：原始数据来自 CREIS 中指数据、fdc. soufun. com。

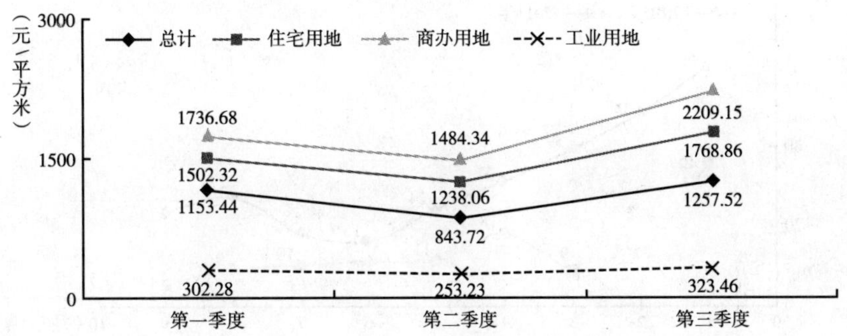

图 9-12　2011 年前三季度土地成交楼面地价各季度变化情况

资料来源：原始数据来自 CREIS 中指数据、fdc. soufun. com。

溢价率：2011 年前三季度成交土地平均溢价率为 13.4%，上年同期为 26.8%，同比降低 13.4 个百分点，土地市场降温明显。其中住宅用地前三季度平均溢价率为 13.7%，上年同期为 31.8%，同比降低 18.1 个百分点，下降幅度最大；商办用地溢价率为 18.9%，上年同期为 22.9%；工业用地为 2.8%，上年同期为 0.97%（见图 9-13）。分季度看，第一季度整体成交土地平均溢价率为 18.3%，第二季度为 13.2%，第三季度为 8.5%。住宅用地成交溢价率基本与整体情况相似，从第一季度的 19.6% 下降到第三季度的 8%，1~9 月全国 133 个城市月度住宅用地溢价率每月均低于上年同期，且持续低走，底价、低价成交已成常态，并不时出现流拍、延期拍卖现象。商办用地溢价率较高，第一、第二季度均超过 20%，分别为 22.6% 和 21%，第三季度回落至 13%。工业用地溢价率整体保持平稳（见图 9-14）。

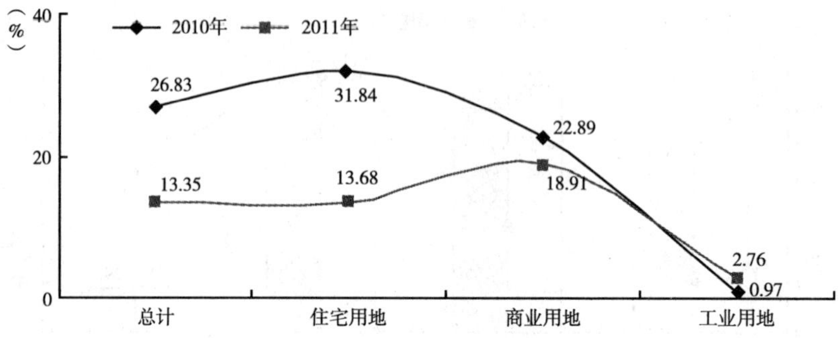

图 9-13 2011 年前三季度全国各类土地成交溢价率

资料来源：原始数据来自 CREIS 中指数据、fdc. soufun. com。

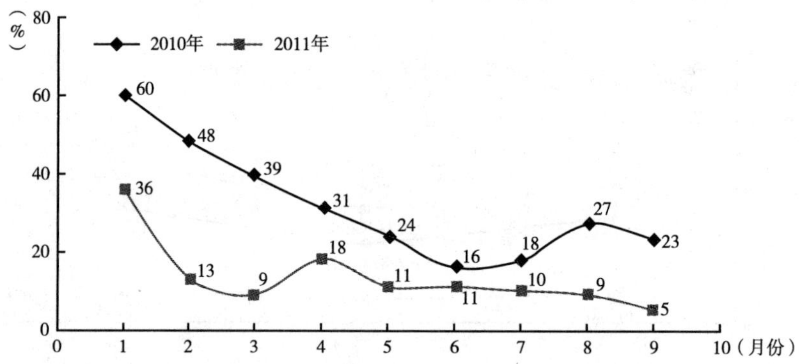

图 9-14 2011 年前三季度全国 133 个城市月度住宅用地成交溢价率

资料来源：原始数据来自 CREIS 中指数据、fdc. soufun. com。

总体来看，地价稳中微升，且市场热点从居住向商业、工业地产转移的态势明显，房地产调控政策的效果已在土地市场上逐步显现。从土地供应市场上异常交易地块的情况来看，高价地块数量明显减少，溢价率和竞价轮次相对平稳，也显示市场热度降温。

3. 土地出让金：总额同比持平，住宅用地出让金下降显著，商办和工业大幅增加

2011 年前三季度土地出让金与 2010 年同期持平，住宅用地下降显著，工业用地增幅巨大。2011 年前三季度全国 133 个市县土地出让金为 12587 亿元，基本与 2010 年持平。其中住宅用地土地出让金额为 8440 亿元，同比下降 12. 8%；商办用地土地出让金额为 2710 亿元，同比增加 36. 7%；工业用地土地出让金额为 1294 亿元，同比涨幅高达 53% （见图 9-15）。

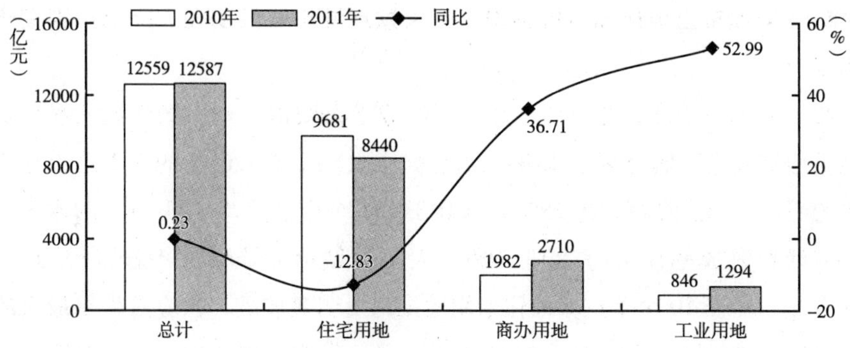

图9－15　2011年前三季度全国133个城市土地出让金情况

资料来源：原始数据来自CREIS中指数据、fdc.soufun.com。

值得关注的是，2011年前三季度全国土地出让金虽然基本与2010年持平，但在空前严厉和区别对待的宏观调控政策下，作为调控最为严厉的重点城市如上海、北京等，政府土地出让金收入明显下降。根据资料，2011年前8个月，从京、沪、广、深以及其他7个重点城市的土地出让金收入情况来看，大半数土地出让金收入都较2010年同期出现了明显下跌，其中跌幅最多的达四成。如2011年前8个月的土地出让金收入，上海为743.1亿元，仅为2010年全年的48.4%；[①] 北京为671.95亿元，比上年同期下调了6.74%，仅相当于2010年全年土地出让金收入的40.9%。此外，土地出让金的来源构成发生了明显的变化。如北京，2011年前8月住宅用地和商业用地均成交33块，其中商办类地块成交额达到了417.04亿元，比上年同期上涨了109.9%，而住宅类地块成交额仅约204.83亿元，同比下降了62%。[②] 另据《2011年广州市财政预算报告》，2011年广州市土地出让金收入计划为646.5亿元，比2010年增加190.8亿元。但2011年上半年广州市土地出让金收入为163.12亿元，同比减少33.75亿元，下降17.14%，仅完成年初提出的全年计划目标的1/4左右。综上，各重点城市土地出让金收入大幅缩水的直接原因是曾经撑起土地出让金收入"半边天"的住宅用地市场，其溢价率每月均低于上年同期，且一直处于低位水平。

① "宜居中国"2011年9月提供。

② 北京市土地整理储备中心、北京中原市场研究部2011年9月统计。

4. 主要城市土地市场运行情况：十大重点城市降温明显，降幅显著高于全国水平

2011年前三季度，北京、上海、天津等十大城市土地市场降温明显，前三季度土地供应量同比降幅达23%，明显高于全国133个市县的水平。土地成交量更为明显，同比降幅高达25%，远高于133个市县平均下跌11%的水平。土地供应计划完成率仅上海达到70%，大多数城市完成情况不佳，约为四成。2011年前三季度10个重点城市住宅用地推出量明显放缓，供应量跌幅最大的是天津，虽然累计供应住宅用地1181万平方米，供应量居全国首位，但同比下跌51%。紧随其后的是武汉和杭州，供应量跌幅分别为41%和37%。同期，10个重点城市中仅深圳、广州和上海3个城市住宅用地累计成交量超过上年同期，同比涨幅分别达528%、91%和26%（见表9－11）。

表9－11 2011年前三季度全国土地市场交易情况

城　市	住宅用地推出面积(万平方米)	同比增长率(%)	住宅用地成交面积(万平方米)	同比增长率(%)	住宅用地平均楼面均价(元/平方米)	同比增长率(%)	住宅用地平均溢价率(%)	同比增长率(%)	总出让金(亿元)	同比增长率(%)	2011年土地供应计划(万平方米)	计划完成率(%)
北　京	423	-4	295	-18	5203	-39	13	-84	787	-5	2550	17
上　海	839	3	711	26	4256	-47	25	-73	907	-4	1200	70
广　州	176	45	163	91	3195	-27	6	-90	206	67	337	52
深　圳	126	255	126	528	3635	141	—	—	189	290	—	—
天　津	1181	-51	1010	-52	2280	25	5	-46	625	-17	2165	55
武　汉	522	-41	583	-28	1932	22	1	-53	427	-4	—	—
重　庆	1033	6	577	-18	1562	-1	15	-19	301	1	5791	18
南　京	298	27	212	-4	3282	-38	3	-77	217	-35	—	—
杭　州	197	-37	177	-34	5857	-5	40	-22	413	-22	475	41
成　都	388	-23	369	-23	1673	35	16	-51	279	34	—	—
合计或加权平均	5183	-23	4223	-25	3288	-18	14	-65	4351	-3	—	—
133个市县	30550	-12	24384	-11	1503	-9	14	-57	8440	-13	—	约40

资料来源：CREIS中指数据、fdc.soufun.com。

从土地溢价率走势看，各主要城市在2010年第四季度经历大幅波动后，进入2011年1～9月，无论是一、二线城市还是三线城市均呈持续平稳走低态势（见图9－16、图9－17、图9－18），和全国总体土地溢价率走势基本一致。

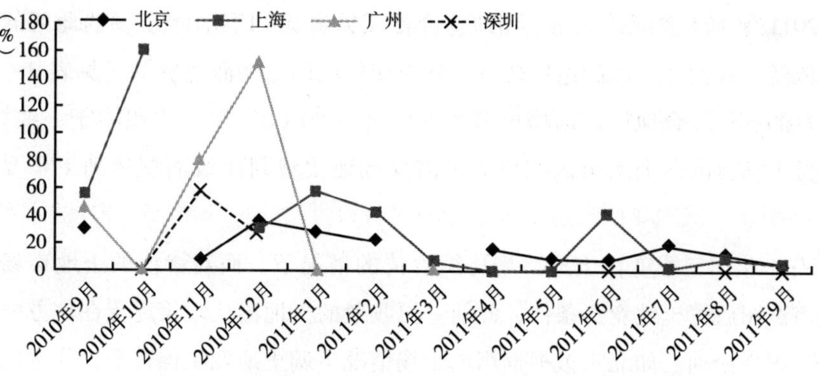

图 9－16　一线城市 2011 年前三季度住宅用地溢价走势

资料来源：原始数据来自 CREIS 中指数据、fdc. soufun. com。

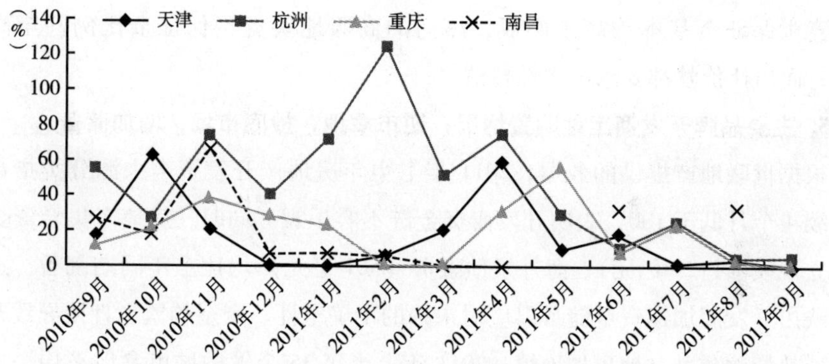

图 9－17　代表性二线城市（天津、杭州、重庆）和代表性三线城市（南昌）2011 年前三季度住宅用地溢价走势

资料来源：原始数据来自 CREIS 中指数据、fdc. soufun. com。

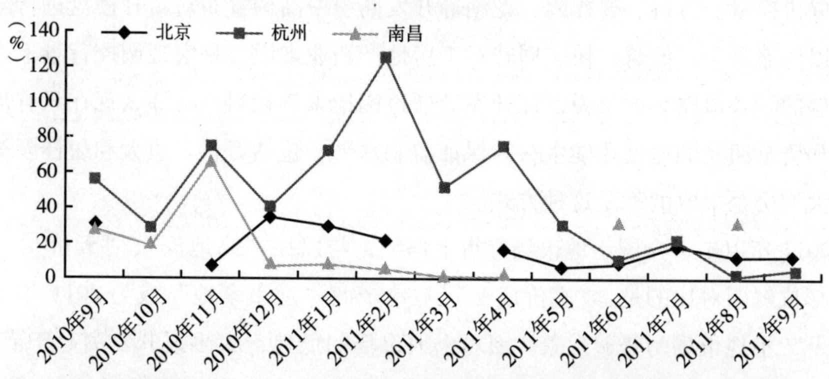

图 9－18　代表性一、二、三线城市 2011 年前三季度住宅用地溢价走势比较

资料来源：原始数据来自 CREIS 中指数据、fdc. soufun. com。

2011 年前三季度，从住宅用地总价看（见表 9 - 12），经济发达地区的综合用地依然是各大开发商的追捧热点。从成交住宅用地楼面地价看（见表 9 - 13），大体量的商住综合地块占据榜单多数席位（占 80%），并且多集中于一线城市。其中位于榜首的深圳南山区蛇口太子湾片区地块规划建筑面积达到 170 万平方米。

2011 年第三季度在土地市场持续冷清的情况下，面对惨淡的土地市场，一些城市试图放宽土地竞买条件，此前一再收紧的土地出让政策终于在地方财政的压力下出现松动。如北京拟根据当前市场情况下调土地竞买保证金，住宅用地降至 20%，商服用地控制在 10% ~15%，同时放宽交款时限，如遇市场过于冷清将考虑降价出让（齐琳，2011）。此前，从 2009 年开始北京市出让的经营性用地土地竞买保证金基本均高于两成，热门的商服地块竞买保证金比例甚至高达 60%，而出让价款都要求一次性付清。

5. 主要品牌开发商土地购置情况：逆市拿地，抄底市场，增加储备

根据世联地产提供的数据，2011 年上半年房地产开发资金来源分类指数已经连续 4 个月低于 100，表明开发商资金链不容乐观。同时，房地产集合资金信托成立规模（1129 亿元）、海外发债融资（561 亿元）均比上年同期翻番，这些都反映出开发商加速资金储备以应对未来的不确定性。资金趋紧也直接导致开发商拿地热情骤减，拿地更加谨慎。2011 年上半年 35 个大中城市拿地平均溢价率下降至 12.7%，流拍率提升至 28.9%，已逼近 2008 年时的水平。

每一次宏观调控都是大型房地产企业扩张的机会。2011 年以来，大型房企纷纷以价换量。万科、碧桂园、龙湖等开发商纷纷高调宣布对新开楼盘进行降价促销以回笼资金。低价、快速周转对于房地产企业来说，是宏观调控背景下生存和发展的一条道路。如果说以往开发商通过囤地来累积财富，那么现在只有加快生产和资金回笼的速度才能生存并保证盈利水平，包括万科、恒大和碧桂园等在内的大型房企采取的都是这种方式。

2011 年以来，全国土地市场称得上惨淡，与以往“高地价”、“天价”、“地王”形成鲜明对比的是，“底价成交”与地产商“逆市拿地”成为 2011 年“金九银十”土地市场的普遍现象。面对土地市场的低迷，大多数开发商趋于谨慎，而一些具备资金实力的标杆房地产企业，比如万科、恒大、保利、中海等开始出没土地市场，大规模拿地（见表 9 - 14、表 9 - 15）。

表 9-12 2011 年前三季度全国成交住宅用地总价前十名

排名	城市	区域	宗地名称	规划用途	建筑面积（平方米）	成交价（万元）	楼面地价（元/平方米）	溢价率（%）	竞得方
1	深圳	南山区	南山区蛇口太子湾片区	商业、服务业设施用地、仓储用地	1700000	643900	3788	0.00	招商局蛇口工业区有限公司
2	上海	浦东新区	浦东新区浦东大道 1550 号地块	酒店、居住、商务、商业、科研创新	680000	451800	6644	—	上海地产（集团）有限公司
3	南京	建邺区	建邺区扬子江大道以南，江东南路以北	商住用地	941138	447200	4752	0.00	盖世控股有限公司、硕富有限公司、佳铭控股有限公司、南京市河西新城区国有资产经营控股（集团）有限责任公司
4	长春	经济技术开发区	经济开发区东至会展大街、南至芜湖路、西至虹桥街、北至北海路地块	城镇住宅、其他商服	264852	447082	16880	—	吉林省日辉房地产开发有限公司
5	北京	丰台区	丰台区郭公庄车辆段项目五期 1518～632 板块 U2 交通设施用地兼容居住、公建（配建“公共租赁住房”）	U2 交通设施用地兼居住公建	629170	335100	5326	5.59	北京万科企业有限公司、北京市基础设施投资有限公司和北京京投置地房地产有限公司联合体
6	南京	建邺区	建邺区滨江大道以南，江山大街东、西两侧	商住用地	977444	330000	3376	0.00	南京青奥城建设发展有限责任公司、南京奥体建设开发有限责任公司
7	上海	宝山区	杨行镇西城区北块 G-2-1地块（A 块）	住宅用地	275416	313368.8	11378	89.63	远洋地产上海公司
8	福州	台江区	台江区光明港以南，鳌峰路以北	商服、住宅用地、公共绿地	356527	305000	8555	42.52	福建阳光房地产开发有限公司
9	天津	河西区	河西区解放南路与湘江道交口	城镇住宅、商服、住宿餐饮	320000	299000	9344	0.00	天津保利融创投资有限公司
10	上海	宝山区	大场镇捆绑基地塘祁路南侧地块	住宅用地	197610	265686	13445	156.09	上海保利建霖房地产有限公司

资料来源：CREIS 中指数据、fdc. soufun. com。

表 9－13　2011 年前三季度全国成交住宅用地楼面地价前十名

排名	城市	区域	宗地名称	规划用途	建筑面积（平方米）	成交价（万元）	楼面地价（元/平方米）	溢价率（%）	竞得方
1	苏州	平江区	平江区平四路机床电器厂、林机厂地块	城镇住宅用地	24430	74000	30291	89.32	中华企业股份有限公司
2	上海	浦东新区	浦兴社区 Y000902 编制单元 19－04 地块（原金东小区 D－2 地块）	住宅用地	30948	66111	21362	46.91	上海景瑞投资有限公司
3	天津	和平区	和平区成都道北侧	城镇住宅、商服	19850	39400	19849	0.00	天津瑞尔斯泰德股权投资基金合伙企业（有限合伙）
4	上海	徐汇区	徐汇区天平街道 68 街坊小襄阳地块	其他普通商品、住房用地	5987	10800	18039	0.00	上海汇成房产经营有限公司
5	温州	瓯海区	瓯海区南湖地段 D－3－03 号地块	城镇住宅用地	95700	166000	17346	0.64	浙江中梁置业有限公司等组成的联合体
6	长春	经济技术开发区	经济开发区东至会展大街、南至芜湖路、西至虹桥街、北至北海路地块	城镇住宅、其他商服	264852	447082	16880	—	吉林省日辉房地产开发有限公司
7	上海	浦东新区	外高桥新市镇 E03－07 地块	商住	23744	36810	15503	95.75	上海外高桥新市镇开发管理有限公司
8	上海	浦东新区	外高桥新市镇 E03－08 地块	商住	12098	18750	15498	98.14	上海外高桥新市镇开发管理有限公司
9	北京	丰台区	丰台区卢沟桥乡居住项目（配建公共租赁住房）	R2 居住用地兼容公建	145860	222000	15220	—	北京京大昆仑房地产开发有限公司和北京振兴亚北土地开发有限公司联合体
10	北京	丰台区	丰台区成寿寺住宅项目用地	二类居住用地	8763	13200	15063	22.22	北京房地置业发展有限公司

资料来源：CREIS 中指数据、fdc. soufun. com。

表 9－14　2011 年前三季度房地产企业新增土地规划建筑面积排行（部分）

单位：万平方米

时　间	恒大	万科	保利	中海	绿地	金地
第一季度	767.67	579.65	285.45	266.12	218.44	397.55
第二季度	624.07	253.44	258.64	183.26	—	—
第三季度	0	500.08	226.99	148.89	208.37	—
合　计	1391.74	1333.17	771.08	598.27	426.81	397.55

资料来源：根据 CREIS 中指数据和 fdc. soufun. com 综合整理。

表 9－15　2011 年前三季度房地产企业新增土地总金额排行（部分）

单位：亿元

时　间	万科	中海	保利	恒大	招商	绿地
第一季度	110.78	81.78	74.95	56.12	—	31.48
第二季度	50.01	63.56	39.14	61.41	98.59	—
第三季度	165.96	50.58	76.37	0	0	30.74
合　计	326.75	195.92	190.46	117.53	98.59	62.22

资料来源：根据 CREIS 中指数据和 fdc. soufun. com 综合整理。

小结：总体来说，2011 年前三季度土地市场运行平稳，但由于住房市场因限购而处于半冻结状态，住宅用地市场受其影响，无论是实际供应还是成交均有较为明显的下降，商办用地市场和工业用地市场有一定增长，特别是工业用地市场增加量较为明显。从价格来说，总体土地市场价格有所下降，主要原因在于住宅用地价格降幅较大。商办用地价格有所上涨，工业用地价格基本保持稳定。而第三季度全国主要城市地价监测报告显示，第三季度全国主要监测城市综合、商业、居住和工业地价环比、同比增幅全面回落，土地市场相对降温态势基本明朗。总体看，土地成交量依然远低于国家的计划供应量，反映了在调控背景下市场和企业的自我保护状态；住宅用地溢价率一路走低，十大重点城市无一城市的溢价率超过上年同期，表明土地市场相对降温态势已经形成；大多数开发商购地趋于谨慎或无力购地，而一些具备资金实力的标杆房地产企业"逆市拿地"，欲"抄底土地市场"。

三　当前土地市场存在的主要问题与趋势预测

（一）主要问题

1. 土地供应计划完成率偏低

为贯彻落实中央政府的房地产市场调控政策，确保中央提出的保障性住房计划顺利落实，国土资源部从2010年开始编制“全国住房用地供应计划”。2011年的计划供应量（21.80万公顷）超过前两年平均实际供地量（10.17万公顷）之和，但是，2011年上半年全国只完成（5.74万公顷）年度供应计划的26%，第三季度实际供地量进一步降低，全国前三季度住房用地供应共完成8.8万公顷，仅完成全年住房用地供应计划的40.5%。

在国家进一步加强对各地住房用地特别是保障性安居工程用地供应计划执行情况的监督、检查和指导下，全国保障房建设开工率达98%（截至2011年9月底），保障房用地供应计划完成情况良好。相比之下，普通商品住房用地计划完成率更加偏低。2011年的土地供应量完成率过低，有可能影响2012、2013年的住房供应量，进而影响房地产宏观调控的成果。

2. 有关土地市场的基础性制度不够完善

土地既是资源又是资产，既是生产要素又是生活要素，既是“财富之母”又是生存之本，有关土地的问题既是经济问题又是民生问题和政治问题（民生是最大的政治），有关土地的分配对资源和财富的分配起着基础性、决定性的作用。资源和财富的分配主要有三种方式：市场、政府和法律。在市场经济条件下，市场起着基础性的作用，因此土地市场是一个牵一发而动全身的市场，有关土地市场的基础性制度如产权制度、税收制度、住房制度等对土地市场的稳定性起着基础性的作用。目前我国上述各方面制度都有待建立和完善。缺乏基础性制度的支撑，只对土地市场实行头疼医头、脚痛医脚的所谓宏观调控，尤其是靠短期行政打压的手段，只能是“扬汤止沸”，是难以为继的，也是积重难返的。

3. 土地法律法规和政策缺乏过硬的执行力

有关土地的法律法规和政策执行不力是土地调控效果欠佳的一个重要原因。长期以来，各种抑制土地投机的政策执行不力，包括打击囤地、土地抵押等政策在实际执行过程中很多是走样的，各种调控土地措施的执行力度在地方也常被弱化。如国土资源部1999年即出台了《闲置土地处置办法》，其中对闲置土地的认定、处置、处理流程、审批程序等作出了规定，但是，1998～2008年10年间全国用于房地产开发的土地，目前仍有近40%囤积在开发商手中（梁季阳，2010），致使囤积土地成为中国房地产市场中最严重的问题。这是有法不依，至少是执行不力的结果。其原因在于地方政府和开发商存在共同利益，你中有我，我中有你，故地方政府往往无法坚决执行土地出让两年不开发无偿收回的规定。2010年以来，土地调控政策涉及土地的供应环节、交易环节、监管环节，就政策本身而言，能够起到抑制地价非理性上涨、规范土地市场交易行为的作用。但是，政策缺乏相应的细则条款，缺乏过硬的执行力，致使调控达不到预期效果。

4. 土地政策波动过大或代价过高，缺乏政策评估

土地是基础性生产要素和民生要素，我国的土地政策在缺乏基础性法律保障的情况下，比其他政策应该更具稳定性。但现实中，土地政策波动过大，政策影响市场常常成为中国房地产业和国民经济发展中的“硬拐点”。例如，2008年底和2009年宽松的土地政策，在成为应对国际金融危机实现国民经济“V”形反转的重要利器的同时，也成为2010年开始实施“史上最严”土地调控政策的诱因，这样波幅巨大的调控政策对土地市场的负面影响极大。

土地政策作为2010和2011年宏观调控政策重要着力点，国务院和国土资源部先后出台多项涵盖土地供应、招拍挂、闲置土地清理、征地拆迁、价格监测等各个环节的政策或规章，政策出台频率可谓密集，力度可谓强大，目前看这些政策取得了一定效果，地价上涨得到了一定遏制，土地市场更趋规范，但在一定程度上说，这是对2008年底和2009年过度宽松的土地政策的一种纠偏，付出的代价或是很大。其一，目前不得不采取的“史上最严”的土地调控政策在控制地价上取得成效的同时，稍有不慎也可能导致地方政府“缩量保价”，导致企业“谨慎拿地”或无力拿地，进而影响未来房地产供应并牵连相关产业。其二，住房市场目前出现的交易量大幅萎缩也并非土地调控的初衷和目标。我们不能够把住房交易量大幅萎缩说成是土地政策调控的预期。土地调控的预期是希望房价下跌，更多的老百姓买得起房，更多的商品住房能够满足富裕起来的中国城镇居民的住房需求，而不是相反。好的政策一定是促进生产力的释放，而不是限制生产力的发展。其三，目前这些政策在应对依然复杂多变的国内外经济形势中能否达到预期效果，有无负面效应，其成本是多少，收益是多少，有没有更好的政策达到这样的效果，这些都需要在厘清土地调控的目的、目标的基础上，对每一项政策的实施效果进行充分的预评估和后评估，进行成本和收益的计算，[①] 以便为适时预调微调土地政策和出台新的土地调控政策做好基础工作。

5. 土地市场缺乏监管，信息披露不够

土地市场各主体缺乏有效监管，暗箱操作时有发生，致使土地领域成为腐败多发区。即便是为了杜绝暗箱操作而推出的招拍挂本身，也难以与暗箱操作划清界限。首先，由于缺乏监督，政府往往可以通过设定各种量身定做的“限制条件”，将土地出让给事先约定的开发商。其次，由于土地规划中包含了对容积率的限定，通过修改规划提高容积率就成为地方政府和开发商合谋谋取不正当利益的手段。开发商与地方政府为了各自利益可以在拍卖环节将土地价格定得畸高，然后在建设环节通过改规划降低开发的成本。再次，通过政商合谋得以早早介入土地一级市场的开发商，也可以通过把土地利润放在“七通一平”环节中，在一级市场获得土地后，再放在二级市场“自拍自挂”，从而获取暴利。总之，正是在整个土地市场中，地方政府的垄断权力缺乏监管而又无处不在，令土地市场供求关系被人为操纵，真实的市场价格无法形成。其原因首先在于地方政府实际上集土地的所有、经营、监管为一身，无法形成有效监管。其次，审批和许可的市场准入监督不透明、不规范和不简洁。最后，市场秩序监管体系不完善、不得力，导致开发商大量囤积土地、炒风盛行和黑市猖獗。

土地市场乱象多，但最乱当属信息。政府是土地的垄断供给者，但政府的供地等信息不够透明，如政府的年度建设计划、保障性住房的建设计划、土地出让年度计划，要么残缺，要么根本不公布。近两年国土资源部强行公布了 2010 年和 2011 年的土地供应计划，但只是公布了一个大数，具体的地块如何分布，依然不透明，每个城市的供地计划如何，依然是一笔糊涂账。

6. 土地出让方式有待完善和创新

目前推行的土地出让招拍挂方式是实现土地市场公开、公平、公正的一种有效手段，有利于规范我国的城市土地交易市场行为，有利于显化土地的真实价

---

① 按照法经济学的观点，任何法律制度和政策都是可以计算其成本和收益的，成本高于收益的法律制度及政策是不应该制定和执行的。

格，有利于增加土地市场透明度，杜绝暗箱操作、权钱交易，从源头上防治腐败，从而也可防止国有资产的流失。它对地价的影响不是单向增加的。但是，招拍挂垄断供地模式仍有完善的空间，我们需要探索如何将政府对市场的调控作用与市场对土地资源的配置作用有效结合，探索如何完善招拍挂制度，如何有效创新招拍挂交易的评标方式，如何创新出让方式，等等。要避免招拍挂制度实施过程中的扭曲，以及相关配套政策存在缺陷等综合因素产生不尽如人意的叠加效应和“市场失灵”，各级政府尤其是地方政府应该从公共利益出发，按照市场客观规律调整土地供应量，加大对城市土地市场与房地产市场清理整顿的力度，加强行政执法监督，规范土地市场交易秩序，在实践中不断完善土地招拍挂制度。

7. 住宅用地有效供应不足

住宅用地的有效供应，是指住宅用地供应的数量、结构、节奏和价格满足住房的有效需求，并能及时转化为住房的土地供应。分析表明，在严厉的宏观调控下，从2010年开始，纯住宅用地，特别是普通商品房用地的有效供应量就已经持续下降。如果这种情况目前还不能有所改观，将导致商品房开发量的萎缩，房价就会不可避免地出现上涨，这将在很大程度上对冲调控的效果。

此外，闲置土地的大量存在，也使土地形成无效供应。一方面，国土资源部通过供地计划供应的土地，被地方政府过多地囤于土地储备中心，以便通过垄断供应高价出让；另一方面，地方政府出让的土地又被开发商囤在手中，以便坐等升值。这样，国家供应的土地经过层层的“漏出”，导致了土地大量闲置，形成了土地的无效供应。

（二）2011～2012年土地市场总体判断与展望

土地市场运行及未来的发展趋势与宏观经济变动息息相关。当前，在全球经济复苏步伐放缓、国内经济理性回调、房地产调控继续深化的背景下，土地市场相对降温的态势已基本明朗。目前，房地产市场的走势正朝着中央政府预想的方向发展。随着我国经济自主稳定增长、保障性安居工程建设全年目标持续推进，以及地方政府财政压力的进一步加大，城市土地刚性供需会进一步放大，地价总体水平将会延续平稳增长态势。但随着供需双向调控政策全面落实、房地产业资金有序回流、通货膨胀率有效抑制等有利因素的强化，城市居住地价增速将进一步回调。

1. 土地供应：计划供应总量稳步增加，保障房用地维持不变，商品住房用地小幅增加

对土地市场进行严厉的调控，缘由还是在于房价太高，如果房价不高，也就无所谓调控了。近两年政府调控房价的立足点已经从控制需求转向增加供给，或者控制需求与增加供给并重。因此，2012 年土地的计划供给量会稳步增加。由于 2012 年 1000 万套保障性住房的计划和 2011 年持平，因此，2012 年的保障性住房用地会维持不变。商品住房用地计划供应量也会有进一步增加，但受不断低迷的住房市场影响，其成交量或会大幅萎缩。随着楼市调控的逐渐深化，开发商纷纷把目光从住宅转向商业、办公地产，2011 年前三季度已有不少开发商出手购入商办用地。从四大一线城市商业地产开发投资额与房地产开发投资额的比例来看，住宅市场发展相对较早的上海、深圳、广州的商办地产占比逐渐上升，已达到 20% ~25% 的水平，因此，商办用地供应量和成交量都会有较大幅度增加，市场或呈现供需两旺的景象，工业用地会稳中有升。

2. 土地需求：总需求稳步增加，商品住宅用地需求或大幅萎缩

当前，在市场趋势不明、资金吃紧的情况下，开发商已经在收缩投资规模，面对调控政策，缓拿地、少拿地甚至不拿地，缓建房、少建房甚至不开工建设新房是开发商的理性和无奈选择。因此，如果继续坚持目前的房地产调控政策不放松（如果国内外经济形势看好，这种可能性几乎是肯定的），那么商品住宅用地有效需求或会大幅萎缩，但也不排除大型实力开发商逆市拿地、抄底市场，使需求放大的可能，即使如此，受市场低迷的影响，商品住宅用地需求同比也会减少。如果国内外宏观经济形势恶化，不排除放松房地产调控政策的可能，那么，住宅用地需求或会有所增加。商办用地和工业用地由于不受调控，更由于住宅用地调控的挤出效应，这两类用地的需求或会较大幅度放大，从而弥补住宅用地需求的不足。

3. 土地价格：楼面地价稳中趋降，总成交额或会维持 2011 年水平

从宏观经济层面来看，美国经济可能二次探底，欧债危机依然严峻，国际上经济复苏速度放缓，不确定性增强。国内经济走势总体可控但显现滞胀信号，在楼市调控政策纵向深化等多重因素叠加下，地价水平升中趋稳，涨幅持续回落，进而稳中趋降，低价、底价成交成市场常态，流拍现象也会时有发生。其中住宅用地的成交价会有较大幅度的同比下跌，商办用地成交价会继续呈明显上涨趋势，工业用地则基本保持稳定。综合来看，楼面地价或会稳中趋降，但由于土地成交面积有可能增加，总成交额或会维持2011年水平。

4. 分段走势：土地成交量显浅“U”形走势，成交价格增幅显反“L”形走势

当前，在政策的叠加效应下，土地市场已经降温。由于政策的连续性和市场的惯性，土地市场下行将是未来一段时间的趋势。地价与房价紧密相连，住房市场的低迷，预示着地价将进一步调整。由于“金九银十”的房价形势直接影响后期政策走向，而2011年的“金九银十”价量齐跌，变成了“铜九铁十”，随着市场持续低迷，预计2011年第四季度宏观政策将逐渐“见底”，但是，坚定不移搞好房地产市场宏观调控，这是本届政府的决心，因此短期内还不会实质性放松现有的政策，土地市场将在既有政策框架内充分释放市场的力量。到2012年下半年，随着宏观经济形势的变化，土地调控政策会相机抉择，处于政策高压状态的房地产市场可能会有所缓和，土地市场将由政策主导转向市场力量主导的局面。综上，2011年第四季度和2012年全年，即未来的16个月，住宅用地成交量或显浅“U”形走势，其底部可能会在2012年的第一、二季度。成交价格增幅或呈“J”或反“L”形，其底部可能会在2011年的第四季度和2012年的第一、二季度，或许还加上第三季度。可见，2012年的第一、二季度，住宅用地市场或呈量价齐跌的态势，从第三季度开始，住宅用地市场或是价跌量增到量价齐增的缓慢转换期。各类土地综合价格或呈低幅持续上涨态势，但随着供需双向调控政策的全面落实，城市居住地价增速将进一步回调。

5. 分区走势：一线城市降温，二、三线城市和中小城市成热点

在2009年底政策出现微妙转向（如土地出让金首付比例提至五成等规定）之后，二、三线城市与一线城市相比，土地价格尚属低位，但二、三线城市接棒土地市场之“癫狂”的现象已经显现。加上近期楼市调控力度在一、二、三线城市中依次减弱，中小城市甚至基本没有实行调控，不少开发商于是转战二、三线城市和中小城市，使这类城市土地市场升温，价格上涨。

此外，“十二五”规划建议中明确提出，今后要“缓解特大城市中心城区压力，强化中小城市产业功能，增强小城镇公共服务和居住功能，推进大中小城市交通、通信、供电、给排水等基础设施一体化建设和网络化发展”。“十二五”规划“促进区域协调发展，积极稳妥推进城镇化”城市发展战略目标的确定，将加速今后二、三线城市楼市发展的进程。城镇化的推进，将使二、三线城市和中小城市成为房地产建设的主战场，由此推动这类城市地价和房价的上涨。

四　加强土地市场调控、推动土地市场稳健发展的建议

（一）长期稳定的法律化制度和短期灵活的政策化制度有机结合

房价过高、地价过高已是事实。“罗马不是一天建成的”，如今的价格过高是近10年来，特别是近3年来累计过快上升的结果，其中制度不当，特别是政策不当是其重要原因，如2008年底和2009年在应对全球金融危机的过程中，实施了过于积极的财政政策和过度宽松的货币政策，以及对房地产业的过度扶持政策，虽使经济增长得以“V”形反转，但也直接导致了2009年和2010年房价的过快增长，进而引致了地价的过快增长。当前，房价过高、地价过高已成为困扰房地产业和国民经济发展的病症。面对现实，汲取教训，必须将长期稳定的法律化制度和短期灵活的政策化制度有机结合，才能治标治本，一方面使房价、地价慢慢回归理性，一方面使国民经济健康较快发展，居民住房得到有效保障。

长期着眼于财税制度、土地制度以及住房制度等基础性制度的改革和完善，尤其是要破解“土地财政”①难题，尽快出台《物业税》、《遗产税》、《基本住房保障法》、“农村集体建设用地市场建设”等法律法规，抓紧修改完善《土地管理法》、《城市房地产管理法》等法律。“土地市场的调控法宝在土地市场之外”，只有致力于有关土地市场的基础性制度建设，才能达到治本的目的。短期可着眼于治理过高的房价、地价，但要在基本方向不变的前提下注意相机抉择，要因地制宜、因时制宜，把握节奏和力度、适时微调。当前一要继续落实包括限购、限价在内的楼市调控政策，在取得一定调控收效的情况下，要清楚地认识到房地产市场走势的复杂性，要保持政策的力度和连续性，避免由于执行力度的松动而出现房价、地价的反弹；二要继续加强保障性住房用地的供应和管理；三要促进普通商品住房土地市场健康较快发展。在长期制度和短期政策之间要把握衔接平衡，避免短期政策头痛医头，被动应付，最终形成稳定的预期和长效制度。

① 在财税体制未进行根本改革之前，地方政府推高和维持高地价的强烈动机不会改变。

（二）加强土地法律法规和政策的执行力

政策执行力是一种由内在品质决定的向外张力，它的内核是决定政府行动集中统一的意志力，内核之外是在政府意志统一基础上产生的行动力。它强调政策执行过程中沿政策目标指向所形成的力量，即决定政策执行结果是否符合政策目标要求的内在品质。显然，政策执行力包含了执行能力和着力方向两个基本要素，是向量。一项好的政策要获得预期的效果必须提高和确保政策的执行力。2010 年以来，尽管国土资源部频发土地市场调控政策，但是由于政策本身存在执行漏洞，以及在地方配合上缺乏实际执行力，难以达到预期效果。实践证明，土地利益链错综复杂，如果没有一套足以阻断既得利益者对调控政策干预乃至绑架的执行机制，是无法将中央政府的调控愿望化为有效行动的，甚至有可能半途而废。在当前业已进入调控关键时期的土地市场，亟须提高政策执行力，特别是调控政策投放的精准度，要通过具体的规定消除政策的“模糊地带”，特别要杜绝“上有政策，下有对策”等严重问题的发生。因此，我们认为，近期不必出台新的紧缩性土地调控政策，关键是对现有的土地法律法规和政策如土地增值税、闲置土地清理、土地招拍挂等进行抽丝剥茧式的剖析，协调盘踞于其中的利益各方，制定实施细则，增强可操作性，加强执行力并落实到位。应当指出的是，在规范土地市场的问题上，既要限制开发商的投机行为，也要规范政府行为，不能因为涉及“政府原因”便不作处罚。①

（三）做好土地调控政策的预评估和后评估

土地的资源与资产特性，决定了它在国计民生中的基础性地位，因而土地政策对社会资源的分配与优化及对整个国计民生都有重要的导向、约束和调节作用。土地政策运行包括了土地政策要求、制定、实施、反馈、评估及土地政策完善、取消和法律化过程。其中土地政策评估是科学制定和完善土地政策，减少政策的随意性、主观性的重要手段。土地政策评估就是运用现代科学知识和先进的

---

① 土地政策实际上是中央政府和地方政府的博弈，土地市场上的违规行为主体是地方政府。因为中央只制定政策，但具体实施却要靠地方政府，而当地方利益与中央政策不一致时，地方政府往往会阳奉阴违。

技术方法，按一定标准对土地政策方案的科学性、可行性及实施效果进行综合评价，以及对具体的土地政策优劣进行判别，以避免和减少政策决策失误、降低土地政策实施风险。

土地政策评估是一个动态过程，政策制定、政策执行、政策监控和政策终结等环节，都需要有政策评估为其提供判断依据，没有政策评估的支持，土地政策系统不可能健康地运行。每出台一个政策都应进行政策评估，如政策诱因、政策目标、政策效果到底是什么、政策目标实现的标准是什么等，政策终结还要及时进行政策后评估。例如，目前的土地调控政策正处在敏感期，需要通过政策评估对政策的走向和效果作出预测，以便能够及时准确地对政策进行微调达到预定的政策目标。短期看，尤其是2011年第四季度和2012年上半年，市场上有充足的土地供应，将是企业获得相对低价土地的机会，但对房地产企业而言，这段时间内注定是挑战大于机遇；长远看，采取措施把不健康因素挤出市场有利于土地市场长远稳定发展，但更大的挑战是如何把握政策节奏，较长时期地保持房地产业平稳持续较快发展，避免市场的大起大落。未来土地调控既要防止地价和房价快速上涨进一步加剧通货膨胀，又不能大起大落影响国民经济稳定发展。再如，2010年土地的供应计划落实不够，为了更好地推进2011年的土地供应，对于2010年房地产的供地计划执行情况应该及时进行后评估，以便更好地完成2011年的供地计划。

（四）加强土地市场检测监管，及时披露相关信息

加快推进和完善土地市场监测监管系统运行，形成土地供应、开发利用情况监测分析报告，实现土地供应和开发利用各环节监测监管的无缝对接，对土地市场风险及时预警预报。以土地市场动态监测监管系统为基础，加强土地供应和开发利用各环节的监管，探索项目开发建设动态巡查机制，实施建设项目开竣工申报制度，规范开发利用行为。同时，以土地市场动态监测与监管系统数据为基础，利用供地率、开工率、竣工率等指标考核评价各地土地利用管理工作，形成动态考核机制，维护土地市场的正常秩序。

市场经济，最重要的是交易双方信息对等，交易信息公开化、透明化。为保证土地市场公开公平，杜绝暗箱操作，稳定市场预期，各级国土资源部门要进一步加强信息公开，要及时公开土地供应计划、土地出让公告、土地供应结果、实

际开发利用情况等动态信息，有效监督房地产用地尤其是住宅用地开发建设情况，促进尽快形成有效供应。发挥社会组织、媒体和公众的监督作用，坚持和强化舆论引导。加强企业诚信建设、信用评价和行业自律，对违规修改保障性住房、中小户型、中低价位普通商品住房项目规划用途和开发建设条件的，及时曝光并查处。

（五）继续加大土地有效供应

建议在保证保障性住房用地供应的同时，大幅加大普通商品房用地供应，继续加大力度处置闲置土地。

我国保障性住房的建设目标是保障20%最低收入者的住房需求，[①] 因此，大多数人的住房问题是靠市场解决的。除保障性住房外，目前的关键问题是中低价位、中小套型的普通商品房供应不足，价格过高，因此，要大幅加大普通商品住房用地供应，以保证市场对普通商品住房的需求，这是和保障房并行不悖的“托底”举措，也是保障“大民生”的重要体现。同时，要积极宣传引导合理性的需求，要用市场、行政和法律的手段挤出投机需求部分。

对于闲置土地，要在《闲置土地处置办法》的基础上，根据新情况、新问题，制定具体处置细则。基本思路是：一方面要限制开发商的投机行为，另一方面还要规范地方政府行为。从近年来发现的土地闲置问题来看，如果对闲置土地背后的地方政府不作为、乱作为不加治理，只要涉及“政府原因”便可不受处罚，则清理闲置土地便难以达到预期目标。建议对开发商优先考虑经济手段，让开发商承担土地闲置相应的经济代价，可以通过税收的形式把开发商“囤地”期间的增值收归国有，去除开发商投机的动机。对地方政府则加大问责力度。此外，要在加大力度清理闲置土地的同时，避免新的闲置土地产生，保证土地有效供应。

（六）取消土地供应双轨制

经过近30年的改革创新实践，我国城市国有土地基本实现了有偿、有限期、有流转的使用制度，但目前国有土地供应仍然保留着双轨制，即一方面政府无偿

---

① 目前要特别注意避免保障性住房用地的无效供应，在出台保障性住房用地供应计划之前，一定要摸清保障性住房的真实需求，即到底需要多少保障房、需要什么样的保障房、什么时候需要保障房，把握好保障性住房用地供应的数量、结构和节奏。

划拨国有土地给使用单位，另一方面通过市场化手段（目前主要是通过招标、拍卖、挂牌三种方式出让土地）有偿出让国有土地。这造成目前我国土地资源配置的非市场化程度依然很高（甘藏春，2011）。随着市场经济的发展，应当最终取消土地供应双轨制。按照资源市场配置的基本原则，缩小划拨地范围，扩大有偿使用覆盖面，最大限度地提高土地的市场化供应比率。除军事、保障性住房①、特殊用地等纯公共利益用地可以继续划拨使用外，其他用地实行有偿使用，以促进土地资源的合理利用，这有利于核算土地使用者的成本，减少特权用地，有利于市场主体公平竞争。

（七）完善创新土地出让方式

目前我国土地供给的招拍挂制度，是土地供给市场化改革的产物，是体现土地市场公开、公平、公正原则的最佳选择，必须坚持。但是，坚持并不意味着它不需要完善创新。招拍挂制度的设计成形是在10年前，当时的市场条件、经济状况和民生问题都和现在大不一样，而许多目前遇到的问题，也是当年所预料不到的。因此，需要根据当前的新情况、新问题积极完善招拍挂制度。从近几年政府部门关于招拍挂的一系列政策和举措来看，多种形式的尝试正在进行之中，“价高者得”将不再是唯一的中标原则。为落实国务院关于调控房地产市场的规定，各地完善创新商品住房和经济适用房用地公开出让制度，如北京采用“限地价、竞房价”②，天津、宁波采用“限房价、竞地价”，广州采用“限房价、限套型、竞地价、竞配建”等多种方式出让住宅用地。另外，还有地方采取综合评标等公开出让方式确定受让人，或者改革实行多年的单一批租制，增加并扩大租赁供地，向市场提供租赁（土地）商品房。这些新的土地出让方

① 目前的保障性住房包括廉租房、公共租赁房、经济适用房、“两限房”等，建议经济适用房和“两限房”的用地也实行一定程度上的市场化供应，再通过进一步的制度创新，如有学者（李明，2009）提出的“定地价、定建房标准、定税费率、定5%利润率，竞房价、竞建设方案，综合打分高者得”的方式，最终把经济适用房和“两限房”这类准市场化的住房转化为中低价位、中小户型的普通商品房。

② 即对出让地块设置招拍挂价格上限，增加配建保障性住房竞争性指标，在竞买价格达到上限后，竞买者须再进行配建保障性住房的综合竞争，通过综合评定确定最后的中标者。这种竞拍方式不再只追求土地出让收益，而将保障性住房的配建作为另一项评定指标，充分体现了政府加强土地市场引导的政策取向。

式，改进了土地招拍挂中简单的“价高者得”的机制，既可以有效控制地价和房价过快上涨的势头，对“高地价、高房价恶性循环”起到抑制作用，又可以拓宽保障性住房的来源，一举两得。要总结经验，积极探索，大力推广。

（八）建立地价稳定增长机制，综合增长率不超过 GDP 增幅的 1% ~2%

房地产业虽是先导性产业，但也是被动性产业，土地需求是一种引致需求，土地价格增幅不能长期过高地偏离国民经济增长。据研究，随着一国经济的发展，土地资产的价值和国家财富虽都会得到相应的增长，但从长期看，一个国家土地资产的价值和 GDP 之间应当保持稳定的比例关系，否则就可能产生地产泡沫，重蹈日本的覆辙。美国和英国土地资产价值和 GDP 的比例基本保持在 1 左右，我国这个比例在 2001 年时达到 3.68（沈悦、刘洪玉，2004）。虽处在不同的发展阶段，也有不同的国情，但这个比例过高是显然的。在经济发展到一定阶段后，这个比例应当逐渐稳定下来，不应当过高也不应当发生大起大落。建议建立地价稳定增长机制，各类地价综合增长率以不超过 GDP 增幅的 1% ~2% 为宜，以使土地价格上涨率维持在与经济增长率基本相同的水平上，保持土地市场的平稳健康运行。

五　专题：招拍挂土地出让方式的“市场失灵”及其矫正

土地的准公共物品特性导致市场化的招拍挂土地出让方式极易产生“市场失灵”。本专题分析了招拍挂方式“市场失灵”的种种表现、危害与成因，在此基础上，提出了完善和创新土地出让招拍挂方式，矫正其“市场失灵”的若干建议。

（一）招拍挂土地出让方式“市场失灵”的表现与危害

为推进中国土地资源配置的市场化进程，2001 年国务院发布《关于加强国有土地资产管理的通知》，明确规定商业性房地产开发用地必须实行招标、拍卖、挂牌（简称招拍挂）出让。2002 年国土资源部发布《招标拍卖挂牌出让国

有土地使用权规定》，对招拍挂出让国有土地使用权进行了系统的规定，由此我国正式实施土地出让的招拍挂制度。2007 年出台的《物权法》又使土地使用权招拍挂出让方式由国家政策上升为法律规定。[①] 招拍挂制度是我国土地资源配置市场化改革的一大突破，对于规范土地市场、实现土地资源的优化配置、提高政府对城市土地的管理水平，以及促进房地产市场的有序发展等有重要意义。但是，由于土地的准公共物品特性，采用招拍挂这种市场化的出让方式，就必然会产生“市场失灵”，即市场力量无法满足或有损公共利益的状况。招拍挂制度“市场失灵”的表现和危害有如下几个方面。

1. 催生“地王”，带动房价上涨

“价高者得”是拍卖的基本规则。土地拍卖在真实反映土地价值的同时，也造成了土地价格的高企，地价传导房价，成为房价上涨的动力之一。据有关资料，实行招拍挂制度以前的 15 年，我国的房价平均年增长率为 5.1%，低于收入增长和 GDP 增长。“招拍挂”制度严格实施后，从 2004 年到 2010 年的 6 年间，我国房价快速上涨，平均每年上涨 10% ~20%，涨幅是 10 多年前的 3 倍左右（李智强、吴诗嫚，2010）。

“价高者得”的招拍挂交易方式是在搜索地价最高承受者。在供不应求的情况下，通常土地成交价格要高于均衡地价，并以降低社会福利为代价。在买涨不买跌的投资心理下，会带来地价的非理性上涨，催生“地王”，带动房价上涨。2010 年 3 月，北京曾以 143.5 亿元的总价一日成交 6 幅地块，其中有 3 幅地块成为总价和单价“地王”，并带动周边房价急速上涨。当然，在供过于求的市场状况下，招拍挂价格也会低于底价，形成流标现象，不能完成交易。如 2008 年底，金融危机席卷全球，中国房地产行业也在一段时间内受到影响，在此期间，土地招拍挂不仅价格不升，反而频频出现流拍，这也是市场失灵的一种表现。因此，招拍挂方式对市场价格的影响具有双向性，它既可能起正脉冲作用，也可能起负脉冲作用。如果土地价格因此波动过大，便会发生“市场失灵”。我国土地招拍挂制度“市场失灵”的主要表现是带来地价的非理性上涨。

---

① 《物权法》第 137 条规定：“工业、商业、旅游、娱乐和商品住宅等经营性用地以及同一土地有两个以上意向用地者的，应当采取招标、拍卖等公开竞价的方式出让。”

2. 强化房地产市场的寡头垄断

在招拍挂制度下，“价高者得”原则使得土地市场的资本化趋势日益严重，开发商在土地市场上“资本为王”的不断角力，更使得土地资源进一步向资金实力雄厚的大开发商集中。研究表明，自上海于2003年全面实施经营性用地使用权招拍挂出让以来，经营性用地出让市场中，土地资源向大开发商集中的趋势是非常明显的。表9－16是招拍挂制度下上海住宅用地市场的竞得情况。

表9－16　2003～2008年度上海住宅用地市场集中程度

年份	总可建面积(公顷)	前五位	前十位	前五位集中度	前十位集中度
2003	1124.63	188.61	316.32	0.17	0.28
2004	439.74	154.07	232.84	0.35	0.53
2006	521.39	197.08	321.63	0.38	0.62
2007	903.62	337.95	480.28	0.37	0.53
2008	206.07	119.25	178.06	0.58	0.86

注：2005年无统计数据。

资料来源：转引自刘扬《招拍挂制度对城市房地产市场结构的影响——基于上海住宅市场的实证研究》，载《经济论坛》2010年第2期。

表9－16表明，自2003年招拍挂制度全面实施以来，上海市住宅用地市场的市场集中程度明显加剧，土地竞得数量前五位和前十位的比例，从2003年的0.17和0.28开始，不断上涨，至2008年甚至高达0.58和0.86。具体来看，个别开发商（保利、绿地等）在上海住宅用地市场“寡头垄断”的买家地位是相当明显的，这必然加强其在日后的房产市场中相应的“寡头垄断”地位，从而对市场价格和房屋供给量有着举足轻重的影响。居于“寡头垄断”地位的开发商因可获得巨大的垄断利润从而降低市场绩效，一方面减少了政府合理的土地出让收益，一方面降低了政府对整个房地产市场的调控能力。

3. 刺激了地方政府对土地财政的依赖

自1994年中央和地方分税制改革以来，地方财政压力不断加大，但土地出让金有效地弥补了地方财力的不足。这使得地方政府有强烈的动机维持甚至推高地价，以获取更多的土地出让收入，由此全国土地出让金收入逐年攀高，2005

年全国土地出让金收入为0.59万亿元，到2010年土地出让金高达2.71万亿元，5年间上涨近3.6倍。2010年土地出让金收入已经占到地方政府可用财政收入资金的70.4%（见图9-19）。导致土地出让金收入快速增长的主要原因是土地成交价格的持续上升。随着城市化进程的加快，基础设施建设、房屋建设等对土地的需求大大增加，导致地价不断上涨。尤其是土地政策从2002年起由划拨制度转为招拍挂制度后，地价更是突飞猛进。地价的上涨直接带动了地方财政收入的增加，导致很多地方政府依靠卖地来增加收入，从而对“土地财政”的依赖也越来越大。

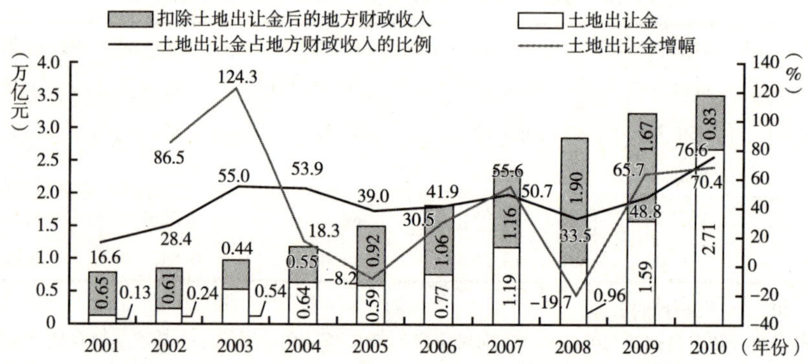

图9-19　2001~2010年土地出让金及地方财政收入情况

资料来源：根据国土资源部和国家财政部历年公布的数据综合整理获得。

4. 易暗箱操作，滋生腐败

推行“招拍挂”制度的初衷是增加土地市场透明度，杜绝暗箱操作、权钱交易，从源头上防治腐败，防止国有资产的流失。但是，这种制度本身亦极易发生暗箱操作从而成为滋生腐败的温床，如招拍挂过程中出现的信息公开不及时、不充分，假招标、假挂牌、假拍卖或陪标、串标，领导干部打招呼、批条子等行为。一位开发商曾坦承，招拍挂之后依然有“办法”，总结起来就是四句话——底下先谈好，到时一举牌，高开低走，成交返款。就是买卖双方在私下先行接触，谈好一个“合适”的价格，可能还有其他“合适”的条件。到了公开招标或拍卖时，买家无论如何都举最高价格，将地块一举拿下，成交后，卖家再把成交价和“谈判价”的差价私下返还给买家。这种暗箱操作所形成的土地价格是一种非市场竞争条件下的地价，会扭曲土地的真实价格，甚至为某些政府官员的腐败敞开大门，造成政府收益和整个社会经济福利的损失，从而影响资源最佳配置和社会公平。

（二）招拍挂土地出让方式“市场失灵”的成因

1. 土地的垄断供应模式

我国城市土地一级市场供给实行政府垄断。在土地供给垄断的条件下，政府可以通过对市场上土地供给数量的控制来控制土地的价格。但是，如果在土地需求方面没有竞争，或竞争不充分，或者买方具有和卖方谈判的能力，那么供给方的垄断也不一定能导致土地价格的上涨。在供给方垄断的情况下，需求方的竞争越充分，土地价格上涨就越高；在需求方充分竞争的情况下，土地价格将上涨到最高，并把住宅价格上涨带来的所有“剩余”全部拿走。因此，在土地供给垄断的条件下，价高者得的招拍挂土地出让方式会由于需求方的竞争导致地价不断飙升，进而推动房价的高涨。拍卖作为市场化程度最高的土地出让方式，则会将地价推到最高，进而催生“地王”，带动房价再创新高。

同时，政府对土地一级市场的垄断供应，一方面，根据经济学原理，垄断将产生效率损失；另一方面，由于政府自身能力有限，城市土地供应数量、供应类型、供应分布完全有可能无法满足市场需要，导致土地市场严重低效。此外，政府作为出让方同时承担着运动员和裁判员的角色，易于产生强大的“寻租”行为，造成机制的不完善。

2. 房地产市场的政策性壁垒

通过设置不合理的、过高的竞买资格条件即“政策性壁垒”，土地“招拍挂”制度人为地抬高了房地产开发商的开发门槛，有限的土地资源越来越集中于少数几个实力雄厚的开发商手中而形成“寡头垄断”，从而无法充分发挥市场竞争机制。从拍卖结果来看，能够成功拿地的开发商越来越少，土地垄断不断加剧。这样的发展趋势到最后会导致整个房地产市场由几个地产巨头垄断。总之，在这种趋势下，必然会造成少数大开发商不仅成为房地产一级市场上的寡头垄断买主，也成为房地产二级市场中的寡头供给者。而且，这两种垄断力量是相辅相成、互相加强的，最终在两个市场中均形成寡头垄断的市场结构。正是在这个意义上，土地的获取已经成为房地产企业最大的进入壁垒。招拍挂制度的“政策性壁垒”已成为决定中国房地产业市场结构状况的一个重要因素。

3. 地方政府土地收入最大化的诉求

以招拍挂为主的城市土地出让方式，其本来目标是减少划拨和协议出让所带来的无效率和腐败问题。从几年来的实践看，城市土地出让的招拍挂方式极大提高了城市土地出让的收益，减少了出让过程中的腐败，从整体上提高了土地市场的运作效率。但是，在土地供给垄断和土地需求远大于供给的情况下，这种出让方式导致了土地出让价格的高涨。地方政府对土地财政的依赖使其在城市土地出让上的目标变成获取最大化的土地出让收入，而招拍挂出让方式为政府实现这一目标提供了手段。地方政府对土地财政的依赖成为土地价格上涨的内在动力。

4. 有待完善的土地市场环境

土地市场环境是指影响土地市场的一系列外部因素，这是一个大而泛的概念，包括政治环境、经济环境、法律环境、技术环境、社会文化环境等。土地市场与外部环境共同形成一个大系统。土地市场内部与外部环境是这一大系统中的两个系统，两者必须相互配合，才能产生系统效应，达到市场目标。

土地市场环境可以从三个方面进行分析。一是对发挥招拍挂优点有利的因素；二是对发挥招拍挂优点不利的因素；三是对发挥招拍挂优点无影响的因素。招拍挂制度要克服市场失灵进而发挥其优点还有赖于良好的土地市场环境，即有利因素的培育和不利因素的改善。目前，土地市场的外部环境因素不尽如人意，易造成招拍挂暗箱操作，滋生腐败，有待完善。

（三）矫正招拍挂土地出让方式“市场失灵”的建议

矫正现有招拍挂土地出让方式所存在的“市场失灵”，其目的有两方面：一是防止“地王”现象，使地价向理性回归；二是提高土地供应和开发利用效率。这就意味着应对供地结构进行一系列的调整，对土地出让管理制度进一步完善，从而促进土地市场的健康发展。

1. 创造发挥招拍挂制度优势的良好环境

招拍挂制度具有体现土地市场公开、公平、公正原则的一系列优势，但这些优势是假设该制度本身高度完善并有严格、合理的操作流程和实施细则，有良好的政治、经济、法律环境和人文基础。反之，在政府职能、法律制度、社会道德、监督机制和市场经济制度不配套的情况下，招拍挂制度不可能独善其身而充分发挥其优势。因此，要从上述各方面入手，为发挥招拍挂制度的优势创造良好环境。首先，要制定实施细则，避免招拍挂制度实施过程中的扭曲，以及相关配套政策存在缺陷等综合因素产生不尽如人意的叠加效应而加速土地"市场失灵"。其次，各级政府尤其是地方政府应该从公共利益出发，按照市场规律调整土地供应量，加大对城市土地市场与房地产市场清理整顿的力度。最后，充分发挥纪检、检察机关的职能作用，加强行政执法监督，对招拍挂土地事前信息发布、条件设置（防止设置不合理的、过高的竞买资格条件，即"政策性壁垒"），事中的操作程序，事后的合同履行等都进一步加强管理，实行全过程监督，规范土地市场交易秩序，杜绝暗箱操作。

2. 改变土地市场的垄断供应模式

改变政府垄断供给的市场格局，改变政府既当"裁判者"又当"运动员"的角色，必须实现土地供给主体的多元化。农村集体建设用地入市是解决这一问题的关键，可通过小产权房有条件入市作为突破口。小产权房破冰解禁意味着目前国有土地制度利益链条的瓦解，一旦小产权房解禁，农村宅基地进入市场，多元化的土地供给主体即得以形成。此外，农村宅基地进入市场意味着其流转权由市场定价，农民直接参与农村土地分配，土地利益链条将完全拆散重新组合。小产权房解禁让农民进入了土地资产渠道，分享土地增值收益，减少城市化过程中的贫民，从整体上减少了社会成本，缓解了社会矛盾。农民获得土地资产的溢价，一劳永逸地解决城市化过程中农民成为城市贫民的难题。农民获得土地流转权，自然会保护自己的利益，开发商和地方政府的非正常溢价途径也就会被封堵。多元供应主体的形成，会使地价向理性回归。

3. 完善招拍挂方式

土地，尤其是住宅用地是一种准公共物品。"准公共物品"性质衍生的公共产权所带来的外部效应，潜藏着极易诱致市场失灵的因素，导致市场机制决定的公共物品供给量远远小于帕累托最优状态。

既然市场机制在提供公共物品方面是失灵的，政府的介入就成为必要。因此，市场化的"招拍挂"制度也需要新的约束规则来防止市场失灵。从近几年政府部门关于招拍挂的一系列政策和举措来看，多种形式的尝试正在进行之中，"价高者得"将不再是唯一的中标原则，如天津采用"限房价，竞地价”,[①] 北京采用“综合条件最优者得”，广州采用“限房价、限套型、竞地价、竞配建”等多种方式出让住宅用地。另外，还有地方采取综合评标等公开出让方式确定受让人，或者改革实行多年的单一批租制，增加并扩大租赁供地，向市场提供租赁（土地）商品房。这些新的土地出让方式，改进了土地招拍挂中简单的“价高者得”的机制，既可以有效控制地价和房价过快上涨的势头，对“高地价、高房价恶性循环”起到抑制作用，又可以拓宽保障性住房的来源，一举两得。这种坚持招拍挂制度下的创新和完善，使招拍挂出让制度的作用发挥得更充分，更具生命力。

4. 破解土地财政困局

“土地财政”激励地方政府以推高土地价格从而获得最大化土地收入为土地出让政策的主要目标，从而土地财政成为土地价格上涨的内在动力。土地出让“价高者得”的招拍挂方式正好为实现最大化土地收入提供了最佳手段，使地方政府得以充分利用招拍挂的“市场失灵”最大化其土地财政目标。因此，破解土地财政困局就成为矫正招拍挂市场失灵的关键。应通过完善公有制下的土地产权制度，增强财政体制的内在稳定性，规范地租性财政收入的分配和管理，弱化土地房产税收的一次性特征，健全土地房产公共收费制度，以及赋予地方政府基础设施项目发债权等措施，逐步破解“土地财政”困局。

（四）结论

目前，我国土地出让的招拍挂制度是土地供给市场化改革的产物，是体现土地市场公开、公平、公正原则的最佳选择，必须坚持。但是，土地的准公共物品特性导致市场化的招拍挂出让方式极易产生“市场失灵”，其最突出的表现是带来地价的非理性上涨。为此，必须加以矫正。从招拍挂“市场失灵”的成因看，引起失灵的因素基本不在招拍挂制度本身，而主要在于我国的城市土地出让制度和土地财政，招拍挂方式只不过是产生“市场失灵”的途径而已。因此，矫正

① 天津市的做法是，先由市发改委、市国土房管局、市建设交通委、市规划局四委局限定拟出让地块商品房销售价格，并通过房地产开发成本测算的方式，推算出土地出让价格，市国土房管局据此确定土地出让挂牌初始价，组织土地出让，最终以“价高者得”的原则确定土地竞得人。这种方法的思路是“政策控制房价，市场配置土地”，使房价得以稳定，土地市场进入良性循环。

招拍挂“市场失灵”的关键在于改革我国的城市土地出让制度、破解土地财政困局。

参考文献

中国指数研究院：2010～2011 中国房地产市场研究资料。

中国土地挂牌网（http：//www.landlist.cn/）相关资料。

世联地产（http：//www.worldunion.com.cn/）相关资料。

北京航空航天大学法学院、中国建设管理与房地产研究中心：《中国拆迁年度报告》，2010。

张慧芳：《土地征用问题研究——基于效率与公平框架下的解释与制度设计》，经济科学出版社，2005。

国土资源部专题调研组：《“限”与“竞”的方程式——天津市探索“限房价、竞地价”情况调研》，《中国土地》2011 年第 4 期。

刘扬：《招拍挂制度对城市房地产市场结构的影响——基于上海住宅市场的实证研究》，《经济论坛》2010 年第 2 期。

李保春：《我国土地财政现象若干思考》，《财政研究》2010 年第 7 期。

吴敬琏：《中国增长模式抉择》，远东出版社，2006。

曹振良、高晓慧：《中国房地产业发展与管理研究》，北京大学出版社，2002。

曹振良：《房地产经济学通论》，北京大学出版社，2003。

曹振良：《试论土地产权“规划、政策、确认、调整、变更”动态统一管理机制》，《中国房地产》1999 年第 4 期。

朱秋霞：《中国土地财政制度改革研究》，立信会计出版社，2007。

〔美〕诺斯：《经济史中的结构与变迁》，三联书店，1991。

冉光和、郑久平：《2003 年以来我国房地产调控政策的效果、问题与创新》，《贵州社会科学》2010 年第 12 期。

郭贯成、吴群：《供地政策对土地市场配置效率影响的经济学分析——理论研究与实践检验》，《地域研究与开发》2009 年第 2 期。

陈国富、卿志琼：《财政幻觉下的中国土地财政——一个法经济学视角》，《南开学报（哲学社会科学版）》2009 年第 1 期。

朱丘祥：《地方土地财政困局的体制成因及其法治出路》，《经济体制改革》2011 年第 3 期。

齐琳：《土地市场持续冷清　北京拟下调保证金放宽交款时限》，2011 年 10 月 28 日《北京商报》。

梁季阳：《高房价病根在于土地垄断》，人民网，2010 年 3 月 7 日。

沈悦、刘洪玉：《房地产资产价值与国家财富的关系研究》，《清华大学学报（哲学社会科学版）》2004 年第 1 期。

冯会玲：《国土资源部透露：我国最终将取消土地供应双轨制》，中国广播网，http：//www. foods1. com/content/1261220/2011 年 9 月 17 日。

李智强、吴诗嫚：《“招拍挂”土地出让方式的完善和调整》，《中国房地产金融》2010 年第 6 期。

Breton，A.，*Competitive Governments：An Economic Theory of Politics and Public Finance*. C 田卫 bridge，NewYork：Cambridge University Press，1998.

Buekley，P. J.，“The Limits of Explanation：Testing the internlization Theory of the Multinational Enterprises”. *Journal of international Business Studies*，1988，19（2）.

Elena，G. 1.，“Land use externalities，open space Preservation and urban sprawl”. *Regional Science and Urban Economics*，2004，34（6）.

G.10 第十章 住房金融市场

高广春

一 2010~2011年中国住房金融市场运行分析

2010年第四季度以来，中国房地产金融市场依然延续着信贷市场主导的格局，商业性信贷和政策性信贷占比超过90%。其中商业性信贷又在信贷结构中占据绝对优势，在房地产信贷融资结构中的占比高达80%以上。在商业性信贷中，银行金融机构贷款保持着95%以上的占比水平。

相比住房信贷市场，住房金融市场的其他板块几乎可以说是乏善可陈。房地产企业资本市场融资停滞，房地产企业在上市、扩容、发行企业债券等方面几乎没有新进展，而且，房地产股票市场板块屡现绿色，市值大幅缩水。房地产信托融资屡吃红牌，也基本处于停滞状态。基金、保险等刚刚试探性进入房地产市场。房地产金融市场上最值得观察和分析的还是商业性信贷市场，因而成为本期报告的聚焦点之一。

从住房市场服务的对象来看，商品房融资市场在持续的政策抑制下趋于弱化，而保障房融资市场板块则在高调的政策激励下趋于活跃，但仍嫌吝啬。保障房融资市场板块也是本期报告重点关注的问题之一。

（一）住房信贷市场近期走势分析：供给增速放缓，量价关系模糊

2010年第四季度以来，房地产信贷一级市场持续受到一阵紧似一阵的房地产信贷紧缩政策的影响，信贷资金供给增长速度逐月减缓，2011年前3季度供给总量15939亿元，同比微增0.93%。同时，资金价格总体趋于提升，首套房贷利率优惠逐渐退出，结构性价格的差异趋于消失。另外，国家对房地产信贷证券

化的政策依然慎之又慎，房地产信贷证券化继续处于休眠状态，住房信贷二级市场见不到任何硝烟。由此，中国住房信贷市场依然呈信贷资金集中于一级市场的特点，与发达经济体住房信贷呈一级市场和二级市场并存特点的差别依然存在。鉴于此种状况，本期报告对住房信贷市场的分析继续聚焦于住房信贷一级市场，主要从两个角度——“数量”和“价格”，即规模和利率——观察和分析 2010 年第四季度以来住房信贷市场的走势。

由于住房投资在房地产投资总额中的占比高达约 70%（见图 10－1），加之绝大多数有关住房金融数据没有专门化，还是隐含在房地产有关数据中，本期报告依然主要借用房地产信贷数据进行分析。

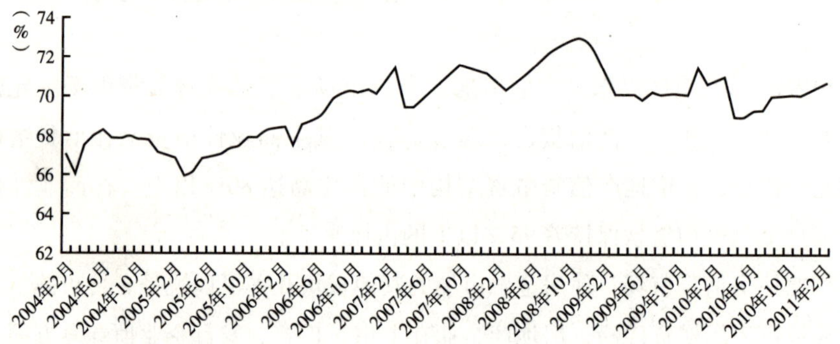

图 10－1　2004～2011 年住宅投资在房地产投资中的占比

资料来源：根据中国房地产信息网相关数据整理。

1. 房地产信贷“数量”分析：增速放缓，趋势待稳

依据中国房地产信息网关于房地产企业资金来源的数据分析，2010 年第四季度以来，房贷供给增速趋缓，但该走势依然不够明确。房地产信贷供给数量的变化情况，可以从同比增长、环比增长、房贷在房地产企业资金来源中的规模占比等视角得到说明。

（1）国内贷款供给同比与环比增长情况

从累计同比来看，2010 年第四季度以来继续 2010 年的趋降走势，但同 2010 年明显的下降走势相比，2011 年 1～9 月的增幅下降走势较为平缓。2011 年 1～2 月、1～3 月、1～4 月、1～5 月、1～6 月、1～7 月、1～8 月、1～9 月国内贷款余额的累计同比增长率分别是 7.70%、4.40%、5.40%、4.60%、6.80%、

6.40%、5.10%、3.73%，其中，6月有所反弹。月度同比增速趋降走势更加不明显，3月、4月、5月、6月、7月、8月同比增长率分别是-2.31%、9.62%、0.61%、19.20%、3.02%、-5.46%。6月出现了一个高达近20%的反弹。

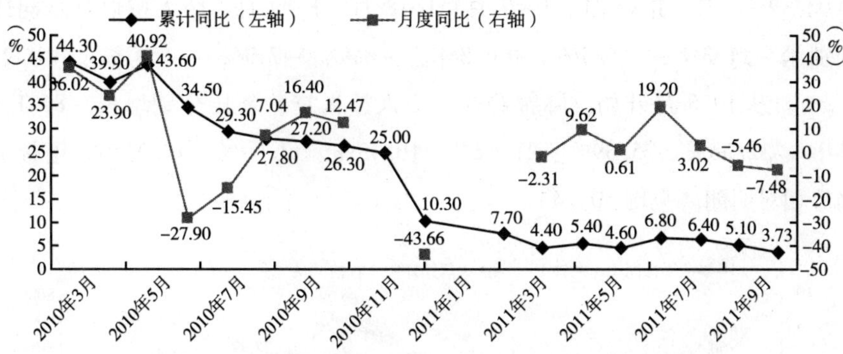

图10-2　2010年至2011年9月房地产开发贷款供给累计和月度同比增长情况

从环比看，累计值环比增幅趋缓的趋势较为明显，月度值环比增幅则处于波动状态。图10-3表明，2011年1~4月、1~5月、1~6月、1~7月、1~8月国内贷款余额的累计环比增长率分别是25.10%、20.90%、21.01%、14.17%、10.86%，趋降走势明显。但月度环比表现出波动性。4月、5月、6月、7月、8月环比增长率分别是-16.80%、4.17%、21.52%、-18.37%、-12.50%。其中6月同样表现出较大程度的反弹。

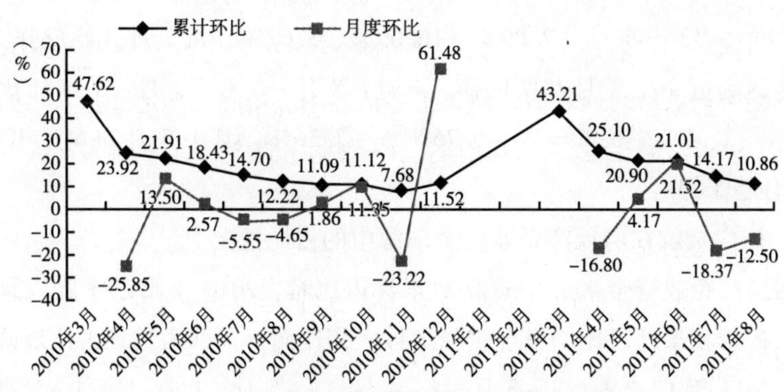

图10-3　2010年至2011年8月房地产开发贷款供给累计环比和月度环比增长情况

（2）个人按揭贷款同比与环比增长情况

从累计增长情况看，2010 年第四季度以来，个人按揭贷款的同比与环比增长呈现逐月下降的趋势，但与 2010 年的走势相比不够明显。1 ~2 月、1 ~3 月、1 ~4 月、1 ~5 月、1 ~6 月、1 ~7 月、1 ~8 月、1 ~9 月，个人按揭贷款同比增长分别是 -11.3%、-5.3%、-6.8%、-8%、-7.9%、-5.1%、-4.2%，-3.2%。从 1 ~5 月开始，降幅趋缓。个人按揭贷款环比分别增长 -86.11%、62.24%、32.58%、25.09%、21.42%、16.45%、13.09%、12.35%，增幅走低的趋势相对明朗（见图 10 -4）。

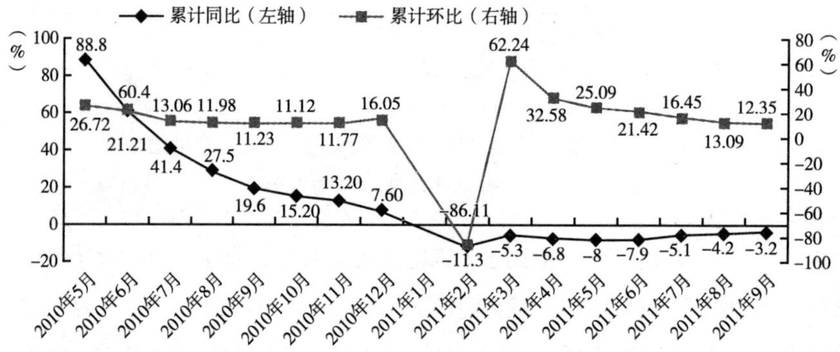

图 10 -4　2010 ~2011 年个人按揭贷款累计增长情况

从月度增长情况看，2010 年第四季度以来，个人按揭贷款增幅走低的趋势不明显。2011 年 3 月、4 月、5 月、6 月、7 月、8 月同比增幅分别是 6.21%、-11.15%、-12.53%、-7.09%、16.09%、3.67%，从 7 月开始反弹，7 月的反弹点数达到近 20，8 月有所回落。4 月、5 月、6 月、7 月、8 月环比分别是 -15.07%、2.10%、6.80%、-6.76%、-7.36%，其中 5 月和 6 月出现反弹，7 月、8 月趋于回落。

（3）国内贷款在房地产企业资金来源中的占比情况

从房地产企业资金来源中贷款的累计占比看，2010 年第四季度以来，国内贷款和按揭贷款累计占比均呈现缓降走势，相比而言，国内贷款占比缓降走势更加明显。2011 年 1 ~2 月、1 ~3 月、1 ~4 月、1 ~5 月、1 ~6 月、1 ~7 月、1 ~8 月、1 ~9 月，国内贷款累计占比分别是 22.01%、19.91%、18.93%、17.95%、17.13%、16.76%、16.24%、15.74%，虽降幅较小，但逐月走低；按揭贷款累

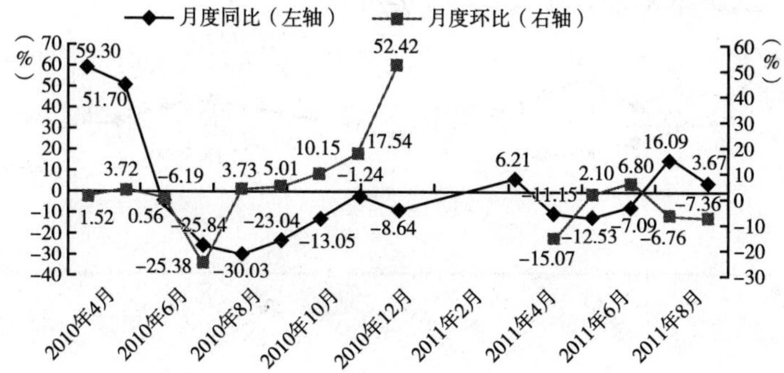

图 10－5　2010～2011 年个人按揭贷款月度同比、环比增长情况

计占比分别是 10.51%、10.78%、10.85%、10.65%、10.20%、10.17%、10.06%、9.99%（见图 10－6）。缓降趋势就没有国内贷款明显了。

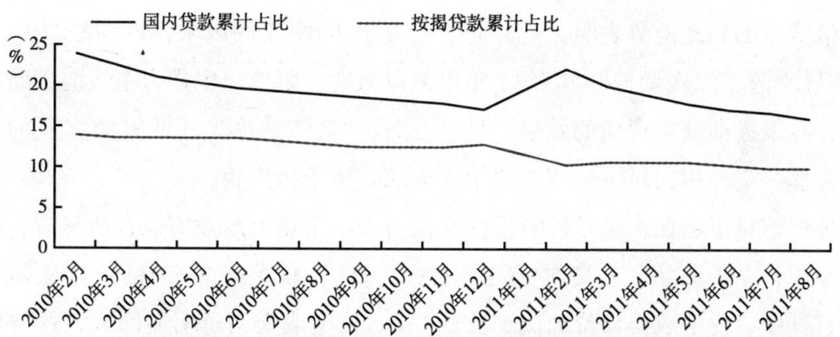

图 10－6　2010～2011 年房地产企业资金来源中国内贷款和按揭贷款累计占比

资料来源：根据中国房地产信息网相关数据整理。

从房地产企业资金来源中月度贷款占比看，2010 年第四季度以来的情况跟累计占比情况相似，国内贷款月度占比趋降走势较按揭贷款明显（见图 10－7）。2011 年 3 月、4 月、5 月、6 月、7 月、8 月、9 月国内贷款月度占比分别是 16.32%、15.81%、14.38%、14.09%、14.51%、12.65%，11.93%。缓降趋势明显，仅有 7 月略有反弹；按揭贷款月度占比分别是 11.23%、11.10%、9.90%、8.53%、10.03%、9.25%、9.43%，虽基本也呈缓降趋势，但 7 月出现近 2 个百分点的反弹，8 月和 9 月虽较 7 月趋降，但仍高于 6 月，而且 9 月比 8 月还有 0.18 个百分点的反弹。

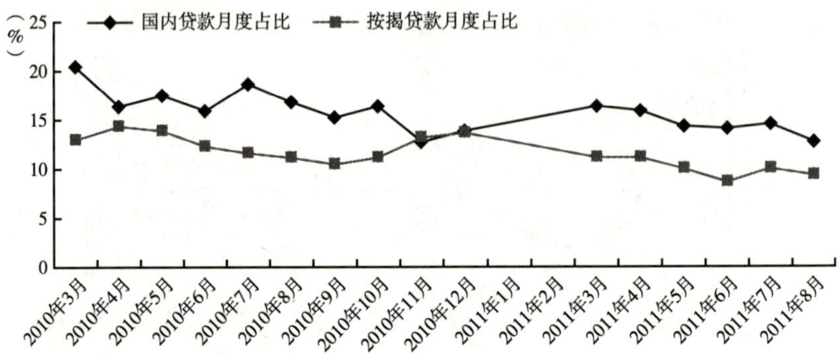

图 10－7　2010～2011 年房地产企业资金来源中贷款月度占比情况

资料来源：根据中国房地产信息网相关数据整理。

综上，住房信贷增幅自 2010 年第四季度以来总的趋势是减缓的，但不够稳定，有些月份出现了不同程度的反弹，反弹月份多表现在 3～6 月，尤其是 6 月。住房信贷市场如此走势表明，一方面，中央于 2009 年底以来，特别是 2010 年 9 月 29 日所谓“二次调控”和 2011 年以来以限购、限价、限贷为主线的不断加码的调控政策逐渐获得预期的效果；另一方面，“政策见顶”、“政策放宽”的预期也在发挥一定作用，对中央调控政策也形成一定干扰作用。

住房信贷市场在个别月份的反弹在住房交易市场上的效应也有所显现，2011 年上半年，全国商品房成交均价同比上涨 9.9%，较上年 7.5% 的全年涨幅有所上升，其中，住宅成交均价同比上涨 9.1%。住宅成交均价明显回升，这与住房信贷市场在该月的反弹不无关系。

由此，政策调控和市场预期之间还有一定的反差，需要更持续的调控政策和必要的行政手段加以弥合。

事实上，2011 年 7 月以后，逐项指标走低的持续性有所加强。这与中央在此期间进一步紧缩政策之间存在明显关联。如国务院总理温家宝于 7 月 12 日主持召开国务院常务会议，分析房地产市场形势，研究部署继续加强调控工作。针对调控政策落实放松和房地产市场的反弹迹象，强调要严格落实已定的房地产调控政策，在住房信贷市场领域继续严格实施差别化住房信贷政策，为抑制住房投机需求助力不放松。

2. 住房信贷市场价量关系：同步关系不明显

图 10－8 表明，住房信贷市场供给量与住房信贷市场利率之间相关性较差，

特别是在信贷利率长期持平的月份里，住房信贷市场规模却呈较大幅度的波动。但在信贷利率出现变化的月份里，住房信贷市场规模还是有一定的呼应性反应，即在信贷市场利率走高的月份，住房信贷规模有一定下降反应，但不稳定；而在住房信贷市场利率趋降的月份，住房信贷市场规模则有走高反应，同样不稳定。如 2011 年信贷市场利率有走高趋势，住房信贷市场供给呈现相应的下降，在 4 月份信贷利率升高，而住房信贷市场供给下降，5 月和 6 月在 4 月同样的信贷利率水平上，住房信贷市场供给量则是连续上升（见表 10－1）。由此可以判断，至少到目前为止的经验表明，住房信贷市场供给与该市场的资金价格之间的关系不大，依靠资金价格来调节住房信贷市场的供给规模，很难达到预期的政策效果。

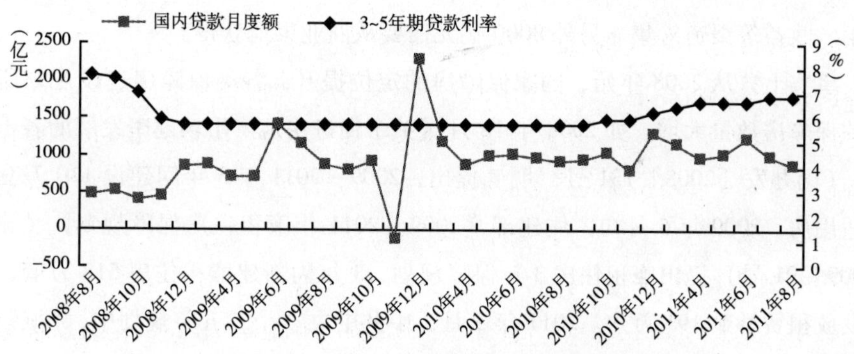

图 10－8　住房信贷市场月度规模的 3～5 年期信贷利率关系

表 10－1　住房信贷市场规模和利率之间的关系

2011 年	3～5 年期贷款利率(%)	国内贷款月度额(亿元)
2 月	6.45	
3 月	6.45	1157.69
4 月	6.65	963.22
5 月	6.65	1003.37
6 月	6.65	1219.25
7 月	6.9	995.29
8 月	6.9	870.86
9 月	6.9	860.17

由此可以看出，目前中国住房信贷市场供给量是多种因素综合作用的结果。主要有四：一是国家宏观紧缩政策及其强度和可持续性；二是重在量化监管的差别化房贷监管政策；三是住房信贷市场利率；四是预期。显然，住房信贷市场利率只是影响住房信贷供给的因素之一。

（二）保障房融资市场板块：供给渠道增加，但需求缺口犹存

从住房金融市场服务的对象看，我国的住房金融市场可以分为两个板块，其一是保障房融资市场，其二是非保障房融资市场或完全商品化的住房融资市场。事实上，前述住房信贷市场也可以说是非保障性住房融资市场。

2011 年国家计划建保障房 1000 万套，大约需要 1.3 万亿元资金，其中中央财政补贴约 1000 亿元，地方政府配套 4000 亿元，主要通过土地出让金和公积金运用净收益等渠道筹集。另外 8000 亿元需要从商业渠道获得。

事实上，从 2008 年始，国家保障房的定位提升，各类保障房建设规划所涉及的保障房数量大增。如 2008 年 12 月《关于促进房地产市场健康发展的若干意见》（国办发〔2008〕131 号）明确提出，2009～2011 年 3 年间建设 130 万套经济适用房。2009 年 6 月初，住建部《2009～2011 年廉租住房保障规划》（建保〔2009〕91 号）提出廉租住房 3 年保障规划，3 年内新建廉租住房 518 万套，新增发放租赁补贴 191 万户。2011 年 3 月，中共中央“十二五”规划中，“城镇保障性安居工程建设 3600 万套”作为约束性指标写进了纲要，“十二五”末，全国城镇保障性住房覆盖面达到 20% 左右，基本解决保障性住房供应不足的问题。其中重点发展改革租赁住房。

针对保障房建设和消费面临的巨额资金需求（如上述 1.3 万亿元，还不包括保障房消费衍生的资金需求），国务院及相关部委提出了不少融资形式。如 2007 年就提出了包括安排财政预算、公积金运用净收益、土地转让收入等在内的廉租住房建设和消费融资五大渠道。2008 年底的救市文件（《关于促进房地产市场健康发展的若干意见》国办发〔2008〕131 号）中允许部分城市试点运用公积金贷款，并于 2009 年 10 月推出具体实施意见（2009 年 10 月，住房和城乡建设部等七部门联合颁行《关于利用住房公积金贷款支持保障性住房建设试点工作的实施意见》）。

2010 年第四季度以来，保障房融资渠道的政策创新更为突出。

——2010 年 10 月提出公租房建设的四个融资支持渠道：①将现行从土地出让净收益中安排不低于 10% 的廉租住房保障资金，统筹用于包括购买、新建、改建、租赁在内的公共租赁住房；②允许住房公积金增值收益中计提的廉租住房保障资金用于发展公共租赁住房；③在完成当年廉租住房保障任务的前提下，经同级财政部门批准，可以将中央财政廉租住房保障专项补助资金用于购买、新建、改建、租赁公共租赁住房；④利用贷款贴息引导社会发展公共租赁住房（《关于保障性安居工程资金使用管理有关问题的通知》财综〔2010〕95 号）。

——2011 年 6 月支持发行企业债券，即允许各地按《国务院关于加强地方政府融资平台公司管理有关问题的通知》进行规范后继续保留的投融资平台公司申请发行企业债券，募集资金应优先用于各地保障性住房建设。符合条件的其他企业，也可以通过发行企业债券进行保障性住房项目融资（《关于利用债券融资支持保障性住房建设有关问题的通知》发改办财金〔2011〕1388 号）。

——2011 年 8 月，中国人民银行和中国银监会又联合下文，要求和鼓励商业银行对符合条件的保障房项目提供融资支持（《关于认真做好公共租赁住房等保障性安居工程金融服务工作的通知》银发〔2011〕193 号）。

但保障房建设资金实际获取的难度依然很大，并成为保障房规划有效推进的最大“瓶颈”。2011 年 5 月底，保障房进展缓慢，开工率仅为全年计划的 34%，其中症结就在于缺钱。接下来的保障房建设进度虽然神奇提速，但实际上其中的“猫腻”不少，如所谓新开工就是打几个桩、挖几个坑，有的地方甚至动拆迁都没搞完，领导就来搞动工剪彩仪式了。保障房建设大提速所伴随的问题实际上可能比公开反映出来的多得多，也正因为如此，2011 年 9 月 9 日，国务院专门召开保障房工作会议，其中，就保障房融资问题重申允许使用的各种融资渠道。

本期报告认为，保障房融资市场板块资金供给量不足，有可能是保障房建设消费过程中始终都要面对的难题。主要原因在于，尽管各级各类有关保障房融资支持文件数量不少，但直到目前为止，依然没有针对保障房建设消费中商业融资渠道的难题拿出有效的解决方案。

（三）其他住房金融市场：紧缩态势明显

其他住房金融市场主要包括房地产信托、房地产基金、房地产股票与债券市场（海外融资），以及民间房地产融资市场。2010 年第四季度以来，受到国家政策调控和监管重点关注的住房信贷市场、住房股票和债券市场呈走低态势，但被政策和监管相对忽视的房地产信托市场、房地产基金市场以及民间金融市场趋于活跃，对国家住房宏观调控和监管形成不同程度的干扰。如民间房地产融资市场因不堪高利贷压力导致部分中小房企老板“跑路”、企业破产倒闭、烂尾楼等。房地产信托市场在上半年的异常火热在一定程度上填补了房地产信贷紧缩产生的资金缺口，加大了国家对房地产调控和监管的难度。由于缺乏公开数据，对这类市场仅作现象描述。

可以从数量上观察的是住房股票和债券市场。Wind 资讯提供的数据显示，2010 年第四季度以来，房地产企业股票发行、配股和可转债发行的纪录都为零，增发占比仅为 2.41%，债券发行仅为 0.32%，融资总额占比仅为 0.51%（见表 10－2）。单就房地产企业股票市场的情况而言，受国家房地产紧缩政策影响最明显的是流通市值的萎缩，2010 年 9 月至 2011 年 9 月 1 年间，房地产 A 股市场流通市值缩水近 500 亿元，而同期股票市场流通市值增加近 3 万亿元。B 股市场流通市值也缩水近 60 亿元（见图 10－9）。股票市场房地产板块在 2010 年第四季度以来的变化表明，国家房地产紧缩政策的效果在持续显现。

表 10－2　住房资本市场情况（2010 年 10 月至 2011 年 10 月）

单位：亿元，%

行业名称	融资总额	首发	增发	配股	可转债发行	债券发行
房地产	257.82	0	130.82	0.00	0	127
全行业	50108.77	3362.53	5422.90	1248.04	440.5	39634.79
房地产/全行业	0.51		2.41			0.32

资料来源：Wind 资讯。

股票市场房地产板块的萎缩使得房地产市场融资结构更加集中于信贷市场，截止到 2011 年 9 月底，房地产股票市场融资额仅为 130.82 亿元，在房地产企业资金来源中的占比仅为 0.21%，而同期，国内贷款和个人按揭贷款在房地产企

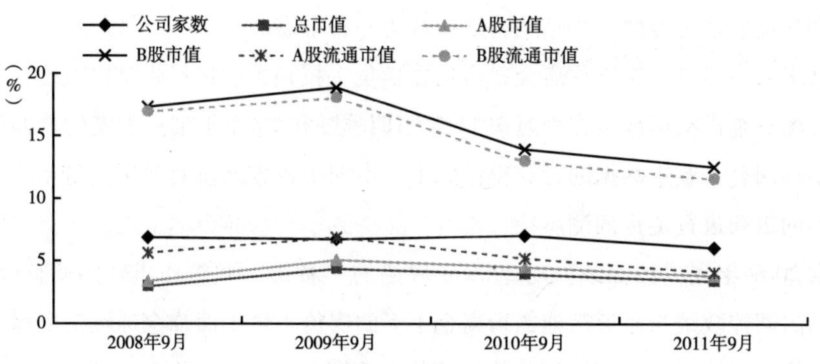

图 10－9　房地产企业股票市场重要指标在股票市场上占比情况

资料来源：Wind 资讯。

业资金来源中的占比是 25.72%。由此，虽然从股票市场本身的情况看，国家房地产紧缩政策的效果较为明显，但从房地产金融市场的整体看，房地产市场融资结构更加不平衡，意味着住房信贷市场的风险在加大。

二　住房金融市场未来走向预测：供给有望小幅回升

（一）预测思路和方法

在未来一年内，中国经济恐将依然遵循政府主导的模式，在这样的背景下面，判断中国住房金融市场的未来走向的第一座标当然是中国政府的短期宏观调控政策和长期经济改革路径。在住房领域，尽管住房政策调控的权威性和公信力随着近几年杂耍般的表演有所下降，但只要稍谙中国国情的人士都明白，能够驾驭中国房地产这头“野驴”的依然是政府。从长期看，近几年的有关房地产的诸种文件表明，中国正在悄悄纠正中国经济的过度房地产化和中国房地产的过度商业化，逐渐摸索一条商业和保障相互平衡、协调发展的新路子。

基于此，从长期看，中国住房金融市场有望逐步走上一条稳健发展的道路，资金供给狂放不羁的时代将可能成为历史，最起码不会像近几年这样歇斯底里地折腾。住房金融市场结构由住房信贷市场垄断的格局也有望改变，住房信贷二级市场、住房资本市场以及保障房融资市场的力量和作用将逐步提升，一个相对多元化和平衡的住房金融市场结构将逐步成为一种常态。

从未来一年看，中国住房金融市场之信贷一枝独秀的格局将难以改变，住房金融市场资金供给可能会在度过2011年第四季度和2012年第一季度的严寒期后逐步小幅回升。鉴于数据的可获得性约束，本期报告依然仅对住房信贷市场在未来一年的走向进行定量预测。

自2009年底“国四条”对2008年底始的“救市”政策作出转向调整以来，一系列的调控政策与监管措施剑指高企不下的房价。由于面临全球经济回稳态势不稳定的大环境，此轮调控与监管没有像2007年底始的双紧缩政策下的那轮住房调控与监管严厉，而是有些亦步亦趋，视形势决定踩“油门”的力度，因而也就没有收到那轮政策所收获的效果——紧缩政策不足一年，住房价格就出现了全国性普降。此轮调控与监管虽然在2010年9月底又加了一次码（即所谓二次调控），但一年后的2010年底并未收获预期的政策效果，房价依然有近10%的增幅。① 2011年，中国政府进一步动用“限购”、“限价”、“（暂）停贷款”、“明码标价”等政策工具甚至是行政干预工具调控住房市场，住房信贷市场的供给趋降态势逐步走稳，住房价格环比下降的城市越来越多。2011年9月与8月相比，70个大中城市中有17个城市住房价格环比下降，持平的城市有29个，环比价格上涨的城市中涨幅均未超过0.3%。②

在这样一种基础上预测未来一年的住房信贷市场走势，本期报告基本的判断是，从总体看，鉴于防通胀仍然是2011年国家宏观调控政策的第一任务，第四季度，住房信贷紧缩政策还会持续，住房信贷的供给也会继续走低，房价走低的范围还会进一步扩大。另外，紧缩政策对中小企业流动性的负面影响已经日益暴露，中央对紧缩政策作出结构性调整的趋势已成定局，其中，中小企业会得到惠及，但住房市场紧缩政策的基调应不会变化，由此我们同样可作出房地产信贷市场在2011年第四季度和2012年第一季度会持续走低的判断。2012年第二季度，通胀环境持续改善，同时住房市场价格快速上涨的势头已经得到有效遏制，中央防通胀的“手刹”将会扩及房地产市场，由此，中央可能会适当审慎放松在

① 国家统计局年度发布信息，70个大中城市房价平均增幅是9.9%，依据《中国统计年鉴2011》相关数据推算的增幅是7.7%。

② 《国家统计局：房价过快上涨势头得到明显遏制》，2011年10月19日《新京报》。

房地产领域的紧缩政策，住房信贷总量将会逐步有小幅回升，首套房贷的利率将重获一定的优惠空间，而二套房贷和多套房贷利率则依然维持着较高的水平。期间，中央应该能有效吸取2009年的教训，把握好对房地产的放宽力度和节奏。

由此可以从以下步骤和角度预测住房信贷市场规模在2011年第四季度和2012年的水平及其季度分布。第一步是预测2012年的房贷规模。可以依据近年来住房信贷增长率均值水平判断房贷在2012年的规模，假定近6年的房贷增长率简单均值为稳定增长水平，那么2012年的房贷规模增长率将低于这个水平，具体幅度估计为20%。第二步是预测房贷在各个季度的分布。一是依据房贷在近年来季度分布的经验值，测算季度分布的平均值。二是以该平均值为稳定水平，根据2012年的房贷走向对季度分布均值进行一定的下向调整，从而估测在2012年的季度分布结构。

（二）预测过程和结果：房贷规模微升，房贷利率重新体现结构性差异

1. 2011年住房信贷市场统计贷款规模预测

首先从统计贷款①的角度预测。依据中国统计局网站信息，2011年前9月的统计贷款是15935亿元，同比增长0.93%。考虑国家房贷政策继续紧缩这一环境条件，2011年9月和第四季度住房信贷同比增幅继续走低，估计年底统计贷款同比增幅约为0.8%，预计不会超过8000亿元，这样2011年全年的统计贷款余额约为21925.41亿元，同比增长1.14%。2012年，随着住房价格走稳，住房信贷政策趋紧的走势将有所缓和，接近以往各年平均增长率。本期报告审慎假定，2012年的住房信贷比2011年增长20%，由此2012年统计贷款的规模约为26310.49亿元（见表10-3）。

其次对统计贷款季度分布进行预测。

基本方法是依据经验数据测算统计贷款季度分布经验值和一定期间内的季度分布均值，进而推算2012年统计贷款季度分布。

---

① 统计贷款即中国统计局网站“房地产资金来源”信息中“国内贷款与个人按揭贷款”之和，本期报告引入该词，主要是为了说明问题的方便。

表 10－3　以累计同比增长率对 2012 年统计贷款规模预测

单位：亿元，%

类别＼年份	2004	2005	2006	2007	2008	2009	2010	2011	2012
统计贷款	4737.62	6135.74	8062.81	11838.05	10829.06	19695.58	21751.4	21925.41	26310.49
统计贷款增长率	—	29.51	31.41	46.82	-8.52	81.88	10.44	0.80	20
统计贷款平均增长率	—	27.48	27.48	27.48	27.48	27.48	27.48	27.48	—

注：统计贷款＝国内贷款＋个人按揭贷款。

资料来源：依据中国统计年鉴和中国房地产信息网相关数据推算。

看近年来各项贷款、住房信贷的季度分布和季度均值分布的经验值。图10－10是各项贷款在近年来的季度分布。该图表明，在大多数年份中，各项贷款上半年的投放比例在60%以上，反映银行金融机构集中在上半年投放资金的行为规律。

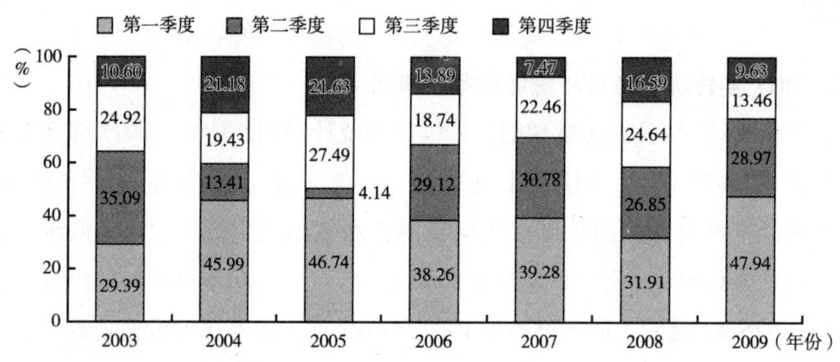

图 10－10　2003～2009 年各项贷款季度分布

资料来源：依据中国人民银行网站数据整理。

但图 10－11 则表明，住房信贷的季度分布规律是相反的，上半年的房贷比重在绝大多数年份低于下半年，反映银行金融机构对房地产领域的贷款更多布局于下半年。前面已经预测，从 2012 年第二季度开始的住房信贷环境趋于审慎宽松，相对 2011 年的宽松政策环境，2012 年下半年还会持续。由此，本期报告认为，季度均值及其经验分布基本适用于 2012 年的情形，略作微调后的 2012 年住房统计贷款规模季度分布比重为 23.37%、25.70%、24.38%、26.55%。由此以

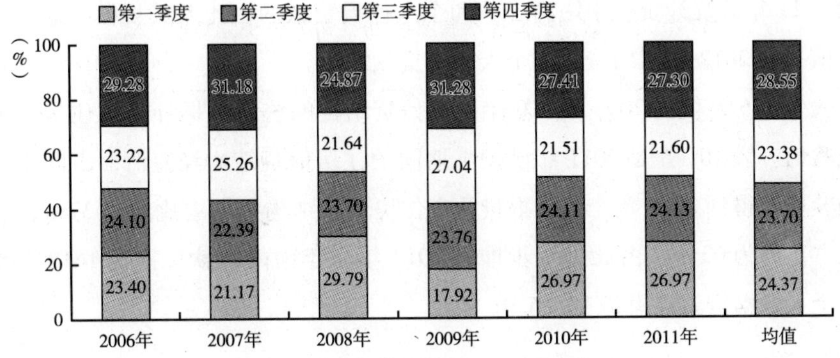

图 10－11 统计贷款季度分布、季度均值及其分布

资料来源：依据中国房地产信息网数据整理。

季度经验均值分布为基准，可预测 2012 年 26310. 50 亿元统计贷款的季度分布。第一季度的规模约 6148. 76 亿元，第二季度约为 6761. 80 亿元，第三季度约为 6414. 50 亿元，第四季度约为 6985. 44 亿元（见表 10－4）。

表 10－4 2012 年住房统计贷款规模及其季度分布预测

类　别	时　间	统计贷款
季度比重分布(%)	第一季度	23. 37
	第二季度	25. 70
	第三季度	24. 38
	第四季度	26. 55
季度规模分布(亿元)	第一季度	6148. 76
	第二季度	6761. 80
	第三季度	6414. 50
	第四季度	6985. 44
年度规模(亿元)	全　年	26310. 50

资料来源：依据中国房地产信息网数据整理。

2. 住房信贷结构预测：国内贷款和个人按揭贷款 2012 年年度及季度分布预测

（1）年度预测

方法：首先依据经验值测算 2010 年以前国内贷款和个人按揭贷款占比的经验值。其次依据 2011 年以来国内贷款和个人按揭贷款在统计贷款中的比重，推算出2011年底统计贷款中国内贷款和个人按揭贷款的占比及其规模。最后依据经验值推算2012年国内贷款和个人按揭贷款规模。

表10－5是依据2006～2010年住房信贷结构的统计数据计算的住房信贷结构经验值。表10－6是2011年已发生期间的住房信贷结构经验值，由此推算全年经验值，得到2011年个人按揭贷款在住房信贷结构中的占比约为37%，国内贷款占比约为63%。由此进一步推算2012年全年国内贷款规模是16183.58亿元，个人按揭贷款规模是10126.91亿元。

表10－5　住房信贷结构经验值和均值

单位：%

时　　间	个人按揭贷款在统计贷款中占比	国内贷款在统计贷款中占比
2006年12月	34.72	65.28
2007年12月	41.20	58.80
2008年12月	32.99	67.01
2009年12月	42.66	57.34
2010年12月	42.35	57.65
2011年12月	37.00	63.00
均　　值	38.49	61.51

资料来源：依据中国房地产信息网相关数据推算。

表10－6　2011年1～9月住房信贷结构

单位：%

时　　间	个人按揭贷款/统计贷款	国内贷款/统计贷款
2011年2月	32.33	67.67
2011年3月	35.11	64.89
2011年4月	36.45	63.55
2011年5月	37.24	62.76
2011年6月	37.32	62.68
2011年7月	37.78	62.22
2011年8月	38.25	61.75
2011年9月	38.81	61.16

资料来源：依据中国房地产信息网相关数据推算。

（2）国内贷款和个人按揭贷款的季度分布预测

方法是先依据经验数据测算季度分布经验值，然后推算2012年国内贷款和

个人按揭贷款的季度分布。

同统计贷款季度分布略有差异的是，国内贷款季度分布与各项贷款分布规律类似，即在大多数年份上半年的分布规模大于下半年的分布规模，只是各项贷款下半年的分布量高出上半年约 10 个百分点，但国内贷款下半年的分布量只是略大于上半年（见图 10－12）。由此，以均值为准推算 2012 年国内贷款季度分布情况如表 10－7 所示。

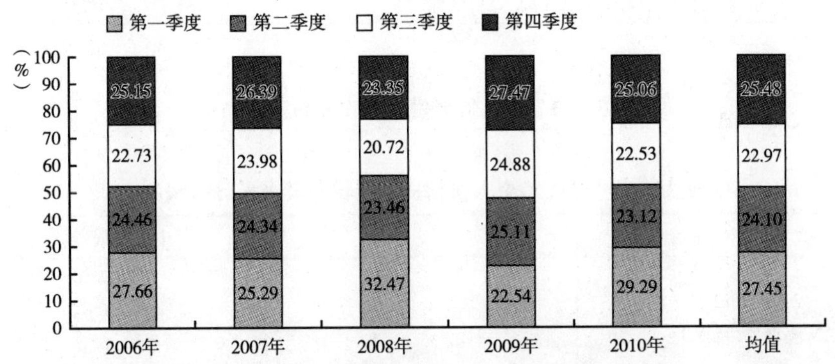

图 10－12　国内贷款季度分布及其均值

表 10－7　2012 年房地产国内贷款规模及其季度分布预测

类　　别	时　　间	国内贷款
季度比重分布(%)	第一季度	27. 45
	第二季度	24. 10
	第三季度	22. 97
	第四季度	25. 48
季度规模分布(亿元)	第一季度	4442. 82
	第二季度	3899. 66
	第三季度	3716. 86
	第四季度	4124. 24
年度规模(亿元)	全　　年	16183. 58

而图 10－13 表明，个人按揭贷款季度分布同统计贷款分布类似，即表现出与各项贷款不一样的分布规律，下半年的分布规模大于上半年的分布规模，而且高出 10 多个百分点。由此，以均值为准推算 2012 年个人按揭贷款季度分布情况如表10－8 所示。

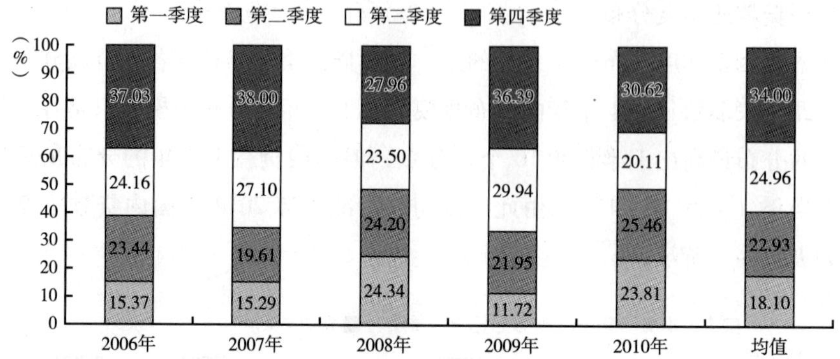

图 10－13　个人按揭贷款季度分布及其均值

表 10－8　2012 年个人按揭贷款规模及其季度分布预测

类　别	时　间	个人按揭贷款
季度比重分布(%)	第一季度	18.10
	第二季度	22.93
	第三季度	24.96
	第四季度	34.00
季度规模分布(亿元)	第一季度	1833.45
	第二季度	2322.38
	第三季度	2527.93
	第四季度	3443.15
年度规模(亿元)	全　年	10126.91

三　住房金融市场存在的问题与政策建议

（一）住房金融市场存在的问题

尽管自 2010 年第四季度以来，住房金融市场在步步紧逼的紧缩性政府金融政策条件下，供给总量无论是在住房信贷市场还是在住房股票市场均出现走低趋势，至 2011 年 9 月住房商品交易价格走跌的态势扩及大部分主要城市，政策效果逐步显现，但问题和挑战依然存在，主要表现在以下几个方面。

住房信贷市场供给趋降态势不稳。从 2011 年前 7 月的走势看，本期报告分

析的几个指标的走势均有波动，有的指标甚至在6月有较大回弹。尽管8月、9月两个月份这些指标的走低趋势表现出连续性，但仅凭这两个月的走势还难以断定住房信贷市场的走低趋势已成定局。

个别板块的非规范性活跃对国家住房调控和监管形成干扰。最典型的是房地产信托板块和民间住房融资板块。其中房地产信托板块实际上已于2011年7月被行政叫停，但规范性难题依然存在。民间住房市场融资在宏观紧缩背景下，在某些城市已现资金链断裂风险，有的中小房企倒闭，抛下烂尾楼，有的房企老板跑路，扔下一堆债务。

住房股票市场萎缩导致住房金融市场结构畸形化程度加深。2010年第四季度以来，住房股票市场持续低迷，房企股票市场融资额大幅下降，使得房企融资向住房信贷市场的集中度提高，而住房信贷二级市场的封冻又导致住房信贷一级市场的风险无以分散和转移，结果住房金融市场的风险主要集中于住房信贷一级市场。

保障房融资市场板块需求缺口亟待有效弥合的方案。尽管自2010年第四季度以来，政府又推出一批保障房融资创新性渠道和工具，但保障房建设和消费的资金“瓶颈”依然待解。

（二）关于住房金融市场的政策建议

第一，维持有效的房地产调控和监管政策。一是在2011年第四季度继续坚持紧缩性的政策，重在强化既有政策的落实。二是在2012年适当放松对房地产市场的调控和监管，促使房地产市场实现“软着陆”的同时，避免2009年式的报复性反弹。

第二，鼓励并有效规范住房金融创新，促进建立多元均衡的住房金融市场体系。一是强化对房地产信托的制度化规范，二是考虑重启住房贷款证券化，三是有效引导民间资金对房地产的投资行为，四是适当放松房企在股票和债券市场融资的限制。

第三，探索建构有效的保障房融资支持体系。一是继续实施政策允许使用的融资工具；二是建构有效的政府性金融市场工具，引导商业性资金支持保障房建设和消费。如建立政府性保障房建设之商业性融资担保基金，成立保障房消费融资政策性担保机构，赋予国家开发银行保障房建设融资之职能等，这些政府性金融工具可有效消除商业性融资的后顾之忧，从而激励商业性融资对保障房进行有效支持。

四　住房金融市场指数

依据数据的可得性情况，在2010～2011年度的报告①中，选择了三个指数。本期新增一个指标，即个人按揭贷款月度偿付率。本年度报告将银行房贷在银行各项贷款中的占比移到住房金融机构一章中讨论。以下分别介绍测算方法、结果及其意义。

（一）指数测算方法

1. 房地产企业资金中的贷款占比测算方法

在上年度的报告中介绍了测算房地产企业资金来源中房贷占比的两种方法，由于第二种方法在适用2010年第四季度以来的住房市场相关数据时，存在一些显而易见的偏差，本期报告只使用第一种方法，即简单公式法。

该公式主要是基于中国统计局网站公布的国内贷款和个人按揭贷款数据，将住房开发企业各年各月的国内贷款、个人按揭贷款数据及其占比简单相加即得。本报告将中国统计局网站披露的国内贷款与个人按揭贷款和称作统计房贷。

统计房贷 = 国内贷款 + 个人按揭贷款

统计贷款占比 = 国内贷款占比 + 个人按揭贷款占比

2. 个人按揭贷款月度偿付率的测算方法

个人按揭贷款月度偿付率即月度偿付额与月度可支配收入之比。以下以家庭为单位，以中国房地产信息网披露的35个城市为案例，介绍该指数的计算方法，可按如下7个步骤进行计算。

第一，计算商品房每月销售价格。由中国房地产信息网可得35个城市普通商品住宅的价格。本报告是将三类普通商品房价格（集中成交价）简单平均而得。由此计算出来的住房价格可能存在的问题是，由于有些城市特别是一线城市三类住房之间的价格差距很大，同时因权重难以确定，简单平均价格可能偏高。结果是导致月度偿付率偏高。

---

① 指倪鹏飞主编《中国住房发展报告（2010～2011）》，社会科学文献出版社，2011。

第二，计算家庭月平均可支配收入。由中国房地产信息网可查询到35个大中城市城镇居民家庭平均每人可支配收入的季度数据。本报告以三口之家作为基本家庭单位将每人可支配收入换算成家庭月可支配收入。假定个人按揭贷款期限为30年，在30年中，每年的月收入肯定会按一定比例增加，为了计算上的方便，在此暂不予考虑，只以贷款当年的月均收入为基准计算（说明，不包括灰色收入）。

第三，计算个人按揭贷款额度。因首套房属于正常的住房贷款消费，本报告以90平方米首套房贷款额度为例进行计算，一般是按照30%的首付计算。由于从2010年第四季度开始，国内银行金融机构相继降低首套房贷利率优惠，直至取消并上浮。本期报告假定2010年10月至2011年1月仍然使用7折优惠，2011年2月至今适用基准利率。

第四，计算首套房贷款月利率。一般是商业贷款利率的一定比例，因不同月份的比例有异，首套房贷的月利率有差别，本报告据此推算首套房贷月利率。

第五，确定首套房贷款期限。本报告假定为30年，360个月。

第六，计算月度偿付额。借助Excel表，按照年金公式（PMT）可计算月度偿付额。

第七，计算月度偿付率。由第六步计算出来的月度偿付额除以第二步计算出来的家庭月度可支配收入即得月度偿付率。

由此可得出35个样本城市的月度偿付率指数。

（二）计算结果和意义

1. 房地产企业资金中贷款占比的测算结果和意义

表10－9即统计贷款在房地产企业资金来源中的占比测算结果。该结果显示，2010年第四季度以来，该指标逐月下降，已经接近20%的国际经验值。[①] 单从该数字来看，住房信贷市场的紧缩空间似乎已经不大，但从以往的经验看，房地产企业还可以从其他间接渠道获得银行贷款，而且比例较为可观，所以目前可靠的判断应该是，住房信贷市场仍然存在一定的收缩空间，有必要继续维持目前的紧缩政策，稳定住房信贷市场收缩趋势。

---

① 发达经济体的房地产企业融资结构经验值是约40%的房地产基金，40%左右的私募基金和20%左右的银行贷款。

表 10-9 统计贷款在房地产企业资金来源中的占比

时　间	累计总计(亿元)	统计贷款累计(亿元)	统计贷款占比(%)
2009年2月	6045.9	2206.3	36.49
2009年3月	10070.3	3529.9	35.05
2009年4月	13511.8	4717.0	34.91
2009年5月	17522.7	5945.2	33.93
2009年6月	23702.6	8210.3	34.64
2009年7月	28639.0	10151.9	35.45
2009年8月	33689.1	11890.9	35.30
2009年9月	38990.6	13535.6	34.72
2009年10月	44033.8	15282.2	34.71
2009年11月	48169.7	16002.5	33.22
2009年12月	57127.6	19695.6	34.48
2010年2月	10469.3	3932.0	37.56
2010年3月	16250.5	5867.0	36.10
2010年4月	21602.5	7507.0	34.75
2010年5月	27288.5	9293.9	34.06
2010年6月	33719.0	11110.8	32.95
2010年7月	38876.1	12669.4	32.59
2010年8月	44363.4	14205.2	32.02
2010年9月	50504.4	15788.9	31.26
2010年10月	56923.0	17544.6	30.82
2010年11月	63219.9	19182.4	30.34
2010年12月	72494.3	21751.4	30.00
2011年2月	12173.08	3958.88	32.52
2011年3月	19268.05	5913.04	30.69
2011年4月	25361.73	7552.71	29.78
2011年5月	32340.01	9246.76	28.59
2011年6月	40991.00	11203.68	27.33
2011年7月	47851.63	12886.79	26.93
2011年8月	54738.05	14394.83	26.30
2011年9月	61947.00	15935.00	25.72

2. 月度偿付率测算结果及其意义

表10-10给出了月度偿付率的测算结果。按照国际通行做法，月度偿付率的最高线是30%，超过这个线的家庭属于低收入家庭，这类家庭一般要采取租

房而不是买房的做法，而我国银监会的规定是，月度偿付率不能高于50%。如果参照国际通行做法，那么我国绝大多数城市的月度偿付率都超过了最高线，只有呼和浩特、重庆、西宁等少数城市是例外，在近几年的时间里，月度偿付率在大多数月份保持在30%以下。如果参照中国银监会的标准，长沙、济南、石家庄、长春等近一半城市在大多数月份里符合中国银监会的规定。月度偿付率较高的城市主要集中在北京、深圳、上海、杭州等一线城市。最高的是北京，部分月份的月度偿付率甚至超过100%。这样高的比重部分原因可能是北京房地产市场的投机成分过重，将房价推高到本市居民无以承受的地步。值得关注的是，重庆的月度偿付率却是仅有的几家处于30%以下的城市之一，也是唯一的大型城市。

表10－10.1 部分城市按揭贷款月度偿付率

单位：%

日 期	北京	天津	石家庄	太原	呼和浩特	沈阳	大连	长春	哈尔滨
2007年1月	55.84	46.30	29.86	34.43	17.58	31.13	54.53	31.98	28.49
2007年2月	55.84	48.36	29.86	34.43	17.58	30.98	53.92	31.98	28.02
2007年3月	62.38	46.54	29.86	35.07	17.47	36.29	53.69	31.98	28.33
2007年4月	64.32	46.42	29.86	35.07	17.65	32.59	54.79	31.98	27.87
2007年5月	64.64	48.21	32.50	35.07	18.45	32.60	57.17	31.98	28.02
2007年6月	67.02	48.74	33.65	37.98	19.10	34.23	61.99	33.08	29.02
2007年7月	68.94	50.44	33.65	37.98	18.52	30.98	62.07	33.08	29.98
2007年8月	74.04	51.05	33.65	38.49	18.52	34.63	60.03	33.08	31.10
2007年9月	77.67	53.54	35.03	40.07	19.35	39.15	63.29	50.85	32.38
2007年10月	77.67	57.63	43.84	40.41	19.38	39.72	63.46	50.85	32.04
2007年11月	77.67	60.92	43.84	40.41	19.38	40.00	46.75	50.85	33.54
2007年12月	80.30	62.52	44.99	41.47	19.90	41.65	65.21	52.18	34.43
2008年1月	80.30	62.65	44.99	41.47	19.90	41.59	65.21	43.05	35.28
2008年2月	76.90	54.73	39.45	37.55	16.62	36.13	19.72	36.37	31.79
2008年3月	84.99	58.39	41.40	39.59	17.45	37.92	45.92	38.63	30.22
2008年4月	73.79	58.57	41.53	39.77	17.55	38.59	46.06	39.21	35.68
2008年5月	73.45	58.30	41.34	39.59	17.52	38.59	62.04	43.04	35.51
2008年6月	81.11	63.61	43.25	40.13	17.68	39.57	62.74	45.78	36.47
2008年7月	83.94	63.22	42.99	39.89	17.63	39.35	62.36	45.36	36.25
2008年8月	84.46	59.80	44.79	40.13	17.74	39.65	67.18	47.08	37.43
2008年9月	84.45	57.37	45.13	40.53	17.89	39.91	68.04	44.98	37.71
2008年10月	82.19	54.96	42.05	38.27	17.14	38.18	64.18	43.20	36.43

续表

日　期	北京	天津	石家庄	太原	呼和浩特	沈阳	大连	长春	哈尔滨
2008 年 11 月	76.26	50.99	39.01	34.98	15.90	35.39	35.87	38.78	33.80
2008 年 12 月	65.39	39.28	31.36	30.13	13.94	31.02	48.22	31.90	28.64
2009 年 1 月	53.92	30.54	25.86	24.85	11.46	25.60	40.11	27.64	24.03
2009 年 2 月	49.86	29.40	23.45	23.34	10.47	23.57	37.15	20.92	22.06
2009 年 3 月	49.64	29.40	23.99	23.34	10.41	23.57	36.95	25.38	22.25
2009 年 4 月	56.70	29.40	23.99	23.89	10.49	23.57	37.15	25.97	23.01
2009 年 5 月	62.30	30.10	24.68	23.89	10.51	23.54	37.19	29.43	23.01
2009 年 6 月	62.75	31.50	24.68	24.32	10.54	23.55	37.19	25.48	23.38
2009 年 7 月	62.75	32.34	25.62	24.41	10.59	23.55	37.19	28.37	23.38
2009 年 8 月	71.93	32.34	25.62	24.41	10.64	23.60	37.03	26.93	23.38
2009 年 9 月	73.06	32.90	25.62	24.67	10.70	23.60	37.82	27.24	23.57
2009 年 10 月	76.53	33.60	26.34	24.79	10.88	23.60	38.13	27.92	23.57
2009 年 11 月	76.53	36.40	27.24	24.79	11.19	23.60	38.13	28.82	23.95
2009 年 12 月	85.38	32.20	27.24	24.98	11.54	23.60	39.23	19.43	24.89
2010 年 1 月	89.08	42.00	26.52	25.53	11.69	23.60	41.28	32.48	24.70
2010 年 2 月	69.46	35.43	22.72	22.59	10.37	18.68	31.76	27.15	21.19
2010 年 3 月	70.71	38.98	24.58	23.09	10.53	18.68	31.16	27.72	21.51
2010 年 4 月	71.77	38.98	24.58	23.83	10.62	18.68	31.76	27.21	21.83
2010 年 5 月	70.89	38.62	24.42	23.83	11.20	18.68	31.76	27.32	21.91
2010 年 6 月	70.89	39.92	24.42	23.96	11.66	18.68	31.76	27.85	21.91
2010 年 7 月	60.13	39.67	21.39	20.83	10.24	15.76	27.81	23.49	18.55
2010 年 8 月	62.07	39.37	20.61	20.83	10.24	15.76	27.81	23.09	18.75
2010 年 9 月	57.24	39.37	21.72	21.32	10.39	15.76	27.81	23.04	18.89
2010 年 10 月	63.52	39.37	21.85	21.92	10.58	15.76	27.81	23.80	19.09
2010 年 11 月	58.53	39.37	21.66	22.42	10.77	15.76	27.81	23.67	19.09
2010 年 12 月	58.25	40.37	21.92	20.26	10.94	16.28	27.81	23.86	19.09
2011 年 1 月	64.73	39.81	21.13	20.26	10.52	16.57	28.47	22.49	18.90
2011 年 2 月	102.04	56.87	30.18	28.94	15.23	23.67	40.67	38.38	27.00
2011 年 3 月	91.28	50.55	29.82	29.59	15.34	23.67	40.82	37.78	27.19
2011 年 4 月	107.26	49.95	31.12	30.51	16.05	24.40	42.08	37.96	28.23
2011 年 5 月	92.79	50.67	31.12	30.51	16.29	24.40	42.08	37.63	28.81
2011 年 6 月	103.02	52.12	31.12	31.25	16.38	25.22	43.46	38.56	29.40
2011 年 7 月	94.95	56.33	32.29	32.42	17.08	25.32	45.56	41.68	30.71
2011 年 8 月	106.04	57.84	23.31	32.57	17.16	26.17	45.56	44.79	30.91

表 10－10.2 部分城市按揭贷款月度偿付率

单位：%

日　期	上海	南京	杭州	宁波	合肥	福州	厦门	南昌	济南
2007 年 1 月	38.29	38.04	37.15	54.57	29.60	41.19	42.29	0.00	27.68
2007 年 2 月	37.91	38.82	36.92	48.77	29.60	38.80	45.62	28.29	27.68
2007 年 3 月	37.91	39.40	38.03	50.54	29.60	46.16	50.26	28.32	27.79
2007 年 4 月	38.21	40.39	39.01	51.24	29.31	47.99	50.81	28.18	27.79
2007 年 5 月	39.00	41.76	39.05	52.20	29.31	48.17	55.07	29.07	28.01
2007 年 6 月	40.38	43.39	43.48	56.94	30.35	50.17	55.18	30.51	28.88
2007 年 7 月	40.29	43.72	43.95	53.35	30.35	44.03	59.35	32.07	29.00
2007 年 8 月	41.72	44.10	45.01	57.77	30.19	54.67	61.31	32.16	29.68
2007 年 9 月	46.69	46.14	50.83	61.66	31.75	62.20	66.31	33.55	30.90
2007 年 10 月	47.28	46.33	51.89	69.58	33.02	57.24	74.63	33.63	30.90
2007 年 11 月	48.10	46.48	54.25	61.28	34.13	47.07	77.86	36.59	30.90
2007 年 12 月	50.71	47.74	57.69	62.67	36.17	61.60	83.15	34.53	31.71
2008 年 1 月	51.83	47.55	59.97	59.85	36.17	61.10	72.63	34.53	31.71
2008 年 2 月	46.66	41.61	54.99	55.12	31.15	47.04	72.93	30.28	27.45
2008 年 3 月	49.57	43.73	56.25	68.19	32.55	68.80	48.45	31.78	28.81
2008 年 4 月	49.13	43.88	57.81	31.67	32.65	66.05	49.12	31.88	28.90
2008 年 5 月	50.35	43.72	58.21	68.52	32.79	65.91	47.70	31.88	30.20
2008 年 6 月	52.83	44.04	61.58	31.62	33.68	71.27	45.55	32.17	30.47
2008 年 7 月	53.10	43.60	62.39	60.56	33.63	63.86	45.71	31.98	30.29
2008 年 8 月	53.42	43.60	62.48	56.79	34.72	51.84	46.42	32.17	29.14
2008 年 9 月	50.06	43.61	62.96	59.96	36.48	50.89	43.57	32.41	29.36
2008 年 10 月	47.67	41.39	64.90	40.11	34.66	52.69	40.54	31.01	28.12
2008 年 11 月	46.98	38.12	60.31	59.14	30.71	50.78	34.93	28.80	26.10
2008 年 12 月	43.66	33.15	46.91	53.36	26.64	43.47	32.25	25.25	22.62
2009 年 1 月	34.08	27.20	38.82	46.72	21.97	34.76	23.12	20.82	18.65
2009 年 2 月	33.26	24.54	35.82	43.01	19.96	29.39	21.61	19.10	17.08
2009 年 3 月	33.69	24.49	35.56	45.67	20.54	31.30	23.00	19.18	17.08
2009 年 4 月	34.31	24.36	36.55	48.50	20.54	31.89	24.44	19.24	17.08
2009 年 5 月	34.04	24.32	19.99	47.62	20.45	32.38	24.90	12.00	17.08
2009 年 6 月	35.27	24.46	38.02	48.73	19.45	33.41	27.40	19.57	17.08
2009 年 7 月	36.41	24.65	46.44	49.96	19.80	33.49	28.30	19.29	17.08
2009 年 8 月	39.34	24.72	48.50	48.57	21.32	34.90	29.51	19.47	17.08
2009 年 9 月	43.54	24.75	46.74	48.05	19.64	35.14	28.14	20.30	18.53
2009 年 10 月	46.86	24.81	52.54	50.31	20.94	35.19	31.48	21.57	18.53
2009 年 11 月	49.79	24.87	54.82	55.13	20.69	36.60	32.09	22.42	18.53
2009 年 12 月	50.18	24.95	61.76	55.66	23.75	38.13	34.17	24.42	13.91
2010 年 1 月	50.72	25.01	55.62	48.51	26.16	39.98	34.22	26.25	21.56
2010 年 2 月	41.76	19.22	42.09	41.38	21.13	31.07	27.12	24.30	18.36
2010 年 3 月	41.63	19.29	47.22	45.29	21.59	31.35	26.89	24.92	20.61

续表

日　期	上海	南京	杭州	宁波	合肥	福州	厦门	南昌	济南
2010 年 4 月	43.35	19.41	48.63	49.27	24.47	34.34	26.66	24.10	20.61
2010 年 5 月	43.66	19.41	49.20	40.41	25.22	36.14	29.79	25.11	20.61
2010 年 6 月	44.40	19.37	50.35	44.11	25.83	34.51	25.71	24.62	20.61
2010 年 7 月	36.86	16.31	39.45	33.00	21.13	31.55	21.62	20.90	17.39
2010 年 8 月	36.48	16.38	38.71	32.01	20.54	33.22	23.75	20.90	17.39
2010 年 9 月	36.53	16.43	42.37	34.68	19.43	35.81	24.67	21.48	17.39
2010 年 10 月	37.12	16.42	40.59	34.22	19.82	37.87	25.94	21.29	17.39
2010 年 11 月	37.98	16.39	43.82	42.47	19.38	39.25	23.77	21.84	17.39
2010 年 12 月	36.67	16.46	42.42	35.14	17.93	40.37	23.29	21.29	17.39
2011 年 1 月	37.52	16.18	42.53	38.10	17.50	40.15	28.25	21.76	16.83
2011 年 2 月	54.31	23.11	65.76	54.31	26.24	57.92	35.96	31.41	24.05
2011 年 3 月	54.44	23.35	62.73	53.82	25.88	57.89	37.33	30.64	24.05
2011 年 4 月	54.82	24.26	63.15	53.42	26.83	59.61	39.10	33.15	24.80
2011 年 5 月	57.72	24.43	61.88	58.20	27.49	59.39	40.87	34.87	24.80
2011 年 6 月	58.95	24.71	62.71	64.28	28.04	59.36	41.57	36.39	24.80
2011 年 7 月	81.95	25.82	64.34	60.21	29.66	60.84	47.14	40.60	25.73
2011 年 8 月	80.66	25.98	62.43	63.95	29.83	61.42	43.89	43.58	25.73

表 10－10.3　部分城市按揭贷款月度偿付率

单位：%

日　期	青岛	郑州	武汉	长沙	广州	深圳	海口	成都	重庆
2007 年 1 月	31.01	26.39	48.26	24.14	42.07	25.24	35.36	46.86	13.99
2007 年 2 月	31.01	27.64	48.48	24.14	38.02	25.99	35.55	46.02	13.49
2007 年 3 月	31.01	26.99	48.69	27.37	38.38	27.44	36.35	47.62	14.08
2007 年 4 月	30.92	29.72	48.77	27.37	37.93	28.36	37.23	47.75	14.06
2007 年 5 月	30.92	25.92	48.87	30.61	43.04	29.50	37.89	47.43	14.51
2007 年 6 月	32.29	31.57	50.64	23.02	42.56	31.60	40.23	49.79	14.87
2007 年 7 月	32.29	33.92	50.68	33.72	42.92	31.50	39.96	50.77	14.65
2007 年 8 月	32.29	33.56	50.72	32.96	43.05	31.89	41.61	51.39	14.86
2007 年 9 月	33.90	34.41	52.90	34.84	49.90	33.08	44.14	64.33	15.69
2007 年 10 月	33.90	36.12	52.99	38.74	53.03	33.07	44.43	64.33	16.28
2007 年 11 月	33.90	37.38	53.09	38.74	58.72	32.85	45.17	60.78	18.02
2007 年 12 月	34.96	42.60	54.53	39.76	49.03	33.76	46.44	61.62	23.72
2008 年 1 月	34.96	37.66	65.56	40.30	49.03	33.56	47.17	62.46	21.78
2008 年 2 月	30.70	34.79	56.71	35.61	42.37	41.44	41.57	54.74	18.07
2008 年 3 月	32.22	37.18	59.68	38.13	45.02	43.72	44.27	58.19	18.91
2008 年 4 月	32.32	34.85	60.38	38.24	46.06	43.56	45.00	58.20	20.42

续表

日　期	青岛	郑州	武汉	长沙	广州	深圳	海口	成都	重庆
2008年5月	32.31	33.45	60.33	36.62	46.80	43.25	44.54	56.26	20.42
2008年6月	32.56	40.37	60.50	36.95	46.25	43.75	45.69	59.14	20.25
2008年7月	32.36	33.73	59.60	36.73	46.38	43.47	46.09	56.85	19.65
2008年8月	32.56	35.29	59.95	36.95	45.65	43.40	46.83	58.63	19.84
2008年9月	32.80	38.08	59.91	37.23	46.64	43.94	48.21	59.20	19.69
2008年10月	31.43	35.92	57.42	22.47	43.13	42.01	46.77	53.83	18.34
2008年11月	29.26	34.02	51.46	34.41	38.43	39.03	44.09	47.76	16.81
2008年12月	25.65	30.23	43.04	28.62	32.96	34.19	39.27	42.53	14.94
2009年1月	21.15	22.37	35.38	23.60	27.09	28.18	33.31	30.05	12.43
2009年2月	19.35	23.21	36.74	21.57	24.27	25.72	32.77	30.88	11.10
2009年3月	19.35	22.48	36.69	21.42	24.69	25.71	32.99	32.24	11.38
2009年4月	19.35	23.17	40.16	22.35	24.58	25.65	33.17	33.02	12.18
2009年5月	19.35	24.88	40.31	26.05	25.30	25.89	33.41	34.98	12.56
2009年6月	19.35	24.81	40.49	23.59	25.57	26.13	33.68	33.89	12.30
2009年7月	19.35	24.63	40.55	23.59	26.11	26.62	33.94	36.01	11.73
2009年8月	19.50	24.53	40.53	23.59	27.48	27.13	34.17	36.74	11.49
2009年9月	19.50	28.90	40.54	23.59	28.05	28.78	34.39	38.26	12.15
2009年10月	19.46	25.05	40.70	23.00	30.14	29.01	34.65	40.40	12.88
2009年11月	19.69	25.40	41.34	25.44	30.95	29.33	34.37	42.14	12.59
2009年12月	19.76	24.76	38.86	24.89	32.47	78.67	34.63	42.31	13.98
2010年1月	19.93	25.31	39.82	24.89	34.99	76.24	37.20	46.43	13.05
2010年2月	16.59	23.23	30.34	19.87	25.23	65.99	29.42	37.34	11.19
2010年3月	17.48	23.23	30.62	22.96	25.22	60.96	29.42	34.36	12.10
2010年4月	19.14	23.70	31.13	22.96	25.85	61.65	40.99	37.92	12.73
2010年5月	19.14	22.40	31.32	20.08	26.05	60.69	41.07	35.26	11.24
2010年6月	21.79	24.59	31.16	20.08	28.08	60.06	41.04	32.64	12.14
2010年7月	28.16	20.25	26.29	17.78	31.31	39.73	21.83	29.07	12.86
2010年8月	28.14	20.92	26.67	17.78	22.44	50.21	34.63	27.73	10.90
2010年9月	31.62	22.08	26.91	19.43	23.11	50.44	34.61	29.14	11.34
2010年10月	40.52	23.30	27.00	19.54	23.48	50.93	34.41	29.68	11.88
2010年11月	38.63	22.73	27.61	19.54	23.74	51.43	34.46	30.13	11.89
2010年12月	40.16	24.50	28.09	22.15	24.53	51.58	34.47	30.39	12.44
2011年1月	36.90	22.28	27.74	20.74	24.65	50.80	30.86	24.10	14.20
2011年2月	52.05	32.98	40.35	29.64	36.86	73.41	44.18	34.38	19.68
2011年3月	50.96	28.79	40.76	29.82	36.28	74.13	44.19	34.38	20.16
2011年4月	51.87	33.93	42.45	30.19	38.81	76.43	38.14	35.45	20.78
2011年5月	52.93	35.22	44.53	27.35	40.10	77.91	45.67	35.45	21.55
2011年6月	51.47	35.99	46.58	29.41	39.62	77.85	45.70	35.45	21.47
2011年7月	55.62	37.17	49.50	31.36	40.85	81.17	47.40	36.78	22.40
2011年8月	54.38	35.55	50.66	31.36	41.22	83.16	47.52	36.78	21.96

表 10－10.4 部分城市按揭贷款月度偿付率

单位：%

日 期	贵阳	昆明	西安	兰州	西宁	银川	乌鲁木齐
2007 年 1 月	33.42	36.14	26.17	27.92	25.21	25.50	0.00
2007 年 2 月	33.42	30.81	26.63	24.64	25.21	22.85	0.00
2007 年 3 月	33.73	34.19	26.80	24.26	25.21	25.20	0.00
2007 年 4 月	35.53	46.12	33.24	26.18	25.21	25.26	0.00
2007 年 5 月	34.50	41.24	33.04	23.10	25.21	27.63	0.00
2007 年 6 月	21.12	40.99	28.38	26.31	26.10	28.61	0.00
2007 年 7 月	41.86	42.66	16.54	25.91	26.87	29.29	36.01
2007 年 8 月	41.97	47.64	29.65	25.91	26.87	29.62	34.52
2007 年 9 月	44.32	51.32	29.82	26.98	27.98	29.80	34.99
2007 年 10 月	45.96	54.72	30.81	27.39	33.19	32.63	31.10
2007 年 11 月	50.14	59.61	32.66	30.30	33.19	35.03	44.93
2007 年 12 月	50.50	62.98	35.18	30.24	34.06	36.43	46.77
2008 年 1 月	50.84	56.74	36.01	30.24	34.06	36.69	47.36
2008 年 2 月	47.03	55.42	31.07	24.73	31.10	28.53	45.82
2008 年 3 月	49.30	45.35	33.25	27.13	34.84	31.89	49.12
2008 年 4 月	52.78	51.41	33.50	29.58	34.94	32.11	49.15
2008 年 5 月	49.12	50.39	33.47	26.70	33.93	34.66	48.91
2008 年 6 月	49.18	51.18	33.74	26.15	34.24	33.58	49.35
2008 年 7 月	48.89	55.44	0.00	25.99	34.03	37.85	49.47
2008 年 8 月	48.85	45.22	20.48	32.89	34.36	40.86	49.22
2008 年 9 月	52.38	50.41	35.26	31.94	34.62	37.52	48.03
2008 年 10 月	49.85	47.54	33.54	30.60	32.20	36.39	45.39
2008 年 11 月	46.74	45.95	31.77	25.55	29.88	35.16	44.42
2008 年 12 月	39.98	41.67	28.01	23.33	25.58	29.62	37.61
2009 年 1 月	32.75	26.19	23.34	19.24	21.10	23.60	31.28
2009 年 2 月	30.08	26.97	20.77	17.61	19.49	22.96	27.84
2009 年 3 月	30.84	21.69	20.96	16.20	20.56	22.07	36.84
2009 年 4 月	30.36	25.04	20.96	20.66	20.67	21.31	36.24
2009 年 5 月	30.36	33.12	21.85	21.13	21.14	21.46	36.24
2009 年 6 月	30.96	33.30	22.25	21.13	21.14	21.52	36.24
2009 年 7 月	30.16	32.63	22.23	20.90	21.04	24.15	37.33
2009 年 8 月	29.96	33.08	22.75	19.72	21.04	24.90	37.27
2009 年 9 月	30.04	34.63	22.85	20.90	21.58	24.83	38.25
2009 年 10 月	29.46	34.03	23.22	22.77	22.25	25.00	25.74
2009 年 11 月	32.81	35.34	23.68	20.43	22.25	27.85	39.61
2009 年 12 月	33.88	37.12	23.68	35.92	22.71	28.70	38.83
2010 年 1 月	37.85	40.06	25.50	34.04	22.71	30.61	39.36
2010 年 2 月	31.59	32.57	20.61	28.12	20.15	25.48	30.84
2010 年 3 月	31.73	34.81	20.76	34.42	20.15	22.78	33.36

续表

日　期	贵阳	昆明	西安	兰州	西宁	银川	乌鲁木齐
2010年4月	30.75	32.69	21.92	48.18	21.80	24.00	32.81
2010年5月	30.70	57.27	21.33	45.23	23.22	24.85	32.52
2010年6月	30.70	44.21	21.65	45.23	23.22	26.24	33.84
2010年7月	42.90	26.17	22.17	30.54	21.38	23.01	28.48
2010年8月	28.41	35.52	19.88	37.34	18.88	21.41	28.35
2010年9月	27.53	42.32	20.35	37.67	20.44	20.27	26.66
2010年10月	30.26	45.38	20.57	37.67	20.40	24.26	28.43
2010年11月	30.26	43.28	19.75	0.00	20.78	20.24	28.14
2010年12月	30.26	49.51	19.99	37.84	20.78	21.88	29.25
2011年1月	28.62	40.00	19.47	36.37	20.91	19.99	29.78
2011年2月	35.85	34.49	28.16	51.96	29.87	29.32	43.38
2011年3月	35.85	45.94	28.30	53.55	29.62	28.71	46.17
2011年4月	46.60	54.23	28.98	55.21	31.44	29.65	48.73
2011年5月	46.60	50.87	29.09	54.51	31.44	29.52	46.31
2011年6月	36.57	53.95	29.46	54.51	31.44	30.74	46.31
2011年7月	36.53	58.59	30.76	56.56	32.63	29.51	48.60
2011年8月	36.39	51.43	30.86	57.04	34.50	28.64	48.72

公共政策

Chinese Housing Policies

G.11

第十一章 住房市场监管

刘伟　倪鹏飞

2011 年是中国住房市场监管最为严格的一年。为应对逐渐过热的市场和不断高涨的房价，中央和地方政府采取包括限购令在内的一系列措施以稳定房价，规范住房市场。2011 年，“限购、限贷、房产税、保障性住房、监督问责”等新“国五条”在楼市中的调控作用逐渐显现，中国大城市房价被遏制，各地住房市场销售量锐减。随后，为应对大量购房资金涌入二、三线城市，限购令范围不断扩大，大中城市纷纷颁布限购令以应对房价地价过快上涨。尽管 2011 年住房市场监管取得显著效果，但是仍有一些问题值得注意：个别地区土地供应不足，土地市场监管效率有待提高；部分城市仍存在捂盘惜售、囤积房源、哄抬房价等违法违规行为；部分城市房地产中介、住房租赁和物业管理的信用系统有待加强；房地产估价行为亟待规范。

本章首先对 2010 年 11 月至 2011 年 10 月的住房市场监管政策进行分析，指出 2011 年住房市场监管现状与问题。其次，利用中国住房市场监管指数对 34 个大中城市住房市场监管进行测度分析，从审批、监督和服务三个方面来考察住房

市场的企业开办、住房土地、住房开发、住房销售、住房租赁和物业管理六大环节，并对各环节监管作出评价。分析结果显示：住房市场监管强度显著提高，大中城市监管效果明显。最后，就住房市场监管依然存在的问题提出政策建议。

一 住房监管制度分析

（一）住房市场监管政策分析

2010 年初，中国房地产市场依然处于过热发展阶段。2010 年第二季度，中央政府采用金融、税收等多种手段对住房市场进行调整，中国住房市场监管一方面继续加强建筑和房地产企业的准入清出审查，加强企业融资和差别化信贷监管，另一方面加大了住房预售监管力度，住建部提出加强商品住房预售行为监管，完善商品住房预售制度，加强预售商品住房交付和质量管理，住房市场出现短暂的回落。随后，在 2010 年 8 ~ 9 月，住房市场出现反弹，房价再现抬头迹象。于是在 2010 年下半年，政府密集出台了第二轮政策。2011 年，尽管住房市场已有回落迹象，但是监管力度仍在加强，表现在住房土地、住房融资与税收、住房销售、住房租赁和物业管理等各个方面。

1. 住房土地监管：调整完善招拍挂制度，确保保障房用地落实到位

2011 年是住房土地监管十分严格的一年，监管的主要方向是保证住房用地和保障房用地的供给。国土部先后出台多项涵盖供应、招拍挂、征地、价格监测等各个环节，意在调整完善招拍挂制度，确保保障房用地落实到位和商品房用地供应增长的计划。

2011 年 1 月 7 日，国土资源部“全国国土资源工作会议”提出，完善土地招拍挂制度，继续加强房地产用地供应和开发利用的动态监管。3 月 11 日，国土资源部发布《关于切实做好 2011 年城市住房用地管理和调控重点工作的通知》，一方面“控价格，防‘地王’”，坚持招标、拍卖、挂牌出让制度，进一步完善供地政策；另一方面编制公布城市住房用地供应计划并认真实施，确保 2011 年 1000 万套保障性安居工程建设任务落地。4 月 14 日，国土资源部发布《国家土地督察公告》，对保障性住房用地政策执行偏差，或者擅自改变保障性住房土地用途的行为进行批评。5 月 11 日，国土资源部发布《2011 年全国住房用地供应计划公告》，要求各地要对保障性安居工程用地实行计划单列，对落实保障性安居工程用地实行责任制。5 月 13 日，国土资源部发布《关于加强保障性安居工程用地管理有关问题的通知》，提出严禁擅自利用农村集体土地建公共租赁住房，严格规范企业利用自用土地建保障房行为，同时坚决制止和严肃查处“小产权房”等违法违规行为。同一天，国土资源部发布《国土资源部关于坚持和完善土地招标拍卖挂牌出让制度的意见》，在继续坚持和完善招拍挂出让制度的同时，推广“限地价，竞房价”、“限房价，竞地价”、“限定配建保障房面积”建“综合评标”等土地出让方式。5 月 26 日，国土资源部发布《关于严格落实异常交易地块上报制度有关问题的函》，要求全国所有县级及以上城市及时上报招拍挂出让中溢价率超过 50%、成交总价或单价创历史新高的异常交易地块。7 月 29 日，国土资源部通报了 2011 年上半年国土资源违法违规线索和信访受理情况。从统计数据看，土地领域违法违规苗头性、倾向性问题比较突出，举报和信访的比例仍然较高，且以违法占地为形式的土地违法比例居高不下。8 月，国土资源部印发《关于开展国有建设用地使用权网上交易试点工作的意见》，要求在坚持国有建设用地使用权招标、拍卖、挂牌出让制度的基础上，开展网上交易试点，试点期限为一年。省级国土资源主管部门要在试点期限结束后一个月内，开展总结验收工作。2011 年，中国住房土地监管侧重于土地拍卖监管和保障房用地监管，中国住房土地监管进入新时期。

2. 住房信贷监管：加强住房市场信贷监管，控制住房市场投资投机性需求

2011 年，住房市场信贷监管发生较大变化。由于货币政策持续收紧，信贷监管方向从房地产贷款的防控扩大到控制投资投机性需求。2011 年住房信贷出现新的特点。一方面，存款准备金率、存贷款利率不断上调；另一方面，二套房、首套房首付率先后上调，购房贷款利率也在提高。在住房信贷不断收紧的情况下，央行加大了信贷监管力度，主要针对住房市场中的投资投机性信贷。

2011 年 1 ~7 月是信贷政策调整期。2011 年上半年，央行每月上调一次存款准备金率，共计 6 次，每次 0.5 个百分点，截至 6 月，大型金融机构存款准备金率达到历史高点 21.5%。2011 年 2 月、4 月和 7 月，央行 3 次上调金融机构存贷款利率。相应的存贷款监管力度也大幅加强。房地产投资面临空前严厉的信贷监管。

2011 年初，新“国八条”规定，二套房首付比例不能低于 60%，利率不低于基准利率的 1.1 倍。二套房首付率和贷款利率成为住房信贷监管重点。2011

年2月，银监会发布《关于切实做好2011年地方政府融资平台贷款风险监管工作的通知》，为防止借保障房名义套贷，银监会将监管升级，要求所有银行对平台贷款客户实行“名单制”管理，银行不得向名单以外融资平台发放贷款。同时，银监会高度关注平台贷款整改为公司类贷款过程中出现的违规和造假现象，要求各银行6月底前重新逐一审定，不合要求的，“打回”平台贷款统计和管理。2011年5月，住建部房地产市场监管司提出，继续严格实施差别化住房信贷、税收政策，配合人民银行、银监会，强化差别化住房信贷政策，加强对商业银行执行差别化住房信贷政策情况的监督检查，配合相关部门调整完善相关税收政策，加强税收征管。2011年7月25日，央行发布上半年金融机构贷款投向报告。报告指出，上半年金融机构人民币房地产贷款余额同比增长16.9%，比第一季度末回落4.4个百分点，说明2011年上半年信贷监管取得一定效果。2011年第三季度，住房信贷继续收紧，部分城市银行取消外地人在本地购房贷款，甚至个别城市银行不接受购房贷款或只接受合作楼盘购房贷款，购房信贷监管力度空前提高。2011年8月末，央行下发通知，拟将商业银行的信用证保证金存款、保函保证金存款以及银行承兑汇票保证金存款三类保证金存款纳入存款准备金的缴存范围。2011年住房信贷监管效果良好，住房市场信贷政策得到很好的执行，有效地控制了投机性购房。

3. 住房销售监管：限购、预售监管成为重点，违法违规销售行为查处力度加大

2011年初，国务院办公厅发布新“国八条”，扩大限购范围，加大限购力度，截至2011年10月，已有超过40个城市出台限购措施，其中北京要求非本地户籍无房家庭提供“连续5年”缴纳社保或纳税证明，是本轮限购措施中要求最为严厉的。为配合限购令，住建部将住房销售监管重点放在遏制房价过快上涨上。住建部将指导各直辖市、计划单列市、省会城市和房价过高、上涨过快的城市从严制定和执行好住房限购措施作为工作重点，指导和督促各城市根据当地经济发展目标、人均可支配收入增长速度和居民住房支付能力，合理确定本地区年度新建住房价格控制目标。2011年8月，住建部提出，擅自变更容积率、哄抬房价等行为的开发商，未来有望收到来自住房和城乡建设部“最高3万元”的罚单。预售监管也成为2011年住房市场监管重点。从2010年末开始，各个地方政府频繁出台了多项商品房预售监管政策，显示开发商的预售行为全部置于政府的严厉监管之下。北京市明确规定开发商须公示预售商品房的价格和优惠幅度，以及自留商品房的套数、房号及原因等举措，以防止捂盘惜售、内部认购等违规销售

行为。2011年，合肥全面推行商品房预售资金监管制度，房产开发企业须将预售资金存入银行专用监管账户，只能用作本项目建设，不得随意支取、使用。

住房销售中的违法违规行为依然是销售监督的主要方向之一。住建部2011年工作要点指出，加大对房地产市场违法违规行为的查处力度。依法查处捂盘惜售、囤积房源、哄抬房价等违法违规行为，加大对违法企业的处罚和曝光力度，其中问题严重的企业要依法取消经营资格，对存在违法违规行为的个人要依法吊销资格和追究相关人员的责任。7月11日，国家发改委和住建部联合发布《关于加强房地产经纪管理进一步规范房地产交易秩序的通知》，巩固和扩大调控成果，坚决制止和查处房地产经纪违法违规行为。

4. 住房租赁监管：地方性立法频繁，加强保护承租人利益

住房租赁市场一向是违法违规行为重灾区。2011年，住建部把住房租赁市场监管列为工作重点。同时，中国多个城市以地方规定的形式加强了住房租赁市场监管，规范住房租赁市场行为。

2010年12月，住建部出台《商品房屋租赁管理办法》（以下简称《办法》），于2011年2月1日起施行，旨在加强商品房屋租赁管理，规范商品房屋租赁行为，维护商品房屋租赁双方当事人的合法权益。《办法》要求直辖市、市、县人民政府建设（房地产）主管部门加强房屋租赁管理规定和房屋使用安全知识的宣传，定期分区域公布不同类型房屋的市场租金水平等信息。同时对不可用于出租的房屋类型作出明确规定。此外，《办法》还对房屋租赁合同的内容和房屋租赁合同中约定房屋被征收或者拆迁时处理办法给出详细的规定。《办法》规定，出租住房应当以原设计的房间为最小出租单位，人均租住建筑面积不得低于当地人民政府规定的最低标准，相当于禁止了住房租赁管理比较混乱的群租行为。同时规定，房屋租赁合同期内，出租人不得单方面随意提高租金水平，为租房人的合法权益提供保护。2011年7月11日，住建部和发改委联合出台《关于加强房地产经纪管理进一步规范房地产交易秩序的通知》，要求各地结合住房租赁行为监管，依法严肃查处房地产经纪机构进行虚假宣传、提供虚假租赁房源、改变房屋内部结构分割出租、隐瞒真实房屋租赁信息，以及为不符合安全、防灾等强制性标准或属于违法建筑的房屋提供租赁经纪服务等违法违规行为。此外，住建部还要求，各地要加强住房租赁市场监管，采取多种措施控制住房租金过快上涨，维护租赁关系的稳定。

除住建部等中央部委之外，中国各城市陆续出台地方性法规，加强本市住房

租赁市场规范和监管。2011 年 2 月起，北京市计划建立房屋租赁信息平台，租赁市场成监管重地。随着国务院几次调控政策的出台及北京政策落地，北京市针对房屋买卖市场的监管和政策制定已经基本完成。北京市住建委频繁地组织北京多家大型房屋中介进行座谈，了解和讨论租赁市场发展的情况，为建立统一租赁信息平台做准备。2011 年 7 月，上海市发布《上海市居住房屋租赁管理办法》，于 2011 年 10 月开始实施。《上海市居住房屋租赁管理办法》对出租房屋提出明确要求，加强对承租人利益的保护，防止出租人随意调整房屋租金，限制每年租金调整次数。租赁期间出租人出售房屋时需提前通知，承租人在同等条件下有优先购买权。同时，为治理近年来频出的群租现象，上海市明确了“最小出租单位”，并规定居住物业管理区域内的居住房屋，不得出租用作单位的集体宿舍。为了更好地规范房屋租赁市场，《上海市居住房屋租赁管理办法》明确了租赁房地产经纪机构必须代办租赁合同登记备案的法定义务，要求房地产经纪机构不得为不符合规定的居住房屋提供租赁经纪服务，也不得对租赁当事人隐瞒真实的房屋租金等信息以赚取差价等。

5. 物业管理监管：地方性法规、条例逐渐出台，明确物业企业权责

物业管理作为城市管理的一种新形式和市场经济的新兴服务产业，在我国沿海和经济发达的地区获得较快的发展。近年来物业管理出现一系列问题，对中国城市现有物业管理监管提出挑战。2011 年，各地陆续出台地方性法规，规范本地物业管理企业。

2011 年 1 月 1 日，《贵州省物业管理条例》正式实施，该条例对贵州省内物业管理企业和业主的权利与义务列出详细规定，对物业管理区域及相关配置提出明确要求，同时明确了业主大会的召开条件和职责。此外，对业主关心的住转商问题和安全责任问题也作出明确规定：业主、物业使用人将住宅改变为经营性用房的，除遵守法律、法规以及管理规约外，应当经有利害关系的业主书面同意；物业服务项目包括保安服务的，应当在物业服务合同中就保安服务的服务内容、服务质量、责任区分、违约责任等作出明确约定。《沈阳市物业管理条例》也于 2011 年 1 月 1 日起施行，该条例将公众责任险写入立法，指出前期物业服务企业必须购买此险，业主大会成立后，是否购买由业主大会决定。同时该条例规定：发生危及房屋使用安全、严重影响房屋住用等紧急情况时，应当立即使用住宅专项维修资金对共用部分进行维修、更新、改造；新建住宅物业管理区域内的建设工程竣工验收交付使用，其供水、供气、供热、消防等设施，道路、绿化、停车位，以及预留安装太阳能热水器等附属设施设备应当同时达到使用标准，验收合格后方可交付使用。2011 年 4 月 1 日，新修订的《上海市住宅物业管理规定》正式实施。该规定对物业费的缴纳和物业管理纠纷提出调解办法，对物业费实行政府指导价和市场调节价，同一物业管理区域内实施同一物业服务内容和标准的，物业服务收费执行同一价格标准。为了解决开发商拒不履行保修责任或因注销等原因无法履行保修责任的问题，该规定明确要建立物业维修保证金制度，专项用于保修期内物业维修的保障，开发商应按规定交纳物业保修金，由政府监管，实行专款专用。这一立法创新解决了房屋保修期内因房屋质量问题引发的物业维修方面的突出矛盾。此外，规定为业主自己管理小区提供依据，规定经专有部分占建筑物总面积过半数的业主且占总人数过半数的业主同意，业主可以自行管理物业。

（二）住房市场监管现状与问题

2011 年，中国住房市场监管能力有了一定程度的提高。土地出让招拍挂制度得到很好的坚持，住房信贷监管有力地控制了投机性购房，住房限购监管和住房预售监管更为严格，同时在住房租赁监管上也有了突破，多个城市建立了自己的中介信用平台，多个地方的物业管理规定陆续公布，物业管理监管空白得到一定程度的缓解。不过，在看到住房市场监管不断进步的同时，也应注意城市住房监管暴露出的一系列问题。

在住房土地方面，个别城市在土地出让过程中存在腐败现象，土地出让底价过低，竞拍人资格审查不严。部分用地者存在欠缴土地出让价款、闲置土地、囤地炒地、土地开发规模超过实际开发能力以及不履行土地使用合同的现象。土地开发利用动态监测不足，房地产用地开发诚信系统有待建立。另外，土地批后监管存在漏洞，土地监管缺乏长期跟进。

在住房开发建设方面，住房工程质量监管仍有待加强。建筑企业资质、个人注册资格的动态监管未能建立，建筑工程企业及其注册人员信用系统缺失，难以实时监控企业及其注册人员诚信守法情况。住房开发工程招投标监管力度不足，程序不透明。工程监管不力，不履行工程建设法定程序、转包、违法分包等各种违法违规行为仍有发生。

在住房信贷方面，部分银行为争夺优质房地产客户而放松监管，为有违法违

规记录的房地产开发企业提供贷款，贷款用途监管不严，保障性安居工程的贷款及公共租赁住房建设中长期贷款不足。银行部门信用平台仅限于监管信贷信用，而忽视了企业法人其他违法违规行为，缺乏房地产企业法人统一信用系统。

在住房销售方面，市场监管能力长期不足，房产违规销售、房地产经纪合同不规范、开发企业广告宣传不规范等问题时有发生。一方面，对个别房地产商捂盘惜售、内部认购、虚构买卖合同、囤积房源、发布不实价格和销售进度信息、恶意哄抬房价、诱骗消费者争购等违规销售行为监督查处不够。另一方面，预售款监管存在较大问题，有部分开发商利用预售挪用资金，实现超规模扩展，给购房者带来风险。住房销售监管片面关注企业行为，没有对企业法人进行长期跟踪记录。

住房租赁是违法违规行为重灾区，住房租赁监管成为各城市难题。租赁市场不规范，住房租赁登记制度落实不到位。出租人违反合同、租金随意上涨，出租违法建筑、危险房屋，随意分割出租房间造成“群租”泛滥，给社会治安带来极大隐患。房屋中介违法收取保证金，骗签霸王条款，重复收费、欺诈承租人，整体性缺乏信用。对中介违法违规行为查处力度不够，处罚不明。

物业管理属于新兴行业，各地物业监管尚处于起步阶段。物业监管问题突出集中于物业企业权责不明晰。部分物业没有尽到责任，导致治安混乱，盗窃现象时有发生，此外，地下室、外立面等小区公共区域使用管理混乱，时常发生纠纷，有关物业配套服务（如供水供暖和停车位等）不到位。

二　中国城市住房市场监管指数分析

（一）指数构建

政府监管是政府行政机构依据法律授权，通过制定规章、行政许可、监督检查等行政处理行为对市场参与主体的行为实施的直接或间接监督和管理。政府监管主要针对微观经济层面上外部性、自然垄断、信息不对称等，是政府对企业、产业或单个市场的监管，主要目的在于规范市场秩序，增进社会福利，减少个体经济决策给社会带来损失。

本章从住房企业的设立到住房的形成以及管理六大标准环节（企业开办、土地市场、住房开发、住房销售、住房租赁和物业管理）分别从住房企业的设立、住房开发土地的获取、土地市场的开发过程、住房销售过程，以及住房售出以后的住房租赁和物业管理过程来考察住房市场监管。

1. 指标体系

按照上述的理论框架，本部分构建一个中国城市住房市场监管指数，用来反映不同城市在住房市场以及住房市场各环节监管中的优劣势。这为中国城市确定住房市场监管的努力方向提供了参考。

指标体系参照《中国住房发展报告（2010～2011）》，分为企业开办、土地市场、住房开发、住房销售、住房租赁和物业管理六大环节，包括一级指标 6 个，二级指标 18 个，三级指标 29 个。

2. 城市样本及数据说明

鉴于大中城市的地位和样本数据的可得性，本章选择中国内地 34 个大中城市作为中国城市基本面的代表。

指数所采用数据除 Z1. 1. 1 房地产开发企业设立登记数据来源于世界银行集团《2008 中国营商环境报告》[①] 外，其余数据均来自该城市政府相关职能部门的网站[②]，一般为相应城市的国土资源部门、城市规划部门、建设部门、房地产管理部门和市政府的行政审批中心，如 Z2. 1. 1 国有土地使用许可来源于城市政府的国土资源部门的网站。网站中有关于国有土地使用权证办理的程序、时间以及费用，分别对应该指标的审批程序、审批时间和审批成本。

3. 数据处理及权重

数据处理主要可分为两类。一是对相关网站上查到的原始数据的处理；二是对各级指标数值的合成，最终求得该城市的住房市场监管指数。

指标体系中所有三级指标的指标数值均来自原始数据，利用原始数据在城市中的排位百分比计算得出分数。对于各级指标数值的合成，本部分主要采用层次分析法（AHP）的思想，在一级指标合成住房市场监管指数时，权重采用主客观相结合的方法。最终使用的合成权重是按主观权重和客观权重各占 50% 的比例计算而来。经计算，各一级指标的权重值如表 11－1 所示。

---

① 数据库地址：http：//www. doingbusiness. org/data/exploreeconomies/china。

② 城市数据查询时间为 2010 年 10 月 10 日左右，不同城市的数据在查询时间上相隔几天，经比较，时间上细微的差别对结果影响极小，详细的数据处理方法可联系作者。

表 11-1 一级指标权重

项目 \ 权重	主观权重	客观权重	合成权重
Z1 企业开办	0.2	0.187	0.193
Z2 土地市场	0.2	0.148	0.174
Z3 住房开发	0.2	0.120	0.160
Z4 住房销售	0.2	0.148	0.174
Z5 住房租赁	0.1	0.187	0.143
Z6 物业管理	0.1	0.210	0.155

（二）中国城市住房市场监管分析

1. 总体分析：大城市监管强度明显加强，高房价城市成监管重点

2011 年，中央和地方政府为摆脱高房价阴影采取多种措施，从土地审批、住房开发、预售、信贷等多个角度加强了对住房市场的监管。从 2011 年住房市场监管指数中可以发现，在此次列入住房监管调查的 34 个城市中，北京、广州、深圳等高房价城市的住房市场成为住房监管重点，其中北京市住房市场监管最为严格。天津、大连、南京、杭州等沿海、沿江大城市与成都、长春等区域中心城市监管强度也强于其他二、三线城市。2011 年住房监管指数排名前十的城市为：北京、广州、深圳、上海、成都、南京、天津、大连、杭州和厦门。

房地产企业开办监管一向被视为住房市场的第一道防线，由于近年来住房市场逐渐升温，北京、广州、南京等大城市住房市场准入逐渐严格，中小企业逐渐被挤出住房市场，大企业在住房市场中的比重逐渐上升，而成都由于企业审批制度改革取得成效，在企业开办环节也占据一席之地。2011 年企业开办监管指数排名前十的城市分别为：北京、广州、成都、南京、天津、青岛、深圳、长春、郑州和重庆。

住房土地的审批、监督是从源头上对房地产业进行监管，由于 34 个被考察城市均在国务院批准用地城市之列，所以在土地出让环节都加大了监管力度。其中，北京、上海、深圳等地由于在 2010 年“地王”频出而饱受指责，南京、杭州、大连等地也曾出现高价地，所以 2011 年在土地市场上的监管力度大幅增加，成为土地出让重点监管城市。2011 年土地市场监管排名前十的城市分别为：上海、北京、南京、杭州、大连、长春、深圳、广州、南昌和武汉。

住房开发监管是对住房市场开发的直接监管。2009 年至 2010 年上半年，北

京、上海、广州、海口等地房地产业发展迅猛，被认为是房地产市场过热、扩张过快城市，在2011年成为住房开发重点监管城市，集中表现在住房开发审批更为严格。住房开发监管环节排名前十的城市分别为：北京、广州、上海、海口、成都、长春、厦门、合肥、深圳和大连。

住房销售环节一向是监管重点。自2010年限购令实施以来，住房销售监管被提高到空前的高度。限购令有力地减少了投机购房者人数，对控制房价、稳定房地产市场起到重要作用。一些城市新建商品房面积和住宅销售面积均呈下降趋势。2011年1~2月，北京市新建商品房销售面积为173.9万平方米，同比下降18.9%。其中，住宅销售面积为132.3万平方米，同比下降21.1%，呈两位数大幅下降。除限购外，各城市对商品房预售监管也大幅加强。成都、南京、北京等地先后出台商品房预售监管地方性条例，严管预售许可证审批，专门针对商品房预售中的不规则行为，特别是针对预售资金监管进行规范。2011年住房销售监管指数排名前十的城市为：上海、北京、沈阳、天津、南京、广州、深圳、海口、成都和大连。

住房租赁是房地产市场的末端。在高房价的压力下，北京、上海、广州、深圳等大城市中相当数量人群选择租房，各地先后出台地方性措施，专门针对住房租赁中的违法、违规行为进行规范。深圳较早建立了住房租赁中介信用公示制度，及时向公众公开相关中介机构的信用情况。北京在2011年计划建立全市统一的房屋租赁信息平台，完善房屋租赁管理政策，规范房地产经纪机构行为，进一步规范和发展住房租赁市场。上海市公布了《上海市居住房屋租赁管理办法》，对房东和中介的违法、违规行为提出明确的监管方法。2011年住房租赁监管指数排名前十的城市为：广州、深圳、沈阳、长沙、厦门、北京、南昌、福州、南宁和太原。

规范的物业管理是住房市场健康发展不可缺少的部分。由于物业管理行业属于新兴行业，在沿海、沿江等经济发达地区发展较快，已经形成较好的规范制度和信用平台。但是在经济欠发达地区，物业管理行业仍有许多问题。北京市于2010年10月开始实施《北京市物业管理办法》，为物业行业管理树立了行业规范，明确了物业管理企业与业主的权利和义务，建立了良好的物业信用公开制度，走在全国各大城市前列。2011年物业管理监管指数排名前十的城市为：北京、杭州、天津、成都、长沙、沈阳、厦门、青岛、深圳和长春。

2. 比较分析：经济发达地区监管更为严格，行政级别较高的城市监管更为有力

表11-2为各个地区、各行政级别城市住房市场监管指数的均值和排名。经

表 11-2 34 个大中城市住房市场监管指数及排名

城 市	住房市场监管指数	排名	Z1 企业开办	排名	Z2 土地市场	排名	Z3 住房开发	排名	Z4 住房销售	排名	Z5 住房租赁	排名	Z6 物业管理	排名
北 京	0.778	1	0.849	1	0.765	2	0.701	1	0.683	2	0.689	6	0.974	1
广 州	0.692	2	0.778	2	0.671	8	0.645	2	0.632	6	0.871	1	0.557	14
深 圳	0.673	3	0.739	7	0.682	7	0.548	9	0.625	7	0.822	2	0.625	9
上 海	0.651	4	0.644	11	0.818	1	0.644	3	0.801	1	0.564	12	0.394	24
成 都	0.650	5	0.775	3	0.635	11	0.622	5	0.605	9	0.462	21	0.765	4
南 京	0.608	6	0.758	4	0.729	3	0.490	23	0.635	5	0.360	28	0.610	11
天 津	0.606	7	0.742	5	0.512	19	0.499	21	0.668	4	0.337	31	0.833	3
大 连	0.600	8	0.640	12	0.705	5	0.543	10	0.604	10	0.474	20	0.606	12
杭 州	0.596	9	0.634	13	0.720	4	0.499	20	0.326	31	0.564	11	0.845	2
厦 门	0.590	10	0.602	16	0.441	28	0.581	7	0.565	11	0.701	5	0.674	7
长 春	0.581	11	0.686	8	0.686	6	0.620	6	0.445	19	0.398	26	0.614	10
沈 阳	0.580	12	0.463	23	0.475	24	0.470	24	0.669	3	0.757	3	0.693	6
郑 州	0.562	13	0.658	9	0.631	13	0.529	14	0.523	15	0.511	16	0.489	19
长 沙	0.525	14	0.547	18	0.462	25	0.370	32	0.394	24	0.712	4	0.704	5
海 口	0.522	15	0.615	15	0.502	20	0.633	4	0.618	8	0.398	25	0.322	27
南 昌	0.521	16	0.528	19	0.667	9	0.415	30	0.514	16	0.685	7	0.314	28
武 汉	0.509	17	0.566	17	0.640	10	0.453	26	0.377	25	0.474	19	0.530	17

续表

城　市	住房市场监管指数	排名	Z1 企业开办	排名	Z2 土地市场	排名	Z3 住房开发	排名	Z4 住房销售	排名	Z5 住房租赁	排名	Z6 物业管理	排名
青　岛	0.504	18	0.739	6	0.494	21	0.517	16	0.239	34	0.345	30	0.655	8
昆　明	0.497	19	0.509	20	0.599	15	0.506	18	0.326	30	0.481	18	0.568	13
太　原	0.487	20	0.356	30	0.634	12	0.533	12	0.534	13	0.591	10	0.288	30
石家庄	0.485	21	0.432	27	0.477	23	0.493	22	0.541	12	0.538	13	0.443	21
重　庆	0.485	22	0.650	10	0.419	30	0.458	25	0.375	27	0.455	22	0.534	16
福　州	0.465	23	0.495	22	0.585	16	0.505	19	0.288	32	0.678	8	0.254	32
呼和浩特	0.462	24	0.432	28	0.447	27	0.534	11	0.473	17	0.387	27	0.500	18
兰　州	0.451	25	0.325	31	0.458	26	0.525	15	0.466	18	0.538	14	0.424	23
西　宁	0.446	26	0.441	24	0.339	33	0.418	29	0.527	14	0.496	17	0.462	20
宁　波	0.426	27	0.505	21	0.479	22	0.422	28	0.424	21	0.413	23	0.288	30
南　宁	0.421	28	0.437	26	0.428	29	0.404	31	0.377	26	0.591	9	0.303	29
银　川	0.419	29	0.438	25	0.616	14	0.513	17	0.407	22	0.352	29	0.152	34
济　南	0.411	30	0.628	14	0.366	31	0.441	27	0.360	28	0.186	33	0.425	22
合　肥	0.410	31	0.185	34	0.534	17	0.555	8	0.345	29	0.515	15	0.379	25
哈尔滨	0.408	32	0.371	29	0.528	18	0.530	13	0.430	20	0.186	34	0.372	26
西　安	0.325	33	0.230	32	0.349	32	0.343	33	0.407	22	0.402	24	0.235	33
贵　阳	0.300	34	0.190	33	0.210	34	0.283	34	0.273	33	0.337	31	0.553	15

过比较可以发现，住房市场监管强度与地区的经济发展具有很强的一致性。在经济发展较快、对外开放较早、沿江沿海地区，住房监管指数较高，而经济欠发达、对外开放较晚、地处内陆的地区，住房市场监管制度还不够成熟。从行政级别层面看，城市行政级别与住房市场监管强度有较强相关性，四大直辖市的住房市场监管力度明显大于其他城市。

从区域住房市场监管指数均值来看，东南地区和环渤海地区排名较高。一方面，由于东南地区与环渤海地区地处沿海经济发达地区，处于改革最前沿，对市场反应最为敏感，在审批效率、网络信息服务以及建立完善信用系统等方面确实具有一定优势。另一方面，沿海经济发达地区住房价格往往较高。据统计，2011年房价均值最高的10个城市有9个属于东南地区和环渤海地区。其中北京市房价均值超过22000元/平方米，东南地区的深圳、上海、杭州等城市房价已超过或接近20000元/平方米，温州、广州、福州、宁波和南京等城市房价也在12000元/平方米以上。2010～2011年，由于房地产市场发展过热，中央政府加大了对高房价地区的监管力度。东南地区和环渤海地区均属于2011年住房市场监管的“重灾区”，城市地方政府面临着中央政府和城市居民的双重压力，大力加强了本地住房市场监管。2010年，被称为“最严厉楼市调控措施”的“限购令”已经在北京、上海、深圳、厦门实行，随后，2010年10月，广州也进入限购行列。目前，在被列入限购令的42[①]个城市中，有19个城市处在东南地区和环渤海地区，由此可见沿海地区住房市场监管力度之大，强度之高（见表11－3）。

从行政级别住房市场监管指数均值来看，行政级别较高、规模较大的城市住房市场监管力度更强。其中，4个首批限购城市有北京、上海两个直辖市，另两个城市广州和厦门均属副省级城市。北京、上海、广州和深圳的住房市场一向是中国住房市场的风向标。2011年，全国各大城市从房地产市场进入、住房土地、住房开发及预售等多个角度加大了对住房市场的监管力度，北、上、广、深四市监管更是空前严格。从住房监管指数上分析，北京、广州两市在企业开办监管和

① 截至2011年8月，被列入限购令的42个城市为：北京、上海、天津、重庆、大连、宁波、厦门、青岛、深圳、石家庄、太原、沈阳、长春、哈尔滨、南京、杭州、合肥、福州、南昌、济南、郑州、武汉、长沙、广州、海口、成都、贵阳、昆明、西安、兰州、西宁、南宁、呼和浩特、银川、乌鲁木齐、三亚、苏州、无锡、温州、佛山、金华、台州。

住房开发监管上居全国各城市前列，上海市在住房土地监管和住房销售监管上居全国各城市之首，深圳各项指数也均在前十名之列（见表11－4）。

表11－3 分区域住房市场监管指数均值及排名

区 域	住房市场监管指数	排名	Z1 企业开办	排名	Z2 住房土地	排名	Z3 住房开发	排名
东 南	0.582	1	0.644	2	0.641	1	0.542	1
环渤海	0.557	2	0.678	1	0.523	4	0.530	3
东 北	0.542	3	0.540	3	0.598	2	0.541	2
中 部	0.506	4	0.496	5	0.587	3	0.464	6
西 北	0.432	6	0.370	6	0.474	5	0.478	5
西 南	0.480	5	0.529	4	0.465	6	0.484	4
全 国	0.518	—	0.547	—	0.550	—	0.507	—

区 域	Z4 住房销售	排名	Z5 住房租赁	排名	Z6 物业管理	排名
东 南	0.503	2	0.622	1	0.531	3
环渤海	0.498	3	0.419	6	0.666	1
东 北	0.537	1	0.454	5	0.571	2
中 部	0.434	5	0.579	2	0.483	5
西 北	0.470	4	0.461	3	0.344	6
西 南	0.430	6	0.454	4	0.508	4
全 国	0.477	—	0.508	—	0.511	—

表11－4 分行政级别住房市场监管指数均值及排名

行政级别	住房市场监管指数	排名	Z1 企业开办	排名	Z2 住房土地	排名	Z3 住房开发	排名
直辖市	0.630	1	0.721	1	0.628	1	0.575	1
副省级市	0.540	2	0.607	2	0.573	2	0.515	2
地级市	0.465	3	0.439	3	0.506	3	0.481	3

行政级别	Z4 住房销售	排名	Z5 住房租赁	排名	Z6 物业管理	排名
直辖市	0.632	1	0.511	2	0.684	1
副省级市	0.471	2	0.494	3	0.566	2
地级市	0.442	3	0.521	1	0.410	3

三　住房市场监管政策建议

（一）建立动态土地开发利用监管平台，长期跟进住房土地监管

住房土地监管主要问题在于审批不严，批后监管不足。为加强住房土地监管，应建立动态土地开发利用监管平台，实时长期监管土地使用，实现住房土地监管“终身制”。针对土地审批监管，有关部门应在国土、规划等各个部门间建立多方面监管网络，严防土地审批“只手遮天”现象，加大对腐败问题查处力度，严格审批程序，坚决查处违法、违规批地行为。针对土地批后监管，有关部门应建立长效监督机制，对土地使用情况进行长期跟进。建立健全住房土地使用信用平台，终身记录使用土地的当事人在住房用地开发中的违法违规行为，实现住房土地监管长期化、有效化。

（二）统一房地产开发企业信用网络，建立贷款用途长效监管机制

住房信贷监管存在片面监管现象，即银行只关心房地产客户信贷信用，而忽视其土地开发、销售信用。部分银行为争夺优质房地产客户，明知其存在违法违规记录仍提供贷款，加大了对房地产企业监管的难度。为此，应建立统一的房地产开发企业信用平台，严禁或控制存在违法违规行为的房地产企业贷款。同时，建立房地产企业长效信贷监管机制，对其贷款用途进行长期跟进。对放松监管的金融机构加大处罚力度，从根本上杜绝金融机构与房地产企业的合谋违法现象。

（三）绑定房地产企业法人与住房销售信用记录，严控住房预售监管

对出现违规销售、虚假广告、欺诈消费者、捂盘惜售、内部认购等违法违规行为的房地产企业，将其信用记录与企业法人绑定，根据违法违规程度从审批、贷款等多方面对其未来开发行为进行控制，长期跟进房地产开发企业法人销售信用。住房预售监管是销售监管的重要方面。有关部门应加强住房预售监管，在各城市推广住房预售款专款专用，加大对挪用预售款行为的查处力度，对部分挪用预售款导致烂尾楼的违规房地产企业从重从严查处，情节严重者终身禁入房地产行业。

（四）落实住房租赁登记制度，严格审核房屋出租条件，从重处罚中介违法违规行为

住房租赁监管难题根源在于地下租赁行为泛滥，有关部门监管难以深入。为此，应落实住房租赁登记制度，对没有登记的住房租赁行为处以重罚。同时，严格审核房屋出租条件，及时制止“群租”、违法建筑出租等行为。对存在违法违规行为的中介机构，一方面建立健全中介信用平台，规范中介收费，让合法合规的中介机构得以生存发展；另一方面从重处罚违法违规中介，对于没有合法手续的黑中介坚决予以取缔，追究当事人法律责任。

（五）推广地方性物业管理法规，明确物业与业主权责

针对物业管理混乱现象，地方政府应以法规形式明确物业职责，细化物业管理行为规范。对容易产生纠纷的领域如物业配套服务、物业费欠缴及小区治安治理等制定详细的解决办法。明确业主对公共区域的使用权、对物业收费的知情权。对于个别拖欠、拒缴物业费的业主，制定合理的惩罚措施。以地方性法规的形式规范物业与业主行为，是治理物业管理混乱的必由之路。

四　专题：住房租赁市场监管的国际经验

（一）城市住房租赁现状：租房需求日益增加，中介垄断房租上涨

住房租赁市场是住房市场的重要组成部分。作为商品房市场的重要补充，住房租赁市场满足了大量无法购房的流动人口及中低收入者的住房需求。随着各城市流动人口不断增加和限购令在全国各大城市的推广，租房将成为限购人群的唯一选择。租房群体日益扩大，城市面临巨大的住房租赁需求，并且旺盛的住房租赁需求会在未来相当长的一段时间内不断增加。

根据全国第六次人口普查报告，2010 年全国流动人口总计 2.21 亿人，同 2000 年第五次全国人口普查相比增长 81.03%，并且这个数字在不断扩大。近 3 年来，我国流动人口规模以每年 1000 万的速度增长，未来 30 年，还将有 3 亿农村人口进入城镇。流动人口平均受教育程度较低，普遍职业技能较差，职

业培训不足。据统计，84.5%的劳动年龄流动人口没有接受过职业培训,[①] 所以大多数流动人口工作不稳定,[②] 收入不高，难以负担城市高额的房价，于是租房就成为广大流动人口最主要的居住方式。数据显示，3/4 的流动人口家庭还在租房居住,[③] 按全国平均每户家庭人口 3.10 人算，约 5300 万户流动人口家庭有租房需求。

面对日益旺盛的租房需求，各城市住房租金不断上涨。据统计，2011 年 8 月，北京全市租赁成交楼盘超过 2000 个，预计成交量超 9.5 万套，平均租金 3250 元，较上年同期上涨 11%。上海、深圳、广州等地房租也呈快速上涨趋势。在房租上涨的背后，中介的推动作用不容忽视。住房租赁中介在相当程度上控制着住房租赁市场，北京地区 15 家重点房地产经纪公司交易量占全市 80% 以上。上海、深圳与广州也出现类似情况，整个住房租赁市场已经被数家中介垄断。

（二）问题重重的住房租赁市场

城市住房租赁市场长期以来难以规范，表现为租房合同违约频繁、房租随意上涨、中介机构利用垄断地位推高租金等，违法违规现象普遍。住房租赁监管也成为住房市场监管中的一个难题。极低的租房登记备案率导致监管机构无法了解到住房租赁市场的真实情况，租客利益受到损害时也难以维权。被中介机构垄断控制下的混乱的市场秩序，是城市住房租赁市场的真实写照。

1. 亟待改进的房屋租赁登记备案制度

房屋租赁登记备案制度是指房屋租赁当事人在租赁合同签订后到房地产交易管理部门和公安机关办理租赁登记，以便保证合同的合法性，同时便于房地产交易管理部门对租房行为进行监管的一种制度。房屋租赁登记备案一方面包含着对房屋租赁双方租赁行为的审查要求，另一方面有达到规范和引导房屋租赁市场健康发展的目的。目前的房屋租赁登记制度，由于收费及管理等问题，导致各地房屋租赁登记率过低，绝大多数住房租赁行为没有被房地产交易管理部门记录。据统计，南京市与太原市出租房屋主动备案率不足 3%，北京市租房登记备案率不

---

① 李晓宏：《“80 后”渐成流动大军主角》，2011 年 10 月 10 日《人民日报》。

② 据北京市第六次人口普查数据显示，从登记就业情况看，北京流动人口登记为“已就业”的占 57.4%，行业分布主要集中在建筑、制造、住宿餐饮、批发零售以及居民服务等低端行业。

③ 国家计生委：《中国流动人口发展报告 2011》，2011。

到7%，哈尔滨市部分派出所掌握的登记备案户数不足辖区租房户的10%，广州市也仅仅略高于10%。如此低的登记备案率导致住房租赁市场实际上成为中介机构统治的地下交易市场，房地产交易管理部门被排除在市场之外，住房租赁监管很难落实到位，相关法律法规只能是空谈。中介处于租赁业务的一线，手中掌握有大量的租赁房屋成交样本，中介成为了租赁市场一手数据的来源方。也就是说，城市的统计机构只能从中介手中拿到数据，只要中介有意伪造，统计和监管机构很难了解到住房租赁市场的真实情况。非常低的房屋租赁登记备案率，直接导致了政府无法有效监控房屋租赁市场。

造成房屋登记备案率较低的原因主要有以下几点。

首先，房屋租赁登记备案收费会给房主带来额外支出，而房主通过提高租房价格将费用转嫁给房客，所以租房双方当事人都不愿意到相关部门登记备案。多数城市的房屋租赁管理办法规定，房屋租赁登记备案要缴纳50~100元不等的登记费用，同时还需缴纳占房租4%~5%的房屋租赁税,① 若是房租较高则总税率最高会超过20%。某些中小城市，月租金在200元左右，而且租住时间较短，常常两三个月就会换一批新房客，而登记手续费就高达半个月的房租，频繁的登记对房东与房客来讲都是一笔负担。即使是大城市的中长期租赁行为，登记手续费和房屋租赁税也是一笔不小的开支。若月租金1000元的房子，出租3年，共有1900元左右手续费和房屋租赁税，相当于多缴两个月的房租。收费过高是租房行为当事人不愿登记备案的主要原因之一。

其次，房屋租赁登记备案需要对房屋租赁双方租赁行为进行审查，如房屋是否属于非法建筑、是否符合出租标准等，会给租房行为当事人带来很多“麻烦”。一方面，中小城市住房建筑混乱，存在大量违法建筑，这些住房对外出租时无法提供合法权属证明，自然不可能去登记备案；另一方面，有相当数量出租人认为，出租被登记备案，当有案件发生时会成为公安机关调查的目标，给自己带来额外的麻烦。所以，租房行为当事人为避免“麻烦”而选择放弃登记备案。

最后，公安机关和房地产交易管理部门很难发现逃避登记备案的行为，即使发现也难以处罚。由于住房租赁属于租房双方个人行为，目前各城市外来人口多，人

---

① 若是某些特殊条件的住房，还需缴纳营业税、城建税、教育费附加、印花税、房产税、土地使用税和个人所得税。具体情况参考各地地税局网站。

员流动性大，只要租赁双方合谋，公安机关和房地产交易管理部门很难发现租赁行为。对于极少数被发现的逃避登记备案行为，公安机关和房地产交易管理部门缺乏有效的处罚手段，虽有处罚权，但没有强制措施。2011 年，各地开始对未备案登记的住房租赁行为处以高额罚款，但是发现难的问题依然没有解决。

2. 混乱的住房租赁市场秩序

住房租赁市场人员流动性很大，租房人员成分复杂，部分出租房屋老旧，家电、煤气老化，成为社会治安和安全隐患的“重灾区”。制假贩假、吸毒贩毒、聚众赌博、卖淫嫖娼、传销等违法犯罪行为多发生在出租房。此外，大中城市住房租赁市场被中介机构垄断，中介机构为谋求利益，采用各种手段争取房源，各种欺诈行为层出不穷。部分中介因为房屋买卖生意冷清，从房主处租房子做“二房东”，推高房租或劝说房主抬高房租；部分“黑中介”通过欺骗手段与租房者签订“霸王合同”，给租房者带来经济损失；相当数量的中介多头收取中介费，层层雇佣下线收集房源，将费用转嫁给租房者；有些中介经纪人欺瞒客户，故意隐瞒影响交易的重要信息，或对有特定需求的租房者风险提示不够；对房屋中介经纪人缺乏有效监管，北京活跃着约 8 万名房屋中介经纪人，约一半的从业人员没有相关资格证书……混乱的住房租赁市场秩序已经成为住房租赁市场健康发展的最大阻碍。

造成住房租赁市场混乱的原因很多，其中最主要的几个原因有以下几点。

首先，住房租赁行业缺乏有效的法律法规和监管制度，行业缺乏规范性和有效性。现存的住房租赁行业法律法规有一系列漏洞，立法层次低，缺乏法律体系，法律执行效力差。部分地方性法规对租房双方权责定义模糊，对违法行为定义不健全、不具体，甚至个别法律法规前后矛盾，导致违法行为本身难以界定。部分法律法规只规定违法行为却没有处罚方式，使具体操作者难以操作。

其次，中介机构不规范，整体素质较低。中介机构作为住房租赁市场的主要操纵者，控制着住房租赁市场绝大部分交易。目前，中国住房中介机构从业人员流动性强，整体素质不高，缺乏职业道德，专业化水平低。中介行业经营理念落后，服务质量不高。绝大多数房地产中介机构没有品牌意识，并且在经营意识中缺乏长期的考虑，贪图短期利益。行业中存在大量小机构，其基础薄弱，从业经验、操作手段和经营意识与规范企业相比差距甚大，甚至部分中介机构没有相关从业资质，属于违规经营。

最后，住房租赁监管机构缺乏有效的监管方式，没有建立完善的监管平台。目前，住房租赁机构并没有统一的中介信用体系，对于行业整体性信用缺失的管理办法不多。住房租赁监管机构之间缺乏协调性，互相配合支持有限，不能形成监管网络，让中介机构各种违法违规行为大行其道。

（三）住房租赁监管的国际经验

世界上几乎每个国家都存在住房租赁市场，但与我国城市混乱的住房租赁秩序不同，许多国家和地区住房租赁市场规范有序。中国香港拥有比较成熟的住房租赁市场，住房租赁行业从业人员规范，行业井然有序。法国有超过 900 万套住房用于出租，占住房总数的 34% 以上，德国有 57% 的家庭选择租房解决住房需求，美国住房租赁市场也在金融危机之后缓慢扩大。健康、规范的住房租赁行业与行之有效的监管密不可分，上述国家和地区确实在住房监管方面具有一系列优势，值得中国城市借鉴。

1. 香港经验

香港住房租赁市场也曾有过类似内地城市的混乱局面，不过经过长时间的发展，目前香港已经建立起了完整、成熟的住房租赁体系，依靠行业规范指导行业健康发展。

首先，香港十分重视住房租赁从业人员素质，住房租赁行会规则严格，良好的行业规范为健康的住房租赁市场提供了充足的高素质人才。香港住房租赁从业者需要在上岗之前经过专业的考核，并且有自己的从业资格考试。住房租赁从业者行会建立了完整的行业规定，会记录从业者信用，并对从业人员行为进行跟踪，对从业人员有很大的约束能力。当住房租赁从业人员违反行业规定时会对其进行处罚，甚至吊销其从业资格。在如此严格的行业规范下，香港住房租赁从业人员具备很高的专业素质，并且十分重视职业道德。

其次，香港拥有完善的监督机制，通过行会、媒体和政府等多种途径监督住房租赁市场。香港住房租赁行会除了制定行业规范外，还承担了行业监督的职能。由于行会本身对行业基本状况十分了解，再配合媒体的支持，住房租赁中介机构很难避开监督。若是发生不遵守行业规范的行为，媒体会很快进行曝光，从而有效地防止违法违规行为。

最后，香港拥有完整的住房租赁法律体系。香港住房租赁法律十分完备，对

住房租赁行为的每个细节都有详细规定。合同的拟定、合同的内容、房屋的出租资质、发生纠纷时的调解条件、方法，以及调节失败如何通过法庭的仲裁等，全部以法律的形式作了规定。所以，在发生纠纷时双方可以很快找到合适的途径解决纠纷，不良行为也可以很快得到惩处。

2. 欧美经验

在欧美发达国家，住房租赁并不仅仅被认为是使用权的转移，更多被视为一种住房的占有、使用形式，这就从根本上确定了住房租赁市场会被作为住房体系的一部分来规制平衡。

首先，欧美国家对可用于出租的房屋有着详细的规定，对于不符合相关规定的房屋严禁出租，这就从源头上保证了出租房屋的质量。这种规定并非像中国城市一样，只是对房屋权属或类型进行规范，而是从物质设施、周边环境、社区安全甚至精神、心理舒适等各个方面进行规定。英国在 2004 年住房法案出台“住房健康和安全评估体系标准”，采用综合危害评估的方式，将危害分为生理要求、心理要求、传染病防护、意外事故防护四大类 29 个小类，并由政府工作人员按细则进行打分，根据打分结果对出租住房采取不同级别的措施进行规管。严格的出租房屋标准保证了出租房屋的质量，为租房者的基本利益提供了保障。

其次，欧美国家对于租房行为终止程序有严格的规定。业主只有在房客出现长期欠缴租金等明确违约行为时，才能申请终止租房合同。终止租房合同需要业主出示相关证据，当获得法庭许可后才能逐出租客，并且业主本人不能代替执法人员来具体实施逐出行为。

除此之外，欧美国家对租房行为绝大多数可能发生纠纷的地方进行详细的规定，有效地减少了住房租赁的不确定性。如英国对收回住房和退租的形式、流程和最短提前时间作出详细规定。美国某些地区要求业主必须将押金存到专门账户并通知租客，利息归租客所有，业主可以依法收取 1% 的保管费；若租金上升，业主有权要求增加押金；退租时押金必须悉数奉还，需要用作抵偿业主损失的（例如欠租、物件损坏），必须严格符合法律规定。明确、完备的住房租赁行为规定极大地减少了纠纷发生的可能，为住房租赁市场的健康发展提供了制度性保障。

（四）中国城市住房租赁市场政策建议

中国香港地区和欧美发达国家的住房租赁市场为中国城市住房租赁市场提供

了很好的发展经验，值得中国城市借鉴。

第一，严格落实住房租赁登记制度，建立全方位监督体系，让住房租赁市场从“地下”回到“地上”。中国城市应严格执行住房租赁登记制度，对逃避登记行为处以重罚。同时，通过媒体报道、信用跟踪、资格审查等多种监督手段，对住房租赁市场进行全方位监督，让住房租赁行为暴露在广泛的监督之下。坚决打击地下住房租赁行为，让公众和管理部门实时了解到住房租赁市场真实、有效的信息。

第二，规范出租房屋质量，严禁不合格房屋用于出租。中国城市应当借鉴欧美城市，对可用于出租的房屋列出详细规定，从房屋权属、房屋类型、房屋建筑质量、房屋年限、人均居住面积、安全状况、社区治安等各个方面保证出租房屋质量，从根本上杜绝出租房屋隐患，为住房租赁行为提供基本保障。

第三，建立住房租赁行业从业人员资格评定体系，对住房租赁行业从业人员的专业素质、职业道德以及信用记录等进行考核并长期跟进。良好的从业者素质是住房租赁市场健康发展的必备条件。目前中国住房租赁市场秩序混乱在很大程度上要归因于从业者素质低下，缺乏职业道德。所以必须建立从业人员资格评定体系，从根源上解决从业人员素质问题。

第四，建立完备的住房租赁法律体系，对违法违规行为从重处罚。中国城市应当学习欧美国家建立完备的住房租赁法律体系，对租房行为中可能发生纠纷的地方，如租金调整方法、租赁双方违约行为处理方法等给出详细、可行的规定，同时对违反规定的行为加大处罚力度，依靠法制对租房行为进行规范。特别是对于没有备案登记的租房当事人应当处以重罚，让住房租赁市场回归到法律体系中来。

G.12
第十二章
住房社会保障

姜雪梅

一　住房保障现状分析

自20世纪80年代开始，我国完全福利制的住宅供应体系随着社会经济体制的改革而不断发生变化，由公房提租开始，到公房出售、合资建房、商品住宅、经济适用房和廉租房等，近30年内建立了由住宅市场和政府直接或间接供给住宅构成的二元住宅供给体系。

随着1998年开始的住房货币化分配制度的实施，我国住房保障制度体系进入建设阶段，开始全面实施公积金制度、经济适用房制度和廉租房制度。但是，这些制度体系尚未完善，存在制度执行不到位等问题，住房保障欠账较多，为解决此问题，进入了保障性住房大补课阶段（2008年至今）。2007年8月的《国务院关于解决城市低收入家庭住房困难的若干意见》强调加快解决城市低收入人群的住房问题，并将廉租房列为住房保障的重点。这标志着中国城镇住房制度改革从住房商品化、社会化、市场化的房改阶段，进入到住房政府保障和市场并重的住房供应体制建设新阶段，政府和市场将会重新调整各自对住房供应的定位和作用。

1. 住房保障决心大，大步提高保障性住房覆盖面将达20%

《2008年廉租住房工作计划》明确规定，在2008年底前对低保家庭中的住房困难户做到应保尽保。截至2008年底，解决488万户住房困难户的住房需求并实现“应保尽保”的目标。

2010年保障性安居工程建设目标是建设保障性住房580万套，改造农村危房120万户，比2009年增加1/3。

“十二五”规划纲要指出，5年内建设3600万套保障性住房，其覆盖面将达20%。其中，2011、2012年各建设1000万套。

住建部公布的数据显示，截至2011年9月底，全国城镇保障性住房和棚户区改造已经开工986万套，开工率98%。北京、河北、山西、辽宁、吉林、江苏、浙江、福建、山东、广西、重庆、四川、陕西、甘肃、宁夏15个省市区开工率超过全年目标。

2. 产权式住房保障为主导

2011年的1000万套保障性住房建设任务中，典型的保障性住房项目公租房和廉租房套数占比不到40%（约为380万套），而棚户区拆迁安置房套数占比约为40%，经济适用房和限价房套数占比为20%。由此可见，产权式住房保障项目的比率超过六成以上。

3. 开始巩固普通住宅的民生产品定位

住宅不同于一般商品，不能实行完全的市场化。衣食住行是人的基本需求，高企的房价和不可承受的租金威胁社会的和谐发展。根据2009年的中央工作会议精神，住宅产业不是国民经济的支柱产业。2010年和2011年的保障性住房建设中限价房、经济适用房、旧城和棚户区改造等保障性住房的比重过半。从2010年开始的日益趋近的调控政策表明，普通住宅是民生产品的地位已基本确定，并开始巩固。

4. 保障性住房建设的支持力度空前，问责惩罚并进，进行多方位支持

第一，增加保障性安居工程用地供应。2011年全国住房用地计划供应21.80万公顷，与2010年全国住房用地供应计划（18.47万公顷）和实际供地量（12.63万公顷）相比，分别增加18.5%和72.6%。其中，保障性安居工程用地和中小套型商品房用地计划是17.13万公顷，占住房用地供应计划的78.6%，比2010年提高2个百分点。保障性安居工程用地计划是7.74万公顷，占住房用地供应计划的35.5%，与2010年计划（6.58万公顷）和实际供地（3.24万公顷）相比，分别增加17.6%和138.9%。

2011年1~9月，全国已落实保障性安居工程建设用地4万多公顷。各地有差异，执行力度也不同。北京实施严厉措施督促计划的落实，未按时完成保障性住房用地供应计划的区县原则上不得再供应商品住房用地。根据《北京市2011年度国有建设用地供应计划》，计划供应2550公顷住宅用地中，保障性住房用地

将达到1330公顷，占住宅总用地的52%，已基本完成任务。

第二，增加政府投入。《关于保障性安居工程建设和管理的指导意见》规定，土地出让收益用于保障性住房建设和棚户区改造的比例不低于10%；中央代发的地方政府债券资金要优先安排用于公共租赁住房等保障性安居工程建设；完不成保障性安居工程建设任务的城市，一律不得兴建和购置政府办公用房。

第三，银行的信贷支持力度大幅提高。国家开发银行于2005年开始参与保障性住房建设贷款，至2010年底累计发放保障性住房建设贷款1455亿元、贷款余额为878亿元，2011年将新增1000亿元保障性住房贷款。截至2010年底，建设银行的保障性住房贷款余额为113.25亿元，全年累计发放保障性住房开发贷款44.3亿元；工商银行的保障性住房贷款余额为144.28亿元，同比增长43%，全年累计发放保障性住房贷款94.15亿元，同比增长55%；交通银行的保障性住房建设项目贷款额度为173.5亿元，较年初增幅为123%；农业银行自2008年以来，累计发放各类保障性住房开发贷款126亿元。2010年8月，住建部批准493亿元公积金闲置资金支持保障性住房建设，在2011年公积金贷款已成为28个试点城市保障性住房建设的主要资金来源之一。另外，2011年9月发布的《关于保障性安居工程建设和管理的指导意见》规定，银行业金融机构可以向实行公司化运作并符合信贷条件的公共租赁住房项目直接发放贷款。公共租赁住房建设贷款利率下浮时其下限为基准利率的0.9倍，贷款期限原则上不超过15年。

5. 降低门槛，扩大住房保障范围

很多城市降低门槛，扩大住房保障范围。比如，北京、天津、太原、长春、上海、南京、杭州、南宁、重庆、成都、乌鲁木齐等城市都提高了申请廉租房资格的收入标准，降低门槛。北京的廉租房门槛收入从697元/人·月提高至960元/人·月，天津从800元/人·月提高至960元/人·月。

另外，非本地户籍人口也被纳入保障对象范围。公共租赁房向非户籍人口开放，扩大保障范围。国务院明确公租房面向三类人员，即公共租赁住房面向城镇中等偏下收入住房困难家庭、新就业无房职工和在城镇稳定就业的外来务工人员供应。北京、重庆等地已制定相关办法，付诸实施。根据《北京市人民政府关于加强本市公共租赁住房建设和管理的通知》，外省份来京人员申请公租房的准入条件是在京连续稳定工作一定年限，具有完全民事行为能力，有稳定收入，能提供同期暂住证、住房公积金证明或社保证明，本人及家庭成员在北京市均无住房的人员。

6. 保障性住房资金来源的多元化

地方政府建立融资平台公司，组织保障性住房融资、实施建设、经营管理。2009 年 4 月，贵阳成立了市公共住宅建设投资有限公司，作为政府保障性住房建设管理的杠杆和载体。政府将各种财政性资金打捆整合成公司资本金，通过银企合作、发行债券、引进战略投资者等方式进行资本运营，实现优质资产良性滚动、循环发展。2011 年 7 月北京成立保障房投资中心，实行公司化运作模式。到目前为止，国内规模最大的保障性住房建设投资公司的注册资本金为 100 亿元，由北京市财政以货币形式出资，今后财政每年还将对投资中心增资，确保投资中心可持续运转。该投资中心除了实现融资、投资功能外，还承担保障性住房的运营管理职能。

社保基金和信托公司也加入保障性住房的融资。2011 年发行的保障性住房信托产品的平均期限为 2.03 年，平均收益率为 9.52%，高于全部产品的平均收益率 0.74 个百分点。从投资方向上来看，2011 年的保障性住房信托仍主要投资于安居工程和棚户区改造项目。2011 年 1 ~5 月，共有 9 家信托公司发行了 21 款保障性住房集合信托项目。加上社保基金牵头的南京和天津的保障性住房信托计划，2011 年上半年保障性住房信托规模已过百亿元。

7. 多元化的保障性住房供给模式

目前，供给保障的主要模式有政府直接或委托建设、商品房项目中的配建、政府收购等。在实践中，有些城市因地制宜，灵活盘活存量房源，进行有效供给。比如，回购回租的典型运营模式。北京市黄村镇政府设立的公司托管代租农民回迁安置房小区的富余房源，向社会“无差价”转租房屋。贵阳市成立贵阳市公租房服务中心，按照“政府支持、社会参与、企业运作、实现多赢”的“房屋银行”模式，充分利用存量资源，迅速形成公租房的有效供应。日照市根据存量房源充足的当地情况，发放经济适用房货币补贴，灵活地执行经济适用房政策。广州市利用财政资金团租“三旧”改造复建安置房、租赁市场现有房源用作公共租赁房，以不高于同地段同类住宅市场租金价格向符合条件的住房保障对象出租。

二　住房保障存在的问题与政策建议

（一）问题

我国住房市场体系发展迅速，住房供应结构已呈多元化，已经构建了多层次的住房保障体系。但是，面对一般收入家庭、中低收入家庭、低收入家庭的各项住房保障制度不够细致，配套政策与措施不到位，可操作性差，可控制性差，很难保证住房保障政策的有效实现，易出现政策的预期目标和实施的错位问题。

第一，先建设后规划，短期计划与长期规划的衔接问题。当前，保障性住房建设属于短期内的大补课，先建设后规划。2011 年 1000 万套的保障性住房开工率已达到 98%，但是《住房保障法》还在酝酿之中，各地还没有制定保障性住房的运营管理方案，可能出现保障性住房的空置问题，影响政策效果。住房保障制度应是一项中长期的基本制度，随着经济、社会的变化也应作相应调整，而不是三五年的短期计划，应作长期规划。

第二，资金缺口大，资金监管不到位。要完成 2011 年的保障性住房建设任务，需从社会上融资 8000 多亿元的资金，但是建设保障性住房项目的赢利能力有限，吸引力较小。目前，房价高企，拆迁成本大幅提高，而地方政府又严重依赖“土地财政”，但经济适用房用地没有土地出让金，并且各项税费减半，且廉租房和公租房用地也是划拨的，这就形成了因财政收入减少与支出增加而使保障性住房建设资金面临恶性循环局面。一些地方存在套取、挪用保障资金等问题。2010 年 11 月，审计署发布 19 个省市 2007 ~ 2009 年政府投资保障性住房审计调查结果，包括北京、上海、重庆等在内的 22 个城市少提取廉租房保障金超过 146 亿元，重点调查的 32 个城市中有 1.5 亿元廉租房保障资金被挪用、34 个项目套取补助资金 6129 万元。

第三，保障性住房建设规模大，各地区规模不均衡，导致分配不公平。在“十二五”期间要建设 3600 万套保障性住房，规模过于庞大。保障性住房建设应能有效地解决全国范围内的住房困难，不能只以数量来衡量其效果，也应考虑保障性住房的分布和有效需求。部分城市所承担的保障性住房建设任务较大，同时领取的中央保障性住房建设补贴的份额也较大。这对其他城市显然不公平，住房保障必须在全国范围内推广，中央应根据实际需求对各地给予均等的补贴，不能偏向某几个城市。

第四，大兴建设，易埋下质量安全隐患。2011 年，各地方的保障性住房建设任务重，资金压力大，监管不到位，可能埋下安全隐患。因缺乏保障性住房规划和建设经验，加之难监管的问题，已暴露了不少问题。除 2010 年的保障性住房的“墙脆脆”、“楼歪歪”之外，2011 年还出现“瘦钢筋”、1 平方米卫生间、套内面积比例过低的住宅、新建保障性住房的拆除与重建等现象。因此，应做好规划，明确保障性住房建设的监管主体，实施有效监督，保证保障性住房的建设质量。

第五，目标定位与档次不够明确，运作机制不畅。目前保障形式多样，但保障对象不明确，对发展目标、功能定位、在保障住房体系内的作用以及与其他保障性住房之间的关系还缺乏明确的界定。各地出台的保障性住房制度法规不完善，关于实施过程中的保障对象、供应标准、资金筹措、运作流程等具体内容还处于摸索阶段，缺乏系统性。

第六，公共租赁房的租金档次少，租金过高。公共租赁房的目标定位是为解决“夹心层”的住房问题。既然如此，其租金标准的定位也应在“夹心层”可承受的范围之内。但是，有些城市的略低于周边商品房租金的公共租赁房租金标准超出了“夹心层”的承受范围。香港公屋的租金从 369 港币到 3451 港币不等，六成以上的人每月只需缴纳少于 1500 港币租金，租金占家庭收入的 1/10。如果市民租赁私人房屋，租金则会占家庭收入的 1/4 到 1/3。由此可见，我国目前的公共租赁房的租金过高、档次少。

第七，产权式保障性住房房源多，租赁型保障房房源少。保障性住房的覆盖面不等于保障率。在“十二五”期间将建设 3600 万套的保障性住房，从 2011 年的保障性住房的供给结构看，产权式住房比例超六成。换句话说，一次性保障的房源多，长期多次保障的租赁型房源少。

第八，“开工率”考核机制存在弊端。开工率不等于竣工率，已开工的保障性住房应明确竣工期限。我国目前仍处于城市化进程中，农村人口不断流入城市，需要保障的人群也不断增加。2011 年 1000 万套保障性住宅的开工率已达 98%，但资金“瓶颈”问题严重，不能保证按期竣工。因此，住房保障任务仍然非常严峻。

（二）政策建议

加强住房保障措施，既是解决低收入家庭住房困难的保民生手段，也是推动房地产市场长期健康稳定发展的重要措施。不断完善保障性住宅的经营与管理机制，同时为新一轮的住宅问题做准备，促进社会的稳定。

第一，制定明确的政策目标及长远规划。社会住房保障是各级政府的职责，应解决城镇低收入家庭的住房问题。住房消费具有长期性、持久性的特点，在不同的经济发展阶段，住房保障的需求会有所不同，保障要求也会发生很大的差异。首先摸清中低、低收入群体的人口分布情况和住房情况，然后根据实际情况制订住房保障建设计划。应避免资源浪费，不能以硬性指标为基准确定保障目标。根据发展的阶段和住房保障需求，制定具有可操作性的住房保障短期目标和长远规划。随社会经济的发展和宏观政策的变化，应适时调整这些目标和规划，促进住房保障的良性循环和住房市场的长期可持续发展。

第二，多渠道提供保障性住房。①推广共有产权的经济适用房，解决中等偏低、中低收入家庭住房问题。经济适用房可采用销售和租赁两种方式。其中，经济租赁房可借鉴江苏一些试点城市的经验，采取共有产权方式，即解决低收入家庭住房问题，同时又可随着产权的赎回逐步减轻政府负担。另外，经济租赁房还为住房保障体系建立一个庞大的资源库，形成长期稳定的房源。②规范小产权房市场，实行指导租金制度，把小产权房纳入保障性住房供应体系，既保护集体经济，也增加保障性住房的房源，有效利用已有资源。③对公租房作长期规划，提供满足不同层次需求的、长期租赁型的公租房。

第三，加大住房金融的支持力度，鼓励各类机构投资者投资和经营保障性住房的出租业务。创新住房金融对保障性住房的支持机制。一是充分发挥住房公积金在住房保障中的作用，如对低收入家庭采取低利率、贴息、长期等贷款支持方式，也可用于支付房租支出等。二是充分发挥现有的住房贷款担保机制，支持低收入家庭的资信能力。三是对于建设公共租赁房和廉租房的项目，金融机构提供长期政策性低息开发贷款。

第四，合理选址保障性住房的建设用地，完善配套设施。保障性住房的选址，应分散在城市的各区，避免远郊化。同时，避免大面积的大开发，避免居住分离。对于具有劳动能力的低收入阶层而言，住房保障只是一个途径而已，解脱贫困才是最终目的。因此，应便于就业，而且作为公民有权享受公共服务和谐的社区文化。

第五，尽快实施《住房保障法》，规范并指导保障性住房建设。从国际经验可知，英国、美国、德国等发达国家都是先立法后建设，以法规规范保障性住房建设，并引导规范运营。英国政府解决居民住房问题历来是立法、建制先行，而后坚决贯彻执行。美国从 20 世纪 30 年代开始先后出台了《住宅抵押贷款法》、《国家住房法》、《住房与城市发展法》、《国民可承担住宅》等法案，对低收入群体的住房保障作出了相关规定。

第六，完善信息披露制度，追踪评价政策效果，完善住房保障制度。目前我国缺乏可进行住房保障制度政策评价的数据，没有统一的信息平台提供相关数据。比如，70 个大中城市的廉租房货币补贴标准、实物配租套数和补贴标准、限价房面积、廉租房面积等数据。数据的缺乏和统计指标的不连续性，不仅影响政策评价分析，也影响学术研究。

第七，建立长期的激励机制，鼓励企业和私人参与保障性住房项目。目前我国缺乏长期的激励机制，无法有效地鼓励企业和私人参与住房保障项目。公共租赁房的税收优惠政策也只限于 3 年，与美国低收入税收信用计划中的 10 年优惠相比过短。另外，应实行差别化的税收政策，鼓励各类机构投资者投资和经营保障性住房的出租业务。

三　住房社会保障指数

（一）指数构建

1. 指标体系

根据目前我国所实施的住宅保障政策，从总体住房保障程度、一般收入居民住宅保障程度、中低收入居民住宅保障程度、最低收入居民住宅保障程度四个层面，从保障性住房财政补贴比例和保障性住房用地比例（总体住房保障程度）、第一套房的税收优惠比例和公积金覆盖率指数（一般收入居民住宅保障程度）、经济适用房覆盖率和经济适用房价与中等收入以下居民人均可支配收入比（中低收入居民住宅保障程度）、廉租房覆盖率和租金补贴后的实际租金支出占最低

收入居民可支配收入比（低收入居民住宅保障程度）8 个层次分析住宅保障情况的做法比较客观合理，且能准确地评价住宅保障程度。

但是，因数据的可获取性、连续性等问题，本章只作一般收入居民住宅保障程度、中低收入居民住宅保障程度、低收入居民住宅保障程度三个层面分析。一般收入居民住宅保障程度利用住宅货币保障指数进行说明，以经济适用房覆盖率指数和中低收入家庭保障性住房负担指数描述中低收入居民住宅保障程度，以廉租房货币补贴保障指数来说明低收入居民住宅保障程度。

2. 样本与数据来源

因数据原因，本章只选 35 个大中城市做样本。

本章均用基础数据作分析。这些数据来源于 35 个大中城市统计年鉴、2000 ~ 2010 年的《中国房地产统计年鉴》和《中国统计年鉴 2010》。同时，引用各城市房产局网站上公布的数据。

3. 指数计算方法

住房社会保障指数由住宅货币保障指数、经济适用房覆盖率指数、中低收入家庭保障性住房负担指数和廉租房货币补贴保障指数构成。各指数的计算方法如下。

住宅货币保障指数：根据公积金的缴存比例、最高上限额、住房补贴和应付工资推算 35 个城市的住房货币保障程度和全国平均水平，以全国平均水平为基准（分母）的百分比为住宅货币保障指数。

中低收入家庭的保障性住房负担指数：是指经济适用房价与中低收入阶层人均可支配收入比。房价收入比是衡量住宅可支付能力的标准，以经济适用房价与中低收入阶层人均可支配收入比可以衡量中低收入居民住宅保障程度。可支配收入采用了各城市 2009 年的中低收入阶层的年人均可支配收入，经济适用房价 = 2009 年各城市经济适用房销售均价 ×20（建筑面积为 20 平方米）。

廉租房货币补贴保障指数：用低收入与实际租金百分比推算廉租房货币补贴保障指数。低收入直接采用各城市的廉租房申请资格的门槛收入。实际租金是市场租金减去廉租房货币补贴后的低收入家庭实际所承担的租金支出。因缺乏市场租金的统计数据，所以利用 2009 年经济适用房平均销售价格、住宅平均销售价格和合理的租售比来推算拟市场租金单价。总租金是人均建筑面积为 17 平方米的拟市场租金总额。廉租房货币补贴额根据各城市的租金补贴标准和住房保障面积推算。廉租房的货币补贴标准、保障面积和门槛收入标准均为2011年的数据。

（二）指数分析

1. 一般收入居民住宅保障

住宅货币保障指数说明一般收入居民住宅保障程度。如图12－1所示，郑州、贵阳、重庆、哈尔滨、济南、南宁、长沙、西宁和南昌9个城市的住宅货币保障指数超出了全国平均水平，北京的住宅货币保障指数略低于全国平均水平。住房货币保障指数前五位城市的公积金缴存比例、公积金缴存最高上限额和公积金缴存最高基数都比较高，住宅的货币保障领先于其他城市。

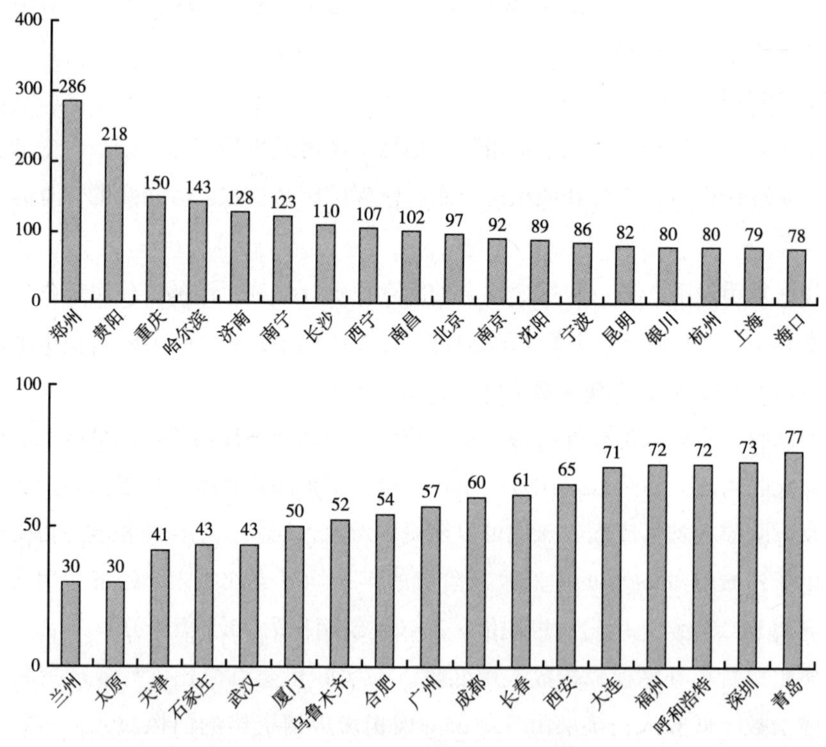

图12－1　2009年35个城市住房货币保障指数

兰州、太原、天津、石家庄、武汉、厦门、乌鲁木齐、合肥、广州9个城市的住房货币保障指数比较低。

2. 中低收入居民住宅保障

（1）经济适用房覆盖率指数

经济适用房的覆盖率指数一定程度上能反映政府对中低收入居民住宅保障的推行力度。经济适用房是开发商补贴的新建住宅保障政策，宗旨主要在于解决中低收入家庭的住房问题。经济适用房是政策性商品住房，政府以土地的划拨、税收的减免，限定建设标准、供应对象和销售价格等优惠政策提供保障。过多的经济适用房供给会导致财政收入的减少与公共服务的减少，降低城市居民乃至整个社会的效益。

在原来的以经济适用房和廉租房为（廉租房数量远少于经济适用房）主要保障形式的住房保障框架体系下，有关研究表明，适中的经济适用房覆盖率指数为10%～15%。根据我国各阶层的收入和人口分布情况，经济适用房覆盖率指数在20%～25%区间时供给量多，地方政府将面临财政压力；超过25%时供给量过多，会影响整个社会效益；经济适用房覆盖率指数低于5%的城市保障压力大。

从2010年开始政府加大保障性住房建设力度，增加公共租赁房和廉租房的数量，因此适中的经济适用房覆盖率指数应作相应的调整。本章节采用1999～2009年的数据计算经济适用房覆盖率指数，即截至2009年的住房保障情况，也是累计完成的住房保障任务。根据保障性住房的需求和供给情况，可以根据经济适用房覆盖率指数分配保障性住房建设的任务。

在保障性住房的大补课时期，不一定所有城市都要补课，应根据历年的成绩进行补课。2011～2015年的3600万套保障性住房的建设任务，应多分配给经济适用房覆盖率指数低于5%的城市。经济适用房覆盖率指数超过20%的城市应少承担保障性住房建设任务。

如图12－2所示，经济适用房覆盖率适中的城市有石家庄、大连、杭州、西宁、武汉、兰州等城市。2009年，杭州和武汉的经济适用房竣工面积大幅提高，因此这2个城市2009年经济适用房覆盖率指数与2008年相比分别提高1.6个和0.5个百分点。

经济适用房覆盖率过少的城市有广州、上海、宁波、北京、合肥5个城市。其中，北京和宁波2009年经济适用房竣工面积较大，2009年经济适用房覆盖率指数有所提高。我国目前正处于城市化的加速期，而累计的保障性住房的房源很

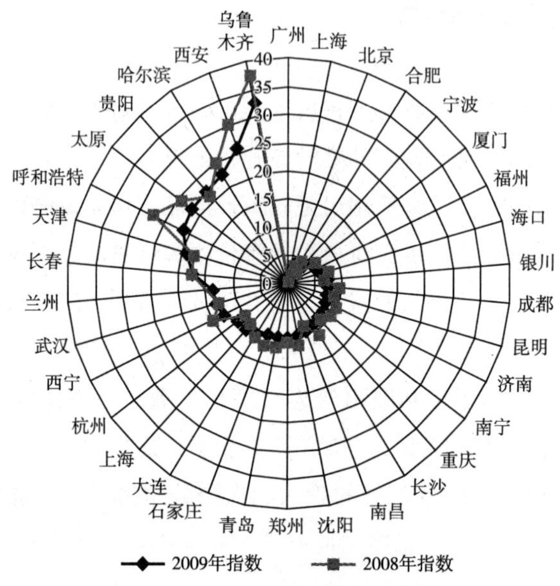

图 12－2　经济适用房覆盖率指数

少，同时房价快速上涨，因此保障压力大，在“十二五”期间应加强保障住房建设。

除了北京、宁波、杭州、武汉和贵阳之外，大部分城市的 2009 年经济适用房覆盖率指数低于 2008 年的经济适用房覆盖率指数。

乌鲁木齐、西安、哈尔滨、太原和呼和浩特的 2009 年经济适用房覆盖率指数有所下降，但都高于 20%，因此，这几个城市在“十二五”期间应适当减少保障性住房的建设量，加强封闭式管理，保持保障性住房的房源和保障能力。

（2）中低收入家庭的保障性住房负担指数

中低收入家庭的保障性住房负担指数是指经济适用房价与中低收入阶层人均可支配收入比。如图 12－3 所示，全国各城市的经济适用房价与中低收入阶层的人均可支配收入比间差距较大，但大多数城市在合理的范围内。中低收入家庭的保障性住房负担指数超过 6 的城市只有深圳、厦门和济南，指数分别为 6.41、6.72 和 6.95。

大多数城市的中低收入阶层对经济适用房的可支付能力较强，尤其是太原、呼和浩特、西宁、沈阳、长沙、南昌、南京、上海、宁波、大连、兰州、重庆、广州、南宁、郑州、杭州、石家庄、银川、武汉、北京、长春、昆明、福州、合

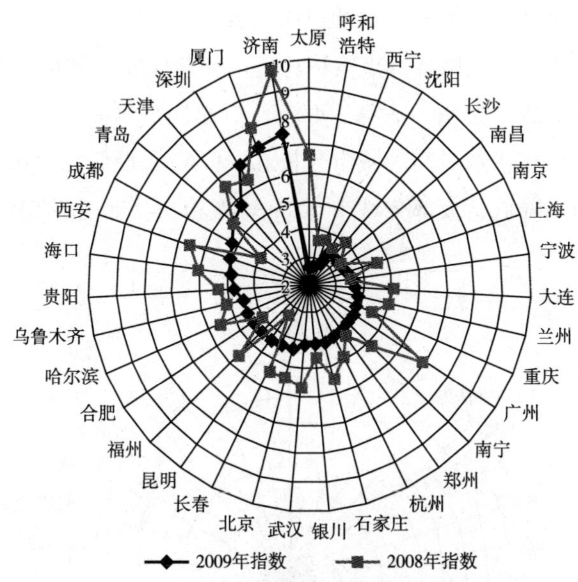

图 12-3 中低收入家庭的保障性住房负担指数

肥、哈尔滨、乌鲁木齐等城市，中低收入家庭的保障性住房负担指数均低于 4。

大部分城市 2009 年的中低收入家庭保障性住房负担指数都低于 2008 年的中低收入家庭保障性住房负担指数。这与收入增长率和经济适用房价格上涨率密切相关。此结果表明，2009 年的收入增长率大于经济适用房价格的上涨率，中低收入家庭的住房可支付能力得到明显的改善。但是，这只是理论结果而已，在现实中能否实现另当别论。如果申请经济适用房的门槛收入不变，并且经济适用房房源有限，则并非所有的中低收入家庭都能通过经济适用房购买而改善居住环境。目前，大部分城市的中低收入家庭对保障性住房的可达性差。这也是我国经济适用房政策效率和保障性住房政策所面临的考验，即如何透明、公平地解决中低收入家庭住房困难问题。

3. 低收入居民住宅保障

根据我国的住房保障政策，低收入家庭、最低生活保障收入家庭通过廉租房制度改善居住条件。廉租房政策以货币补贴为主，以实物配租和租金核减为辅助手段。廉租房覆盖率和实际租金支出占低收入家庭可支配收入比将有效地反映低收入居民的住宅保障程度。但是，因数据不可获取的原因，利用廉租房货币补贴保障指数来衡量低收入居民的住宅保障程度。廉租房货币补贴保障指数是实际租金支出占低收入家庭可支配收入比的逆向指数。

如图 12－4 所示，我国各城市廉租房货币补贴保障指数相差较大，列入前十的城市有长春、大连、沈阳、成都、西宁、石家庄、贵阳、银川、济南和长沙。廉租房货币补贴保障指数最高的城市为长春（9.6），最低的城市为深圳（0.7）。因廉租房准入门槛降低，大部分城市 2011 年廉租房货币补贴保障指数都有所提高。

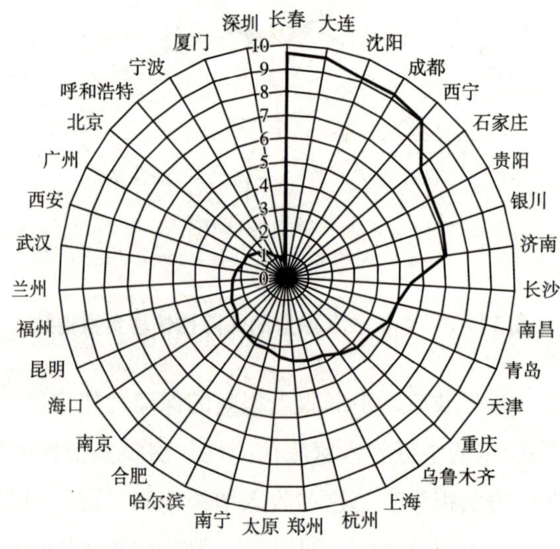

图 12－4　廉租房货币补贴保障指数

廉租房货币补贴保障指数与廉租房保障范围密切相关。廉租房货币补贴保障指数较大的城市，如长春、大连、沈阳、成都、西宁、石家庄、长沙、济南、上海等城市廉租房的保障范围广，收入门槛低。比如，贵阳以低于 1.5 倍的最低工资的人均收入为门槛收入。深圳廉租房租金补贴标准虽然高，但只以低保家庭为保障对象，所以指数值很低。同时，廉租房货币补贴保障指数与廉租房的保障力度有密切关系。比如，重庆虽然廉租房的保障范围小，但货币补贴标准和保障面积大，因此其廉租房货币补贴保障指数为 4.3。廉租房货币补贴保障指数排行第 2 位的大连，不仅收入门槛低，而且租金补贴标准高，住房保障面积也大。

深圳、厦门、呼和浩特等城市的廉租房货币补贴保障指数低，可以降低收入门槛扩大保障范围。西安、兰州、广州等城市可以通过提高租金货币补贴标准来

提升低收入居民的住宅可承受能力。廉租房货币补贴保障指数值低的北京，可以调高货币补贴标准和住宅保障面积标准，提升廉租房的保障力度。

与2010年相比，长春、成都、西宁和乌鲁木齐的廉租房货币补贴保障指数明显提高，而大部分城市的廉租房货币补贴保障指数有所下降。这主要与房价和租金的上涨有密切关系，低收入家庭的收入改善较缓慢，他们对租金上涨非常敏感。

因此，在房价和租金快速上涨的背景下应加强面向低收入群体的住房保障，发展租赁型住房保障，提高租金补贴标准。同时，突破户籍限制，扩大保障范围，使更多的低收入居民在城市安家乐业，促使他们改善收入水平，促进良性城市化的进程。

四　专题：国外公务员住房制度的经验与启示

公务员是为社会提供公共服务的群体，其福利制度直接影响公务员的工作质量和效率，以及队伍的稳定乃至社会的稳定。房改后我国没有建立统一的公务员住房保障机制，导致两极分化——“蜗居”和“超国民待遇”现象。1998年房改之后，公务员也要通过市场解决住房问题，但是面对不断上涨的商品房价格，一部分公务员无法靠自己的收入购买商品房，导致住房困难。在国家没有统一规定的情况下，从中央到各地的党政机关和团体采取了经济适用房、集资建房、委托开发、定向开发等多种办法，以低于市场的价格卖给公务员。虽然解决了一部分公务员的住房问题，但也出现了一些超标建房、以权谋房、暗箱操作等腐败现象，引起了社会各界的不满。

为公务员解决住房问题是一个并无争议的命题，但是必须在合法、合理的范围内纳入住房保障体系。以下是国外解决公务员住房的经验，对我国具有借鉴意义。

（一）美国：公务员信贷联盟支持的自由市场型

在美国，一般政府公务员的住房问题依靠市场解决。从一般意义上讲，公务员均具有较好的住房消费能力，其置业安居比例高于美国社会平均住房自有率。凡收入在地区家庭平均收入线以下的公务员家庭可以申请住房援助，享受政府对中、低收入家庭的住房置业援助项目。在美国，高级公务员享受官邸、住房租赁补贴，一般公务员可享受公务员信贷联盟提供的优惠房屋贷款和优惠的房屋维护改造贷款，警察可以享受警察购房优惠政策。

一是对民选的联邦、州、市主要官员实行官邸制。对民选的联邦、州、市主要官员，法律规定政府应提供官邸，任职期间可享用，任职期满则应搬出。基于安全理由，总统、副总统、州长、副州长必须居住官邸，市长则有自愿放弃居住官邸的权利。官邸象征性的年租金为 1 美元。

二是对联邦、州当选议员（含参众两院）实施住房租赁津贴。由于联邦、州参众两院议员的工作流动性，他们一般在工作地点附近租房居住。因此，法律规定可给予联邦、州当选议员适度的住房租赁补贴，补贴的原则以“体面、舒适”为基准，具体数额由议会的金融委员会审定。

三是政府公务员可享受公务员信贷联盟提供的优惠房屋贷款和优惠的房屋维护改造贷款。公务员信贷联盟（Government Employee Credit Union）是美国众多信贷联盟的一种，是一个合作型的非营利的金融组织，旨在为政府公务员提供安全、便捷和优惠利率的金融信贷服务。入会的政府公务员均可向公务员信贷联盟申请最长为 15 年、最高额度为 12 万美元的低利率贷款，用于购买房屋。公务员信贷联盟为公务员提供的优惠低利率房屋维护改造贷款（最高额度为 3 万美元），有效地提高了已购房公务员的住房维护消费能力。

四是警察购房优惠政策。警察购房优惠项目（Police Homeownership Incentives）的目的在于，鼓励警员到低收入家庭住房社区内购房，不仅解决自身的居住问题，也实现社区内的多元化。同时，利用警察自身对犯罪分子的威慑力，达到降低社区犯罪率、促进社区的整体融合和安全的目的。比如，芝加哥警察每人最高可获 5000 美元的可核销的延期贷款，在该区的住宅住满 5 年后可核销此笔贷款。

（二）日本：福利型公务员住房制度

日本对公务员的住宅采取若干特殊的优惠政策，以吸引人才在政府和科研部门工作，确保公务员队伍的相对稳定性，使其充分发挥自身的能力与才干。早在 1949 年日本就制定了《国家公务员宿舍法》，之后相继制定《国家公务员宿舍法施行令》、《国家公务员宿舍法施行规则》和《公务员住房补贴规定》等法规，

形成了一套国家公务员住房制度。

日本的公务员住房制度具有三大特点：一是公务员宿舍由国家单独投资建设、维修和管理；二是公务员宿舍系统分配，实行低房租；三是不住公务员宿舍的，给予适当补贴。

日本的公务员宿舍分为三类，即官邸、免费宿舍和收费宿舍。公务员宿舍的租金较低，一般相当于民间同等房屋的1/4～1/3，月租金占月工资收入的1%～7%。

日本的公务员住房制度是对国家公务员的一种福利型住房制度。但是，公务员宿舍有租赁期限，不能终身享用。日本政府明确规定，不做公务员、退休或死亡时必须搬出公务员宿舍（年老单身或身体残废者除外）；居住官邸或免费宿舍的公务员，不符合条件时要立即搬出或更换。

这种福利型公务员住房制度，不仅遭到社会的批判，也造成较大的财政负担。因此，日本也正在采取公务员宿舍的转移、原公务员宿舍用地的转让和有效利用、减少公务员宿舍的数量等措施减少财政负担。比如，2006年在东京都23区有22404套公务员宿舍，四成以上的公务员居住在公务员宿舍。日本政府正在进行改革，将用10年的努力废除10840套公务员宿舍，入住公务员宿舍的人员比例下调为公务员总数的1/3。

（三）韩国：公务员住宅基金和公务员年金管理工团

在韩国，政府公务员的住房问题主要由政府解决。政府成立专门的住房政策管理机构，建立住房基金，并对政府公务员住房的建设、供应、分配和管理等进行统一调控，以保证政府公务员的住房需求。

从20世纪60年代开始，韩国政府尝试向公务员提供公益性的住宅。为稳定公务员队伍，韩国政府从80年代起建立公益性的公务员住宅基金，帮助部分公务员解决住宅问题。

1982年，韩国政府在修订《公务员年金法》时增设“公务员年金基金”（即“公务员住宅基金”）和“公务员年金管理工团”的条款，对“给公务员有偿提供住宅”首次作出法律规定。

公务员年金的支付种类有退休金、完善补偿支付金、遗属支付金、退休补贴金、补助基金。公务员年金费用由公务员（收入的8.5%）和国家共同负担。

另外，对军人和私立学校，设有单独的年金制度。

实际上，公务员年金管理工团是一个官方基金会，相当于中国的事业单位。它代表政府管理和使用公务员住宅基金，利用基金为公务员建造住宅。工团每年征用公务员住宅用地建造公务员住宅，将建成的住宅租售给公务员。这三项工作都采取市场化运作模式。

工团建造的公务员住宅有三类：单身宿舍、廉租住宅和销售型住宅。

单身宿舍的收费标准大约为市场租金的50%～60%，廉租住宅的租金相当于市场租金的50%～70%。无房的公务员才能租赁廉租住宅，租赁年限最长为4年，逾期必须腾房。

购买销售型住宅时，公务员享受10%的价格优惠。公务员每人每次可购买一套销售型住宅，但拥有重复购买的权利。

从整体来看，工团有13%左右的盈利空间。出租、销售住宅所获得的资金重新投入于住宅建设，利用于滚动发展。

三种住宅的物业管理都由社会物业管理企业负责。单身宿舍和廉租住宅的维修和物业管理费用由工团承担。

高级公务员都拥有自己建造或购买的住宅，在任期间居住在官邸，卸任后搬出官邸。

韩国的公务员人数约为100万人，其中约75%的人有房。迄今为止，通过工团的帮助解决住宅的公务员只占15%左右（目标为25%）。

（四）德国：良性循环的公务员住房联盟

德国是世界上较早建立公务员住房制度的国家之一。其历史悠久，管理规范。德国主要通过公务员住房联盟，以志愿的形式采取合作建房的方式，解决公务员的住房问题。

公务员住房联盟由公务员组织，是不以营利为目的的股份制法人协会。公务员住房联盟有股东大会（最高权力机构）、监事会和董事会。由联盟负责建造、维修住宅，以成本租金提供给参加联盟的公务员居住。

如果要参加公务员住房联盟，公务员至少要购买5份股份（1300欧元）。如果要租赁公务员住房联盟建造的住房，公务员还必须按照标准购买股份（50欧元/平方米）。

公务员住房联盟利用股金和国家银行提供的无息或低息（利率仅为0.5%）贷款建造住房，提供给参加联盟的公务员永久居住。租金标准为成本租金，与公共福利住房的租金标准大致相当，但房屋质量、环境、交通位置等都优于公共福利住房。

公务员住房联盟建造住房时配套建设营业性商业用房。其租金收入是联盟的经营收益，不向国家纳税，收益全部用于再投资。股东每年分配的红利用于降低租金标准，而不分配现金。因此，在市场上一般找不出比联盟租金标准还低的住房。

（五）国外经验对我国公务员住房制度的启示

从国际经验可知，公务员住房主要通过两种途径解决。第一种是资金补助，给公务员高于社会平均水平以上的工资或购房补贴，使他们能够购买商品房，如美国。第二种是由政府为公务员提供低价租赁型住房，如日本、韩国等。

除了维护国家形象所必需的“官邸制”住房之外，国外实物型公务员住房保障通常有三个明显特点。一是以只租不售的租赁型住房为主，二是重点保障的对象是年轻或低端岗位的公务员，三是只保障基本住房需求，不包括享受性需求。

我国公务员队伍非常庞大，不可能给公务员较高的工资或购房补贴，但是应采取多渠道、多元化保障模式解决公务员的住房问题。从国际经验得到以下启示。

第一，公务员住房制度要有统一的政策原则。中央政府应制定公务员住房制度的相关规定和监管机制，引导和监管各地政府在合法、合理的范围内实施公务员的住房保障。日本、韩国等国家都制定相关法规，督促公务员住房制度的实施。

第二，以较低租金、“小户型”租赁型住房为主。从国际经验可知，国外的实物性补贴都以小户型为主，满足低端公务员基本需求，如单身公寓，家庭人口多的一般也只有60~80平方米/套。可以借鉴英国的模式，一定比例的公租房优先安排给公务员，剩下的房源租赁给其他符合条件的居民。这不仅有利于有效解决公务员的住房问题，防止以权谋私，也可避免享受型的超国民待遇。

第三，继续通过经济适用房或限价房模式解决一部分公务员的住房。

公务员有权享受基本保障，但是不能超权享受。解决公务员住房问题的原则

应以满足基本居住需求为主。可以采取租售并举的共有产权模式，但是必须采取封闭式运营管理，防止寻租现象。这些住宅应是小面积、小户型的基本需求型住宅，限制购买对象（无房的每个家庭只能购买一套）。

第四，通过货币补贴和税收优惠，鼓励公务员在市场上租赁住房或购房。

无房公务员在市场上租赁住宅时，根据一定的标准给予货币补贴，提高其可支付能力，有效解决其住房问题。这种方式适合于房租较高的城市，如北京。北京的公务员人数较多，但是公租房、经济适用房和限价房的数量有限，使不少公务员，尤其是刚参加工作的公务员面临住房问题。如果实行住房租赁货币补贴，可以在短时间内有效地解决此问题。同时，发放货币补贴或利息补贴和税收优惠，帮助第一次购房的公务员。参加工作多年或家庭条件优越有能力购买商品住宅的公务员，应鼓励他们通过市场解决住房。这种模式较适合于房价不高、租金较低的中小城市。

第五，进行公务员的住房普查，建立公务员的诚信档案制度。

先查清公务员的住房情况，然后在公务员公积金账户的基础上建立全国联网的公务员诚信档案制度。该档案信息包括拥有的住房套数、住房购房补贴金额、是否享受过福利分房或政策性保障房。同时，应规定公务员家庭原则上只能享受一次保障房的认购机会。如果因工作调动需要再次享受时，先把原有的保障性住房卖给具有优先购买权的居民后才有资格享受，以此杜绝公务员以权谋私、购买多套保障房的现象。

参考文献

黄清：《德国低收入家庭及公务员的住房保障政策》，《城乡建设》，2009 年第 4 期。

姚小平：《日本公务员住房制度》，《中国房地产信息》第 136 期，1997 年 10 月。

王晓：《公务员保障机制完善再议》，《科技创新导报》2007 年第 32 期。

翁少群、刘洪玉：《公务员住房供应满意度及政策导向研究》，《重庆建筑大学学报》第 28 卷第 3 期，2006 年 6 月。

李大林：《发达国家公务员保障机制的特点及启示》，《甘肃社会科学》2008 年第 6 期。

G.13

第十三章

住房宏观调控

魏劭琨　倪鹏飞

一　2010～2011 年住房宏观调控政策分析

（一）市场调控最严厉，住房保障最给力

2009～2010 年，为了应对我国房地产价格的快速上涨，国家各部门相继出台了很多调控政策，各种调控政策的频率之快、数量之多、措施之严厉都是前所未有的。2010 年第四季度，房价依旧呈现上涨趋势。在 2011 年初，中央出台了被称为“史上最严厉”的调控措施新“国八条”。主要内容如下：①进一步落实地方政府责任；②加大保障性安居工程建设力度；③调整完善相关税收政策，加强税收征管；④强化差别化住房信贷政策；⑤严格住房用地供应管理；⑥合理引导住房需求；⑦落实住房保障和稳定房价工作的约谈问责机制；⑧坚持和强化舆论引导。相比于以往的调控政策，新“国八条”首次提出价格管制目标、全国范围的限购政策，同时在限购、限贷、加税方面都达到了历次调控的高点。如此严厉的调控目的只有一个，就是让房价回归理性。国家统计局 2011 年 9 月的数据显示，全国 70 个大中城市商品房价格涨幅趋缓，遏制部分城市房价过快上涨的预期效果显现。

（二）调控目标明确，而且更加具体化

新“国八条”第一条提出，“2011 年各城市人民政府要根据当地经济发展目标、人均可支配收入增长速度和居民住房支付能力，合理确定本地区年度新建住房价格控制目标，并于一季度向社会公布”。

将房地产调控放在政治层面，这还是房地产调控以来的第一次。首先，这说明此次房地产调控的目标更加明确，就是将房价控制在合理的范围之内。与前几次调控相比，此次调控更加直接与明确，比以前调控的力度都强。其次，强化了地方对于房价调控的动机和约束。地方对于土地开发、房地产投资的强烈需求影响着房地产市场的形势，因此要求地方政府将房地产调控、土地有效供给、保障房建设以及差别化住房信贷、税收政策等作为地方政府的责任，甚至考核目标，这对于真正实现调控房地产市场目标有着至关重要的作用。

同时，相比往年，2011 年调控房地产的目标，尤其是地方政府的调控目标比较清晰和具体，就是房价上涨要与当地经济发展目标、人均可支配收入增长速度和居民住房支付能力相适应。反观过去两年的调控，中央政府虽然一再强调要将房价控制在合理范围之内，但是由于目标笼统，缺乏准确衡量的标准，地方政府也就没有可以具体执行的准则。

（三）限购政策在各地基本得到有效贯彻执行

新“国八条”第六条提出，“各直辖市、计划单列市、省会城市和房价过高、上涨过快的城市，在一定时期内，要从严制定和执行住房限购措施”。之后多次强调了限购，2011 年 8 月 7 日，住建部提出新增限购城市名单的 5 项建议标准，要求符合限购条件较多的，即两项以上的城市，建议列入新增限购城市名单。这进一步强化了对地方限购的约束。之前的限购都是在一线城市，此次二、三线城市也被拉进了限购的名单，房地产限购在全国全面铺开。

限购令早在 2006 年就已经出现，但是效果一直不好。2011 年限购令的加强，是由于中央政府的强力要求，再加上问责制的深化与严厉，才真正产生了效果。截至 2011 年 9 月，已经出台限购令的城市已经超过 45 家。可以说，到 2011 年 9 月为止，全国房地产价格上涨的势头已经得到遏制，部分地区的房价开始下滑，限购起到了很重要的作用。限购有效地抑制了全国不同地区的购房投机行为和不合理需求，从而对于房地产市场的合理健康发展起到重要作用。同时，限购对购房需求产生了较大的影响，尤其是投资性异地购房，房地产去投资化的政策导向十分明确。

之前，各地相继出台的限购政策大多是“应付”中央，而新“国八条”对

限购的执行细则做了明确，要求“暂停”对部分人群的售房，这开发商的销售行为也是一种约束。此政策会有效减少购房需求，与扩大土地供应、禁止囤地、扩大中小户型及保障房供应等政策形成合力，有效推动市场供需的平衡。这一政策会在短时间内缓和供需矛盾，确保市场的稳定，改善“房荒”的不良状态。但是，这一政策毕竟是短期行为，政府要做长远打算，加快构建完善的住房制度和住房调控体系。

（四）问责机制更加深化与具体

新“国八条”中第七条再一次提出“落实住房保障和稳定房价工作的约谈问责机制”。这是对2010年4月出台的“行政问责制”的深化。虽然2006年的楼市调控就提出了省级政府对当地房地产调控负总责，2010年新“国四条”再次提出房地产调控的问题，但实际上一直没有可供参照的数字指标，效果不理想，其中很重要的原因在于对于地方政府调控房地产的目标和要求不够明确。

新“国八条”第七条中明确提出，“对于新建住房价格出现过快上涨势头、土地出让中连续出现楼面地价超过同类地块历史最高价，以及保障性安居工程建设进度缓慢、租售管理和后期使用监管不力的”，“对未如期确定并公布本地区年度新建住房价格控制目标、新建住房价格上涨幅度超过年度控制目标、没有完成保障性安居工程目标任务的”，“对于执行差别化住房信贷、税收政策不到位，房地产相关税收征管不力，以及个人住房信息系统建设滞后等问题”，都要进行问责。以上这几个方面包括了房价、地价、保障房建设、房价控制目标、保障房完成情况、差别化信贷和税收、征管、信息化等方面，涉及了房地产的全部领域，有效地保证了地方政府在调控房地产时也要进行全方位、多层次的调控，从而能够避免出现“空调”的现象。这一次的调控则第一次将这种虚化的“责任”落实到了数据考核的指标上，从而使之后的“问责”有据可依、有根可循。

新“国八条”同时还提出了“监察部、住房和城乡建设部等部门要视情况，根据有关规定对相关负责人进行问责”，这样就使得房地产调控不仅落实到了地方政府，更落实到了政府及各部门负责人头上，进一步强化了地方调控房地产的动力和约束。

（五）金融政策抑制房价的效果明显

1. 从紧的货币政策得到有效执行

首先，存款准备金提高。2010 年 10 月以来，中央已经先后 8 次调高存款类金融机构的准备金率，调整幅度高达 4%，现在的存款准备金率已经达到 21%，这样高的存款准备金率在我国的历史上实属罕见。提高存款准备金率，减少了银行的货币供给量。通过信贷的减少来缓解我国房地产投资高速增长的势头，同时，信贷规模的减小也缩小了银行用于居民房贷的规模，抑制了部分购房投机行为。

其次，存贷款利率提高。由于我国前几年的低利率政策，导致居民储蓄率较低，大量资金投向已经火热的房地产市场，储蓄减少导致市场上投资资金不足，更加加剧了我国经济的房地产化。因此，2010 年第四季度以来国家 5 次提高存贷款利率，这可以增加房地产企业贷款成本，促进房地产快速流转，提高资金使用效率。同时也提高了房贷成本，减少了投机性住房需求。

2. 差别化的信贷政策积极实施

新"国八条"进一步强化了差别化信贷政策，提出"对贷款购买第二套住房的家庭，首付款比例不低于 60%，贷款利率不低于基准利率的 1.1 倍"。这是新"国八条"政策的核心条款之一。

高达 60% 的住房贷款首付款比例将对房地产投机行为产生强烈的抑制作用，使得房地产投机者迫于银行高额的贷款压力而减少投机动机，从而减少了市场上的炒作行为，稳定了市场秩序和市场需求。金融机构减少住房贷款，同时也降低了由于房贷产生的贷款风险，从而有效地降低了金融机构的整体风险比例。但是，过高的房贷首付比在打击住房投机的同时，也抑制了部分改善型住房需求。改善型住房需求大多属于中小投资者，他们本身资金实力并不是非常雄厚，对政策的规避能力有限，过高的首付比使得改善型住房需求者无力进行购房。所以，此次提高二套房贷首付款比例对于抑制市场需求作用较为明显。

此次调控也强调了利率的问题，二套房的贷款利率不低于基准利率的 1.1 倍。这延续了上年的政策，同时又强调"人民银行各分支机构可根据当地人民政府新建住房价格控制目标和政策要求，在国家统一信贷政策的基础上，提高第二套住房贷款的首付款比例和利率"。再次强调利率问题，是在提高二套房贷款

首付比例之后，希望地方政府以及各银行能够通过取消房贷利率优惠，甚至提高房贷利率的办法来遏制住房投机。

3. 住房公积金的管理及时跟进

从2010年第四季度到2011年前三季度，随着人民银行调整存贷款利率，住建部、财政部等部委也数次调整了住房公积金的贷款利率及相关政策。首先，2010年11月3日，住建部、财政部等出台《关于规范住房公积金个人住房贷款政策有关问题的通知》，强调第二套住房公积金个人住房贷款利率不得低于同期首套住房公积金个人住房贷款利率的1.1倍，首付款比例不得低于50%，并禁止用于投机性购房和三套以上购房贷款。这项规定可以说是配合购房的限贷政策，从而起到真正限制购房投机行为、三套以上住房的购房贷款，抑制在当前这一阶段购房的不合理需求和冲动，对于稳定当前房价具有重要作用。

接下来，分别于2010年10月20日、12月26日、2011年2月9日、4月6日和7月7日调高住房公积金贷款利率0.25个百分点。这一政策是紧跟人民银行调整利率的行为。随着金融机构存贷款利率的提高，也有必要相应提高住房公积金贷款利率，从而使得公积金利率与银行存贷款利率相平衡。

4. 保障房资金：拓宽渠道、使用严格

为了保证保障房建设的顺利完成，国家部委多次出台政策用于鼓励保障房建设的优先发展。2010年11月16日，财政部、国家发改委、住建部在《关于保障性安居工程资金使用管理有关问题的通知》中再次提出允许土地出让净收益用于发展公共租赁住房，允许住房公积金增值收益中计提的廉租住房保障资金用于发展公共租赁住房，同时提出利用贷款贴息引导社会发展公共租赁住房。国务院规定，从2010年起，各地在确保完成当年廉租住房保障任务的前提下，可将从现行土地出让净收益中安排不低于10%的廉租住房保障资金，统筹用于发展公共租赁住房，包括购买、新建、改建、租赁公共租赁住房，贷款贴息，向承租公共租赁住房的廉租住房保障家庭发放租赁补贴。由于近些年来地方政府土地开发力度比较大，土地出让金和土地收益较多，因此从土地收益中提取资金成为了保障房资金来源的重要渠道之一。

同时，2011年6月9日，国家发改委办公厅下发《关于利用债券融资支持保障性住房建设有关问题的通知》，地方投融资平台公司可以申请发行企业债券，募集资金应优先用于各地保障性住房建设。这将使地方保障房建设除了财政

资金、土地收益之外又提供了一项稳定的资金来源。这一政策的出台将加速保障房建设。2010 年和 2011 年上半年，多数省份保障房建设开工率较低，保障房资金缺乏是重要原因。企业债券融资具有利率低、期限长的优势，是保障房融资的较好工具和方式。这一政策，使得参与保障房建设的地方融资平台公司及其他保障房建设公司，可以利用发行债券筹集资金，弥补保障房建设资金缺口，大大提速保障房建设。

（六）税收政策市场调节作用渐强

新“国八条”中再次提出了完善相关税收政策，加强税收征管，对差别化税收政策进行了部分修改。主要表现在以下方面。

1. 调整个人转让住房营业税政策

2011 年 1 月 27 日，财政部和国家税务总局出台《关于调整个人住房转让营业税政策的通知》（财税〔2011〕12 号），对个人购买住房不足 5 年转手交易的行为，统一按销售收入全额征收营业税。房地产交易的营业税历来是税收调控中一项比较灵活的手段，而且对于个人购房不足 5 年的普通住房交易行为的课税，最近几年内多次在全额征税和差额征税之间进行变化。此次又将个人购买普通住房不足 5 年转让的按照房产交易全额进行征税，这样就加大了二手房的交易成本，在一定程度上限制了投机性住房需求，能够明显遏制炒房行为，但是，这也加大了买房者的购房成本，无形中推高了二手房的交易价格。

2. 加强对土地增值税征管情况的监督检查

土地增值税的监管历来也是房地产税收调控的主要手段之一。本轮调控中提及的土地增值税政策，仅重申“加强对土地增值税征管情况的监督检查，重点对定价明显超过周边房价水平的房地产开发项目，进行土地增值税清算和稽查”。这一规定，基本延续了 2010 年 4 月国务院 10 号文（《国务院关于坚决遏制部分城市房价过快上涨的通知》）的要求。严格执行土地增值税预征和调高部分土地增值税核定税率，将加大房地产开发企业的开发成本，势必对房地产开发企业的现金流和利润产生很大影响，但是，也能够遏制房地产盲目膨胀，提高房地产企业的质量。

3. 严格执行个人转让房地产所得税征收政策

关于涉及房地产的个人所得税，在 2010 年的新“国五条”中，对个人转让自用 5 年以上并是唯一住房的行为免征所得税。2011 年没有再提出具体要求，

只是要求强化个人所得税的征收。

按照我国现行税法规定，个人转让房屋，除个人转让自用5年以上，并且是家庭唯一生活用房免征个人所得税外，其他转让行为在扣除一定税费外，按其交易差额征收20%个人所得税。这样一个较高的税率会对房地产投机行为形成沉重打击，遏制房地产投机。但是由于目前我国税收征管条件不够完善，没有建立个人财产的信息制度，导致这部分税源无法得到很好的监控，对于个人转让房地产的个人所得税往往采取个人申报的办法征收，实际征收率并不高，因此也就不能够产生实际的效果。如果能够真正实现对转让住房的收入课征个人所得税，势必会对房地产投机行为产生打击和遏制作用。

4. 开始房产税的试点

2011年1月27日，上海市地方税务局公布了上海房产税征收管理细则，规定从2011年1月28日起，对部分个人住房征收房产税。同期，重庆市也规定从2011年1月28日起对主城九区内符合规定的住房征收房产税。

通过比较上海版房产税和重庆版房产税，可以发现这两版房产税都与预期的房产税有很大的差别，就是课税对象的不同。预期的房产税应该对全部房产都要课征（法律规定的除外），但是上海版只对本市新购且二套以上、外地人购房征收，重庆版只对独栋商品住宅、高档住房以及外地人购买的二套房征收。这两版房产税的课税对象要么是新增住房，要么是高档住房，而真正应该属于房产税课税对象的存量房没有涉及。这样，房产税的实际效果就不存在，也就不可能产生调控的效果，这样的房产税开征意义不大。

6月9日，深圳地税局宣布“二手住宅全部按评估价征税”，新政于7月11日起正式实施。深圳二手房税收的内容包括，将原本较低的评估价格按照市场价格评估，税率标准分别为普通住房1%，非普通住房1.5%，拍卖房3%。深圳的做法已经具有相当的意义，对二手住宅实行市场价格评估，除了可以避免二手房交易的“阴阳合同”之外，同时对面向存量房进行评估具有重要的现实意义和借鉴意义，也有利于真正意义上的房产税的开征。

重庆市从10月1日起对主城区内符合要求的存量独栋别墅征收个人住房房产税，预计首批应税的存量房为3400套。此次虽然只是向独栋别墅征收个人房产税，但是已经是在向存量房征税迈出了很大的一步。与上海和重庆年初的房产税相比，深圳的二手住宅评估征税和重庆向存量独栋别墅征税无疑更具有实际意义。

（七）土地供给结构出现较大调整

1. 完善土地出让方式

2011年5月12日，国土部出台了《关于坚持和完善土地招标拍卖挂牌出让制度的意见》，要求各地要积极完善土地出让制度，积极发挥“招、拍、挂”在市场配置土地资源中的作用，完善商品住房用地预申请制度以及土地交易平台、土地出让合同，积极探索招拍挂出让方式创新，保持地价平稳合理调整。此次的意见，首先要求各地充分认识土地出让对于稳定住房市场的关键作用，在此基础上，一方面，要求各地积极完善土地出让方式，规范出让的程序和细节，完善公示制度和出让合同，积极保障土地出让的顺利进行和规范使用；另一方面，要求调整出让政策，对于政策性用地、保障房用地的出让更加规范。这些对于促进土地合理布局、节约集约利用、有效合理地调整地价房价、保障民生、稳定市场预期具有重要意义。

2. 努力增加土地供给，优先保证保障房用地

在新“国八条”中再次提出各地要增加土地有效供应，认真落实保障性住房、棚户区改造住房和中小套型普通商品住房用地不低于住房建设用地供应总量的70%的要求，并提出要优先保证保障性住房用地，要求2011年的商品住房用地供应计划总量原则上不得低于前两年年均实际供应量。进一步完善土地出让方式，大力推广“限房价、竞地价”方式供应中低价位普通商品房用地。可以说这几点基本都延续了以往对于土地供给的政策。再次重申，也充分说明当前增加土地供给对于增加住房供给、稳定住房市场至关重要。

同时新提出“房价高的城市要增加限价商品住房用地计划供应量”，希望地方政府通过增加土地来抑制本地房价过快上涨。这一点与要求地方政府明确房价控制和房价稳定的问责机制是联系在一起的。同时，国土部门也强化了对于土地的监管力度，出台几项政策，打击违规使用土地的行为。

（八）财政政策支持住房保障较为有力

1. 继续强化保障房建设的财政投资

保障房建设是2011年的一个重点。2011年是个保障房年，从中央到地方都在谈保障住房，而且全年的保障房和棚户区改造住房建设目标是1000万套。这

就表明了中央政府对于保障房建设的重视程度。

一方面，中央完善了保障房体系，增加了保障房的种类、层次，扩大了保障房范围，这些都增加了财政支持保障房建设的难度。在2011年新“国八条”中提出了完善保障房建设的多项合理举措，也提出了“各地要通过新建、改建、购买、长期租赁等方式，多渠道筹集保障性住房房源，逐步扩大住房保障制度覆盖面”。这一条扩大了保障性住房的来源，新增了改建、购买、长期租赁等方式，这有助于促进保障房种类、层次和来源的广泛性、多样性。同时，“有条件的地区，可以把建制镇纳入住房保障工作范围”，这是提出保障房建设以来第一次提出将建制镇纳入保障房的范围。这些政策的完善有助于保障房的建设进度，同时也增加了保障房财政支出的范围和方向，要求财政资金对于保障房的种类、层次、范围进行支持。

另一方面，财政对于保障房建设的支持要更加灵活、多样。新“国八条”提出，“各地要在加大政府投入的同时，完善体制机制，运用土地供应、投资补助、财政贴息或注入资本金、税费优惠等政策措施，合理确定租金水平，吸引机构投资者参与公共租赁住房建设和运营。鼓励金融机构发放公共租赁住房建设和运营中长期贷款”。这一点是要求地方从体制、政策上来推进保障房建设，提出了运用财政手段和金融政策支持，优先、优惠发展保障房建设。尤其是提出机构投资者参与公租房建设和运营，有利于完善保障房建设资金来源的多样性。

2. 积极的财政政策正在由基础设施建设转向民生建设

为了应对国际金融危机，中央决定两年安排4万亿元的投资项目来拉动经济增长，这4万亿元的投资基本都通过财政的形式支出，与之相配套的地方投资更是高达10万亿元。在2009年扩大内需的4万亿元投资中，基础设施建设达到19000亿元，占全部支出的47.5%以上，加上保障房建设投资的4000亿元，超过一半以上的投资都是用于直接拉动经济增长，而基础设施建设对于原材料、建筑等行业的拉动更是明显。可以说，在一定程度上，2009年和2010年房地产价格的上涨与4万亿元投资的拉动是具有重要联系的。随着4万亿元投资的逐渐完成，同时越来越多的民生支出转移到保障性住房上来，2009年开始的这一轮扩张性财政政策正在逐步淡出，地方政府的投资冲动随着中央财政的淡出也在逐步减弱，财政支出逐渐由基础设施投资转向民生建设。一方面，减少了对于经济的直接拉动，尤其是对于水泥、钢铁等产业的拉动，这有助于给房地产业降温；另一方面，保障房建设的力度逐渐加大，有助于增加住房供给总量，从而能够缓解住房市场供不应求的局面，有助于住房市场的稳定。同时也能稳定房地产市场预期，减少房地产市场的投资冲动。

（九）市场监管日趋严格

1. 加强预期和舆论管理

这一点是新“国八条”的新特色，也是对于上年房地产调控中出现的问题的改进和完善。新“国八条”第八条提出“坚持和强化舆论导向”，新闻媒体要对房地产信息负责，从而促使新闻媒体对房地产政策措施进行深入学习和理解，对房地产形势进行认真分析，从而能够对房地产市场的形势进行科学、正确的宣传，有效防止虚假信息和不负责任的报道，避免误导消费者。将舆论引导提到一个高度，从意识上引导合理的住房消费观念。从近期《人民日报》发表的系列评论可见政府已将“舆论引导”列入调控的重要手段。2009 年救市，信心很重要；2011 年，控制购房的欲望同样很“重要”。这也是中央政府在调控楼市过程中第一次将舆论导向提到政策高度。2011 年的调控增加了对于舆论的管理，可以说，这一点是在过去房地产调控的经验中得来的。对舆论和预期的管理，今后应该成为房地产调控政策的制度化、法律化内容。

2. 提升价格透明度

2011 年 3 月 16 日，国家发改委发布《商品房销售明码标价规定》（发改价格〔2011〕548 号），要求商品房销售要实行一套一标价，并明确公示代收代办收费和物业服务收费，商品房经营者不得在标价之外加收任何未标明的费用。这是国家发改委首次在全国范围内明确商品房须“明码标价”。出台上述规定目的是着力解决当前商品房销售中存在的标价混乱、信息不透明、价格欺诈等问题，保护消费者的合法权益。首次将楼市房价透明公开提到重要位置，有利于规范楼市的发展方向。

“一房一价”政策对于稳定房价具有重要现实意义。第一，房价公开透明，避免了价格欺诈和暗箱操作行为；第二，避免了房价的剧烈波动，有利于房价的稳定，实现控制房价上涨幅度的目标；第三，房价数据更加真实，有利于社会监督，消费者可获得更多有价值的参考，为理性购房提供帮助。

但是，“一房一价”在现实中也存在一定问题。第一，对房价限制过死，违

背了市场的基本原则，会影响到市场正常的波动，同时也迫使房地产商钻各种漏洞。第二，目前，“一房一价”的政策依旧存在很多漏洞，导致效果不明显。第三，对二手房交易产生一定的影响。由于二手房是小业主所有，二手房的买卖本身受市场波动影响较大，且房屋产权属于个人，实施上述明码实价的难度非常大。

3. 房地产中介管理更加规范

2011 年 4 月 1 日，住房和城乡建设部、发展和改革委员会、人力资源和社会保障部联合出台的《房地产经纪管理办法》从监管机制、人员录用、机构管理、服务管理和违规处罚五个方面加强对房地产中介的管理。

房地产经纪是房地产业和现代服务业的重要组成部分，也是二手房交易的重要一环。目前，我国房地产经纪机构以中小机构为主，大型房地产经纪机构较少。我国房地产经纪业在发展中存在着很多问题，如准入门槛低、从业者素质较低、流动性大、无序竞争严重、行为不规范、发布虚假信息、签订“阴阳合同”、违规收费等。很多行为深为群众诟病，并且也影响着我国二手房市场的正常交易。《房地产经纪管理办法》的出台就是为了规范我国二手房市场的交易行为，规范房地产中介的行为，消解各种房地产中介乱象。

二　住房宏观调控存在的问题和未来挑战

从总体效果来看，2011 年度的住房调控已经取得了初步成效，尤其是相比 2010 年，房地产价格快速上涨的局面已经基本得到控制。但是，目前房地产形势仍旧没有明朗，住房调控政策中依旧存在很多问题，房地产市场还存在很多不和谐的因素。主要表现在以下方面。

（一）调控手段行政色彩较为浓厚

对比近几年住房市场的调控政策以及调控的效果，可以发现一个现象，中国目前住房市场的调控手段仍然是行政色彩较为浓厚。最直接的表现就是，2009 年至今的房价在重重重压下居高不下，而真正实现房价的稳定是在 2011 年的下半年，也就是严格的“限购令”推出以后。

住房市场的稳定发展，需要的是一整套全方位的制度、体制、机制建设，包括住房的市场机制、住房制度、调控体系等，同时也需要整体的宏观环境，如金融体制、税收体制、收入分配制度、投融资机制等。但是，当前中国整体的宏观环境还存在很多问题和不完善之处，住房市场、制度等也存在不足和很大的漏洞。因此，在经济快速发展的今天，住房市场出现了很多的问题。由于健康的住房市场机制没有完全建立起来，导致中国住房市场存在很多违法、违规、不科学、不合理的行为；完善的住房制度也没有建立起来，导致中低收入群体面临住房的困难，而高收入人群对于住房的投资和投机行为得不到足够的规范和抑制。种种的问题交织在一起，调控起来具有相当的难度。

在市场经济体制下，合理的住房调控政策体系应该以经济调节为主，行政手段为辅。通过经济手段的自动调节来发挥“自动稳定器”的作用，这样的经济调节对于市场和社会的调节才是最有效的，也是负面效果最小的。行政手段是通过行政力量对市场交易的直接干预，效果最直接，带来的负面影响也是最大的。当前，由于我国住房市场和宏观经济存在的问题，导致住房的经济调控难以发挥有效作用，目前的房地产平稳主要还是通过行政措施发挥作用：限购令和问责制。完善的住房调控政策体系建设需要一个过程。我国住房市场发展的历史还较短，在住房市场快速发展的过程中，各种新问题、新困难层出不穷。要建立一套完善的住房调控政策体系，需要对住房制度进行科学设计，在对住房历史进行认真分析的基础上逐步建立和完善。这不是一个一蹴而就的过程。

此外，我国住房调控政策体系的不足还体现在对于制度和政策的混淆。当前，我国的房地产调控正处在一个比较混乱的时期，房地产调控政策变动性较大。对于有些需要长期坚持的制度性措施，如差别性信贷和税收政策，却经常出现变化，反复调整，这样就起不到经济手段自动调节的作用；对于需要不断根据市场形势变化进行调整的措施却长期不变。政策的出台过于频繁，各种“国”字头的政策让人耳目混杂，各部委和地方政府随意出台法规、意见等，很多调控缺乏合理依据，调控政策缺乏法制化。

（二）行政措施不完善，个别地方对政策执行打折扣

1. 调控目标：各地房地产价格控制目标缺乏科学性

新“国八条”规定，“2011 年各城市人民政府要根据当地经济发展目标、人均可支配收入增长速度和居民住房支付能力，合理确定本地区年度新建住房价格控制目标”，这就要求各城市根据自己城市的实际情况制定较为合理的房价控制

目标，比如根据经济发展速度、人均收入能力或者居民住房支付能力，最终的目的是要使当地的房价控制在合理的范围之内。调控目标的这种要求，相比于前两年的调控，已经较为具体，至少有了参考的依据，但是调控的目标依旧存在一定的问题。主要表现为地方政府为了应对中央的调控要求，同时又不想限制房地产业，因此出台的调控目标反而都是城市涨价目标。在 3 月 30 日之前出台房价调控目标的城市中，除了北京市明确提出房价要降之外，其他城市都是涨价，很多城市提出要求房价涨幅低于经济增长速度或人均可支配收入增长速度，而这两个数据的预期值都在 10% 以上。出现此种情况的最主要原因在于，绝大多数地方政府没有限制房地产市场的动机，依旧把房地产市场作为拉动经济的最重要的手段，土地财政的状况没有得到根本解决。

2. 问责制度：兑现程度有待于观察

中央政府为了真正实现对房地产的调控，先后出台了多项政策。尤其是到了 2011 年，中央政府也加强了对于地方政府的问责和监管。年初的新“国八条”就再一次提出“落实住房保障和稳定房价工作的约谈问责机制”。因为中央政府已经意识到我国住房调控政策没有取得预期的效果，很大程度上是由于政策执行不到位，尤其是地方政府执行不到位。国家调控政策往往在落实到地方政府的时候容易出现偏差，甚至出现不落实、不执行的现象。

但是，问责制虽然已经推出，从 2010 年的“国十条”到 2011 年的新“国八条”，都对地方的问责进行了强化，但是问责制依旧没有发挥出预期的效果。主要在于问责制仍旧存在很大的问题，不够严肃。首先，从问责制提出以来，房价一直在上涨，这说明各地限制房地产市场的目标基本没有达到，但是没有一个城市被问责，这样问责制就名不副实了；其次，新“国八条”要求各地制定合理的房价调控目标，但是依然有大量的城市没有出台详细的调控目标；最后，以往的问责都没有很好地兑现，这次的兑现程度还有待于观察。

3. 限购令：不够完善

2010 年“国十条”提出要求各地实行限购，但是地方执行程度不一，没有取得明显效果。到了 2011 年国务院再次提出要求房价上涨较快的城市实行限购令，有将近 30 个城市出台了限购令，但是截至 2011 年的上半年，房地产市场依旧没有取得预期的效果，主要在于各地政府在限购令实施中存在着种种问题。一线城市的限购政策较为严格，而二、三线城市，尤其是中西部地区城市的调控力度逐渐减弱。大多数城市将限购范围划定在主城区范围内，不包括区县，有的城市虽然列明全市，但没有明确区域，因此也有操作空间；有的城市将限购有限期定到2011年12月31日；有的城市规定“市中心城区人口密度、房价高过一环的住房”，这一规定范围更窄；有的城市将纳税和社保的证明放宽为一年。总之，很多城市在限购范围、限购门槛、执行期限、纳税年限和社保证明等方面都有文章可做，而且地方政府随时都可能放松“限购令”。这些都影响到了限购的实际作用。

2011年8月7日，住建部提出新增限购城市名单的5项建议标准。要求符合两项条件以上的城市，建议列入新增限购城市名单，并且各地可根据实际情况，对具体标准进行适当修改，还规定“限购期限可暂定到今年年底”。这意味着地方政府拥有很大的变通自由。地方政府还是不情愿对正在快速发展的城市建设实施严厉的控制政策，因此纷纷选择不实行“限购”。不过，与屈指可数的“限购令”相比，更多的二、三线城市则选择相对宽松的“限价政策”。相比于限购，“限价令”仅仅影响价格，非但不抑制需求反而能刺激需求；而“限购令”则直接影响到需求，很可能对当地市场产生重创。这是地方政府选择以限价取代限购的主要原因。二、三线城市“限价令”的普遍出现，显示了地方政府执行限购政策的不情愿和博弈心理。实际上，选择“限价”的城市大多采取设置房价上限的方法，但是上限的标准由地方政府掌握，因此备受质疑。

（三）货币政策亟待结构性调整，监管亦需进一步加强

进入2011年，国家货币政策开始由扩张转向稳健，并且提出要着力提高政策的针对性、灵活性和有效性，保持价格总水平基本稳定，支持经济发展方式转变和经济结构战略性调整，防范系统性金融风险，维护金融稳定，提升金融服务和管理水平，促进经济社会又好又快发展。2010年10月份以来，先后8次提高存款准备金率，5次提高利率，再加上收紧的货币信贷，都说明货币政策从紧的趋势。从前三个季度的执行情况来看，货币投放基本均衡，货币供给低于预期，M_2增速保持了稳步下降。可以说，紧缩性货币政策对于稳定房地产市场、抑制房地产过热产生了重要作用。但是，在具体执行过程中，仍存在不少问题。

差别性信贷政策难以有效地实施。由于2011年信贷规模开始收紧，全国范围内的贷款规模普遍缩小，但是由于房地产业的相对利好，对于房地产业信贷减

少的速度要小于其他产业，这样看来，紧缩的信贷变成了抑制其他产业。同时，在具体执行中，部分地区的银行系统对于差别性房贷的执行不彻底，对于房贷资格的审查较为简单，从而起不到抑制住房投机的作用。同时，由于没有有效的信贷监管机制，导致有关房地产开发和消费信贷政策执行打折扣。

由于2011年国家宏观经济出现整体下滑的趋势，这就意味着货币政策面临着微调和转向的可能，需要货币政策调整的及时性、灵活性和有效性。同时又要防范调整过度带来对整体宏观经济和房地产的放松。因此对于我国货币政策的调整是一个挑战。

（四）财税政策调节作用不明显，税制结构尚需适当调整

税收调控是房地产调控的重要内容，也是一种非常灵活的手段。通过税收对不同层次、不同套数的居民的购房、交易等行为进行调节，不仅能够及时而迅速地调节市场上的不合理行为，而且能增加国家的财税收入。但是，当前的税收政策在调控房地产市场时的效果却不是很明显。

与房地产相关的税收主要集中在交易环节的营业税、契税、个人所得税，保有环节的房产税，以及开发环节的土地增值税。但是目前在这几个环节中都存在着不科学、不合理的现象。首先，“国十条”中再次调节了交易环节的营业税，对个人购买住房不足5年转手交易的，统一按销售收入全额征税。这样就避免了购房投机者利用房产转让的差额在5年内进行投机，进而炒作房地产。但是，其中忽视了一个重要的方面，就是改善性住房需求。这几年，由于居民收入增长比较迅速，居民对于住房改善的需求也逐渐增强，由于对住房5年内交易行为按照销售收入全额征税，无疑就增加了改善性住房购买者的交易成本，也就限制了这部分合理的需求。其次，“国十条”也要求强化住房交易中个人所得税的征收。我国税法规定，住房交易收入应该按照销售收入减去成本之后的纯收入征收20%的个人所得税，但是由于我国目前的个人所得税实行个人申报制，税务机构无法对房产交易行为进行准确的监管，因此这部分税收存在着很大的漏洞。再次，土地增值税在房地产的开发环节占据着重要的地位。“国十条”要求加强对土地增值税征管情况的监督检查，重点对定价明显超过周边房价水平的房地产开发项目，进行土地增值税清算和稽查。虽然我国税法详细规定了土地增值税的课征程序，但是由于土地增值税的核算较为复杂，税务机构在实际征收中实行提前

预征、年终汇算清缴，这就给土地增值税逃税行为留下了很大空间。其中一些地方政府规定较低的预征率，这样就与中央要求加强土地增值税监管的政策相抵触。最后，2011 年年初上海和重庆出台了房产税，但是两地房产税的细则却与房产税的实质相违背。房产税应该在房产的保有环节，对房地产的存量课征。这就要求不但要对新购住房进行课征，也要对之前存在的存量房进行课征；不但要对高端住房进行课征，也要将普通居民住房纳入房产税的课税范围。但是两地的房产税针对的主要是新购住房之中的高端房产，而没有将存量房纳入课征范围，这样的房产税“名存实亡”。

（五）土地监管尚需加强，土地财政问题犹存

土地供给直接关系到住房市场的稳定，是一个非常重要的问题。这几年的住房调控也非常重视对于土地的调控，努力增加土地供给，完善土地出让方式等。但是在土地供给中依旧存在很多的问题。主要表现为：第一，土地炒作、投机的现象并没有完全消除，部分地区依旧存在高价“地王”；第二，尽管 2011 年中央三令五申要求增加保障型住房和普通商品房的供地，但是这一要求在很多地区得不到很好的贯彻执行，保障房和普通商品房的供地得不到保证；第三，依旧存在土地闲置、囤积和违规使用的问题，2011 年则突出表现为对土地的违规使用，大量的土地没有用于住房建设，而是用于高尔夫球场等奢侈性消费。

土地问题的关键依旧在于土地财政。由于地方政府没有与事权相匹配的财权和财力，这就催生了地方政府“卖地”的动机，而“卖地”带来的地方政府财力的恶性循环和对固定资产投资的盲目拉动，在短期内很难消除。因此，要调控好土地问题，最根本的还是要解决地方政府的财力问题。

（六）住房政策体系不完善

住房市场的发展也离不开住房政策体系的建设。我国当前关于住房的政策体系还是空白，在住房市场发展的同时，还没有建立起一套完整的住房政策体系，针对不同消费能力的消费者的住房政策很不成熟，制度化非常落后，无法形成对不同收入群体的住房消费行为的规范和引导。这就在很大程度上限制了我国住房调控政策效果的发挥。

主要表现为：第一，面对低收入群体的保障政策正在逐步建立，但是其完善

需要一个较长的过程。最近两年我国保障房建设的力度不断加大，2011 年的保障房建设目标更是达到 1000 万套。保障房建设也是在这两年才成为住房市场的一个重点，才成为民生的一个重要方面。保障房的大力建设是为了满足低收入人群的住房需要，但是目前我国的保障房建设的力度仍然不够，还不能够满足广大低收入人群的住房需要。同时，保障房建设还没有形成制度化、长期化，保障房的申请、使用、管理、流转等其他方面都还处于起步阶段。第二，高收入群体的住房消费行为缺乏政策调节。当前，我国住房消费中很大比例属于高收入群体对住房的投资和投机，这不但扭曲了住房市场的供需平衡，也造成了社会资源的浪费。而目前我国对于高收入群体的住房消费的调节政策还不够健全，集中表现为对于高档住宅、多套住宅的税收、金融、法律体系还很不完善，其中住房保有的房产税、转让的个人所得税等更是落后。今后应该加强对高档住房、多套住房的约束、管理机制，抑制住房的奢侈消费和过度投机行为。第三，中等收入家庭的住房消费政策支持缺少系统性、制度化。2011 年的住房调控加大了对低收入群体的住房优惠，即增强了保障房建设，也加强了对高收入人群的住房限制，如限购令，但是却忽视了对中等收入家庭住房的政策支持。中等收入家庭的住房应该成为我国住房市场的最大主体，应该鼓励中等收入家庭的自用住房和改善型住房的消费，如通过住房税收的合理减免、优惠及住房贷款的优惠。同时，对于中等收入家庭的住房政策支持体系应该系统化、制度化，形成一套长期的、完善的体系。

总之，我国促进房地产市场健康、平稳发展，就是要形成一种科学、合理、节约的住房消费习惯。这就需要对不同层次住房需求进行合理的政策约束和引导，对自用和改善型住房进行鼓励，对投资性住房进行限制。

（七）市场监管需要进一步规范和到位

2011 年，我国针对住房市场的监管进行了一系列的动作，包括住房市场的预期管理、提升房价透明度、规范房地产中介等，都说明我国住房市场的监管正在逐步走向正规和完善。但是，住房市场的监管对于预期的管理应该进一步到位。房地产调控政策的走向势必能够给房地产市场带来影响，但是如何准确地把握好政策走向并不是一件简单的事情。当政策出台时，市场上就可以产生一系列的传言，从而使住房市场产生波动。尤其是 2011 年关于限购令的推出，产生了

很多传言，比如三线城市推行限购、限购令取消等。因此，住房市场预期的管理应该进一步加强对于市场稳定的管理，及时对政策进行正确的解读，消除市场的恐慌与谣言。

此外，对于住房市场的监管，要提高其应变突发事件、防范预期风险的能力。住房市场的逐步回归理性，可能会带来房价一定程度的下降，在这个过程中，肯定会使消费者不满和恐慌，可能会出现退房、聚众闹事等突发事件。住房市场的管理应该加强对于突发事件的防范和处理能力，及时平抑住房市场的不良波动。

三 2011～2012 年我国住房调控政策建议

针对 2012 年国内外复杂的经济形势、房地产可能出现的报复性反弹和“硬着陆”的风险，以及住房调控中存在的问题，2012 年的建议如下：我国 2011～2012 年度住房调控政策会在继续严格中加快调节步伐和节奏，并制度化、长期化。

（一）目标与任务

政策目标。2012 年的政策目标应该保证“继续调整、回归理性”，具体为“扩大供给，缓降价格，保证投资，重塑预期”。具体表现：在价格上，过高的城市房价要下降，一般的城市要平稳；在销售上，确保基本平稳，保障房和普通商品房销售比例上升；在投资上，适度减缓投资，防止投资过度滑落。

主要任务。2012 年住房市场调控的主要任务是促进宏观经济和住房市场的平稳发展。具体就是既要保证宏观经济的健康、平稳发展，又要防止通货膨胀；既要保证住房投资的稳定增长，又要保证居民的合理住房需求。

一方面，要防止部分城市房价出现报复性反弹，另一方面，又要防止住房市场整体“硬着陆”，对宏观经济产生冲击。这就要求：第一，相机调控。保持宏观政策的稳定性、连续性，住房调控政策要相机进行调整，加大调整的灵活性和针对性，及时防范经济快速下滑。第二，保障房建设。2011～2012 年要努力确保保障房 1000 万套投资的速度和质量，同时也要积极增加普通商品房供给。第三，加快制度建设，加快完善住房市场建设、住房制度建设、住房调控体系建设等，通过制度化、规范化的运作来确保住房市场的稳定。减少行政性干预和盲目的投资冲动给住房市场带来危害。

（二）政策原则

针对房地产市场可能出现的问题，在调控中应该坚持以下原则：继续从紧，适度微调；差别对待，有保有压；统一协调，稳定预期；多重组合，时空匹配；长短结合，标本兼治；未雨绸缪，防备风险。

“继续从紧，适度微调”。一方面要保持政策的稳定性和连续性，另一方面保持灵活性。主要是指2012年的住房调控政策应该延续2011年从紧的政策，继续强化限购令，继续抑制房地产的投机需求，继续强化对土地违规使用、房地产销售违规等的严格管制。同时，要根据经济发展形势和物价波动对住房调控政策进行微调。

“差别对待，有保有压”。是指2012年继续坚持并强化差别性的财税、信贷、土地政策，对不同的购房需求进行差别对待；要加强住房调控政策的地区差异性，根据城市化发展阶段来制定不同住房政策；通过多种优惠措施鼓励和引导保障房建设的多样化和资金来源的多渠道；通过严厉的法律、税收、信贷政策限制不合理的房地产投机需求和住房价格的不合理上涨。继续实行并强化差别性的税收、信贷政策，鼓励居民合理、节约的住房消费习惯；通过信贷、税收、限购等政策抑制不合理的投机需求；加快普通商品房和保障性住房建设速度；强化税收、金融优惠政策对于土地开发和住房建设的支持。

“统一协调，稳定预期”。是指住房调控政策应该保持前后政策的一致性、延续性，进一步加强各部门之间的协调性，要保证住房市场预期逐步回归理性。根据宏观经济形势和住房市场形势，结合2011年调控政策，坚持稳定并适度微调调控政策，促进住房市场理性回归，同时采取有效措施应对不断变化的市场形势，适时微调住房政策，保证市场预期的稳定，促使居民形成合理的住房消费。

“多重组合，时空匹配”。是指住房政策要综合利用财税、金融、土地、监管、法律等多重手段，并且要根据地区差异性和经济发展形势逐步进行微调。

“长短结合，标本兼治”。是指调控住房市场要将2012年的短期目标和长期目标结合起来，要将住房市场的短期问题和长期制度建设结合起来，通过多种政策措施的推出，建立和完善住房制度，并且完善相关的信贷、财税、土地调控机制。

“未雨绸缪，防备风险”。是指调控住房市场需要密切关注2012年市场存在

的两类风险，即房价大幅急速下降酿成危机的风险，以及房价出现大幅报复性反弹的风险。两类风险出现的概率较小，但是作为政策决策者必须未雨绸缪，密切关注市场、分析市场，并作相应的政策储备，不仅通过政策微调尽可能消除这两类风险，而且也要做好万一这两类风险中任何一类风险发生时的政策准备，及时治理和调控，避免出现慌乱和扩大风险。

（三）政策措施

1. 完善行政调控措施

完善各地调控目标与措施。在2011年调控目标的基础上，总结各地调控目标制定中的经验和缺陷，根据国家住房调控的总体目标和各地实际情况，制定更加准确、更加合理的住房调控目标。一定要避免地方调控目标名不副实、无法执行的情况。

公示各地调控执行结果。在制定更加合理的2012年各地调控目标的基础上，应该要求各地严格执行新的调控目标，并将各地执行调控的情况和结果分阶段地进行公示。根据公示的结果以及调控的效果，及时对各地调控目标进行指导和修正。

兑现调控的奖惩承诺。进一步贯彻住房调控的问责制。对住房调控没有完成任务、房价上涨仍旧过快的城市领导，要进行实际的问责和公示；对于房价较为稳定、住房调控完成较好的地区领导，要进行奖励并公示。将问责制落到实处，体现中央决策的权威性，稳定消费者的心理预期。

2. 坚持审慎灵活的金融政策，做好金融稳定预案

继续坚持适度紧缩货币政策。根据国内经济发展形势，综合运用利率、存款准备金率、公开市场操作等手段，适度紧缩货币政策，并且要结合经济形势进行适度微调，缓解通货膨胀压力；严格管理金融体系流动性，限制货币供应量和银行贷款过快增长，在确保总量稳定的前提下，保持不同时期货币供应和信贷增长的稳定与协调。

继续坚持并强化差别性信贷政策。继续加强对投机性住房的抑制，允许首套房贷，限制二套房贷，严格禁止三套以上房贷，并将这一政策制度化、长期化。通过差别性信贷政策的制度化，鼓励中低商品房和保障房的建设与消费，抑制高档商品房的消费，严格遏制投机性住房。

拓展保障房建设融资体系。通过优惠政策引导有实力的国企和其他民营企业

参与到保障房的建设；鼓励地方政府通过融资平台以发行地方债的方式为保障房融资，确保这部分融资的使用方向；采取税收优惠和财政贴息等方式，鼓励和引导社会资金参与保障房建设；通过私募债券、信托、证券化等多种方式为保障房建设融资。

发展多渠道的房地产金融体系。建立完善的房地产金融一级市场，充分利用住房储蓄银行、非银行金融机构、住房公积金中心等机构为房地产融资。同时也要充分发展二级市场，如专业化的房地产抵押贷款机构、投资机构、担保机构和保障机构，资产评估、信用评估、法律咨询等专业化中介服务机构。研究和发展房地产贷款证券化，分散房地产金融风险。

要预先防备2012年住房价格下降时带来的市场波动，提前制定金融预案，做好充分准备，通过信贷额度的总额控制、区域调整、房贷规模的控制以及房贷水平的调整，及时将房价下跌带来的市场冲击消除。

3. 增加财政支持，完善税收政策

继续坚持并完善差别性税收政策。加快房地产税收改革进程，通过税收政策的调节，鼓励和引导居民建立节约、合理的住房消费观念。继续坚持营业税、个人所得税、契税中对于不同套数房地产交易行为的规定，并提高相关营业税的税率来抑制房地产投机行为；通过固定税率来对不同套数房地产进行调节，避免政策变动频繁，并加强对于税收的征收管理。加快房产税的改革，要将存量房纳入征税范围。制定合理的税率和税收免征额，对普通型住房和改善型住房，要通过低税率给予保障和支持；对于高档住房、别墅等以及投机性住房，要通过高税率给予抑制或规范。

坚持完成既定的1000万套安居工程住房计划，继续增加中央和地方对保障房的投入。

4. 改善土地政策，增大住房供给

增加土地供给，探讨多种土地出让方式，加大土地投放力度，保持土地市场价格稳定；保证普通商品房和保障性住房的土地优先供给。

继续加大住房用地的供给。加快城乡一体化建设进程，探索不同所有制土地流转的新模式。促进住房用地建设规划的科学化、合理化，增加城市住房用地比例。改善土地供应总量、结构和布局，提高土地使用效率；要加大土地投放力度，均衡土地投放节奏；进一步完善土地出让制度，探索多种方式的土地出让形

式，稳定土地价格。完善差别化土地供应政策，优先保证保障性住房和普通商品住房建设用地供应，严格执行中小型商品房和保障性住房用地不低于住房建设用地供应总量的70%的规定。继续强化对土地的监管，加大市场监测监管力度，确保土地严格依照法律和规划约定进行开发利用，严厉惩罚土地违规使用和土地限制的行为，建立有效的土地利用监管制衡机制。加强对地方土地供应和开发利用情况的考核评价。

5. 提高政策的透明度和灵活性

住房政策要及时、灵活才能产生预期的效果。由于2011年的“限购令”的作用，2011年第四季度的住房市场会相对较为平稳，但是由于货币金融政策、税收政策、土地政策、行政手段等多管齐下，尤其是紧缩性信贷已经使一些以民营企业为主的产业产生危机，房地产业也开始出现萧条，因此第四季度要适时地根据宏观经济走势和住房市场的形势对住房调控政策进行适度微调。其中，一定要掌握好微调的力度和方向，一方面要避免经济和住房市场发生大起大落，另一方面又要延续住房市场总体从紧、从严的趋势。

2012年的住房市场要面临诸多困难，“限购令”是否取消，紧缩性信贷如何调整等都会深度影响住房市场的走势。住房市场可能会在一定时期出现一定程度的反弹。因此，2012年的住房调控政策一定要审时度势，既要保证住房调控政策的延续性和稳定性，又要具有灵活性和针对性。同时，金融、财税、土地等部门需要提前针对住房市场可能出现的各种情况作出预案，及时调整市场的走向，消除不合理波动，防止住房市场对宏观经济产生冲击。

6. 市场监管需要进一步规范和到位

进一步加强对住房市场的监管。首先，进一步加强对住房市场销售、转让、出租等的管理，提高房地产企业销售、住房中介等的规范化管理，提高从业人员的素质。其次，要进一步强化市场预期的管理，及时对住房市场的各种误解和传言进行辟谣，早日出台限购令延长的政策，稳定住房市场预期。最后，要对房价下降产生的各种问题进行提前预判，尽早出台各种预案，及时解决消费者面临房价下降产生的各种情绪和问题，对住房市场的不合理波动及时消除。

7. 加快完善住房供应体系和制度体系

继续完善差别化的住房政策。继续坚持和强化差别化信贷、税收等政策，严格执行土地政策，区别对待高中低档商品房以及保障性住房的供给与需求，对高

档住房进一步实施重税和严厉信贷，对低档商品房和保障性住房的供给和消费继续实施优惠的税收和信贷政策。严格区分合理的住房需求和投机性住房需求，对合理性住房需求要从法律、税收、金融上给予支持，对投机性住房需求要从法律、税收、金融等领域坚决抑制。

尽快建立安居、康居和乐居的住房供应体系。加快住房供应体系的建设进度，通过大力增加住房供应来实现全体居民的“安居、康居和乐居”。通过加大资金投入、土地供应保证，增加廉租住房、公共租赁房、经济适用房、限价房等保障性住房的供应量，来满足低收入居民的住房需要，实现低收入群体的“安居”；通过财税、金融、土地等优惠政策的支持，加快发展普通商品住房的建设，并通过优惠的财税和金融政策支持来鼓励中等收入家庭购买自住性和改善型住房，实现中等收入人群的“康居”；合理发展高品质住宅，并通过房产税、个人所得税、营业税等财税、金融政策进行规范化和引导，对住房投机进行坚决抑制，实现高收入人群的“乐居”。

加快个人（家庭）住房信息系统的建设。加快个人（家庭）住房信息系统的建设。第一，要扩展住房信息系统的覆盖面，将所有城市、县城以及建制镇纳入住房信息系统；第二，尽快完善住房信息基础数据工作，加快历史数据的录入，并早日构建住房租赁市场的信息系统；第三，住房信息系统要早日面向全国联网，实现全国各自数据信息共享。由于住房信息系统是一项面向全国的基础数据建设，因此此项建设应该由中央财政出资建设。这样一方面可以加强中央对于住房信息系统的监管，真正实现对住房市场监测的目的；另一方面可以调节不同地区建设速度，支持中西部地区的信息系统建设。只有建立完善的、协调的、覆盖全国的住房信息系统，才能为准确分析住房市场形势提供准确的数据，也才能真正作出差别性的应对措施来实现调控的目的。

加快财政体制改革，赋予地方足够的财权，缓解地方对土地财政的依赖。我国现在的财政体制是 1994 年税改以后构建的，在我国经济快速发展时期作出了巨大的贡献。但是，当时的税改将财权集中到中央一级，地方的财权相对较为分散，随着公共财政的不断转变，地方政府的支出在不断增加，除了要发展经济之外，越来越多的地方政府资金要投入到民生建设上来，比如 2011 年 1000 万套保障房建设需要的巨额资金，除了中央给予的一点支持以外，基本上都需要地方政府来解决。因此，改革财政体制，明晰中央与地方之间财权和事权，同时要加大财政转移支付力度，给予地方政府更多的财力。在今后相当长一段时间，我国仍旧会处于城镇化快速发展时期，城市建设对资金的需求量仍会很大，地方政府迫切需要长期稳定的建设资金来源渠道。而过多依靠出让土地的收入，既不稳定，也不利于控制房价。根据城市建设资金需求的特点，应建立以长期建设债券和存量房地产税收为主的资金筹集模式，替代地方政府目前对土地出让收入的依赖。还应逐步改革和完善土地出让制度，以便调动更多的存量建设用地资源，切实提高土地利用效率。

四　专题：从限购对房地产调控政策的分析与思考

2011 年的房地产调控市场，“限”字号政策非常“给力”。限购令让地方政府（尤其是二、三线地方政府）“怨声载道”，不少地方政府纷纷通过实行限价令来回避限购。2011 年初，二套房贷首付款比例提高到 60%，更是将“限贷”提高到了更加严厉的地步。5 年内房地产转让的行为要按照销售收入全额征收营业税，则是限售的一个典型手段。对于境外个人和机构在国内购买住房也加大了监察和管理力度，限外也进一步严格。

可以说，这“五限”① 构成了我国住房市场调控体系的主要部分，这“五限”交织在一起成为了 2011 年中国房地产调控市场的重要组成部分和热门的话题。很多人对我国住房调控政策颇有微词，因为随着调控政策越来越严厉，房价反而越来越高。那么，我国住房调控政策到底起到了什么样的作用？完善的调控体系应该是什么样的？

（一）“五限”的分析

1. 限贷、限售、限价的分析

在这“五限”中最常见的是限贷和限售。限贷，是指对住房贷款的首付款比例和利率进行调节。限售，在这里是指通过对住房转让环节的征税来减少住房的销售，甚至减少住房的购买行为。限贷和限售，作为政府实行得比较早的调控政策，一直以来都是政府调控住房市场的主要选择手段之一，也是调节住房需求

① 本文中所提“五限”不同于 2011 年 8 月 7 日住建部公布的新增限购城市五项标准。

的有效有段。这主要是因为这两个手段属于金融政策和税收政策，通过调整房贷利率和税率就能够实现对住房市场的“自动调节”，可以说对住房市场的调节最灵活，产生的负面效应也最小。通过限贷和限售能够有效减少住房市场的投机性需求，稳定住房市场的供需关系，从而达到稳定住房市场、实现房价理性的目的。

限外，主要是针对境外个人和机构在国内的购房行为进行限制。从本质上来讲，限外是一种资本管制，是资本管制在住房市场的延伸。通过规范和限制国外资金，尤其是热钱在国内住房市场的投资，能够有效减少国外资本对国内市场的冲击和炒作，对于稳定住房市场有着非常重要的作用。

2. 限价的分析

部分地方政府为了规避限购令而纷纷出台了限价令，规定当地房价的最高价。在很多人看来限价令是违背市场经济基本规律的，是不可取、不可行的。但是，对住房价格实行限价要全面来看待。

对房地产的价格限制就相当于是最高限价。最高限价是国家指导价格的一种形式，是国家规定商品买卖的最高价格，主要适用于以下几种情况：生活必需品、特殊商品、进口商品以及价格上涨过快的商品。实行最高限价主要是为了保持市场的稳定，维持人民生活的基本安定，并体现国家的价格政策。政府制定最高限价一般是出于公平的考虑。比如在战争年代或出现饥荒，政府会为生活必需品出台最高限价政策，使穷人能够得到基本生活保障，有利于社会稳定。最高限价在很多西方国家也都存在，比如美国和德国就对房屋租赁市场的价格规定了上限。美国和德国对房租价格设定上限，是为了稳定房屋租赁市场的价格，维护公民的基本居住权利。当前，我国部分地方政府出台限制房价的政策，也是为了维护住房价格的稳定，保证住房价格在居民的承受范围之内。

但是，限价政策会给市场和经济带来负面效应。由于最高限价的有效价格必定低于自由市场的价格，因此必然导致供不应求。从短期来看，由于价格被管制，市场的正常交易受到影响，住房的需求得到了扩大，而住房的供给不变甚至可能减少（房地产商可能因为价格管制而缩减生产），市场供求失衡的局面并没有得到解决，反而使市场的正常交易进一步恶化，会加重市场上的违法、违规行为。从长期来看，一旦限价政策取消，市场内暂时被抑制的需求会突然爆发，反而推升房价进一步上涨。

因此，评论当前限价政策的好坏，不要单论限价本身，要结合限价所产生的效果、限价之后的跟进措施。只有有计划的、科学的、一系列的政策体系才能产生预期的效果，单独一个限价政策可能根本起不到实质的效果，反而会给市场带来更大的问题。

3. 限购的分析

当前对于限购政策褒贬不一。有的经济学家认为是“大逆不道”、“倒行逆施”、“离经叛道”，有的经济学家则认为是合理的，是必要的。

限购指的是在市场上对买方或者投资方的数量进行限制。传统经济学认为，由于居民间收入差距过大，同时商品（生活必需品）供给不足，该商品在不同消费者之间的边际效用差距很大，所以如果该商品完全由市场来提供，必然产生相对短缺，低收入人群会出现消费不足，而高收入人群则出现投资过度，从而使社会总福利产生损失。这样就需要通过行政手段干预，如限购政策来调控市场，保证社会福利极大化。该理论同样应用于当前我国的住房市场。由于住房市场价格上涨过快，导致很多中低收入人群没有能力购买，为了保证中低收入群体能在市场上买到适合自己的住房，对房地产市场进行一定的行政干预是有意义的。当政府实行限购以后，原有的供求平衡被打破，由于购房需求减少，主要是挤出了部分投机需求，导致需求曲线向左移动，与供给曲线相交于一个新的均衡点。在新的均衡点，市场价格要低于原来的价格或者不变，可以说，限购使得市场上总需求趋近于合理需求。

李稻葵（2011）从资本市场的角度认为房地产限购的本质是局部的资本管制，对房地产的限购可以调和资产市场的较大波动。他认为，由于短期金融市场的投资往往是“非理性”的，再加上预期效应，同时，金融市场的自我调整机制比较缓慢，这就可能产生泡沫，因此政府或者监管者需要尽早介入，通过某种方式来限制投资者的行为，“这种干预的最极端形式，就是直接限制房地产的购买，抑制房地产投资需求”。

综合以上两种观点，两种分析都具有一定的道理，限购是在特殊情况下采取的特殊手段，是一种短期行为。

但是，不可否认的是，限购确实产生了很多负面效应。限购的本质是一种行政干预，[①] 限购政策只是暂时压制部分需求，不能长期持续下去，其是违背市场

① 李稻葵：《论限购》，《新财富》2011 年第 3 期。

规律的。布坎南指出：“市场失灵并不是把问题转交给政府去处理的充分条件。”① 如果能够建立调控住房市场的、合理的、科学的经济调控手段，那么诸如限购这样的行政手段就可以早日退出。

当前，调控房地产的主要任务应该有两个：第一，对消费者进行分层，对不同收入水平的购房者进行差别性调节；第二，对房地产的投资属性进行抑制，使其回到理性范围之内。从这两方面来看，限购政策没有能够实现这两项任务。首先，限购限制了全体居民（二套以上住房）的购房行为，不仅没有实现对消费者的分层，反而更加忽视了不同收入群体之间的收入差异性。其次，限购政策能够对住房的投资需求进行一定程度和一定时期的限制，效果也非常明显和直接，但是却直接“消灭”了住房的投资属性，违背了市场经济。

与限购政策相比，房产税是一种更加有效的措施。从某种程度上来说，房产税也应该是一项“限购”政策，只不过是通过经济手段（税收）来实现的限购。居民的收入能力直接反映在其购买住房的质量和数量上来，如果能够建立完善的个人住房信息系统，那么房产税通过不同的税率将消费人群进行分层，从而完全可以实现对不同收入群体的差异性调节。通过对住房保有环节的存量房课征房产税，可以通过优惠的低税率或者免税以及税收免征范围的设计来鼓励普通住房的消费，同时通过较高的累进税率来对多套住房进行抑制和管理。假如有所需要，那么可以通过设定更高的税率，比如对三套以上住房课征10%甚至更高的税率，将完全可以限制三套以上住房的购买，这与行政手段的“限购”差别不大。这样看来，限购政策所需要解决的问题，通过房产税可以基本实现，而且房产税更加灵活。

（二）国外稳定房地产市场的经验

1. 美国房地产市场的调控体系

第一，完善的税收制度。美国的税收制度不仅在保有环节对住房征税，而且在流转环节也有一系列的税收，可以很好地抑制房地产的投机和炒作。按照美国现行税制，房产税按照房屋的市场价值年年征收。此外，房地产转让首先要缴纳2%的交易税；取得收入的，就要交个人所得税，税率从15%到39%不等，房地产出租形式的收入也适用此税。公司所得税实行超额累进税率，税率分15%、

① 布坎南：《自由、市场和国家》，北京经济学院出版社，1988，第282页。

25%、34%、35%四档，税基为房地产公司的净利润。此外还有遗产与赠与税。

第二，完善的政府住房保障支出。在美国的住房保障体系中，联邦政府扮演了极为重要的角色。在使用联邦住房支出的资金时，联邦政府会按照各种项目以及税收减免方案，将资金和税收减免额度拨给州政府；州政府在此基础上继续投入资金，进一步分配给辖内地方政府；县和市政府在使用这些资金的同时，也会配套一些投入。根据相关资料，美国联邦政府在住房方面的支出约是州和地方政府的20倍。

第三，灵活的利率调节。为防止房地产市场的过度投机炒作，美国政府运用灵活的利率来调控房地产市场。比如，当政府预感到房地产市场出现过热迹象时，就会通过提高利率来为房地产市场降温。研究显示，美国20世纪70年代以来的住房实际价格与联邦基金利率高度相关。① 通过数据对比显示，在80年代联邦基金利率还在下降的时候，实际房价就已经开始上涨了。随着联邦基金利率的提高，实际房价在快速上涨。联邦基金利率的名义高点要略滞后于实际住房价格的高点。名义利率的变换紧随宏观经济形势，同时也紧跟美国住房市场形势，因此能够及时有效地调节购房者的购房成本，从而调节了住房市场的需求情况。

此外，美国对于房地产投机还进行法律上的约束。美国房地产开发商会在售房合同中写明“业主买房后最少要等一年后才能出售”，有的甚至还加入“反投机条款”，该条款要求购房者提供证据，证明他们买房的目的是自己居住，如果新房在一年内被转手，购房者将受到处罚。同时，美国法律对房屋租赁市场的价格设定上涨的限度，如果上涨超过这个限度，将受到严厉惩罚。

2. 德国房地产市场的调控体系

第一，严厉的法律制度。一方面，将房地产投机行为视为非法。按照德国法律，对于房价超高乃至暴利者，地产商会因所构成的违法行为承担刑事责任。房价超过“合理房价”的20%为“超高房价”，根据德国《经济犯罪法》规定，购房者可以向法院起诉，出售者将面临最高5万欧元的罚款。如果房价超过50%则为“房价暴利”，触犯《刑法》构成犯罪，出售者将受到更高罚款，以及最高被判处3年徒刑。② 另一方面，德国的法律对房租做了上限限制。如果房东

① 《美国房地产市场概览》，2008年9月28日《招商证券》。

② 杨国华：《国外房地产市场专题研究之一：德国房地产市场》，2011年3月4日《东方证券》。

所定的房租超出“合理租价”的20%，就构成违法行为，房东将受到最高10万马克的罚款。如果房东所定的房租超出“合理房租”的50%，就构成了犯罪，房东将受到更高额度的罚款，甚至被判3年徒刑。而且，房东也不可以随意涨价。法律规定，3年内房租涨价如果超出20%，就作为违法处理。通过严厉的租赁市场法律，稳定了租赁市场的价格。

第二，严厉的税收制度。在德国从事地产买卖经营者需缴纳的税种包括土地税、土地购买税及资本利得税。凡在德国国内登记过的土地被出售就要按规定缴纳土地购买税，征税基础是土地和地面建筑物两者的价值总和，税率为3.5%。此外，交易房地产首先要缴纳评估价值1%～1.5%的不动产税，房屋买卖还要交3.5%的交易税。对于交易获利部分，政府还将征收25%的资本利得税。房屋出租除缴纳不动产税外，租金收入还要缴纳个人所得税，税率在20%至45%不等（2009年后统一为25%的资本利得税）。土地购买税和资本利得税的适用范围还包括买卖房地产公司的股票。房地产投机在德国的社会空间较小。如果个人在两年之内有3次买卖房屋的记录，那就必须登记。上升为法人或公司行为，公司的行为就要征收营业税，否则就属非法经营。高额的税收限制增加了房地产交易的成本，挤压了经营者的利润空间，也打击了整个房地产市场的交易活跃度。

第三，地价、房价、房租的指导价制度。在德国，房地产的价格是由独立的地产评估师来评估确定的。评估师对自己的评估结果负责30年，对评估中的错误负有法律责任。此外，德国还按照联邦建筑法成立了各地“房地产公共评估委员会”，其职责之一便是负责制定当地的“标准价”或者“指导价”。这为不同地段、不同类型的住房制定了详细的“基准价格”，这类指导价具有法律效力，所有房地产交易有义务参照此执行，在合理范围内浮动。

3. 小结

结合以上美国和德国的经验可以看出，西方国家稳定房地产市场的机制主要有两个：第一是市场调控体系，主要包括金融政策和税收政策。金融政策主要是通过利率的浮动来调节住房贷款，税收政策主要是通过在房地产的保有环节征收房产税、在房地产交易过程征收营业税和所得税，对短期投机行为征收重税来调节房地产市场。第二是完善的法律制度，主要是通过住房法律来维护普通居民住房的权利，维护房屋价格和租赁价格的稳定，同时对房地产投机的行为实行严厉的法律制裁。

总之，西方国家主要是通过法律、金融、税收等手段来规范和约束消费者的行为，而我国2011年对于住房调控的“限购”和“限价”是通过行政手段对消费者行为进行直接的限制和管束。这两者最大的区别就是规范和约束是在保证全体公民利益的基础上，建立一种合理行为的机制和准则，有能力的可以继续在市场上进行交易（其中，针对部分严重、恶劣的投机行为，可以通过大幅度提高利率和税率的方式来遏制），而限制和管束，是全体公民统一的行为限制，即使有能力的也不能买卖。这样就带来很多弊端：政策一刀切，没有对消费者进行分层，忽视了消费者能力的差异性；直接限制消费需求，导致市场的畸形；同时也限制了住房作为一种普通商品仍然具有投资属性的特征。

（三）我国住房市场调控政策的改革方向

尽管我国对住房市场的行政干预，比如“限购”等，对房地产市场的正常发展产生了较为严重的影响，但是，目前对房地产市场实行限购也是情非得已。主要是因为当前房地产市场投资过度，导致市场预期过高，带来盲目的投资冲动甚至投机倾向严重，房地产泡沫一旦破裂产生的影响将是巨大的，因此必须要对房地产市场进行调控。但是目前的很多调控政策都是治标不治本，房价居高不下。行政手段是调控房地产市场的最后选择，产生的效果也是最直接的。综合考虑实行行政干预和不实行行政干预来看，在当前形势下，前者带来的社会福利损失更小。因此，在当前阶段下，使用行政手段通过限制住房市场的投资需求来稳定房地产市场则是一种必需的选择。

当前导致我国住房市场投资过度的一个重要原因在于没有准确地界定住房的属性。住房作为人们的一种生活必需品，同时具有双重属性。一方面，住房作为一种生活必需品，具有民生性。住房的民生性突出表现在它是确保居民生存的基本物质条件，是人们最基本的生活资料和必需品。另一方面，住房作为一种商品，具有投资的属性。住房是可以用来交换的劳动产品，它可以在交换中实现交换价值或价格。由于土地资源的不可再生性，使建立在土地之上的住房的供给缺乏弹性，而住房需求随着国民经济的发展不断扩大，这就使住房价格一般呈现上涨趋势，因此住房也就具有了投资的属性。

住房，首要的属性是其“民生性”，尤其是在我国住房市场还没有发展到满足广大人民群众基本需要的阶段，仍应该是住房的第一属性。当前，我国住房价

格上涨过快，导致了诸多问题，主要原因就是混淆了住房的两个属性的先后顺序，很多政策和宏观经济使得住房的投资性占据了第一位。因此，当今真正调控住房市场的关键，在于重新界定住房的属性，要把住房的民生性定位为我国住房市场长期发展的一个核心。应该还原房地产的居住功能和社会属性，限制它的投资功能和金融属性。① 只有从维护社会公平和公民的基本权利出发，明确住房“民生性”的属性，才能制定科学有效的政策措施，使我国房地产市场保持平稳发展。②

调控住房市场需要建立一整套完善的政策体系。一项有效的政策必须具备公平性、持续性和可预测性三项原则才能有效实施。住房兼有使用功能和投资功能，人为限制住房的投资功能，就使得政策失去公平性。③ 这就需要设计一个有效区别消费需求和投资需求的机制。通过区分消费性住房需求和投机性住房需求来分开住房的民生性和投资功能，才能真正实现对住房市场的调控。

因此，结合国外房地产市场调控体系，以及我国住房发展的历史与经验，我国应该建立一套完善的住房调控体系。首先，建立完善、合理、科学的个人（家庭）住房信息系统。建立覆盖全国、统筹城乡的个人（家庭）住房信息系统，将全体公民的住房信息纳入系统。实现全国范围信息联网。尽快完善住房信息基础数据工作，将住房租赁市场也纳入信息系统，并且要建立住房信息系统与财政、税收、公安等部门的联合机制。这是一个基础性工作，也是其他各项措施发挥作用的前提。其次，建立完善的住房税收调控体系。早日出台真正的房产税，实现房产税对住房存量市场的征管。加快个人所得税制的改革，将住房转让、交易行为的所得纳入所得申报范围。对房地产税收实行累进税率，通过高税率严格抑制住房的投机行为。同时，要进一步加强对于税收的监督管理，提高公民自觉、主动申报的积极性，对偷税、漏税的行为严厉惩罚。再次，要建立科学的住房价格形成机制，维护住房价格的稳定。要促进和加快我国住房评估市场的建立与完善，通过独立的机构对住房按照市场价格进行评估，作为课税和交易等行为的依据。在此基础上，要对住房价格和租赁价格的波动范围设定限度，防止

---

① 高辉清，2011 年第三届搜狐资本市场年会上的发言。

② 张鑫：《从住房的属性看楼市政策》，2010 年 5 月 13 日《文汇报》。

③ 袁希：《调控：难作为的十八般兵器》，2011 年 9 月 29 日《金融时报》。

恶意投机和炒作。最后，要构建完善的住房法律体系，维护公民的居住权利。早日出台我国真正的住房法，通过法律来界定我国科学合理的住房制度、住房的性质，以及居民的居住权利。对住房开发、建设、使用、流转、价格等不同环节设定行为准则和规范，约束个人和企业的行为。对于恶意炒作房地产的行为，除了必要的经济惩罚外，也可以实施法律制裁，并将调控房地产的各项手段逐步纳入住房法律体系。

参考文献

陈杰、张兴瑞:《住房管制的福利经济学分析》,《探索与争鸣》2009 年第 8 期。

李炜恒:《住房分配机制中限购令的法经济学分析》,《法学论坛》2010 年第 3 期。

张鑫:《从住房的属性看楼市政策》, 2010 年 5 月 13 日《文汇报》。

张永岳、杨红旭、周海平:《当前我国住宅市场供需结构的调研分析》,《城市开发》2008 年第 10 期。

徐平华:《住房的双重属性与二元住房制度构想》, 2007 年 8 月 28 日《光明日报》。

倪金节:《房地产调控的博弈》, 2011 年 9 月 7 日《金融时报》。

布坎南:《自由、市场和国家》, 北京经济学院出版社, 1988。

王健:《中国政府规制理论与政策》, 经济科学出版社, 2008。

郭玉坤:《住房属性与我国住房体制改革前瞻》,《四川行政学院学报》2010 年第 4 期。

邓大伟:《我国住房市场发展正进入第三阶段》,《上海地产》2008 年第 8 期。

王媛媛:《从房地产商品供求曲线的特殊性看高房价的成因》,《内江科技》2007 年第 1 期。

中国皮书网

发布皮书研创资讯，传播皮书精彩内容
引领皮书出版潮流，打造皮书服务平台

栏目设置：

- □ 资讯：皮书动态、皮书观点、皮书数据、 皮书报道、皮书新书发布会、电子期刊
- □ 标准：皮书评价、皮书研究、皮书规范、皮书专家、编撰团队
- □ 服务：最新皮书、皮书书目、重点推荐、在线购书
- □ 链接：皮书数据库、皮书博客、皮书微博、出版社首页、在线书城
- □ 搜索：资讯、图书、研究动态
- □ 互动：皮书论坛

www.pishu.cn

中国皮书网依托皮书系列“权威、前沿、原创”的优质内容资源，通过文字、图片、音频、视频等多种元素，在皮书研创者、使用者之间搭建了一个成果展示、资源共享的互动平台。

自2005年12月正式上线以来，中国皮书网的IP访问量、PV浏览量与日俱增，受到海内外研究者、公务人员、商务人士以及专业读者的广泛关注。

2008年10月，中国皮书网获得“最具商业价值网站”称号。

社会科学文献出版社

皮书系列

“皮书”起源于十七八世纪的英国，主要指官方或社会组织正式发表的重要文件或报告，并多以白皮书命名。在中国，“皮书”这一概念被社会广泛接受，并被成功运作、发展成为一种全新的出版形态，则源于中国社会科学院社会科学文献出版社。

皮书是对中国与世界发展状况和热点问题进行年度监测，以专家和学术的视角，针对某一领域或区域现状与发展态势展开分析和预测，具备权威性、前沿性、原创性、实证性、时效性等特点的连续性公开出版物，由一系列权威研究报告组成。皮书系列是社会科学文献出版社编辑出版的蓝皮书、绿皮书、黄皮书等的统称。

皮书系列的作者以中国社会科学院、著名高校、地方社会科学院的研究人员为主，多为国内一流研究机构的权威专家学者，他们的看法和观点代表了学界对中国与世界的现实和未来最高水平的解读与分析。

自20世纪90年代末推出以经济蓝皮书为开端的皮书系列以来，至今已出版皮书近800部，内容涵盖经济、社会、政法、文化传媒、行业、地方发展、国际形势等领域。皮书系列已成为社会科学文献出版社的著名图书品牌和中国社会科学院的知名学术品牌。

皮书系列在数字出版和国际出版方面也是成就斐然。皮书数据库被评为“2008～2009年度数字出版知名品牌”；经济蓝皮书、社会蓝皮书等十几种皮书每年还由国外知名学术出版机构出版英文版、俄文版、韩文版和日文版，面向全球发行。

法律声明